THE INTRODUCTION OF FUNDRAISING THEORY

모금학개론

| 비영리단체를 위한 모금 전략의 모든 것 |

THE INTRODUCTION OF FUNDRAISING THEORY

WISE GIVING

모금학개론

| 비영리단체를 위한 모금 전략의 모든 것 |

SMART FUNDRAISING

한국기부문화연구소
비케이 안 지음

한양대학교 출판부

서문

전 세계적으로 심화되고 있는 불평등과 양극화는 결국 사회적 연대와 공동체의 역할과 가치를 재조명하는 동력으로 작용하고 있다. 이와 더불어 공적 체계가 다양한 사회문제, 인권, 복지와 같은 근본적인 권리를 보장하지 못하므로 인해 비영리 영역의 역할은 점점 더 커지고 있으며, 비영리 영역의 가치가 소비가 아닌 투자와 산업의 한 영역으로 재평가됨에 따라 다양한 목적과 형태를 가진 조직 또한 만들어지고 있다. 이렇게 비영리조직이 생성·성장·지속할 수 있는 가장 큰 원동력은 바로 '기부와 모금'이다.

처음 한국에 와서 '기부와 모금'을 이야기했을 때 비영리 영역에서의 반응은 크게 두 가지였다. 한쪽은 매우 은밀했고 다른 한쪽은 낯설어 했다. 은밀한 쪽은 주로 대규모 조직이었고 낯설어 하는 쪽은 소규모 단체들이었다. 은밀한 쪽은 마치 황금알을 낳는 거위를 몰래 숨겨두고 있는 듯 비법이나 마술 같은 비밀을 지니고 성을 쌓은 채,

아무도 알아서는 안 되며 공유조차 허용하지 않는 분위기였다. 낯설어 하는 소규모 단체들은 그런 대규모 조직의 모금활동을 바라보며 그들이 가지고 있는 규모와 브랜드의 한계를 운명처럼 받아들였다.

그러다 보니 필자가 이야기하는 '기부와 모금'은 한국적이지 않아서, 조직의 규모가 달라서, 조직의 여건에 맞지 않아서 등과 같은 수식어가 붙은 채 계속 겉돌기만 하였다. 그러나 이상한 것은 지속적으로 컨설팅과 자문, 교육에 대한 의뢰는 끊이지 않았다는 사실이다. 그 이유는 한국적이든 미국적이든, 조직의 규모가 크든 작든, 조직의 여건이 맞든 그렇지 않든, 담당자가 한 명이든 열 명이든, 상관없이 '기부와 모금'은 설명할 수 있는 과학이며 계획하고 예측할 수 있는 공학적 이론을 갖추고 있기 때문이다.

모금은 통합 학문이다. 모금 안에 인문, 사회, 역사, 철학이 모두 녹아 있다. 그래서 사람과 관계에 대한 성찰이 매우 중요하다. 모금은 매우 과학적이고 공학적이기 때문에 기본적인 이론과 전략이 단체와 모금가의 중심에 있어야 한다. 사람과의 관계에 대한 기술로 근근히 이어졌던 모금을 지속하기 위해서는 과학과 공학이 기반이 된 이론과 전략이 있어야 한다는 깨달음이 점점 생겨나면서부터 비영리 영역은 변화되기 시작했다. 호의적이지 않던 모금이론과 사례들에 대해 호기심을 보이기 시작했고 원리를 탐구하기 시작했다. 그 과정에서 점차 인식하게 되고 확인하게 되고 적용하는 모습들이 생겨나고 있다. 필자로서는 매우 기쁘고 고무적인 현상이 아닐 수 없다.

이 책은 2013년에 출간한 『비영리단체 모금전략(2판)』을 수정·보완하고 확장한 것이다. 전작이 모금이라는 프레임을 통한 비영리 영역에서의 모금의 중요성, 모금활동을 하는 단체의 조직력과 실행력에 중점을 두었다면, 이 책은 통합 학문으로서 '모금학'에 체계성을 더하기 위해 크게 세 가지 영역을 구분하고, 각각 「모금학 I」 「모금학 II」 「모금학 III」이라고 명명했다. 여기에는 모금을 학문적으로 고찰하고자 하는 필자의 강한 의지가 담겨 있다.

「모금학 I」에서는 모금과 기부, 모금가, 모금가의 역할과 윤리를 담았다. 아직 직업적 정체성이 형성되지 않은 한국에서 '모금가'의 필요성은 공감 받지 못하고 있다. 그러나 모금에 대한 윤리성이 기부문화 전반을 지배하게 되었던 몇 가지의 중요한 사건으로 인해 직업적 전문가 인증은 곧 도래 될 것이라 생각한다. 자격증이 있어야 모금을 할 수 있는 것은 아니지만 적어도 자격증을 가지고 있는 사람은 스스로 윤리와 사명에 대한 자기 검열이 가능하고 신뢰성을 확보할 수 있기 때문이다.

제1장은 모금의 시작인 필란트로피에 대한 이해로 출발하며 모금의 본질인 필란트로피 실현에 직접 참여하는 '모금가'에 대한 이해와 필요성을 다룬다. 제2장은 모금가의 역할과 그 역할의 확장성과 다양성에 대해 찾아본다. 제3장은 모금가의 자질과 능력에 대해 확인하고 모금가의 역량을 저해하는 요인들을 확인한다. 제4장은 AFP 윤리규약과 결정원리를 배워보고 모금활동에 대한 윤리적 기준, 딜레마를 소개하고 있고, 더불어 기부자의 권리 부분도 다루고 있다.

「모금학 II」에서는 모금이론의 배경, 기부자 인식과 심리, 모금전략 이론, 기부자 개발전략 이론, 모금세계의 속성, 모금과 인간관계를 다루었다. 모금의 본질적인 의미를 다양한 이론으로 소개했으며, 특히 기부자의 생각과 반응을 심리학적으로 해석해 모금의 속성을 역으로 파악해 볼 수 있게 하였다. 모금은 상호소통과 관계가 매우 중요한 분야이므로 기부자에 대한 이해와 해석이 없으면 전략을 수립할 수 없다. 따라서 인간관계에 대한 다양한 역동성도 함께 담고 있다.

제5장은 모금이론의 배경이 된 모금의 기본적 형태와 모델을 제시하고 과학적 해석을 덧붙여 현장에서 응용이 가능하도록 도움을

준다. 제6장은 기부자의 심리적 동태와 기부의 기능 역할을 심리, 사회학에 기반한 이론으로 기부자의 인식과 심리를 설명한다. 제7장은 모금활동 계획의 중요한 요소와 마케팅, 커뮤니케이션 전략을 적용하여 모금전략 이론을 재해석한다. 제8장은 잠재기부자와 기부자 개발에 대한 전략적인 이론을 제시하여 단체 및 모금가의 기부자에 대한 사고를 높일 수 있도록 하였다. 제9장은 모금세계의 다양한 특징들을 모금의 의미와 조직이 모금에 임하는 사고적 관점에서 설명했다. 제10장은 관계모금, 관계기부라는 관점에서의 수리학적 측정과 심리적인 효과성을 측정할 수 있도록 하였다.

「모금학 Ⅲ」에서는 모금과정 체계화, 모금 실전, 요청, 모금평가, 데이터 공학, 비영리단체 연구에 대해 기술하였다. 씨줄과 날줄의 교차처럼 과정별 세부적인 실천과 실행을 담았는데, 특히 필자는 제15장 데이터 공학에 많은 애정을 쏟았다. 사실 '빅데이터'의 활용은 이미 전 세계적으로 사용되고 응용되고 있는 분야이다. 기부선진국인 미국에서는 영리뿐 아니라 비영리 영역에서도 많은 시도와 사례를 만들어내고 있다. 모금은 과학적이고 공학적인 논리와 체계를 가지고 있고, 특히 빅데이터의 경우는 적용해야 할 많은 가능성이 있다. 아직 한국에서는 데이터 공학을 기부와 모금에 접목하는 것이 시기상조일 수 있을 것이다. 그러나 안타깝게도 이것은 '기부와 모금'을 필요로 하는 비영리조직에서는 선택이 아닌 필수이다. 왜냐하면 비영리조직을 둘러싸고 있는 사람, 사회, 세계는 그 변화에 적응하며 이용해야 하기 때문이다.

제11장은 모금 과정 체계화로 모금종류 및 방법, 모금 프로세스, 기부자 양성 및 예우정책에 대해 설명하였다. 제12장은 정기기부, 고액기부, 캐피털 캠페인, 유산기부, 영구기금에 대한 이해와 모금전략을 담았다. 제13장은 모금의 꽃이라고 하는 요청에 대한 이해와 기술

을 설명하였다. 제14장은 모금의 성과 측정 및 모금가의 역량 평가의 중요성을 사례를 통해 설명하였다. 제15장은 데이터 공학이라는 이름으로 비영리 영역에서 데이터의 중요성과 활용을 제안하고, 빅데이터와 필란트로피, AI와 필란트로피, IoT와 모금, 블록체인과 필란트로피의 연관성과 확장성을 이야기한다. 제16장은 비영리단체의 부문별 변화 요소와 성가 평가 기준을 체러티 네비게이터 평가기관을 통해 확인하고 바람직한 모금전략에 대해 기술하였다.

모금은 개인 및 조직, 사회, 나아가 세상의 변화를 위한 하나의 수단으로서 에너지, 창의성, 인간관계, 기쁨에 관한 것이다. 단순한 도움의 요청이 아니라 개개인의 독특한 자원을 활용하여 공동의 비전을 향해 모두가 함께 일하는 방법을 제시한다. 그리고 모금은 고통을 분담하자는 의미와 즐거움을 나누자는 두 가지 의미가 동시에 있다. 모금이라는 과정을 통해 한 사람이 부담할 희생을 나누어하자는 것이고, 모금이라는 과정을 통해 재미와 보람을 공유하자는 뜻이다.

하지만 사람들은 세상을 구하는 명분보다 자신의 자아상을 변화시켜 삶에 의미를 채워줄 수 있는 명분에 헌신한다. 실제로 이동의 필요보다 자존감 때문에 차를 구입하고, 기능보다 외양으로 옷이나 컴퓨터를 구입한다. 그래서 모금을 생각하는 방식이 거래적인(Exchange) 것에서 변화적인(Transformational) 것으로 바뀔 필요가 있다. 자원의 흐름을 막는 장애물을 극복하기 위해 모금을 자원 동원하는, 즉 '모으는' 개념으로부터 생각의 전환이 필요하다. 모금이 다양한 형태의 에너지로 뻗어 나갈 준비가 되어 있는 자원을 촉발하는(Unleashing) 방식이다. 마치 여러 구역의 논에 물길을 터서 한 방향으로 길을 내어 물을 보내는 역할과 같은 것이다. 이를 위해 인간 관계 형성이 우선화되어야 자원의 흐름(Flow)을 가로막은 것(두려움)을 제거할 수 있다.

필란트로피 목표를 세울 때 모든 유형의 기부자는 두 개의 렌즈를 통해 질문해야 한다. 외부 렌즈로는 "우리 지역사회, 국가 또는 세계를 위해 무엇을 성취하기를 바라고 있는가?", 내부 렌즈로는 "어려운 돈과 소중한 시간을 비영리단체에 기부함으로써 가족, 사업 또는 자아를 위해 무엇을 이루고자 하는가?"이다. 이런 질문을 하는 기부자는 가치, 우선순위 및 목표에 대한 의미에 가족이나 사업 이해관계자를 참여하게 할 수 있다.

모금가는 자신을 위해 모금하는 것이 아니라 자신이 지키고 싶은 것을 위해 모금한다. 기부금을 달라고 하는 사람이 아니라 기부자가 되도록 권유하는 사람이다. 말장난같이 들리지만 오랜 모금가에게는 전혀 다른 의미로 들린다. 이것은 마치 농부란 단지 과수원에서 과일을 수확하는 사람이 아니라 좋은 과일을 얻기 위해 과일 나무를 가꾸는 사람이란 말처럼 들린다. 그래서 모금가는 기부자를 상대로 "기부금 주세요"보다는 "기부자가 되어주세요"가 더 좋게 들린다.

모금의 네 가지 요소를 명분·리더십·기부자·시스템이라고 했을 때 모금의 결실을 추수에 비유하자면 '명분'은 토양으로서 우리가 거기에 뿌리를 내리고, '리더십'은 물로서 우리가 그것으로 양분을 얻고, '기부자'는 공기로서 우리가 그것으로 자라고, '시스템'은 빛으로서 우리가 그것으로 무르익게 된다. 무르익게 된다는 것은 곧 성숙을 의미하고, 깨달아야 성숙할 수 있다는 말이다. 깨달음이 결여된 모금 전략은 오히려 많은 문제를 일으킬 수도 있다. 예를 들어 리더십에서 깨달음이 없다면 자칫 결핍 리더십(Deficiency Leadership)이 되기 쉽다.

모금은 애매한 부분이 많다. 모금가는 그 애매함을 잘 견뎌 내는 전문가이다. 5단계 욕구 이론으로 유명한 미국 심리학자 에이브러햄 매슬로에 따르면 정신적으로 성숙한 사람일수록 애매함을 견디는 능력이 뛰어나다고 했다. 옳고 그름이나 가치의 다양성을 폭넓게 인정한다는 의미이다.

모금이론서를 보는 관점이 'Know-How'보다 'Know-Who'에 관심이 있는 한국의 상황에서는 모금교육에 대한 기대는 높지 않다. 재정문제(Financial Problem)를 모금으로 해결하려는 시도는 잘못이고, 그리고 조직의 재정문제를 자신의 기부금으로 돕고 싶은 기부자는 없다. 모금은 미리 박스로 만들어 놓은 미션 안에서 비전을 파는 행위이다. 기부자들은 자신의 질문에 대답하는 단체의 논리성과 함께 똑똑하고 착하게 보이고 싶어하는 단체의 욕망까지 고려해서 신뢰할지 말지를 결정한다.

모금가들이 마주치는 가장 큰 장애물은 다른 분야의 전문직 종사자들이 경험으로 모금에 대해 안다고 생각한다는 것이다. 누구나 한 번의 경험으로 할 수 있다는 생각 때문에 모금가의 전문성에 반기를 들기 쉽다는 점에서 모금가가 전문가로서 적절한 대우를 받기가 쉽지 않다. 그러나 모금가는 모금에 담긴 숨은 이야기를 꺼내는 사람이다. 마음이 모이는 현상을 이야기하고 조직 내 돈의 흐름을 연구하는 사람이다. 만약 한국 사회가 인류애와 공동체의 가치를 지키는 데 엄격하다면 자연히 기부문화는 발전한다고 본다.

지금은 '나눔의 빅뱅'이 일어나 좀 더 새로운 플레이어와 툴과 타겟층이 생기고 수혜자들 또한 다양해지고 있으며, 기업가 정신과 함께 글로벌하고 협동을 필요로 하는 연대(Solidarity) 나눔 형태가 성행하고 있다. 조직이 미션을 수행하는 데는 무엇보다 진정성 전략이 최고이다. 비영리단체는 의로운 의도로 관계성을 가지고 필란트로피의 전략적 소통(5R)으로 진정성을 전달해야 한다. 만약 민간 필란트로피 모금이 변화를 대처하는 전략 중 하나라면 이때 모금은 채움 및 비움, 그리고 분류 및 통합이라는 점을 이해해야 한다. 이 둘 사이를 조율하는 것이 최적화 과정이다. 그래서 모금은 돈 이전에 마음을 모으는 기술이기에 관리 차원을 넘은 리더십의 이슈가 된다.

기부자의 의도, 평판, 위험 및 통제와 관련한 의사 결정과 전략에 새로운 힘(New Power)을 부여하는 필란트로피 생태계 안에 태생적 긴장이 있다. 새로운 힘의 가치는 급진적인 투명성에 대한 요구이자 필란트로피의 도전 과제이다.

짧은 시간에 사라지는 비영리단체가 있는가 하면 세상이 바뀌어도 오래도록 살아남는 장수 단체가 있기도 하다. 물론 오래 살아남는 것이 꼭 좋은 것만은 아니다. 역설적으로 비영리단체가 없는 사회가 정의롭고 행복한 사회일 수 있다. 그러나 살아 있는 동안 비영리단체는 다양한 자원과 능력을 환경 변화에 따라 재구성하는 힘, 즉 동적 역량(Dynamic Capabilities)을 지녀야 한다. 이 역시 비영리단체가 지켜내야 할 사회적 책무이다.

차례

제3장 모금가의 자질 051

제4장 모금가의 윤리 081

모금학 II

제5장 모금이론의 배경 095

제6장 기부자 인식과 심리 이론 125

제7장 모금전략 이론 157

제8장 기부자 개발전략 이론 215

제9장 모금세계의 속성 253

THE INTRODUCTION OF FUNDRAISING THEORY

WISE GIVING

모금학 I

SMART FUNDRAISING

제1장

모금가

1. 모금의 시작, 필란트로피의 이해

그리스 신화에서는 진흙으로 사람의 형상을 만들어 프로메테우스(Prometheus)라고 이름 지었고, 그가 올림푸스 산에 있는 '불(문명을 일으키는 지혜, 기술, 과학, 예술)'을 훔쳐서 동굴에서 동물처럼 살고 있던 인간에게 주어 인간을 인간답게 살 수 있도록 만들어 준 최초의 필란트로피스트(Philanthropist)라고 묘사한다. 이는 예측할 수 없는 미래에 대한 희망(Blind Hope)과 낙관주의(Optimism)를 주었으며, 인간의 삶의 질을 향상시키는 데 동기를 부여한 것이다.

필란트로피(Philanthropy)라는 용어는 고대 그리스어로 '사랑하다'라는 뜻의 '필로(Philo)'와 '사람'을 의미하는 '엔트로피(Enthropy)'가 합쳐진 합성어로 '사람을 사랑하다', 즉 '인간에 대한 사랑(Love of Humanity)'을 뜻한다. 필란트로피는 인간애를 근간으로 인류의 보편적 가치를 지향하고 근본적인 삶의 질을 개선하기 위해 고민하고 행동하는 정신이다. 인류가 직면한 다양한 문제를 해결하기 위해 자신의 시간과 재능 그리고 재원을 자발적으로 기부하며 필란트로피 정신을 널리 알리고 실천하는 것이 필란트로피 활동이다. 현대 필란트로피의 통상적인 정의는 "공익을 위해 삶의 질에 초점을 둔 민간 선도의 활동"이지만, 일반적으로 대중이 인지하고 있는 필란트로피란 부자가 조직화된 단체에 기부하거나 부자 자신의 이름으로 재단을 설립하는 행위일 뿐이다.

플라톤은 그리스어로 '필란트로피아(Philanthropia)'라고 쓰면서 교육의 최고 목적으로 삼고 '인간답게 살기 위해서 습관화된 교육 상태'라 하였고, 그 후에는 라틴어로 '후마니타스(Humanitas)'로 번역되어 현재 대학에서 가르치는 인문학의 근본이 되었다.

중세에는 '카리타스(Caritas)', 즉 구제, 욕심 없는 희생의 의미로 사용하다가 근대에 들어 '필란트로피(Philanthropy : 인간의 삶에 있어서 근본적인 문제의 해결점을 찾으려는 개인의 노력)'가 탄생되었고, 오래전부터 내려오고 있는 기독교의 전통적인 '구제(Charity : 인간의 아픔을 해소)'가 융합되어 현대의 모금과 기부가 시작된 것이다. 2011년 자료에 따르면 전체 비영리단체의 11%만이 필란트로피에 근거하여 설립되었다고 하며, 특히 불특정 다수를 상대로 하는 비영리단체(Nonprofit Organization, NPO)의 모금은 필란트로피에 근거한 명분을 바탕으로 진행되고 있다.

필란트로피는 인문주의 전통과 함께 20세기에는 물질적 번영에 초점을 둔 비즈니스 영역 및 공익을 위해 법과 질서에 초점을 둔 정부 영역과 대조를 이루며 발전하기 시작하였다. 때로는 필란트로피와 자선이 역사적·문화적 의미를 공유하는 경우도 있지만 같은 것은 아니다. 자선은 사회적 문제로 인한 고통을 완화하려는 것이지만, 필란트로피는 문제의 원인을 해결하기 위한 것이라는 점에서 다르다. 인류라는 거대한 집단을 향해 근본적으로 삶의 질에 변화를 추구하는 필란트로피 실현은 기부와 봉사, 참여, 모금(요청) 등을 포괄하기 때문에 자선보다는 폭넓은 개념으로 사용된다. 한국에서는 '나눔 운동'을 통해 필란트로피를 실현하기 위한 운동이 일어나고 있지만, '나눔'이라는 용어 자체는 필란트로피와 조금 다른 의미이다. 필란트로피를 한국어로 '박애주의'라고 번역하는 경우도 종종 있다. 그러나 필란트로피가 가지고 있는 의미를 정확히 전달할 만한 한국어가 마땅치 않기 때문에 학계나 현장에서는 '필란트로피'라는 용어를 그대로 사용하고 있다.

필란트로피는 전략적 필란트로피(Strategic Philanthropy)를 필두로 벤처 필란트로피(Venture Philanthropy), 소비 필란트로피(Consumption Philanthropy), 촉매 필란트로피(Catalytic Philanthropy), 지렛대 필란트로피(Leverage Philanthropy) 등의 명사를 동반한 용어에서부터 필란트로피적 기관(Philanthropic Organization), 필란트로피적 기금모금(Philanthropic Fundraising), 필란트로피적 재단(Philanthropic Foundation)과 같이 형용사로 수식하는 용어로 사용되기도 하며, 필란트로피(Philanthropy)와 자본주의(Capitalism)의 혼합어인 자선자본주의(Phianthrocapitalism), 여행이나 관광(Tourism)과 혼합된 필란트로투어리즘(Philanthrotourism) 등의 어근으로도 사용되기도 한다. 청소년의 'Youth Philanthropy', 여성의 'Women's Philanthropy'까지 세분화된 '필란트로피'는 비영리 경영, 재원조성, 리더십에 자주 등장하는 용어가 되었다. 문화예술계의 '재원조성', 국제기구의 '자원개발', 그리고 대학의 '기금조성'의 근본 정신은 바로 필란트로피이다.

2. 모금가, 그는 누구인가?

어느 사회 어느 단체나 지도자는 있다. 어느 모임에서든 지도자는 필요하다. 그렇다면 어떤 사람이 지도자가 되는 것일까? 그동안 시대가 변함에 따라 그에 맞게 지도자상도 함께 변해 왔다. 영토를 넓히고 외세의 침략을 방어하기 위해 수많은 전쟁을 치렀던 고대 왕권 시대에는 혹독한 전쟁의 경험을 하고 돌아온 용맹한 장수가 왕이 되었다. 자신의 손으로 사람들의 목숨을 끊고 반대로 많은 사람의 목숨을 구하는, 스스로가 생명을 좌지우지하는 전쟁의 체험은 사람을 누구보다 강인하게 만들었을 것이다. 전장을 누빈다는 것은 일반 사람들이라면 결코 해볼 수 없는 경험이었을 것이다. 이 때문에 전쟁에서 살아 돌아온 장수는 전쟁을 통해 얻은 용기를 바탕으로 왕이라는 최고의 지도자 자리에 오를 수 있었다.

시대가 점차 변하여 투쟁가들이 지도자가 되었다. 투쟁가들도 장수만큼 큰 용기를 가진 사람들이다. 투쟁에는 여러 가지의 위험이 따르기 마련이다. 그것은 경제적인 위험일 수도 있고, 신변의 위험일 수도 있다. 이러한 여러 가지 위험을 감수하면서도 남들보다 먼저 앞으로 나설 수 있는 용기를 가진 투쟁가라면 지도자의 자격을 갖추었다고 할 수 있다.

그렇다면 지금의 시대는 어떤 지도자를 원하는가? 대표적인 예로 전 미국 대통령 버락 오바마를 꼽을 수 있다. 그는 전쟁에서 살아 돌아온 장수도, 투쟁을 이끌었던 투쟁가도 아니었다. 오늘날 많은 사람로부터 지지를 얻고 있는 버락 오바마는 다름 아닌 모금가였다.

진정한 지도자가 되기 위해서는 모금에 대한 경험이 있어야 한다. 현대는 모금을 할 줄 아는 사람이야말로 진정한 지도력을 갖춘 사람이라 할 수 있다. 사실 모금이라는 것은 상당히 어렵고 힘든 일이다. 타인에게 돈을 달라고 하는 것 자체가 큰 용기를 필요로 하는 일이기 때문이다. 다른 사람에게 요청해 본 경험이 거의 없는 보통 사람들은 업무 때문에 혹은 다른 요구사항이 있어 전혀 알지 못하는 어떤 사람에게 전화 한 통 하는 것조차 큰 어려움을 느낀다. 미국에서는 회사에서 전혀 알지 못하는 사람에게 전화하여 물건을 팔거나 자신들이 필요한 것을 전화로 요구하는 것을 '콜드 콜(Cold Call)'이라고 한다. 이러한 콜드 콜 작업은 그 누구에게도 쉽지 않다. 가족이나 친지들과 다정히 대화하는 것을 '웜 콜(Warm Call)'이라고 하는 것에 반하여 이러한 요구 전화를 '콜드 콜'이라고 부르는 것에서도 사람들이 요구 전화를 얼마나 어려워하는지를 느낄 수 있다. 실제로 어느 회사에서는 신입사원들에게 공포심을 줄이고 자신감을 갖도록 하기 위해 한 달가량 '콜드 콜'만을 시키는 경우도 있다고 한다.

이렇듯 전화를 거는 것도 어려운데 돈을 모금하는 것은 오죽하겠는가! 그러나 이것은 일반 사람들에게만 해당되는 내용이며, 지도자는 이를 두려워해서는 안 된다. 두려움을 극복해야 진정한 모금가요, 진정한 지도자가 될 수 있다.

대학의 경우, 그동안 가르치는 일과 연구에 몰두해 오던 교수가 총장이 되고 나서 기부요청이 두려워 상당한 어려움을 겪는 경우도 있다. 이는 모금에 대한 경험이 없기 때문이다. 기부요청을 하기는 해야 하는데 어디서부터 시작해야 할지 막막하여 우선 자기가 아는 사람들에게만 연락을 해서 만난다. 아무리 가까운 사람이라도 막상 만나고 보면 쉽게 기부해 달라는 말을 꺼내기가 어려운 것이 현실이다. 그러나 대학의 발전을 위해 총장이라는 위치에 있는 지도자라면 이러한 자세는 빨리 버리고 적극적인 모금가로서의 자세, 즉 지도자로서의 자세를 갖추어야 한다.

대통령이 되기 위해서는 수많은 사람들의 표를 얻어야 하고, 그

표를 얻기 위해서는 무엇보다 사람들의 마음을 얻어야 한다. 모금도 마찬가지이다. 모금을 하기 위해서는 무엇보다 상대방의 마음을 움직여 기부를 하도록 이끌어 내는 용기와 능력이 필요하다. 젊은 시절의 오바마 전 대통령도 모금의 경험과 노하우를 바탕으로 상대방에게 요청하고 원하는 것을 얻어내는 모금가였다.

현대의 지도자에게는 모금가의 역량이 필요하다. 상대방에게 먼저 다가가서 악수를 청할 수 있고, 당당하게 자신이 원하는 것을 요구할 수도 있는 큰 용기를 가진 모금가야말로 이 시대가 원하는 진정한 지도자라 할 수 있다.

3. 전문 모금가의 탄생

시대의 필요에 따라 지도자로서의 역량을 갖추기 위해 자신의 문제를 넘어서서 타인, 더 나아가 사회 전반의 문제를 내다보고 고민하는 사람이라면 반드시 짚고 넘어가야 할 세 가지 부분이 있다. 바로 죽음과 세금 그리고 모금이다.

이 세 가지의 공통점은 자신이 그 부분과 관련되어 있다는 생각 자체를 꺼린다는 것과 그런 이유로 사람들과의 일상적인 대화에서도 금기시되어 잘 언급되지 않는다는 것이다. 그러나 이 세 가지는 인생의 매우 중요한 가치들을 포함하고 있으며 서로 밀접한 관계가 있기 때문에 언급하고자 한다.

모금을 생각하는 사람의 입장에서 보면 '죽음'이 있기에 모금도 가능하다. 사람들은 자신의 죽음, 또는 타인의 죽음을 내다보고 이것을 위해 기부를 하고 또 모금을 한다. 만약 '죽음'이라는 개념이 애초에 없었다면 타인을 위해 기부를 한다거나, 자신의 사후를 생각하며 기부하는 것을 고려하지 않았을 것이다. 한편 '세금'은 모금에서 중대한 촉매 역할을 하기도 한다. 세금 감면 등의 문제는 모금에 있어서 어려운 부분을 해결해 주는 해결책의 하나로 사용되기 때문이다.

또한 '모금'을 통해 죽음에 새로운 의미와 가치가 부여되기도 한다. 유산기부는 한 사람의 죽음을 헛되지 않게 함과 동시에 다른 수많은 사람들에게 새로운 길을 열어 주는 계기가 되며, 적은 액수라 할지라도 우리 사회가 아직 온정이 식지 않았음을 보여 주는 중요한 사건이기도 하다.

이 세 가지 중에서 죽음과 세금은 개인이 마음대로 바꾸거나 거스를 수 없는 불가항력의 것이다. 그러나 모금은 사람의 힘으로 움직일 수 있는 여지가 있다. 바로 여기에 '전문 모금가'의 탄생 이유가 있다. 사회에 대한 문제의식을 가진 사람이 모금이라는 수단을 통해 돈을 필요한 곳에 적절히 사용함으로써 사회문제를 개선시키는 전문적 능력이 이 사회에서 요구되고 있기 때문이다.

사람들은 일반적으로 노력에 비해서 대가가 높은 직업을 선호한다. 또한 사회적으로 존경받을 수 있는 직업을 더욱 선호한다. 최근 사람들에게 각광받고 있는 직업이 무엇인지 곰곰이 생각해 보면 바로 알 수 있을 것이다. 그러나 앞에서 말한 죽음·세금·모금의 세 가지 일은 사람들이 생각하기도, 직접 관여하기도 싫어하기 때문에 일반 사람들을 대신해서 이것을 전문적으로 책임지는 전문가가 필요한 것이다. 이 점이 전문 모금가가 필요한 또 하나의 이유이다. 죽음은 장의 지도사가, 세금은 세무사가 전문적으로 담당하듯이 다른 사람들은 굳이 관여하기 싫어하는 모금을 전문적으로 맡아서 해결해 줄 사람이 필요한 것이다.

자격증이 없어도 직업을 가지고 일할 수 있는 분야도 있으나 모금의 경우, 높은 직업 윤리관이 요구되기에 전문가에 대한 인증자격이 필요하다. 전문 모금가가 된다는 것은 그만큼 어려운 일이며 또한 투철한 직업윤리 의식을 갖추고 있어야 한다. 미국에서는 실제로 이 전문 모금가 자격을 습득하는 것이 상당히 어렵다. 그러나 한국에서는 전문 모금가를 증명하는 자격증이 있다는 사실도 모르는 사람이 거의 대부분일 뿐 아니라 모금 분야 자체가 일반인들에게 무척 생소하다. 여기에서 문제는 잘못된 정보로 인하여 모금을 오해하고 있는 사람들이 많다는 것이다. 모금을 한다거나 모금가라고 소개를 하면 사기꾼으로 의심하는 경우도 있기 때문이다. 그러나 모금이 무엇인지, 모금 분야에서 왜 '전문 모금가'를 필요로 하는지는 이 책을 공부하면 알 수 있을 것이다.

4. 모금가는 '걷는 자'

모금 분야에서는 현대 사회의 사람들을 네 부류로 나눈다. '주는 자' '받는 자' '걷는 자', 그리고 '구경하는 자'이다. '주는 자'는 자신의 재산 일부를 기부하는 사람으로, 남에게 베풀 수 있을 만큼의 많은 부를 가진 사람들이라고 생각한다. '받는 자'는 '주는 자'가 기부한 것을 받는 사람으로, 다른 사람의 도움이 필요한 사람이다. 그리고 '걷는 자'는 '주는 자'와 '받는 자'를 연결해 주고, '주는 자'가 주는 것을 걷어서 '받는 자'에게 전달하는 일을 한다. 마지막으로 '구경하는 자'는 '주는 자' '받는 자', 혹은 '걷는 자' 그 어디에도 포함되지 않는 사람으로서 모금 및 기부에 참여하지 않는 일반 대중이다.

일반적으로 사람들은 이 네 부류 중에서, '받는 자'보다는 '주는 자'가 되고 싶어 할 것이다. 남의 도움을 받아야만 하는 위치가 아닌, 도움을 줄 수 있을 정도로 넉넉한 생활을 할 수 있는 위치에 있기를 원한다. 특히 자녀를 둔 부모들이 더욱 그러한데, 이 때문에 거의 모든 교육 프로그램들도 자녀들이 '주는 자' 그룹에 낄 수 있도록 하는 데 초점이 맞춰져 있다 해도 과언이 아니다. 그래서 부의 축적을 위한 인맥 형성이나 매너 교육, 돈 관리의 방법 등 사회의 많은 사람이 '주는 자'가 되기 위한 방법에 매달리고 있다. 그러나 실제로 사회에서는 '주는 자'보다 '걷는 자'가 더욱더 필요하다. '주는 자'가 아무리 주고 싶어도 그들의 것을 거두어 '받는 자'에게 전해 줄 '걷는 자'가 없다면 아무 소용이 없다. 현대 사회는 계속해서 도움이 필요한 사람이 생겨나지만 그것을 맡아서 해결해 줄 사람이 없다. 그렇다고 모든 것을 정부에만 의존할 수도 없는 노릇이다. 결국 어느 한 사람이 이 일의 필요성을 느끼고 해결책을 제시하면서 과감히 앞장설 것이다. 이러한 사람이 비영리단체의 창립자가 되고, 비영리단체들이 하나둘 생겨나면서 공익을 위하여 대중 속에서 기부자를 찾는 것이다. 다시 말해서 비영리단체는 다른 사람의 도움이 필요한 사람, 즉 '받는 자'를 찾아내고, 한편으로는 베풀고는 싶지만 직접적으로 베풀기는 어려운 기부자, 즉 '주는 자'를 찾아내어 연결시켜 주는 중매쟁이 역할을 하는 것이다. '주는 자'가 주는 것을 '걷는 자'가 걷어서 '받는 자'에게 전해 주는 체계이다. 이론상 간단하면서도 완벽하지만 실상은 이러한 역할을 떠맡을 '걷는 자', 즉 모금가의 역할을 아무도 하지 않으려고 하는 것이 문제이다.

보통 사람들이 이야기할 때 언급하기 싫어하는 세 가지 주제가 있다면, 종교, 성, 그리고 돈에 대한 문제이다. 이 세 가지는 삶의 중요한 부분이지만 언급을 하게 되면 명쾌한 해답 없이 끝없는 논쟁만 낳을 뿐이다. 특히 친한 사이일수록 이것에 대한 언급은 더욱 꺼리게 된다. 앞에서 언급한 세금, 죽음, 모금의 문제도 역시 피하고 싶지만 절대로 피할 수 없는 인생의 중요한 문제들로 우리 삶의 한 부분이다.

여기에 하나를 더 언급하자면, 일반인을 대상으로 신문에서 조사한 자료에 따르면 사람이 가장 두려워하는 것 중의 하나가 대중연설(Public Speaking)이라고 한다. 모두가 두려워하는 이것을 '걷는 자'는 세금, 죽음, 모금과 관련하여 불특정 다수에게 해야 한다. 대중을 상대로 어려운 주제를 가지고 두려운 연설을 하는 것 자체가 본능적으로는 피할 수밖에 없기에 모금가의 역할은 매우 위대한 것이다.

그렇다면 우리는 어째서 사람들이 그토록 싫어하는 돈 문제, 더 나아가 그 돈을 걷는 모금 문제를 이야기하려고 하는 것일까? 그 이유는 바로 누군가는 해야 하는 것이기 때문이다. 모금을 아무리 하기 싫다고 해도 결국은 그 누군가는 해야 하는 문제이며, 피하고 싶어도 피할 수 없는 일이다. 그러나 어느 누군가는 맡아서 해야 하는 이 일을 하는 사람들에 대해 사회는 그리 중요하게 생각하지 않는다. 내가 하기 싫어하는 일을 대신 맡아서 해 주는 사람이 있다면 그 사람을 이해해 주고 존중해 주는 것이 마땅하다.

일반 사람들이 선호하지는 않지만 모두를 위해 누군가는 반드시 해야 하는 일을 하는 사람을 사회에서 존중하고 대우해 주는 풍토가 있어야 한다. 이런 풍토가 자리 잡힌 사회가 진정한 선진국이라고 할 수 있다. 그들을 대우해 주고 존중하는 사회가 되면 점차 그 일을 직업적으로 하려고 하는 사람들이 생겨나고, 자연히 그 직업이 발전할 것이다.

우리 사회는 '걷는 자'의 역할을 하려고 하는 전문가가 적어 어려움을 겪고 있다. 이는 '걷는 자'의 역할을 사회 자체에서 잘 인정하지 않고 있기 때문이기도 하다. 비영리단체에서조차 모금팀을 그저 한직(限職)으로만 생각하는 사람들이 많다. 따라서 사회 자체에서 '걷는 자'의 중요성을 인식하고 이들을 존중하는 분위기가 형성되어야 한다.

유태인만큼 모금을 잘하고 또 잘 되는 민족은 드물다. 유태인은 역사적으로 남을 돕는 위치에 있는 '주는 자'도 존중하지만 그보다는 '걷는 자'를 더 존중하는 사람들이다. 그들은 남을 진정으로 돕는다는 것에 주는 것만 포함시키는 것이 아니라 주는 것(Giving), 걷는 것(Collecting), 베푸는 것(Serving)의 세 가지 모두를 다 포함시킨다. 진정한 도움의 의미를 어렸을 때부터 교육시키기 때문에 모금가에게 성직자와 같은 거룩한 의미를 부여하기도 하며, 모금가라는 직업을 사람의 생명을 살리는 의사와 동등한 훌륭한 직업(Noble Job)으로 여기기도 한다. 훌륭한 한 사람의 의사는 평생 수백 명의 생명을 살릴 수 있지만, 훌륭한 한 사람의 모금가는 수만 명의 생명을 살릴 수도 있다. 유태인은 이렇듯 모금에 대해서 다른 민족에 비해 좀 더 철학적이고 이성적으로 접근하고 연구해 왔기에 현대 모금의 기초가 되는 많은 이론이 유태인 학자들을 통해서 나왔다.

'걷는 자'는 '주는 자'와 '받는 자' 사이를 중간에서 연결하는 중매쟁이 역할뿐 아니라 '주는 자'에게 진정한 행복을 찾는 기회를 주는 사람으로 인식되어야 한다. '주는 자'가 도움을 주는 데 그치지 않고 이를 통해 행복을 맛보는 사람이 될 수 있도록 해야 한다. 다른 사람을 내 힘으로 도울 수 있다는 것은 주는 이에게도 커다란 행복이며 궁극적으로 기부를 하는 목적이 되기 때문이다.

자녀가 '주는 자'가 되기를 원하는 부모는 '주는 자'가 되기 전에 먼저 '걷는 자'의 역할을 익히도록 해야 한다. '걷는 자'의 역할을 직접 경험해야만 인간관계를 진정으로 이해하게 되고, 남의 눈으로 사물을 보는 능력을 키우게 되며, 상대방에 대해 더 신중하게 생각하고 판단하게 된다. 자녀들을 어렸을 때부터 모금운동에 참여시켜서 '걷는 자'의 역할을 익히도록 하는 것, 이것이 바로 진정한 지도자로 키워나가는 가장 바른 길이라고 생각한다. 이러한 교육을 제대로 받지 못한 사람이 단체의 장을 맡는다면 모금을 잘 이해하지 못하고 모금팀을 한직으로만 생각하여 소홀히 대하고 만다. 이러한 단체장이 이끄는 단체라면 이미 가능성이 없는 단체라고 할 수 있다.

US News & World Report는 2007년 12월 19일자와 2009년 5월 1일자에 두 번에 걸쳐 전문 모금가가 미래 최고 유망 직종 중 하나라고 보도하였고, 2018년도에는 모금가가 유망 직종 20위 안에 들었다. 그 이후로 미국 내에서 모금가에 대한 관심이 더 급증하였다. 한국에서도 이러한 사회적 차원의 관심이 필요하다. 사회가 모금가를 대하는 태도는 그 사회의 모금과 기부 수준, 더 나아가 그 사회의 인격적 수준까지도 가늠해 볼 수 있는 잣대가 된다.

5. 모금가를 움직이는 동력 : 허즈버그의 2요인 이론(Herzeberg's Two Factor Theory)

모금가의 동기는 세 가지 요소로 이루어진다.

- 필요(Need) : 개인적으로 불만족을 만드는 내적 혹은 외적 요인에서 오는 불균형이나 부족함이다. 이 필요는 사람의 시간과 환경에 따라 변하며 종류도 다양하다. 그러나 사람의 행동에 가장 중요한 원인을 제공한다.
- 동력(Drive) : 배고픔이나 갈증과 같은 것이 필요한 개인의 상태를 말한다.
- 목표(Goal) : 필요를 해소하기 위해서 개인이 인식하는 결과(Outcome)를 말한다. 그리고 그 목표를 향하여 행동하는 데 영향을 주는 상태를 동기(Motive)라고 한다.

동기부여에 관한 연구는 1950년대부터 본격적으로 개발되었다. 이 당시에 나온 이론으로는 매슬로우(Abraham Maslow)의 '욕구 5단계 이론', 맥그리거(D. McGregor)의 XY이론, 허즈버그(Frederick Herzberg)의 2요인 이론 등이 있다.

이 이론들 모두 연구 방법과 가정, 그리고 실증 등에 있어서 많은 비판이 있지만 조직 행동론의 동기부여 분야에서 큰 획을 그은 이론이라 할 수 있으며, 아직까지는 동기부여에 대한 이론의 고전으로 여겨지고 있다. 이 중에서 모금가에게 가장 영향을 주는 조직 행동론적인 이론은 허즈버그의 2요인 이론이다. 허즈버그는 '사람들이 직업에서 진정 원하는 것은 무엇일까?'라는 질문을 시작으로 자신의 직무에 만족하는 사람들과 그렇지 못한 사람들을 대상으로 그 이유에 대해 분석하였다. 그리고 이 분석을 통하여 중요하면서도 흥미로운 사실을 발견하였다. 자신의 직무에 만족하는 사람들은 자신의 성장, 일의 성취, 승진 기회 등으로 만족 이유를 말했지만, 자신의 직무에 만족하지 못하는 사람들은 급여, 회사정책, 물리적 환경 등을 들어 그 직업에 만족하지 못한다고 대답하였다. 즉 직무만족 요인과 직무불만족 요인이 다르다는 것이다.

허즈버그는 직무만족에 영향을 주는 요인을 '동기요인(Motivator)'이라 칭하고, 직무불만족에 영향을 주는 요인을 '위생요인(Hygine Factors)'이라 명명했다. 그리고 직무만족에 영향을 주는 궁극적 요인은 동기요인이며, 위생 요인이 충족되는 것은 단지 직무불만족 요인을 제거하는 것으로 그것이 직무만족에 큰 영향을 미치지 못한다고 주장했다.

말하자면 허즈버그는 자신의 성장, 일의 성취, 승진 기회 등의 '동기요인'이 만족되지 않았을 때 그것은 '직무만족(Job Satisfaction)'의 반대인 '직무불만족'이 아니라 '직무만족이 되지 않은 상태(No Job

Satisfaction)'를 말하는 것이라 역설했다.

이 점은 비영리단체에 시사하는 바가 크다. 흔히 경영진과 관리자는 조직 구성원들에게 동기를 부여하기 위해 급여를 올려 주거나, 상여금을 일괄 지급하거나, 직무 환경을 바꾸어 주거나 하는 등의 '위생 요인'만을 단기적으로 충족시켜 구성원의 동기를 끌어내려고 하는 것이 현실이고, 그리고 자신들이 해야 할 일은 다했다고 생각한다. 허즈버그의 2요인 이론이 말하듯, 위생 요인의 충족은 모금가들의 궁극적인 동기를 불러일으키지 못한다. 단지 직무불만족 요인을 제거하는 의미밖에는 되지 못한다. 구성원의 궁극적인 동기를 불러일으키기 위해서는 '동기요인'을 자극할 그 무엇이 있어야 한다. 모금가의 커리어 성장, 모금가의 성공 체험, 모금가에게 권한 이양 등에 경영진과 관리자는 신경을 써야 한다는 것을 의미한다.

허즈버그의 이론은 최근에 급부상하고 있는 '일하기 좋은 비영리단체 개념과 일맥상통하는 바가 크다. 일하기에 좋은 단체들의 특징을 보면 스톡옵션(Stock Option)이나 급여, 직무환경의 위생요인을 특별히 크게 충족시켜 주는 단체가 아니라 인간 존중의 사상을 기본에 두고 구성원의 성장 등 동기요인에 매우 깊은 관심을 가지고 있다는 것이 공통적이다. 사람들에게 동기부여를 한다는 것은, 단순하게 원하는 욕구를 채워주고 형평성을 유지하는 데 그치는 것이 아니라 모금가가 업무를 수행하는 데 자신감과 힘(Power)을 부여한다는 공통점이 있다. 모금가가 하는 일에 의미가 있도록 하기 위해서 일에서 표출되는 가치를 중요시하고 모금과 사람이 일체감을 갖도록 하는 것에 중점을 두어야 한다.

그리고 에너지를 불어넣어 주고 자긍심의 증진을 위해 권한을 이양(Empowerment)하며, 모금가에게 단순히 의사결정 권한을 주는 것이 아니라 모금가가 의사결정을 효과적으로 행사할 수 있도록 유용한 지식을 제공하고 내적 동기를 부여함으로써 효과적인 모금을 할 수 있도록 하는 것이다.

제2장

모금가의 역할

1. 모금가의 역할

단체와 개인 사이의 가치가 일맥상통하고 서로가 추구하는 공통가치를 함께 행동으로 실현시킬 수 있도록 모금활동(Fundraising Action)을 통해서 길을 열어 주는 사람이 모금가이다.

그러나 이 모금활동은 모금 자체로만 끝나는 것이 아니라 발전(Development)의 한 부분이 되어야 한다. 이 발전의 목적은 '숨겨져 있는 공유된 가치를 찾아내 더 크게 확대시키는 것'이다. 모금이 그저 돈을 기부하고 또 모금하는 행위 자체로만 그쳐서는 안 되며, 더 크게 나아가 가치를 발전시키는 과정의 하나가 되어야 한다. 모금가는 기부자의 마음속에 잠재되어 있거나 미처 생각지 못했던 소중한 가치를 찾아내는 데 도움을 주어 그 가치를 구체화하고 향상시킴으로써 좀 더 큰 기부자로 승화시키는 역할을 해야 한다. 이러한 발전 역

그림 2-1 모금가의 탄생

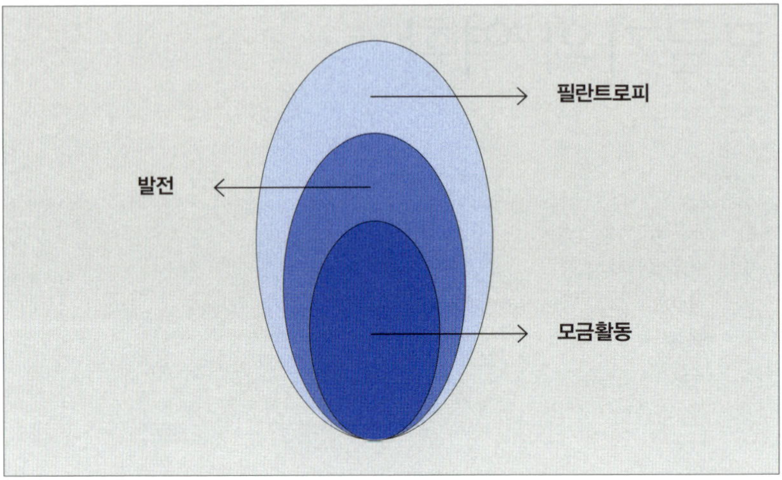

시도 결국에는 궁극적인 단계인 필란트로피(Philanthropy)의 실현을 위한 발전 과정의 하나이다.

따라서 모금 실무자가 왜 모금을 해야 하는지, 그 모태가 무엇인지를 정확히 파악하지 못하면 모금 자체의 방향을 잃게 된다. 모금을 해야 하는 이유, 다시 말해 공유된 가치를 찾아내어 필란트로피의 최종 목표로까지 인도하는 것이 바로 모금가가 해야 할 일이다. 결국 모금의 모태는 필란트로피의 가치 실현에 있기 때문에 모금의 기본정신이 살아 있지 않다면 모금 자체가 무의미해지거나 정통성을 잃어버려 모금까지도 사생아로 전락하게 된다.

운동선수가 매년 정규시합을 갖기 전에 훈련캠프에서 기본기를 다지고 부족한 점을 보강하듯이 모금운동을 시작하기 전에도 기본원리를 생각하고 되새겨야 한다. 모금가도 항상 자신 스스로 점검하기 위해 노트에 기본 개념을 기입하여 수시로 체크하면서 자신과 팀원을 독려해야 한다. 만약 이러한 사전 준비와 기본 원리의 되새김 과정 없이 모금활동을 시작하게 되면 모금의 진정한 의미를 잃고 그저 목표액, 즉 돈만 생각하는 오류에 빠질 가능성이 많다. 이러한 오류에 빠져 기부자를 마치 금전출납기처럼 여기는 것을 모금가는 조심해야 한다.

모금은 단체 및 개인의 가치가 서로 공유될 때 가능하다. 그리고 모금가의 역할은 단체와 개인의 공통 가치를 찾아내 매끄럽게 이어주는 것이다. 그러나 지금까지 모금가들은 개인의 가치를 알아보는 능력을 갖추지 못한 경우가 많았으며, 그것을 알고자 하는 노력조차 하지 않았다. 일반 대중이 기부에 소극적인 이유가 바로 이 때문이다.

일반 대중은 어느 정도는 자신이 사회에 도움이 되고자 하는 마음과 기부 의사를 가지고 있다. 그러나 이러한 개개인의 가치를 살려줄 사람이 나타나지 않으면 일반 대중은 선뜻 나서서 기부하지 않는다. 따라서 대중들이 가진 잠재 가치를 발굴하고 기부로 이어지게 만드는 모금가의 능력이 필요하다. 개인이 가진 가치를 충분히 파악하고 활용할 줄 모르는 모금가에게는 이 무한한 가능성을 가진 대중이 그저 잠재기부자 그 이상의 의미를 갖지 못한다.

아무리 좋은 악기라 할지라도 이를 다룰 수 있는 훌륭한 연주자가 없다면 아름다운 소리를 내지 못하는 것과 같은 이치이다. 그러므로 모금의 주체는 돈이 아닌 사람이 되어야 한다. 단지 기금을 모으는 데만 모든 신경을 쏟는다면 그 모금은 방향성을 잃고 만다. 기부를 요청하기에 앞서 기부자와 모금가는 가치를 공유하는 친구이자 동지가 되어야 한다. 같은 가치와 비슷한 목표를 가지고 이루어진 관계는 서로에게 신뢰를 주며, 열정에서 우러나는 진심이 담긴 요청이야말로 기부를 이끌어 내는 가장 바람직하고 건강한 모금의 형태라고 할 수 있다.

모금은 저절로 자란 열매를 거두어들이는 것이 아니다. 보기 좋은 색과 달콤한 맛을 지닌 열매는 거저 얻어지는 것이 아니라, 키우는 사람의 노력과 관심으로 결실을 맺는다. 모금은 이처럼 모금가가 열심히 가꾸고 노력하여 열매를 맺게 하고 그것을 수확하는 것까지를 포함하는 작업이다. 노력과 신뢰 없이 이루어진 일회성 모금은 겉으로는 성공한 것처럼 보일 수 있지만 그 생명력은 오래가지 못한다는 사실을 항상 명심해야 한다.

2. 모금가의 역할 확장

모금가(Fundraiser)는 일반적으로 '도움이 필요한 사람들을 돕기 위하여 부유한 사람들로부터 자금을 확보하는 일을 하는 사람'이라고 알려져 있다. 그러나 최근 이러한 모금가의 역할에 '박애-자본주의'라는 확대된 개념이 더해졌다. '박애-자본주의'는 기존의 현금, 즉 자금적인 지원만 담당하던 모금가의 한계를 넘어 더욱 확대된 역할을 담당하게 된 것을 뜻한다.

〈그림 2-2〉처럼 사회의 부를 구분할 때, 상위에 해당하는 사람들을 '상위 부유층(High Net Worth Household, HNWH)'이라고 부른다. 부자 혹은 부유한 자, 즉 단순한 '부자'의 개념을 넘어서서 부와 권력을 서로 연계하여 손에 쥐고(Hold) 있는 층을 의미한다. 반대로 삼각형의 하단에 해당하는 사람들은 '하위 빈민층(Bottom of People, BOP)'으로 하루에 1~2달러로 살아가는 사람들을 말한다. 이론상으로는 모금가가 상위 부유층의 부를 하위 빈민층에게 분배해 주는 역할을 담당해야 한다. 그러나 실제로 모금가는 상위 부유층의 기금을 모금한 후 직접 하위 빈민층에게 가져다 주지 않는다. 상위 부유층을 담당하는 요청가(Asker)와 하위 빈민층을 담당하는 사회사업가(Field Social

그림 2-2 모금가의 역할

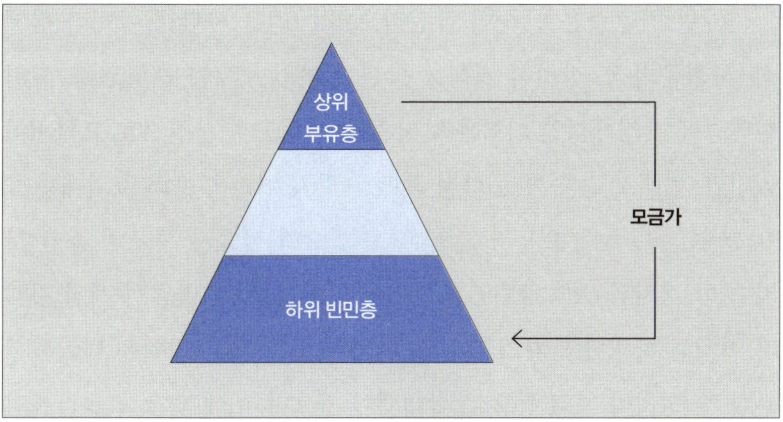

그림 2-3 모금가의 역할 확장

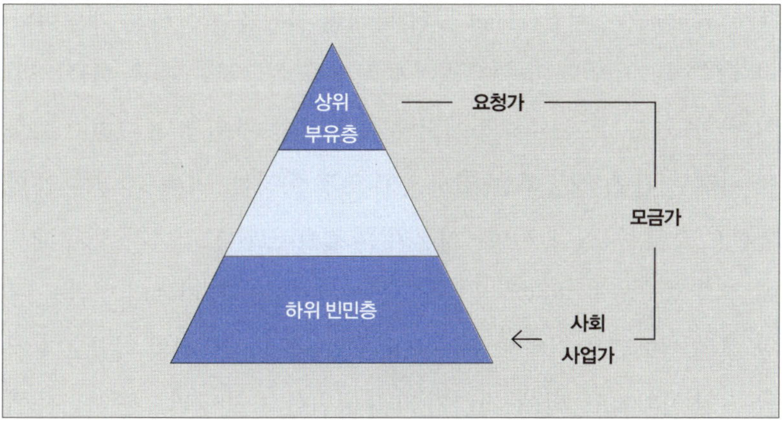

Worker)가 각각 존재하므로 모금가는 이들을 서로 연결하는 역할만을 담당한다(그림 2-3). 요청가는 다시 말해 상위 부유층의 자금을 직접 모금하는 일을 수행하는 사람들이며, 사회사업가는 하위 빈민층을 위해 현장에서 활동하는 사람들로 그룹홈을 운영하거나, 노숙자에게 식사를 제공하는 등 하위 빈민층 곁에서 그들을 직접 돕는 일

을 하는 사람들을 말한다.

하위 빈민층은 단순히 금전적으로 어려운 사람뿐 아니라 경제적·사회문화적·정치적 기회를 상실한 사람 모두가 해당된다. 하위 빈민층에는 경제적인 기회를 갖지 못한 사람도 기본적으로 포함되어 있지만, 현대로 갈수록 문화적 혜택을 받기 어려운 문화 소외계층(노인, 장애인, 아동, 다문화 등)도 점차 늘고 있으며 시민권, 투표권 등을 갖지 못한 정치적 소외계층도 포함되어 있다. 하위 빈민층의 개념 자체가 이처럼 확대됨에 따라 그들을 위한 지원도 자금 지원을 넘어서서 문화적·정치적 지원 등으로 확대되어 왔으며, 이에 맞추어 모금가의 수행 역할 또한 확대되어 '박애-자본가'가 등장하게 된 것이다.

'박애-자본주의'는 결국 현금(Cash)뿐 아니라 현물(Inkind), 자원봉사(Volunteer), 시간(Time) 등의 확대된 지원을 제공하는 개념이다. 앞에서 예로 들었던 노숙자들에게 식사를 제공하는 것은 현물 지원이 될 수 있고, 보호시설 등에서 일손을 돕는 자원봉사, 그리고 그들을 위해 시간을 제공하는 것까지도 모두 이러한 '박애-자본주의'의 일환으로 볼 수 있다. '박애-자본가'는 겉으로 잘 드러나지 않기 때문에 간혹 중요하게 생각하지 않는 사람들도 있지만, 기존의 현금을 통한 기본 생활권을 지원해 주는 모금가(Fundraiser)로서의 역할보다 자금 지원 이외에도 '박애-자본가'의 광범위한 지원이 필요한 사람들에게는 그들의 역할이 무엇보다 중요하다.

3. 협상책임자(Chief Negotiating Officer)

경험 많은 모금가는 협상이 설득보다 중요하다는 것을 알고 있다. 모금단체는 모금가의 협상력에 따라 흥망이 결정된다. 일반적으로 모금에서 협상(Negotiation)을 마치 흥정(Haggling) 같은, 시장에서 물건 값 깎는 부정적인 의미로 쓰여 활발하게 연구가 되어 있지 않다. 단체가 힘이 부족한 '을'의 입장에서 협상을 할 때는 단체의 주장을 펴기보다는 기부자의 처분만을 기다리게 된다. 힘이 있는 강자는 눈에 보이지 않는 사회적 압력에 의해 힘의 열세에 있는 약자의 처지를 알아서 챙겨 주어야 한다는 강자의 아량을 인식하고, 주는 것은 그저 받아야 한다는 약자의 처신이 모금 협상을 어렵게 한다. 하지만 지금은 강자와 약자의 경계가 무너지고 단체의 모금가가 '갑' '을'이 아닌 중간에 위치하게 되면서 기부자와 모금단체 양쪽 모두의 입장을 고려해야 하는 시대이다.

요즘 기부자는 설득이 아닌 협상을 통해 기부를 한다. 단체의 입장에서 협상의 목표는 기부자로부터 최대한의 금액을 최소한의 조건으로 기부 받고 단체의 의무를 최소한으로 줄이는 것이고, 기부자는 반대로 최소한의 기부금으로 최대의 만족을 얻어 내는 것이다. 서로 목적에 따라 협상 방법이 달라지는 것이 아니라 서로의 자질과 특성에 따라 협상의 모양새와 결과가 달라지는 것이다. 협상은 서로의 이견을 좁혀 가면서 합의를 이끌어 내는 과정이다. 언제나 상대의 속마음을 파악하고 관심을 가지고 의사소통을 하려는 사람이 바로 협상자의 기본적 자질을 갖춘 사람이다.

협상에서 모금가는 기부자에게 적절히 배려해야 한다. 하지만 동시에 건설적인 공격성과 목표 달성을 위해 단체가 가지고 있는 것을 최대한으로 이용할 수 있어야 한다. 상대방으로부터 '나쁜 사람'이라는 소리를 들을 각오도 필요하고, 때로는 효과를 위해 억지도 부리고 자신의 감정도 표현할 수 있어야 한다. 이것이 바로 비영리 모금생태계에서 생존하기 위한 정글의 법칙을 이해하면서도 영리의 협상기술을 주목해야 하는 이유이다.

협상에서 기억해야 할 기본 원리가 있다. 먼저 높은 제안을 하는 사람이 성공적 결과를 얻어 낸다. 그래서 많은 금액을 요구할 때 많은 것을 받아 낼 가능성이 높아진다. 높은 금액 제안은 단체가 내놓은 모금상품이나 서비스가 가치를 더 높게 평가하도록 해 주는 심리에 근거하고 있다. 세미나를 진행하면서 모금가에게 이런 질문을 던졌다. 중요한 고액 기부자에게 기부금액을 직접적으로 요청하는 것이 좋은지 아니면 기부자에게 제안금액을 먼저 듣는 것이 좋은지를 물어보면 대부분 답변은 기부자의 제안을 먼저 듣겠다고 한다. 아마도 상대의 첫 제안을 듣고 그 정보를 가지고 단체의 요청 방향을 결정하는 데 도움을 받을 수 있으리란 계산일 것이다. 그러나 요청의 주도권은 모금가가 가지고 시작해야 한다. 중요한 것은 기부자의 첫 제안은 자신의 능력과 속내를 쉽게 드러내지 않는다. 물건을 사고파는 흥정의 협상기술에서도 먼저 제시하는 것이 훨씬 유리하다. 모금가는 겸손함과 당당함을 잃지 말아야 한다. 끌려가기보다는 끌고가야 한다. 하지만 조심해야 할 것은 철저한 조사와 준비로 정보의 우위를 선점한 뒤에 먼저 제안을 해야 한다는 것이다. 준비가 되어 있지 않으면 협상 결렬이나 신뢰를 잃는 결과를 초래하기도 한다.

협상에 관해 모금가가 기부자보다 유리한 점은 모금가는 준비를 하지만 사실 기부자는 기부할 준비를 하지 않고 테이블에 앉는다는 사실이다. 단체는 내부 정보와 협상 주변 환경 및 추세에 대한 것, 기부자의 부와 기부 능력에 대한 정보를 가지고 있기에 결코 불리하지 않다. 모금가는 잠재기부자의 필요한 정보를 수집하고 분석한 후 충분한 연습을 하였기에 유리하다. 하지만 모금에는 공짜가 없다. 준비 없이 쉽게 진행한 모금협상은 그에 상응하는 큰 대가를 치르게 된다.

성공하는 모금협상을 위해서는 내부 협상 과정이 더 어렵다. 기부자와 만나는 것이 문제가 아니라 모금가가 준비하고 계획한 요청

내용을 내부적으로 동의 받는 과정이 필요하다는 의미이다. 모금가가 아무리 노력과 시간을 들여도 내부적으로 권한을 가진 사람들과 이해관계자들이 전폭적으로 지지해 주지 않으면 요청하기가 매우 어렵다. 모금가는 문제상황이 외부보다 내부에서 자주 더 치명적으로 발생할 수 있음을 주지해야 한다. 모금가는 언제나 내부적으로 모금 협상을 성공적으로 마친 뒤 기부자를 만나 요청해야 한다. 그래야만 협상 결과로 인한 책임소재에 신경 쓰는 것에서 벗어나 모금의 진행과 관리에만 집중할 수 있게 된다. 더불어 협상이 논리적이고 설득력이 있더라도 협상자의 신뢰가 더 중요하다. 상대의 말을 듣고 행동으로 옮기는 데까지는 상대방에 대한 신뢰가 필요하다. 그렇기 때문에 모금가는 무엇보다 신뢰의 다리를 먼저 설치해야 한다.

모금가는 협상책임자(Chief Negotiating Officer)의 역할을 해야 한다. 다시 말해 기부자와 단체 사이에서 양쪽 모두의 의견을 조율하는 역할을 해야 한다. 이때 모금가는 기부자에 대한 사전지식과 단체 내부에서 충분한 동의과정을 바탕으로 양쪽 모두에게 신뢰와 만족스러운 협상결과를 이끌어 내야 한다.

4. 모금가와 자원봉사자

모금에서 자원봉사자는 그다지 중요해 보이지 않을 수도 있다. 그러나 실제로는 사람들이 생각하는 것보다도 훨씬 중요한 역할을 맡고 있다. 미국의 경우, 모금교육은 자원봉사자 중심으로 이루어져 왔고, 실제 모금 현장에서도 자원봉사자를 중심으로 모금이 진행된다.

일반적으로 단체운영을 위한 기금은 단체 운영위원들을 통하거나 직원들이 주도하는 기타 수익사업을 통해 이루어지지만, 지역 단위의 캠페인이나 주요 공익사업 기금은 자원봉사자들이 현장에 나가 모금하고 단체는 자원봉사자를 도와주는 형태를 취한다. 그래서 자원봉사자의 역할은 결정적이라고 할 수 있다. 기부자는 모금가보다도 자신과 친분이 있고 개인적으로 관계를 맺고 있는 자원봉사자에게 기부할 확률이 더 높다. 모금가가 몇 번씩 전화를 시도해도 반응이 싸늘했던 잠재기부자가 평소에 잘 알고 지내던 자원봉사자의 전화 한 통에 즉각적인 반응을 하는 경우는 수없이 많다.

일반적으로 모금가가 기부금을 더 잘 받아 낼 것이라고 생각한다. 하지만 일반 사람들이 모금가를 부담스러워 하는 경우도 있기 때문에 최종적으로 기부금을 요청할 때에는 모금가가 참석하지 않는 것이 통례이다. 자원봉사자가 맡는 일은 사람의 재능과 관심에 따라서 세 가지로 나눌 수 있다.

첫 번째, 지도력을 가지고 모금운동의 캐비닛 역할
두 번째, 전화나 메일 발송과 같은 각종 사무적인 일을 수행하는 역할
세 번째, 현장에서 직접 잠재기부자와 접촉하여 모금하는 역할

이 중에서 특히 세 번째의 잠재기부자와 접촉하는 것이 가장 중요한 업무이지만 그렇다고 나머지 두 가지 업무를 소홀히 해서도 안 된다. 또한 규모가 큰 모금의 경우에는 자원봉사자의 수가 많기 때문에 역할 분담을 할 수도 있겠지만 현실적으로는 한 가지 일만 담당하는 경우는 드물며, 한 사람이 여러 가지 일을 병행할 수 있도록 융통성 있게 직책을 맡겨야 한다.

일반적으로는 현장에 나가서 직접 얼굴을 드러내고 단체를 위해 적극적으로 봉사하려고 하는 사람이 많지 않기 때문에 어떤 단체든지 자원봉사자를 찾기 힘든 것이 사실이다. 특히 잘 알려지지 않거나

시작 단계에 있는 작은 규모의 단체에서는 더욱 그렇다. 빈익빈부익부의 경제원리가 자원봉사분야에도 적용되어 봉사자가 큰 단체들로만 몰리기 때문에 봉사자를 구하기 위한 치열한 경쟁이 벌어진다. 때문에 대부분 작은 단체는 모금을 시작하기도 전에 자원봉사자가 부족해서 맥이 빠져 버리는 경우가 많다. 모금이 성공하기 위해서는 모금의 필요성을 이해하면서도 열정 있는 자원봉사자의 힘이 절대적으로 필요하다. 따라서 그들의 정신이 약해지거나 자원봉사자 자체가 부족해지면 전체 모금운동이 정체되고 만다.

요즈음 젊은 청소년들은 봉사경력을 통해 진학과 취업에 도움을 얻고자 자원봉사자에 지원하는 비율이 높아졌고, 장년층과 노년층도 자아실현의 일환으로 많이 지원하고 있다. 불경기 때일수록 다양한 분야의 자원봉사자는 늘어난다. 하지만 그에 비해서 모금 분야의 지원자는 많지 않다. 이 때문에 이 분야의 자원봉사자를 모집할 때에도 주로 모금팀의 직원들이 개별적으로 접근해서 모집할 뿐, 공개적으로 하는 경우는 흔치 않다. 더욱 큰 문제는 애초에 모금에 뜻이 있어 지원하는 사람보다는 모금 직원이 지인 중 아무나 추천하는 경우가 많기 때문에 모금에 대해 잘 알지 못한 채 지원하는 경우가 많다는 것이다. 이렇게 모인 자원봉사자는 훈련과정 중에 대부분이 포기하고 만다. 따라서 자원봉사자를 선발할 때에는 몇 가지 중요하게 살펴보아야 할 점이 있다. 무엇보다도 진정한 믿음을 가지고 자발적으로 자원을 하는 것인가, 아니면 어떤 강압 혹은 필요에 의해 억지로 지원하는 것인가를 가려내야 한다.

미국에서는 이와 같은 자원봉사자 선정을 미국 비영리단체에서 정한 '자원봉사자 지원 정책(Volunteer Acceptance Policy)'에 근거하여 엄격히 진행한다. 자원봉사자를 선정할 때 가장 중점적으로 추려 내야 하는 인물형은 '무대포형' '주방장형' '귀차니즘형'이다. 무대포형은 열정을 너무 앞세운 나머지 기부를 강요하다시피 하는 사람이다. 이처럼 마구잡이로 모금을 요청하다 보면 모금이 아무리 많이 이루어졌다고 하더라도 모금한 금액보다 단체의 이미지 손실이 더 커지게 된다. 한편 주방장형은 주방장이 음식을 하면서 만들어 놓은 음식을 조금씩 집어 먹는 것처럼, 중간에서 모금액을 조금씩 가로채는 사람이다. 이러한 사람이 모금을 하게 되면 주로 현금 배달 사고가 많이 일어나게 된다. 귀차니즘형은 말 그대로 모든 일에 무기력하고 귀찮아하는 사람이다. 이런 사람이 모금팀에 있게 되면 자칫 전체 팀이 무기력 현상에 빠지는 상황이 발생할 수 있다. 따라서 이러한 사람들은 선발과정에서 반드시 추려내야 한다. 선발한 후 모금교육이나 실제 모금활동을 하면서 변화시킬 수 있다고 생각해서는 안 된다. 단체에서 교육시켜 이들의 단점을 고치려고 하는 것보다는 믿을 만한 사람을 새로 찾아내는 일이 비용과 시간 면에서 더 효율적이다. 자원봉사자를 선정할 때에는 지도자에게 먼저 선택권을 주고 그의 동의 아래에서 함께 실무진을 만들어야 한다. 그래야만 팀이 같은 목소리를 낼 수 있고 화합도 잘 이룰 수 있다.

모금가들이 가장 우려하는 것은 바로 월급을 받고 일하는 직원과 그렇지 않은 자원봉사자 간의 반목이다. 직원과 자원봉사자 간의 반목은 어느 곳에서든 자주 일어날 수 있는 현상이다. 특별히 자원봉사자의 지도자가 모금의 주체 세력이 되어야 하는데 기존 단체의 직원들이 자원봉사자의 지도자를 인정하는 데 인색하다. 자신의 자리를 빼앗긴다고 생각해서인지 자원봉사자들을 모금의 허드렛일을 하는 사람들로 잘못 인식하는 경우가 많다. 그러다 보면 자원봉사자 스스로도 자신이 활동을 통해서 얻고자하는 것과 멀어지게 되어 궁극적으로 모금 자체에 대한 의욕을 잃고 만다.

전문 모금가(Certified Fund Raising Executive, CFRE) 자격증 시험에

서 어떤 모금운동의 행사에 도지사를 초대할 계획을 세웠을 때 그 초청 편지나 전화를 '누가 해야 하는가'라는 문제가 출제되었다. 모금영역계에서는 이 문제의 답으로 '자원봉사자 중에서 가장 높은 위치에 있는 사람'이 맡아야 한다는 것이 상식이다. 단체직원이나 모금가는 뒤에서 보좌하거나 코치하는 역할일 뿐 주체가 되어서는 안 된다. 한국의 모금에서 가장 큰 문제 중의 하나가 바로 이 원칙을 제대로 지키지 않는다는 것이다.

자원봉사자들 스스로 모금의 핵심그룹에 들어가 있다고 느끼도록 해 주어야 적극적인 참여가 가능하다. 보통 자원봉사자들의 재지원율이 생각보다 낮은 가장 큰 이유는 바로 자원봉사자의 기술과 능력을 고려하지 않고 일을 맡겼기 때문이다. 또 하나의 이유는 모금활동 중에 직원들이 봉사자에게 감사의 표시를 하는 것에 인색하기 때문이다. 자원봉사자는 모금에 있어서 가장 중요한 역할을 맡고 있음에도 불구하고 마땅한 대접을 받지 못하고 있다. 이처럼 모금에 있어서 가장 중요한 인재를 제대로 사용하지 못하고 있다는 데 가장 큰 문제가 있다. 결국 모금의 실질적 결과를 도출해 내는 역할이 자원봉사자에게 달려 있는 만큼, 그들을 선발하는 것에서부터 선발 후 효과적으로 관리하는 것까지 신중히 하여 최대한의 역량을 도출해 내도록 하는 것이 자원봉사자 개인뿐 아니라 단체에게도 이익이 되는 최선의 방법이다.

5. 모금가와 신뢰자본

우리는 자본주의 시대에 살고 있다. 많은 사람이 자본의 척도를 화폐로만 생각하는데 반드시 그런 것만은 아니다. 돈 이외의 자본이 있다. 프랑스 철학자 피에르 부르디외(Pierre Bourdieu)의 주장에 따르면 자본에는 사회적 · 문화적 자본도 있다. 사회구성원 간의 신뢰는 사회적 자본에 속하는데 이는 경제적 자본과 달리 아무리 많이 써도 고갈되지 않는다고 말한다. 미국의 정치사상가 프랜시스 후쿠야마(Francis Fukuyama)는 '신뢰'의 가치를 특별히 중시해서 "한 국가의 경쟁력은 한 사회가 고유하게 지니고 있는 신뢰의 수준에 따라 결정된다"라고 말했다. 단체 구성원들이 보편적인 규범을 바탕으로 규칙적이고 정직하게, 그리고 협동적으로 행동할 것을 서로 기대하는 것이다. 만약 건강한 기부문화 안에 각 단체가 가지고 있는 신뢰라는 사회적 자본이 형성된다면 그것이 바로 국가경쟁력이 되는 것이다.

이런 의미에서 모금가는 단순히 기금을 모으는 사람이 아니라 단체의 신뢰자본을 구축하는 사람이기도 하다. 모금가가 구축해 놓은 신뢰자본은 단체의 결속력을 단단하게 하고 계약과 거래의 불필요한 비용을 줄이며 단체의 예측 가능성을 높여 결정적으로 모금에 큰 도움을 주게 된다. 이때 모금분석(Fundraising Analysis)이라는 것도 신뢰가 있어야 가능하다. 스티븐 코비(Stephen Covey)는 신뢰의 첫 번째 요소는 말과 행동의 일치라고 말한다. 단체가 목적에 따라 기부금을 받고 그 목적에 따라 사업을 실행하면서 신뢰를 얻는 것이다. 신뢰는 아이디어에서 얻는 것이 아니라 꾸준한 '발품'을 통해 얻는 것이다. 즉각적인 보상이나 남의 인정에 연연하지 않고, 금전적인 손해를 보는 것 같으나 결국에는 쌓인 신뢰가 더 큰 자본이 되어 돌아올 것이며 이것이 곧 단체의 브랜드가 단단해지고 확장되게 하는 것이다.

모금가의 자질

1. 모금가의 자질

모금가를 '담대하고 용기 있는 사람' 또는 '사람 사이에서 대화에 능하고 겸손하여 남에게 공(功)을 돌리는 사람'과 같이 추상적이면서도 상투적으로 묘사하기도 한다. 어떤 사람이 모금을 하면 좋은가? 그 누구도 완벽한 사람은 없다. 어떻게 하는 것이 좋고 훌륭한 것인가 하는 것을 알고는 있어도 실행에 옮기기는 어렵다. 수많은 모금이론이 마음에 와닿더라도 실행하기란 쉽지 않다. 이것을 극복하지 못한 채 한두 번의 경험만으로 모금을 못하겠다고 포기하는 경우도 많다. 그만큼 모금활동은 어려운 활동이다. 그렇다면 이처럼 어려운 활동을 해야 하는 모금가는 어떠한 자질을 갖추어야 하는지에 대해 구체적으로 살펴보자.

1) 누군가의 소개 없이 먼저 인사하는 사람

모금은 사람을 만나고 관계를 맺는 데에서부터 시작한다. 따라서 모금가의 자질 중에서 가장 중요한 첫 번째는 누군가의 소개 없이도 먼저 인사하는 사람이다. 물론 소개를 통한 만남은 모금가 입장에서는 매우 큰 도움이 되는 것이 사실이다. 하지만 때에 따라 누군가의 소개를 받기 위해서는 시간이 제한되고, 대상자가 널리 퍼져 있을 경우에는 소개자를 찾기 힘든 경우가 대부분이다.

사람들은 대체로 낯가림이 심해서 모금을 할 때면 특히 먼저 인사하기를 어려워한다. 마치 자신이 구걸하는 입장이 된 것 같은 느낌에 초면인 사람에게는 소개 없이 말을 건다든지 전화를 하는 것이 어려워지는 것이다. 또 어느 정도 지위가 있는 사람일수록 먼저 인사하는 것을 꺼려한다. 한국에서 학연과 지연 관계에 의존하는 이유도 비슷한 맥락으로 볼 수 있다. 그러나 반대로, 자신의 지인에게 모금가를 선뜻 소개하기에도 껄끄러울 수 있다는 것을 알아야 한다. 모금가를 소개하는 소개자가 되고자 앞장서는 사람이 그리 많지 않을 것이다. 그러므로 누군가의 소개를 통해서만 기부자를 찾으려는 자세는 버려야 한다. 이것은 많은 사람이 힘들어하는 부분이지만, 모금에 있어서는 모금의 승패를 가르는 매우 중요한 일이기 때문에 열정이든 훈련이든, 아니면 철저한 직업관이든 '먼저 인사하기'의 두려움을 극복할 수 있어야 한다. 필요에 따라서 서로의 만남을 정하기 위해 먼저 전화하거나 여럿이 모이는 장소에서 가장 먼저 인사하는 사람은 어느 누구도 아닌 모금가여야 한다. 이것은 결코 쉬운 일이 아니다.

우리는 소개받지 않은 첫 전화가 혹시나 상대의 거부감을 유발하거나 거절의 원인이 될까 두려워한다. 그러나 이러한 두려움은 꼭 만나야 할 사람을 잃어버리는 원인이 되고 만다. 예를 들자면 모금 전문기관에서 일하는 모금팀장이 고액모금을 시작하는데 잠재기부자의 명단은 있으나 그들을 소개해 줄 사람들을 찾지 못해 포기한 적이 있다고 말했다면, 소개 없이도 그들을 만날 수 있는 용기와 담대함을 갖는 것이 무엇보다 먼저 선행되어야 한다는 것을 주지시켜 주어야 한다. 처음부터 기부금 이야기를 하는 사람은 없다. 꼭 기부금을 요구하는 목적이 아니더라도 부담없이 첫 전화를 해야 한다. 밝고 당당하게 인사하고 자신을 소개하다보면 생각보다 상대가 호의적으로 나오게 되고 좋은 결과를 가져올 수도 있을 것이다.

2) 질문을 많이 하는 사람

질문을 많이 한다는 것은 꼭 기부금 요구의 목적이 아니더라도 그들과 친구가 되기 위해, 더 나아가 그들에 대해 좀 더 알기 위한 것이다. 기부자의 마음을 움직여 기부를 하도록 만드는 것이 모금가가 할 일이다. 기부자의 마음을 움직이기 위해서는 무엇보다 상대방에 대해 더 잘 알고 공감하는 것이 중요하다. 상대방은 단순히 나에게 돈을 내어 줄 금전출납기가 아니고 단체의 친구라고 생각해야 한다. 또한 이를 증명하기 위해서라도 우리 단체와의 공통점을 만들기 위한 대화를 시작해야 한다. 대화를 잘한다는 뜻은 한마디로 잘 듣는다는 것이고, 잘 듣는다는 것은 질문을 많이 한다는 뜻이기도 하다.

경험이 부족한 모금가는 듣기에 중점을 두기보다 자신의 이야기를 하는 일에 시간을 보낸다. 이렇게 되면 상대의 의도나 생각을 알아내는 진정한 대화를 할 수 없다. 듣기를 잘한다는 것은 그렇다고 무조건 말을 하지 않고 고개를 끄덕이라는 뜻이 아니라 질문을 많이 하라는 의미이다. 물론 하지 말아야 하는 질문은 미리 조사를 해 놓는 것이 좋다.

모금가의 능력이란 '질문을 어떻게 하는가', 즉 질문의 능력을 통해 알 수 있다. 질문을 한다는 뜻은 경청할 준비가 되어 있고 상대에게 관심이 있다는 신호이다. 제대로 된 질문 하나로 엉클어진 관계의 실마리가 풀리기도 한다. 잠재기부자의 마음속에서 어떤 일이 일어나고 있는지를 아는 것은 단순한 호기심이 아니라 그를 단체에 참여시킬 수 있게 하는 '황금의 열쇠'이다. 예를 들면 단체가 주체하는 간단한 모임이나 파티에 초대한 후, 그에게 "이번 모임의 인상은 어떻습니까?"라고 묻는 것은 그 모이는 목적 중에서 가장 중요한 것이다. 이 질문으로 단체가 주장하는 모금이유(Cause)에 참여시키는 첫걸음이 되고, 다음에는 어떤 단계를 밟아야 하는지에 대한 정보를 제공한다. 잠재기부자에게 "몇 살에 첫 기부를 하게 되었습니까?" 같은 간단한 질문도 돈에 대한 가치관에 대해 닫혀 있던 빗장을 열게 만든다.

사람들은 기부요청도 두려워하지만 질문하는 자체도 두려워하는 경향이 많다. 상대방에게 폐를 끼치거나 귀찮게 만든다는 생각 때문이다. 모금교육이란 바로 담대하고 적절하게 질문을 하게 하는 훈련이다. 모금가은 그런 질문의 마력을 한 번쯤 경험했고 또 행하는 사람이다. 상대의 질문을 들어보면 그가 어떤 사람인지를 알 수 있다. 아예 질문이 없다면 관심이 없다거나, 열정이 없다거나, 주저주저한다거나, 전혀 문맥이나 앞뒤를 파악하지 못한다는 뜻이다. 아마도 질문을 두려워하는 이유 중의 하나는 자신의 바닥을 보여주고 싶지 않기 때문일지도 모른다.

'어떻게 질문하는가'를 통해서 우리는 모금명분에 대해 기부자의 다음 사항을 파악할 수 있다.

- 정보와 지식수준을 알 수 있다.
- 관심도를 확인 할 수 있다.

- 열정을 파악할 수 있다.
- 무엇이 필요한지 알 수 있다.
- 숨은 의도를 엿볼 수 있다.

기부자를 알고 싶다면 수동적인 자세로 질문을 기다리는 것이 아니라 적극적인 자세로 질문을 유도하는 것이 필요하다. 모금가란 기부자가 많은 질문을 하게 만드는 능력을 가진 사람이다.

3) 사진에 없는 사람

미국과 한국의 기부문화에는 몇 가지 차이점이 있다. 한국에서는 모금가가 기부자와 함께 촬영된 사진이 종종 신문지상에서 실린다. 이는 미국에서는 매우 보기 드문 장면이다. 모금한 사람이 누구인지는 외부적으로 중요한 일이 아니다. 실제로 누가 기부금을 받아 냈는지는 알려질 필요가 없다. 모금은 혼자서 하는 것이 아니라 팀을 이루어 함께하는 것이다. 그렇기 때문에 모금가는 전면에 나서서 얼굴을 비추는 사람이 아니라 커튼 뒤에서 움직이는 사람이 되어야 한다.

모금가는 다시 말해 단체의 CEO를 보좌하면서 단체의 친구들을 모으는 작업을 하는 사람이다. 더 나아가 모금은 단순한 하나의 행사로 끝나 버리는 것이 아니고, 모금이 이루어지는 절차 하나하나가 중요하다. 이러한 작업의 절차를 설계하고 실행시키며 조율하는 사람이 바로 모금가이다. 따라서 그는 사진을 찍는 사람이지 사진 속의 인물이 결코 아니다. 모금의 공적을 기념하거나 홍보를 위해서 누군가를 내세워야 한다면 오히려 기부자나 단체를 대표하는 사람이 나서야 한다. 모금가가 지나치게 공명심을 앞세워 사진에 나와서는 안 된다. 필요하다면 내부적으로 모금의 성과를 단체의 지도자와 이

사회의 주도 아래 인정받는 것이 훨씬 좋은 방법이다. 만약 자신도 모르게 사진에 자주 나오는 것을 스스로 발견한다면, 그는 아마도 모금가를 하기보다는 다른 부서의 지도자가 되거나 단체를 설립하거나 단체장을 맡는 것이 더 나을 것이다.

2. 모금가는 자격증이 필요한가?

모금가의 자질을 평가하고 그것을 증명하기 위해서는 자격증이 꼭 필요한 것일까? 결론부터 말하자면 자격증이 꼭 필요한 것은 아니다. 하지만 자격증을 갖추고 있다는 것은 모금가로서의 직업윤리를 지킬 수 있는 최소한의 자정능력을 갖추고 있음을 의미한다. 이러한 능력의 검증은 자정차원에서 시작하여 민간차원에서 인정받고 난 후에 정부에서도 인정받는 단계를 거치면 공인된 전문 모금가의 자격이 생긴다.

공인회계사(CPA)나 공인재무분석사(CFA)와 비슷한 형태라고 생각하면 이해하기가 쉽다. 일반인들도 세무보고를 스스로 할 수 있지만 자격의 기준을 만들어 공인된 절차를 거치고 검증을 받은 사람의 사인이나 증명이 더해진 문서는 일반 문서나 자료보다 더 큰 공신력을 가지기 때문에 CPA나 CFA라는 전문가 자격이 생겨나게 된 것이다. 그렇기 때문에 특수한 분야에 대한 전문지식과 경험 등을 쌓은 전문가를 공식으로 인정하고, 그들에게 검증받은 것에 좀 더 높은 신뢰도를 책정하게 된다. 이처럼 자신의 문제가 아닌 다른 사람의 일을 직업적으로 다루는 사람에게는 특정한 자격 기준이 필요하다.

영리를 추구하는 거대한 기업에서는 HR(Human Resources)부서가 있어서 전문가를 고용할 때 그들을 선별할 기준과 자료, 전문 지식이 충분하지만 비영리단체들은 그 사정이 매우 다르다. 아직 영세한 단체가 많고 전문 모금가를 고용하고자 할 때 구체적인 확인사항이나 기준을 마련하기가 어려운 실정이다. 일반적으로 단체장이나 이사급 정도의 임원이 인터뷰를 하는 정도인데, 그 정도의 기준으로 상대방의 전문성을 점검하기란 현실적으로 불가능하다. 그래서 자연스럽게 제3의 기관에서 복잡한 검증 과정과 오랜 시간을 걸쳐 쌓아 온 경험과 이론 그리고 실적을 기준으로 검증받은 자격증에 의존하게 된다.

미국의 비영리단체들도 전문성이나 인성이 요구되는 중요 전문 모금가를 모집하면서 모집 조건을 '자격증 우대(Preferred)'에서 '자격증 필수(Required)'로 바꾸고 있는 추세이다. 모금가에게 주어지는 자격증은 전 세계를 통틀어 CFRE가 유일하다. CFRE는 처음 미국 내에서 시작되어 전 세계로 확산되었다. 그리고 현재 전 세계 6000명 이상 자격증을 취득하고 전문 모금가로 활동하고 있다. 모금을 하는 관련인들은 CFRE를 대세로 받아들이고 모든 교육의 초점을 이 자격증의 취득에 맞추고 있다. 약 3만 명의 회원을 가지고 있는 세계에서 제일 큰 모금가협회인 AFP(Association Of Fundraising Professionals)에서도 CFRE들이 대부분의 지도자직을 맡고 있으며, 이곳에서도 또한 모든 프로그램을 CFRE 자격 취득 준비에 맞추고 있다. 세미나, 컨퍼런스, 사설교육, 대학교육 등 다양한 분야에서 책이 출판되지만 그 주제는 CFRE 자격증 취득에 집중되어 있다.

사람들이 이 자격증에 주목하는 이유는 모금의 속성상 모금가에게 상당히 높은 윤리성이 요구되기 때문이다. 이 윤리성은 개개인의 판단보다는 공식기관의 검증을 통해 신뢰를 얻게 된다. 또한 공인된 자격증은 직업의식에 자부심을 높여 주어, 스스로 부정이나 스캔들에 휘말리지 않을 수 있도록 견제하는 역할을 하며, 기부자에게도 신뢰감과 안정감을 주는 역할을 한다. 그리고 자격증을 취득함으로써 얻게 되는 또 하나의 이득은 그 분야에 '올인'한 사람으로서 스스로나 남에게 전문성을 인정받기 위해 노력한다는 점에서 같은 동료 전문인들로부터 존중을 받는다는 것이다. 그들은 명예를 중요시하기 때문에 어떤 불미스러운 일에 연루되어 자격을 박탈당하는 것을 두려워한다. 마치 변호사가 제일 무서워하는 것이 그들의 의뢰인이 불만사항을 변호사협회에 접수시켜 협회 측의 경고 전화를 받는 것처럼, 자격증은 모금가가 동료들과 관계를 유지하고 소외당하지 않기 위해 스스로 윤리규범들을 더욱 철저히 지키도록 노력하는 계기를 만들어 준다. 그렇다면 이러한 CFRE에 대한 일반적인 인식은 어떠할까? 자격증을 지닌 전문 모금가에 대한 일반인들의 인식을 보여 주는 재미있는 이야기가 있다.

> 미국의 어떤 골프 모임에 참가한 네 명의 부자가 자신의 부를 자랑하고 있었다.
> 첫 번째 사람이 티샷을 하면서 말했다.
> "어젯밤에 집으로 CPA와 CFA를 오라고 해서 투자 문제에 대해서 의논했어."
> 그 말을 들은 두 번째 사람이 곧바로 과시하듯 말을 이었다.
> "나는 어젯밤에 고문 변호사를 불러 부동산 구입 계약 문제를 의논했어."
> 두 사람의 말을 들은 세 번째 사람이 질 수 없다는 듯 얼른 자신의 이야기를 꺼내어 놓았다.
> "나는 어제 담당 주치의를 불러서 혈압을 체크했는데."
> 그러자 그들의 이야기를 조용히 듣고 있던 마지막 네 번째 사람이 나지막하게 말했다.

"나는 어제 본 적도 없는 CFRE가 찾아왔더라고."

마지막 사람의 말에 앞의 세 사람은 꼬리를 내리고 더 이상 자신의 부를 자랑하지 못했다는 이야기이다. 왜 마지막 사람의 말에 세 사람은 아무 말도 하지 못했을까? 앞의 세 사람은 자신의 개인적인 문제를 해결하고 의논하기 위해 전문가들을 불렀다. 그러나 네 번째 사람은 개인적인 이유가 아닌 남을 위한 일(기부)을 하기 위해 CFRE가 찾아왔다. 여기서 가장 부자는 누구일까? 바로 '노블리스 오블리제(Noblesse Oblige)'를 실현할 수 있는 마지막 사람이 진정한 부자라는 것이다.

단순히 재산이 많은 부자라고 해서 CFRE가 무조건 방문하는 것은 아니다. 미국에서 CFRE가 잠재기부자를 찾을 때에는 그들 나름의 정보와 노하우를 바탕으로 철저한 선별 작업을 거친다. 가장 중요한 것은 기부자의 가치와 그들이 실행하고자 하는 공익에 공통분모가 있음을 파악하는 것이다. 그 과정을 거친 후 기부자의 기부이력과 인성 등을 파악하여 잠재기부자에 대한 체계적인 접근 계획을 세운다. 그리고 이러한 계획을 실행에 옮기는 것은 잠재기부자가 기부할 것이라는 어느 정도의 확신이 생겼을 때 가능해지며, 서로가 공유한 가치를 실현할 기회를 만들어 주는 것이 모금가의 진정한 역할이라고 할 수 있다.

3. 모금가의 능력

1) 모금가의 실적 기록(Track Record)으로 평가하라

모금역사에서 모금은 여러 형태로 존재했지만 우리가 접하고 있는 모금의 형태는 근래에 와서야 확립되었다. 최근에는 한 단체 책임자의 지도력을 평가하는 기준으로 모금 능력을 가장 중요한 능력으로 여기는 경향이 있어 더욱 관심의 대상이 되기도 한다. 하지만 직접 모금을 하려고 하면 마음만 앞설 뿐, 모금에 대한 인식 부족과 전략적이지 못한 접근방식 때문에 막상 모금하는 데 커다란 어려움을 겪게 된다.

모금 능력은 사실 한두 시간 책을 읽거나 세미나를 듣는다고 해서 길러지지 않는다. 모금 능력은 어린 시절부터 꾸준히 해 온 작은 바자회나 학교동아리 활동을 통한 모금 등으로부터 길러진다. 굳이 거창한 것이 아니더라도 사소하지만 다른 사람을 위해 모금을 했던 경험이 차곡차곡 쌓이면 이것이 어느 순간 능력으로 발휘될 수 있다. 꾸준한 모금 경험의 축적이 비영리단체의 모금 지도자를 결정하는 중요한 덕목 중 하나이다.

한국에서는 모금 지도자가 결정되는 방식이 아주 독특한 편이다. 대학에서 평교수로 있다가 투표로 덜컥 총장이 되거나, 평생 모금을 해 본 적도 없던 사람이 투표로 비영리단체의 장(長)이 되고는 한다. 이렇게 어느 날 갑자기 모금 책임자 자리에 앉게 되면 눈앞이 캄캄해지고 단체에 도움이 되는 실질적 모금의 성과를 내놓지 못한다.

전 미국 대통령 레이건(Ronald Reagon)의 "믿어라! 그러나 반드시 확인하라!(Trust! But Verify!)"라는 말처럼 미국의 경우 단체장을 선발할 때 다순히 투표를 하는 것이 아니라 전문 인사위원회에서 후보자의 걸어 온 발자취를 꼼꼼히 살펴보고 인터뷰를 하며, 이른바 'Track Record', 즉 그 사람의 그동안의 실적 기록을 확인한다.

그 기록의 시작은 사회의 가장 작은 공동체인 가정에서 시작해서 사회로 뻗어 나간다. 그렇기에 공동체의 크기를 막론하고 그 성향과 문화를 이해하는 것이 가장 우선된다. 모금을 하려고 하는 단체 소속원의 성향과 그것을 뒷받침하는 사회적 문화에 대한 이해 없이 무턱대고 모금을 하는 것은 모래 위에 집을 짓는 것과 다름없다.

우리는 어렸을 때부터 기부를 가르쳐야 한다고 이야기하는데, 이를 위해서는 아이들에게 일방적으로 말로만 하는 교육이 아닌 아이들이 보고 배울 수 있도록 어른들이 기부문화를 먼저 바르게 정착시키는 것이 중요하다. 기부문화가 자리 잡히지 않은 사회에서 자라는 청소년들의 경우, 교육을 받는다고 하더라도 일회성 행사에 그치기 때문에 가정과 학교에서 직간접적이고 지속적인 교육이 필요하다.

결국 한 사람의 실적 기록의 시작은 가정에서 부모와 나아가 모든 어른에게 달려 있다. 진정한 지도자는 모금가의 자질을 갖추어야 하며, 한 단체의 지도자를 선발할 때에는 바로 이러한 개인의 모금 실적을 바탕으로 평가해야 한다. 그 사람을 평가하는 데는 그 사람이 그동안 얼마나 모금활동을 펼쳐왔나 하는 것도 포함되어야 한다.

2) 모금가와 시간 관리(Time Management)

지나가 버린 시간들을 되돌아보면 일생의 3분의 1은 그다지 중요하지도, 급하지도 않았던 일에 시간을 소비했는지도 모른다. 소비해 버린 일생의 3분의 1 때문에 또 다른 3분의 1의 인생이 그 일을 뒤치다꺼리하는 일로 시간을 소모하면서 보냈는지도 모른다. 사람이 어떤 일에 우선순위를 두고 있는가를 알아보려면 주로 어디에 시간을 쓰고 있는지를 살펴보면 된다.

건축가들이 쓰는 말 중에 "Form follows function"이라는 말이 있다. 건물의 모양은 그 건물의 용도와 목적에 맞아야 된다는 것이다. 시간을 쓰는 방법도 그 사람의 삶의 방향과 맞아야 된다. 시간은 관리(Management)하는 것이 아니라 자신을 절제하는 훈련(Discipline)에 달려 있다. 시간은 고정되어 있고, 자신이 그 주어진 시간 안에 어디에 우선순위를 두고 있는가에 달려 있다. 시간이 없어서 일을 처리 못했다는 사람들의 변명은 대부분 세 가지 이유이다.

첫째, 우선순위를 정할 줄 모른다.
둘째, 우선순위를 중심으로 두고 일에 대한 정리를 못한다.
셋째, 정리는 되어 있지만 실행할 자신이 없다.

이렇게 실행하지 못하는 이유에 대해 조금 더 자세히 살펴보자면,

- 해야 할 일(To Do List)을 만들어 놓고 실행하지 못했다.
- 자신의 목표를 설정하지 못했다.
- 우선순위 선정에 실패했다.
- 방해되는 일을 막는 것에 실패했다.
- 일을 미루는 버릇이 있다.
- 시간이 너무 걸리는 일만 한다.
- 바쁜 것을 너무 좋아하는 성향이 있다.
- 한꺼번에 동시에 일을 많이 한다.
- 쉬는 시간이 없다.
- 비현실·비효율적으로 스케줄을 잡는다.

그림 3-1 모금가와 시간 관리

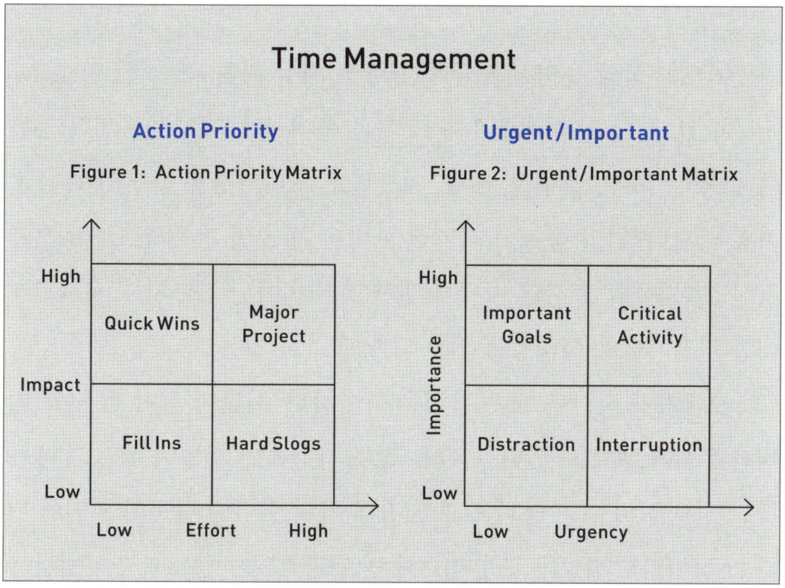

그중에서 가장 큰 문제는 외부에서 다른 부탁을 했을 때 '아니요(No)'를 못하고 그 일에 매달리다 보니 우선순위를 놓친 것이다. 거절을 잘 못하는 사람은 결국 사람도 잃고 일도 잃어버리게 되는 경우가 많다. 그 사람이 리더십이 있다는 뜻은 일에 대한 우선순위(Priority)를 정하는 능력이 있다는 뜻이다. 우선순위의 일을 정할 때, 그 일이 단체를 위해 매우 중요하고 긴급한(Urgent) 일이어야 하며, 노력은 적게 기울이면서도 그 결과로 인한 영향력(Impact)은 매우 큰 것이 우선순위가 될 수 있다. 그리고 그 일을 관리(Management)하는 일은 그것을 실행하는 능력이라 할 수 있다.

예를 들어 사람에 따라 우선순위가 다르지만, 긴급하고 중요하며 노력은 적게 들어가나 그 결과의 영향력(Impact)이 큰일에 우선순위를 두는 것이 현명하다. 급하거나 중요한 것도 아니며 또한 노력이 많이 필요하면서도 영향력이 적게 미치는 일은 나중으로 미루는 것이 좋다.

어느 미국의 유명한 모금가는 항상 책상 위에 '해야 할 일(To Do List)'이 있고, 그 일 뒤에 U/I 와 E/I[01]를 붙여서 일의 우선순위를 정한다. 그것은 하루, 일주일, 월별, 연도별로 모니터링을 하면서 하나씩 지워 나간다. 만약 동료가 어떠한 부탁을 해 오면 정중하고 단호하게 거절을 하는데, 그 사람 자체에 대한 거절이 아닌 동료의 프로젝트에 대한 거절이므로 상대방을 기분 나쁘게 하는 것은 아니라고 한다.

모금가가 시간을 보는 관점은 특이하다. 시간이 적이 될 수도 있지만 무기가 될 수도 있다. 시간을 잘못 사용하면 갈등이 생긴다. 예를 들면 정보를 나누는 양과 질과 시간의 차이가 나면 갈등의 원인이 된다. 조금이라도 남보다 늦게 정보를 받으면 소외감을 느끼고 차별감을 느끼게 된다. 한편 시간을 좋은 도구(Tool)로 사용하는 경우는 캐피털 캠페인을 할 때 다른 사람보다 먼저 큰 금액의 기부요청을 할 수 있는 기회를 주는 것도 일종의 보상(Reward)이라 하겠다. 가능하면 도달할 수 있는 일정한 기간을 정하는 것도 심리적으로 유리하게 작용된다.

시간의 경영은 자원이 부족한 작은 단체일수록 더 민감하게 작용된다. 일종의 자원이기 때문에 가난한 자의 유일한 무기는 시간일 수도 있다. 아무리 부자라고 해도 시간이 부족하면 행복할 수도 없다. 작은 비영리단체는 시간을 무기로 유리하게 사용할 수 있다. 그러나 시간 경영에도 순서와 등급이 있다.

첫째, 우선 체크리스트를 만들 수 있는가와 없는가에 달려 있다.

---

01 〈그림 3-1〉의 오른쪽에 U/I(Urgent/Importance), 왼쪽에는 E/I(Effect/Impact)를 나타낸 것이다.

둘째, 그 리스트를 기존 날짜별로 기입하는 단계이다.

셋째, 목표를 설정하고, 자신의 가치를 확인하며, 확실하게 이해하고, 우선순위를 정하는 것(Prioritizing)이다.

넷째, 시간을 경영하는 것이 문제가 아니고 어떻게 자신을 조절하는가에 달려 있다.

3) 글레처(Gleicher)의 변화공식 : 비영리조직의 변화에 대한 과학적 접근

비영리조직의 변화를 관리하기 위한 간단한 공식이 있으며, 그것이 마치 수학방정식처럼 표현될 수 있다면 어떻겠는가? 모금 분야의 변화를 효과적으로 관리할 수 있게 된 것은 데이비드 글레처(David Gleicher)와 리처드 베커드(Richard Beckhard)의 글레처의 변화공식 덕분이다.

베커드와 글레처가 제안한 변화할 수 있는 세 가지 요소의 변수를 통해 모금에 대한 저항을 준비한다면 모금이 조금 더 쉬워질 수 있을 것이다. 모금가는 모금 분야에서 도태되지 않고 살아남기 위해 변화를 수용하고 관리할 줄 아는 능력을 키워야 한다. 대부분의 조직 및 관리자는 '변화'를 두려워한다. 그러나 변화의 주요 요소가 무엇인지, 이러한 요소는 어떻게 사용되는지 알게 된다면 변화에 대한 저항을 극복할 수 있다.

▶ 베커드(Beckhard)와 글레처(Gleicher)의 공식

관리 분야의 전문가는 원래 세 가지 주요 변수에 추가변수를 더해 변형된 공식을 제안했다. 그러나 기본공식은 여전히 어떤 변형된 공식보다도 큰 무게를 지니고 있다.

기본공식은 세 가지 주요변수를 소개하는데, 그것들은 변화가 얼마나 의미가 있는지, 그리고 공식이 변화에 대한 저항을 극복해 낼 수 있는지를 결정한다고 소개하고 있다. 공식은 다음과 같다.

$$D \times V \times F > R = \Delta$$

D(Dissatisfection) - 현재 상황에 대한 불만의 심각성 정도

V(Vision) - 실현 가능한 범위 내의 비전

F(First Steps) - 비전을 향해 실현시킬 수 있는 첫 번째 구체적인 단계 계획

R(Resistance) - 변화에 대한 저항

Δ(델타) - 변화

▶ 공식에 대한 해석

D, V, F의 결과물이 변화 저항보다 큰 경우에만 성공적인 조직변화가 가능하다는 것을 의미한다. 공식이 세 변수의 곱셈을 포함하기 때문에 어떤 변수가 없거나 너무 낮을 경우 최종 결과 또한 낮을 수밖에 없다. 이러한 변수 중의 하나가 '낮다'라는 것은 저항을 피할 수 없다는 것을 의미한다. 이러한 요소 중 하나라도 변화 과정에서 무시되는 경우는 변화 계획이 후퇴될 수밖에 없다. 성공적인 변화를 실현하려면 전략적으로 세 가지 변수를 증가시키기 위한 관리가 필요하다. 그렇기 때문에 이 변수를 이해하고 당신을 위해 작동하도록 만드는 것이 변화공식을 최대한 활용할 수 있는 두 가지 중요한 요건이다.

D – 현재 상황의 불만족 | 사람들이 현재의 상황에 만족하고 있는 경우 변화의 이유와 동기가 매우 약하다. 따라서 관리자는 현재

상황에 대한 문제점, 즉 상황 자체 혹은 상황을 대처하는 방법에 대해 용납할 수 없는 부분과 그 이유에 대해 설명해야 한다. 실제 예를 들어보자. 당신의 냉장고에 아무런 문제가 없다면 당신은 냉장고를 바꾸려 하지 않을 것이다. 현재 상황에 만족한다면 당신은 불만이 없기 때문에 변화를 추구하지 않을 것이다. 변화는 불만의 수준이 높은 경우에만 환영 받는다. 변화를 향한 의지를 만들려면 당신은 일들이 지금처럼 유지될 수 없는 이유를 설명해야 한다. 당신이 변화해야 하는 부분을 공식화할 때, 당신은 세 가지 관점에서 이야기해야 한다.

- 전체 조직의 문제
- 기부자나 이해관계자에 대한 문제
- 단체 직원을 위한 문제

V – 비전의 가능성 | 가려고 하는 방향에 대한 확실성이 없다면 왜 그 길을 선택하겠는가? 변화를 받아들이고 실현하기 위해 우리는 모든 가능성과 결과물에 대한 확고하고 구체적인 비전이 필요하다. 관리자는 모든 사람이 미래의 비전에 동의할 수 있도록 하는 노력을 해야 한다. 한 치의 의심이 없도록 투명하고 구체적이어야 한다. 왜냐하면 모든 불확실성은 어떤 일을 성취하는 데 있어 경로를 이탈하게 하는 주범이 될 수 있기 때문이다. 미래의 비전을 이야기할 때는 모든 사람이 품고 있는 것을 끄집어내어 공유하고 참여해야 한다.

따라서 미래를 설계할 때에는 당신의 조직이 변화로부터 어떤 혜택을 받을지와 변화 직후 직원의 새로운 직책 또는 역할을 설명해야만 한다. 비전이 명확할수록 사람들은 더욱 열정적으로 비전을 실현하려고 노력할 것이다. 모든 사람은 그 비전의 일부를 원하고 있다. 그들에게 원하는 것을 주어라. 그들에게 변화가 어떤 혜택을 줄 것이며 그들은 당신이 변화를 이루는 데 가장 좋은 동역자가 될 것이다.

F – 변화를 향한 첫 단계 | 현재 상황에 대한 불만과 아름답게만 그려져 있는 미래상만 가지고는 사람들에게 변화 동기를 심어 주기에는 충분하지 않다. 그래서 바로 여기에 글레처(Gleicher) 공식의 세 번째 변수가 들어오게 된다. 계획 경로나 비전을 달성할 수 있는 확실한 방법이 있는가? 모든 사람이 비전이 달성되는 방법을 알고 있어도 프로세스가 부여되지 않는 한, 그들은 변화를 받아들이지 않는 것이다. 당신의 직원들은 비전을 달성하기 위한 명확한 전략이 있는지 알고 싶어 한다. 관리자들은 현재 적절한 행동 계획서를 가지고 있다는 것과 제시한 비전이 설득력 있으며 지금까지 이야기된 것들이 실제로 달성할 수 있다는 점을 직원들에게 가르쳐야 한다. 이제 당신은 어디에서부터 무엇을 어떻게 해야 하는지 알고 있기 때문에 변화저항은 쉽게 이겨 낼 수 있을 것이다.

4. 모금가의 역량을 저해하는 요인

모금활동을 하다보면 다양한 환경과 사람, 사건을 마주하게 된다. 수많은 경험이 누적되면서 성공과 실패가 누적되고 그 안에서 역량이 성장된다. 그러나 꼭 비례적인 것만은 아니다. 사안에 따라 무기력과 좌절로 정체성이 흔들리기도 한다. 감기에 걸리지 않기 위해 예방주사를 맞듯이 모금가의 역량을 저해하는 요인들을 미리 확인하여 예방하는 것도 모금가가 준비해야 하는 중요한 자기 관리 중 하나이다.

1) 관계 갈등

서로 다른 배경과 환경 속에서 자라 온 사람들이 모여 모금활동을 하다 보면 평소에 표출되지 않았던 갈등이 표면으로 드러나게 되는 경우가 있다. 모두가 신경이 날카로워진 상태에서 작은 마찰에도 갈등이 크게 불거질 수 있기 때문이다. 성공적인 모금 결과를 이끌어내는 데는 각 부서 직원들의 팀워크와 단체가 함께 잘 짜 놓은 프로세스의 역할이 크다. 조직과 팀 간의 갈등, 동료 간의 갈등, 조직 지도자와 개인 간의 갈등 등은 모금이 실패하게 되는 가장 큰 이유가 되기도 한다.

여러 부서와 개인 간의 갈등은 여기저기에 잠재되어 있다. 잠재된 갈등은 모금활동을 시작하면서 함께 표출되는 경우가 많다. 그러므로 모금가는 모금활동 전에 작은 갈등의 씨앗이라도 잘 살피고 눈에 띄는 갈등들을 완화시키는 작업을 먼저 해야 한다. 모금 과정에서 발생하는 불가피한 갈등들을 완전히 제거하기는 어렵다. 하지만 이 갈등들을 잘 다스려 그 피해를 최소화하고, 긍정적이고 생산적으로 원만한 인간관계를 형성하여 조직의 모금생산성과 경쟁력을 높여야 할 것이다.

(1) 내부적 갈등 : 비영리단체내의 가장 보편적이고 큰 갈등

① 직원(Paid Staff)과 자원봉사자(Volunteer)들 간의 갈등

단체의 직원들은 자신이 하는 일에 자부심과 프로의식을 가지고 있다. 그러나 때때로 자원봉사자들이 자신의 영역을 침범한다고 여기거나 위협을 느껴 갈등이 발생하기도 한다. 반면에 자원봉사자들은 직원이 불친절하고 모금 교육에 대해서도 성의 없는 태도를 보이는 데 실망하는 경우가 있다. 이 때문에 자원봉사자들의 재지원율이 매우 낮아지는 것이 미국 사회에서는 큰 이슈가 되기도 했다.

② 단체 임원과 직원 간의 갈등

모금 결과에 대한 보상을 팀원이 서로 공평하게 나누기가 매우 어렵기 때문에 항상 공정하지 못한 CEO에 대한 불만과 직원들이 모금활동에 적극적으로 나서지 않는다고 생각하는 CEO의 직원에 대한 불만이 갈등으로 표출된다.

③ 이사회 내부의 갈등

이사회의 구성원들은 각자 다른 자원과 방법으로 이사회에 참여하기 때문에 서로의 기대치와 내부 파워 게임으로 갈등이 발생하기도 한다.

④ CEO와 이사회의 갈등

이사회는 법적으로 CEO의 인사권을 가지며, 동시에 모금활동에 적극적으로 참여해야 하는데 현실적으로 그렇지 못한 경우가 많아서 갈등이 발생하고는 한다. 그런데 이런 갈등은 단체의 존립마저 위협할 정도로 매우 심각한 것이 많다.

⑤ 팀원 간의 갈등

기부자를 직접 만나서 몸으로 부딪히고 설득하는 등의 까다로운 업무가 많고, 일반 기업보다 보상이 열악하기 때문에 서로가 경쟁관계로 잘못 발전할 가능성이 높다.

⑥ **단체 부서 간의 갈등**

특히 모금 부서와 홍보 부서가 서로의 시간과 역할 분담에 대해 서로의 잘못을 따지다 보면 쉽게 부서 간의 갈등이 발생하게 된다. 이러한 갈등은 나름대로의 방침이나 단체행동 관계규약 등을 만들어 어느 정도 방지할 수 있는 방법이 있다.

(2) 갈등 해결 방법

지금까지 비영리단체는 단체 내에서 발생하는 갈등에 대처하기 위해 주로 다음과 같은 방법들을 사용해 왔다.

- 상대의 입지를 약하게 하여 상대적으로 자신의 힘을 키운 뒤 필요를 충족시키는 방법
- 마치 갈등이 없는 것처럼 무시하거나 충돌에 대한 두려움에 갈등을 피하는 방법
- 서로 필요한 것을 주고받는 식으로 거래하거나 조건을 교환하는 방법
- 전략적이고 근본적인 원인 해소가 아니라 임시방편적이고 피상적인 수습 방법

그러나 이러한 방법들은 근본적인 갈등 해결책이 아니다. 비영리단체 안에서 벌어지는 갈등을 근본적으로 해결하려면, 긴 안목을 가지고 동업자의 마음으로 관계 개선을 하기 위해 협력하여 합의점을 찾아내야 한다. 위의 방법과는 다른 새로운 갈등조정의 태도전환이 필요하다. 만약 갈등 상대자와 서로 여러 가지 방법으로 조정해 보았음에도 불구하고 다음과 같은 이유로 불가능할 경우에는 그 다음 단계로 제3자의 개입이 필요하다.

- 서로의 이해와 필요가 확연히 다르거나 공통점을 발견하지 못한 경우
- 상대가 비현실적인 조건을 끝까지 고수하는 경우
- 서로의 관계에 있어서 과거의 상처가 치유되지 않은 상태에서 불신이 남아 있어 의미 있는 새로운 대화가 이루어질 가능성이 매우 낮은 경우
- 한쪽은 상대의 행동에 불의(Injustice)가 개입되었다고 하고, 상대방은 그것을 인정하지 않는 경우

이때 갈등 해결을 위해 개입한 제3자는 우선 화해 촉진자(Facilitator)의 역할을 잘 감당해야 하는데 시간과 장소를 맞추고, 대화할 수 있는 분위기를 조성해야 한다. 또한 중재자(Arbitrator)의 역할로서 객관적인 입장에서 서로의 갈등에 대한 판단을 내려 주는 것이 중요하며, 마지막 조정자(Mediator)의 역할로서 대화를 유도해 서로 합의점을 찾아내도록 옆에서 도와줌으로써 갈등을 원만히 해소하고 다시금 제 역할에 충실할 수 있도록 이끌어야 한다.

2) 모금의 적

단체 내부의 여러 갈등이 조직을 옭아매고 활력을 잃게 만들기도 하지만 더욱 주의해야 할 적은 이 외에도 도처에 도사리고 있다. 특히 개개인의 마음을 나태하게 하거나 의욕을 잃고 가슴앓이를 하게 하는 모금의 가장 큰 적들을 살펴보자.

(1) 탈진(Burnout)

모금, 더 나아가 비영리단체의 일을 하다 보면 모든 일이 순조롭

고 재미있게 진행되기만 하는 것은 아니다. 한 조사에 따르면 모금가들이 가장 힘들어하는 것 중 하나가 내부 인력 간의 갈등이라고 한다. 통계적으로 모금에 참여했던 자원봉사자가 그 열정을 유지하고 다른 모금에 참여하는 비율이 생각보다 높지 않다. 다른 일들도 마찬가지겠지만, 모금의 경우 특히 탈진에 따른 엄청난 후유증으로 고생을 하고 일시적으로 일을 중단하거나 아예 모금에 참여하는 것을 포기해 버리는 경우도 종종 발생한다.

탈진은 과하고 오래 지속된 스트레스로 인하여 정신적·육체적으로 소모가 된 상태를 말하며, 업무와 관련된 끊임없는 요구를 더 이상 감당하지 못한 채 압박에 시달릴 때 발생된다. 탈진 상태가 오래 지속되면 처음에 가졌던 열정·동기·관심을 잃게 된다. 결국에는 일과 동료와의 관계 유지는 물론 개인 건강까지도 해치게 된다. 이것은 일시적으로 왔다가 사라져 당사자의 기분을 다시 좋게 만들기도 하는 일반적인 스트레스와는 다르다. 탈진을 겪은 사람들은 다시 기분이 좋아지거나 활동적으로 움직일 수 있는 가능성이 거의 없다. 그렇다면 탈진은 어느 시기에 발생할까? 통계적으로 볼 때 다음과 같은 상황을 주의해야 한다.

- 자신이 가지고 있는 역량과 주어진 임무가 같지 않을 때
- 단체의 목표가 비현실적일 때
- 여러 사람에게 여러 가지 일이 너무 복잡하게 주어졌을 때
- 주어진 일이 자신의 가치와 일치하지 않을 때
- 자신이 하는 일이 단체에 도움을 주지 못한다고 느꼈을 때
- 경제적인 보상이 전혀 이루어지지 않는다는 느낌을 받았을 때

위와 같은 상황이 해소되지 않고 지속되면 처음에는 일반적인

스트레스였던 것이 탈진 상태로 악화된다. 탈진을 방지하기 위해서는 모든 일을 혼자서 해결하려 하지 말고, 너무 많은 결과를 내놓으려는 욕심을 갖지 말아야 한다. 그리고 그 일에서 즐거움을 찾아야 하는데, 그러기 위해서는 다음의 세 가지를 늘 생각해야 한다.

첫째, 일이 너무 많아 자신의 능력을 벗어나서는 안 되며,
둘째, 그 일이 자신의 적성에 맞아 재미를 느낄 수 있어야 하고,
셋째, 그 일을 어떻게 하면 성공할 수 있는가를 알고 있을 때 탈진을 미연에 방지할 수 있게 된다.

탈진은 비영리단체뿐 아니라 모금가에게도 가장 조심하고 두려워해야 할 적이다.

(2) 쿨리지 효과(Coolidge Effect)

결혼을 한 뒤 어느 정도 시간이 지나면 이른바 권태기가 찾아올 수 있다. 처음에는 새롭고 좋았던 것들이 같은 생활을 반복하다 보면 그것에 싫증을 느끼게 되면서 권태기가 온다. 이런 권태로운 상태를 심리학에서는 '심리적 피로(Psychological Fatigue)'라고 한다. 심리적 피로란 어떠한 일을 계속 진행할 의사가 있음에도 불구하고 심리적·신체적·생리적으로 탈진하게 되어 계속할 수 없는 상태를 말한다.

모금에서도 이러한 권태가 일어난다. 모금을 효과적으로 하기 위해 진행하는 음악회나 바자회 등의 특별 행사가 처음에는 새롭고 신선하게 다가와 효과적인 모금을 하게 되지만 이것이 점차 반복되고 동일한 레퍼토리와 내용이 계속되다 보면 오히려 그 효과가 떨어지게 된다. 그러므로 모금에서 특별 행사를 진행할 때에는 그 취지에 맞게 새롭고 창조적인 방법을 시도해야만 한다. 특별 행사도 상투적이고

일상적인 행사로 전락해 버린다면 더 이상 특별 행사로서의 의미를 상실해 버린다.

(3) 귀차니즘

모금에 모든 사람이 한마음으로 열정을 가지고 임한다고 생각하면 큰 오산이다. 모금은 책상에 가만히 앉아서 하는 것이 아니라 단체운동처럼 부지런히 몸을 움직여야 하는 일이다. 그런데 간혹 자원봉사자나 단체 지도자 중에서도 '귀차니즘'에 빠진 상태에서 모금에 참여하는 경우가 있다. 모금을 직접적으로 이끌어가는 주체인 자원봉사자나 단체 지도자가 열정과 자신감을 가지고 있지 않은 상태에서 이루어지는 모금은 매우 위험한 결과를 초래한다.

그렇다면 이들이 '귀차니즘'에 빠지게 되는 이유는 무엇일까? 가장 큰 이유는 참여 인력에 대한 검증시간이 충분하지 않기 때문이다. 비영리단체의 모금에 적극적으로 참여하려는 자원봉사자는 일반 서비스 직종의 자원봉사자보다 현저하게 적다. 또 그 지원자들을 심사할 시간과 전문성도 부족하여 적합한 인력을 선발하기도 쉽지 않다. 단체활동에서 참여 인력의 적극성과 참여도는 전체에 엄청난 영향을 끼친다. 적극적이고 즐겁게 참여하는 사람이 발산하는 긍정 에너지의 확산도 있지만, '귀차니즘'과 같은 부정 에너지는 더욱 빠르게 주변으로 퍼져 나간다. 사람은 본능적으로 쉽고 편한 방법을 찾기 마련이다. 내면에 잠재되어 드러나지 않던 본능도 주변 사람들이 하나 둘 그런 모습을 보이면 덩달아 편안함만을 좇게 되는 것이 사람의 심리이다. 그래서 단 한 사람이라도 귀차니즘에 빠지게 되면 단체 전체가 귀차니즘으로 물들 수 있다.

모금 지도자는 단체 내에서 '귀차니즘'의 부정 에너지를 가진 사람을 찾아내어 최대한 빨리 제외시켜야 한다. 그런데 경험이 적은 모금 지도자는 그들을 변화시키려는 만용을 부리는 오류에 빠지기도 한다. 그러나 이것은 모금 지도자의 역량으로 해결 가능한 문제가 아니며, 최악의 경우 모금 지도자마저도 그들을 변화시키지 못하고 제스스로 지쳐 모금 전체를 망쳐 버릴 수도 있다. 한 사람의 인력도 아쉬운 모금 세계이지만 모금 지도자는 전체의 원활한 진행을 위해 결단력을 가져야 한다.

3) 모금의 부담과 두려움

모금 능력은 지도력의 중요한 요소로 여겨진다. 그러나 아직도 일부에서는 모금 자체에 대한 부정적인 견해를 가지고 있다. 모금 컨설턴트로서 많은 단체장, 이사회, 단체 직원, 그리고 잠재기부자를 만나 모금에 관한 대화를 나누다 보면 모금 자체의 필요성은 인정하지만 그 방법론에 대해서는 부정적인 경우가 많다. 모금가는 모금의 필요성을 설명하기에 앞서 왜 그 단체나 개인이 부정적인 생각을 가지고 있는지 이유를 파악하고 그 오해를 풀어나가야 한다.

그렇다면 모금에 대한 부정적인 견해는 구체적으로 어떤 이유 때문에 생기는 것일까? 다음의 다섯 가지 대표적인 경우를 살펴보자.

(1) 신앙적인 이유

교회나 기독교 관련 단체의 관계자들 중에는 모금이 근본적으로 성경적이지 않다고 보는 견해를 가지고 있는 경우를 종종 볼 수 있다. 미국에서도 초창기에 이러한 문제가 이슈가 되었지만 현재는 모금 자체는 지극히 성경적인 것임을 인정하고 받아들이고 있다. 모금이 어떤 면에서 성경적인가 하는 문제는 종교적으로 설명되어야 할 부분이므로 모금가의 입장에서는 교회의 모금이 당연할 수밖에 없는 이유를 설명하고자 한다.

교회는 교인들의 헌금으로 운영된다. 교회가 일반적인 사명을 다하기 위해서는 헌금이 필연적일 수밖에 없다. 헌금은 모금의 대표적인 형태이다. 만약 종교적인 이유로 모금을 인정하지 못하고 부정적인 견해를 가지고 있다면 교회에서 이루어지는 헌금 행위부터 부정해야 한다는 뜻이 된다. 만약 교회 지도자가 이것을 이해하지 못했다면 모금자로서는 이 근본적인 생각이 일치되도록 노력해야 하고, 그렇지 않다면 모금을 시작해서는 안 된다.

교회는 융통성을 발휘하여 일반 비영리단체에서 하고 있는 모금 방법이 좋다고 여겨지면 그것을 받아들일 수 있어야 하며 비영리단체 또한 교회의 모금 방법을 배우는 등 상호 간의 교류와 발전하는 관계를 이루는 것이 좋다. 따지고 보면 지금 비영리단체에서 주로 하는 모금 방법의 시발점은 초창기 미국 청교도들이 외국으로 선교사들을 파견하기 위하여 사용하였던 선교모금 방법이었다는 사실은 의미하는 바가 크다.

(2) 모금운동 분위기가 싫다

모금에 대해 부정적인 사람들에게 그 이유를 물어보면 대부분 모금이 주는 특유의 압박감과 부담감이 싫다고 대답한다. 충분히 이해할 수 있는 이유이다. 그러나 필자의 경우, 그 어색함과 낯선 분위기는 자원봉사자 훈련을 통해 극복할 수 있었고, 실제로 모금에 참여하여 그 안에서 느낀 분위기는 제3자의 눈으로 보던 것과는 사뭇 달랐다. 그 안에서 보람과 재미를 찾을 수 있었고 그것을 깨달은 후에는 즐겁게 모금에 참여할 수 있었다.

물론 누구나 이러한 부담감을 쉽게 받아들이고 좋아할 수는 없다. 그러나 누군가 꼭 해야 한다면 내가 먼저 남을 배려하는 마음으로 분위기를 바꾸고 모금을 선도하는 것이 좋다. 모금이 늘 부담스럽고 압박을 받는 분위기에서 이루어져야 하는 것은 아니다. 얼마든지 즐겁고 재미있게 할 수 있는 방법들이 많이 있다.

모금을 전문으로 하는 사람의 입장에서 보면 특별한 열정과 직업정신이 있고 자원봉사자들 역시 스스로가 관심을 가지고 시작한 일이기 때문에 모금에 대한 거부감을 느끼지 않을 수 있지만, 일반인이라면 조금 다른 접근을 해야 할 것이다. 이러한 분위기나 모금의 성격을 극복하기까지 모금의 부담감을 최소로 할 수 있는 내근직을 할 수 있도록 조정하는 것이 좋다. 이 과정을 거쳐 모금의 특성과 분위기를 이해하고 알맞은 훈련을 거쳐 이러한 고비를 극복한 사람들이 지도자가 되거나 모금 일선에 나설 수 있도록 해야 한다. 이러한 모금운동의 특성을 받아들이고 극복하지 못한 사람이 선불리 모금에 참여하거나 지도자가 될 경우 '모금 공포증(Fund Phobia)'이 단체 내에 확산되어 모금운동 자체가 실패할 수 있으므로 주의해야 한다.

(3) 자신을 대중 앞에 내세우는 것이 싫다

모금은 성격이 외향적인 사람들만이 할 수 있는 것이라 오해한 나머지 부담스러워 한다. 신문이나 방송, 자선 파티 등 여러 행사를 통해 많은 사람에게 기부 요청을 하는 이미지 때문에 자신이 직접 대중 앞에 서야 한다는 두려움을 느끼는 것이다. 그러나 실제 모금은 다수의 대중을 상대하는 것보다는 일대일로, 또는 팀이 함께 움직이기 때문에 외향적이고 적극적인 성격이 많은 도움은 되지만 결정적이거나 필수적인 요소는 아니다.

모금가는 보이지 않는 곳에서 일하는 사람들이고 겉으로 드러나지 않는 숨은 일꾼이기 때문에 원하지 않으면 사람들 앞에 나서지 않아도 된다. 모금운동 관계자들은 대중 연설자가 아니라 단체의 공의

(Good Cause)를 팔며 자신의 열정을 다른 이에게 전염시키는 사람들이기 때문에 남들 앞에 굳이 나서지 않아도 되는 일이 더 많다.

한편 기부자가 기부 이후 신문 등과 같은 매스컴에 드러나는 것을 꺼리는 경우도 있을 수 있다. 이런 경우 모금가는 기부자의 의견을 존중하고 매스컴에 드러내는 것 외에 다른 감사의 방법을 제시할 수 있어야 한다. 만약 이런 문제로 참여에 부정적이고 소극적인 입장을 가지고 있다면 모금이나 요청의 단계에 들어서기에 앞서 대화나 전문가의 세미나 등의 훈련을 거쳐 극복해야 한다.

(4) 모금 행위에 대해 불신이 많다

진정한 모금과 사기 모금의 경계는 종이 한 장 차이에 불과하다. 일반인의 입장에서는 그 경계가 더욱 모호해서 진정한 모금과 사기 모금을 쉽게 구분해 내기도 어렵다. 이러한 편견은 기부자나 모금가 모두에게 불리하게 작용한다.

자원봉사자의 입장에서 보면 자신이 잠재기부자에게 부정적 이미지로 받아들여진다는 것도 억울한데 사기 모금을 저지르는 사람과 같은 부류로 취급받는 불상사까지 겹치는 경우가 있다. 그들과 다르다는 것을 증명해야 하지만 그 방법이 모호하고 상대방에게 어느 정도 신뢰를 얻어 낼 수 있을지도 불분명하다.

기부자의 입장에서 보면 자신의 기부가 가장 효과적이고 효율이 극대화되어야 하는데 단체나 모금가에 대한 신뢰가 떨어지면 믿고 기부할 수가 없게 된다. 이러한 신뢰의 문제는 한국뿐 아니라 모금문화가 정착된 미국에서도 심각한 문제로 대두되고 있다. 얼마 전 미국의 한 조사에 따르면 기부를 꺼리는 이유 중 첫째가 모금에 대한 불신이라고 한다. 단체가 기부금을 활용하는 일에 믿음이 가지 않는다는 것이다. 반대로 '왜 그 많은 돈을 그 단체에 기부하는가'라는 질문에는 세제혜택이나 단체 미션에 대한 지지보다도 단체를 믿기 때문이라는 대답이 가장 많았다. 즉 단체에 대한 신뢰도의 높고 낮음에 따라 참여도가 판이하게 달라지는 것이다. 만약 불신 때문에 참여도가 낮다면 기부자로부터 신뢰를 얻어내는 것이 우선되어야 한다. 또한 세상에는 믿을 수 있는 단체가 더 많고 정직한 모금가가 많다는 것을 설득하는 과정이 선행되어야 한다.

(5) 알려지지 않은 개인적 이유와 문제들

일반인들이 모금에 참여하는 것은 보람을 얻기 위해서라든지, 어떤 형태로든 자신에게 이익이 있을 거라는 기대감에 의한 것이라는 것이 전문가들의 정설이다. 모금이란 참여하는 사람들 개개인이 모두 다른 이유와 기대를 가지고 이루어지기 때문에 셀 수 없이 많은 의도들이 존재한다. 모금에 참여하지 않는 이유 또한 수많은 이유와 나름의 사정이 있기 마련이다.

기부는 개인의 행동이므로 사적인 감정이나 관계의 대립을 생각하지 않을 수 없다. 이 때문에 각자가 지닌 가치나 규범을 떠나서 개인적인 이유로 모금 참여를 꺼리는 경우도 많다. 예를 들면 본인과 적대관계에 있는 사람이 그 단체의 지도자로 활동하고 있다든지, 모금이라는 행위 자체가 자신의 평소 이미지와 상반된 행위라고 느껴졌기 때문인 경우도 있었고, 자신이 마치 위선자같이 느껴지는 두려움도 중요한 이유가 되었다. 이처럼 지극히 개인적인 이유로 모금에 대한 부정적인 견해나 직접 참여를 꺼리는 이들도 적지 않다.

모금가의 윤리

1. AFP의 윤리 규약

모금가처럼 다양한 계층의 사람들이 모여 있는 직업도 많지 않다. 모금가는 정당 대표, 대학총장, 사회복지단체장, 종교단체장, 비영리단체의 대표에서부터 법적으로 등록되어 있지 않은 크고 작은 모임의 모금가에 이르기까지 다양한 직업을 가지고 있다. 이처럼 다양한 계층이 어우러진 '모금가'라는 직업에는 일반 직업보다 더 높은 윤리관이 요구된다. 모금가는 직업적 윤리관을 지키는 것뿐 아니라 이를 증명해 보이고 상대방의 신뢰마저 얻어 내야 한다. 증명이 불충분하거나 또는 증명자료가 있더라도 상대방이 믿지 못하거나 오해한다면 모금가로서는 실패한 것이라고 말할 수 있다.

모금가는 모금이라는 무형의 가치를 다루기 때문에 그에 따른 함정과 유혹이 많다. 특히 현대의 모금에 관한 인식은 선 하나를 사이에 두고 부정적인 이미지와 긍정적인 이미지 사이를 위태롭게 오가고 있다. 모금에 있어서 옳고 그름에 대한 명확한 기준이 아직 잡혀 있지 않기 때문이다. 그래서 전문 모금가를 양성하는 모금교육에서도 윤리와 윤리적 딜레마를 이해하고 판단할 수 있는 실무교육프로그램이 전체 교육의 50~60%를 차지하며, 국제공인 기금조성 전문가(CFRE) 시험에서도 윤리 문제가 3분의 1 이상을 차지한다.

기업의 윤리성은 기업이 생산해 내는 제품의 일부라고 할 수 있다. 만약 기업이 윤리를 훼손하여 신뢰를 잃게 되면 기업의 이미지는 물론 제품의 가치까지 떨어지게 된다. 기업이 올바른 윤리관을 가지고 올바른 경영을 하면 소비자들의 기업에 대한 믿음, 제품에 대한 만족도는 상승한다. 이와 마찬가지로 비영리단체도 윤리성을 인정받고 올바른 모금을 해 나간다면 기부자들로부터 신뢰를 얻고 더욱 성공적인 모금 결과를 성취할 수 있다.

비영리단체의 윤리성과 관련하여 국제적으로 통용되는 모금윤리와 관련한 선언문이 있다. 미국의 기금조성가 협회인 AFP(Association of Fundraising Professionals)에서 작성한 '윤리 원칙 규약(Code of Ethical Principles)'이다. 이는 전 세계의 모든 모금현장에서 일하는 모금가의 책임감, 투명성, 그리고 효율성을 고양하고 촉진하는 데 의의를 두고 만들어졌다. 이 규약은 모금가가 전문직으로 직무를 수행할 수 있도록 통일된 실천 방향을 제시한다. 이미 여러 나라에는 모금행동강령과 표준화된 관행들이 존재하지만, 그럼에도 이 규약이 중요하게 여겨지는 이유는 모금에 관한 통일화되고 보편화된 원리를 선언함으로써 지구촌 모금 관련 현장을 하나로 통일하기 때문이다.

또한 다양한 문화적 환경에서 새롭게 모금시장을 개척할 때 이 윤리규약은 최선의 모금이 이루어지도록 돕는 좋은 지침이 된다. 그리고 지역적 관습 때문에 우리가 지향하는 최상의 모금운동을 실천하기 어려운 환경에서 이 지침은 모금을 위한 최상의 길잡이라고 할 수 있다. 모금가는 이 규약을 충실히 이행함으로써 비영리단체에 대한 국민의 신뢰를 이끌어 낼 수 있고, 기부자나 이해 관련 당사자 역시 이를 활용함으로써 모금가가 자신의 개인적 이득을 취하는 것을 방지할 수 있다.

2. 윤리적 결정 원리

1) 정직(Honesty)

전문 모금가는 항상 정직하고 진실하게 행동하여 대중의 신뢰를 얻고, 기부자와 수혜자에게 잘못된 정보를 주지 않아야 한다. 사실을 너무 부풀리거나 문제점을 감추려 해서도 안 된다.

2) 존중(Respect)

전문 모금가는 전문직으로 자신과 자신이 소속해 있는 기관의 품위를 지키고, 기부자와 수혜자의 인격을 존중해야 한다. 더 나아가 함께 일하는 직원들과 자원봉사자들을 존중해야 한다.

3) 이해관계(Conflict of Interest)

전문 모금가는 항상 열린 마음으로 대중의 신뢰에 대한 책임감을 느끼며 일해야 한다. 실질적 혹은 잠재적으로 있을 수 있는 모든 이해 대립 상황을 공개하여 개인적 또는 전문직의 일원으로서 부당한 행위가 이루어지지 않도록 해야 한다. 예를 들어 이사회의 구성원이 소유한 회사가 단체의 일을 맡는다든지, CEO의 자녀를 단체의 직원으로 채용한다든지 하는 부당한 행위에 대한 경계와 책임감을 늘 가지고 있어야 한다.

4) 사생활 존중(Privacy)

전문 모금가는 자신이 목표한 일이 잘 추진되도록 힘쓰고, 전문적인 업무수행 기준에 의거하여 실행될 수 있도록 동료를 독려해야 한다. 전문 모금가는 개인적인 사생활의 가치와 그들의 선택적 자유를 존중하고 모든 영역에서 개인의 다양성을 인정해야 한다. 나아가 기부자의 개인 정보를 유출하거나 다른 목적으로 사용해서도 절대 안 된다.

5) 투명(Openness)

전문 모금가는 자신의 업무, 기부금의 활용과 분배, 그리고 모금과 관련된 비용에 대해 정확하고 알기 쉽게 보고해야 한다. 또한 자신의 웹이나 공인된 사이트에 정기적으로 회계 보고를 함으로써 경영의 투명성을 유지해야 한다.

6) 모금활동의 문제(Fundraising Issue)

전문 모금가는 보상을 총모금액의 퍼센티지로 받아서는 안 되며, 부정한 기부금을 받아서도 안 된다. 기부금은 목적에 맞게 사용되어야 하며, 부득이한 경우에는 반드시 기부자의 동의를 구해야 한다.

3. 모금활동 윤리기준

전문 모금가는 다양한 법률적 한계 속에서 활동하고 있다는 사실과 자신이 속한 사회의 법의 지배를 받아야 한다는 것을 전제로 한다. 그러나 이러한 업무 지침을 따름에 있어 전문 모금가는 무엇보다도 자신이 어떤 법적 제한 속에서 노력하든 자신의 활동에 적용 가능한 법적 규제와 자신이 소속된 기관, 단체의 윤리규범을 가장 엄격하게 해석하여 그 틀에 따라야 한다.

1) 기부와 관련된 전문 모금가의 책임

① 기부는 단체의 목적에 부합하고 기부자의 자발적인 제안이 있을 때에만 받는다. 이때 기부금액 가치 이상의 관리비를 받아서는 안 된다.

② 기부금은 기부자가 원하는 용도로 쓰여야 한다.

③ 전문 모금가가 속한 단체의 목적사업에서 벗어난 이익을 위해 모금되어서는 안 된다.

④ 모금은 신중하게 이루어져야 하며, 기부자의 자유로운 선택에 따르도록 해야 한다. 기부자에게 압력, 협박, 희롱, 위협 또는 강제적 수단이 동원되어서는 안 된다.

2) 이해 당사자와의 관계

① 전문 모금가는 기부자, 수혜자 그리고 자신이 근무하는 기관의 장을 포함한 모든 이해 당사자에게 정확한 답변을 할 수 있어야 한다.

② 전문 모금가는 기부금이 어떻게 사용되었는지에 대해 기부자에게 보고하고, 기부자의 사생활을 존중하며 기부자가 원하는 바를 존중해야 한다.

③ 전문 모금가는 수혜자의 권리를 존중하고 그들의 존엄성과 자존심을 보호해 주어야 한다. 또한 수혜자의 존엄성을 해치는 모금용 자료나 모금 기법을 이용해서는 안 된다.

④ 전문 모금가는 거래업자나 그의 대리인 등과 업무를 할 때에도 자신이 속한 기관의 내부 업무 지침에 따라야 한다. 전문 모금가는 자신의 기관과 협력하는 납품 업자들이 부당한 이득을 얻지 못하도록 합리적인 노력을 기울여야 한다.

3) 공개된 정보에 대한 책임

① 전문 모금가는 정확하고 사실적이며, 기부 대상자를 잘못 유도하지 않고 수혜자의 자존심과 인격을 존중하는 공개된 정보만을 활용해야 한다.

② 전문 모금가는 기부 대상자들에게 모금활동과 관련된 업무비와 기타 비용은 들지 않는다는 식으로 모금 비용이 소모되지 않을 수 있다는 인식을 주어서는 안 된다. 전문 모금가는 자신의 단체가 모금 비용이 지출되지 않는다고 주장하면 이에 이의를 제기할 수 있어야 한다.

③ 전문 모금가는 기금 사용 결과에 대해 과장하거나 축소하지 않고 정확하고 진실하게 보고해야 한다.

④ 전문 모금가는 언제나 정부 보호 관련법과 규정을 준수해야 한다.

⑤ 전문 모금가는 자신의 기관이 확보했거나 자신의 기관을 위

하여 제3자가 제공해 준 자료를 단체 이외의 제3자에게 넘기거나 사용되도록 해서는 안 된다.

⑥ 기부자가 자신의 이름을 명부에서 삭제하기를 원할 경우, 즉시 이 요청을 받아들여야 한다.

4) 재정 및 모금 비용

① 전문 모금가는 자신의 책임 아래에 있는 모든 모금과 관련된 거래, 회계, 그리고 보고가 투명하고 명확하도록 해야 한다. 전문 모금가는 언제든지 자신의 전문적 업무에 대해 설명할 수 있어야 한다.

② 전문 모금가는 자신이 속한 기관이 국내 및 국제적 회계처리 기준에 따라 보고하도록 소속기관을 독려해야 한다.

③ 전문 모금가는 정확한 연례보고서를 작성하여 합당한 기간 내에 그들의 이해 당사자들에게 제출하거나 자신이 속한 기관이 그 업무를 수행하도록 독려해야 한다.

④ 모금 전문가는 모금 비용과 수수료 및 기타 비용의 지출에 대해 이해 당사자에게 명확하게 밝혀야 한다.

⑤ 모금 전문가는 단체장, 기부자 혹은 수혜자의 요청이 있을 때 자신의 보수체계에 대해 투명하게 설명할 수 있어야 한다.

5) 임금과 보상

① 전문 모금가는 자원봉사자, 정식으로 보수를 받는 직원, 또는 사전 협의에 의거하여 계약되어 있는 직원 등 어떤 관계이든 간에 자신의 모든 역량을 모금운동에 집중해야 한다.

전문 모금가는 모금액에 대한 중계료를 받아서는 안 되며, 모금액에 비례한 보상을 받아서도 안 된다.

② 전문 모금가는 자신의 단체를 대표하여 자신이 결정한 사안에 대해 상대로부터 성공 사례비를 받지 않는다.

③ 전문 모금가는 거래처에서 현금이나 물품을 받아서는 안 되며, 그 거래처와 맺은 계약에 대한 보상으로 어떤 도움을 받아서도 안 된다.

④ 전문 모금가는 자신들의 성과에 기준하여 보상을 받는 체계는 사전에 협의해서 결정되어야 하며 모금액에 비례해서 보수를 책정해서는 안 된다.

6) 국내법에 의한 순응

① 전문 모금가는 자신의 단체가 활동하는 지역과 그 외 지역, 국내 또는 국제 민·형사법을 준수하지 않을 경우, 반대 의사를 표명해야 한다.

② 전문 모금가는 자신의 단체 혹은 기타 단체가 국내 및 국제적인 법률적 의무를 위반하는 활동에 참여하지 않는다. 더 나아가서는 형사법 위반 현장에 나타나지 않아야 하고, 전문직으로서 적절하지 않는 행위는 피해야 한다.

4. 기부자의 권리

전문 모금가뿐 아니라 기부자도 다음과 같은 권리를 가지고 있다. 이것 역시 AFP에서 작성한 '기부자 권리 장전(Donor Bill of Rights)'

에 분명히 명시되어 있다.

① 단체의 사명, 기부된 자원의 사용 방법, 목적 달성을 위한 기부된 자원의 효과적 사용과 이와 관련된 단체의 역량에 대해 알 권리
② 이사회에 누가 참가하고 있는지 알 권리와 이사회가 청지기 정신과 책임감을 가지고 신중한 판단을 내릴 것이라고 기대할 권리
③ 단체의 최근 재무보고서를 열람할 권리
④ 기부금품이 기부한 목적대로 사용되는지를 확인할 수 있는 권리
⑤ 기부에 대한 수령 여부 통지와 인정을 받을 권리
⑥ 법이 정하는 바에 따라 기부에 대한 정보의 존중과 비밀을 보장받을 권리
⑦ 기부자에게 관심을 갖는 개인들 간의 모든 관계는 본질적으로 전문성에 기초할 것이라고 기대할 권리
⑧ 기부를 요청하는 사람이 자원봉사자인지, 직원인지, 혹은 고용된 모금활동가인지를 알 권리
⑨ 단체가 공유하고자 하는 메일링리스트에서 자신 이름의 삭제를 요구할 권리
⑩ 기부 시 자유롭게 질문할 권리와 진실하고 즉각적인 응답을 받을 권리

5. 모금 윤리의 딜레마

모금을 시작하기 전에 그 모금활동이 합법적인가, 불법적인가 하

는 문제는 큰 고민을 하지 않아도 쉽게 구분할 수 있다. 이런 경우 크게는 그 시대와 나라에 따른 모금과 관련된 법이나 작게는 단체의 내규 등을 통해서 분명하게 명시되어 있기 때문에 모금가는 모금 전에 충분한 시간을 들여 그 규정을 숙지한 후 모금을 시작해야 한다. 그러나 모금이 윤리적인가 아니면 비윤리적인가 하는 문제는 모금 주체의 관점에 따라 다르게 판단될 수 있다. 윤리란 옳고 그름을 명확하게 구분한다는 것이 어렵기 때문에 나중에 단체들 사이에서나 직원들 사이에서 또는 사회적으로 문제가 되기도 한다. 이처럼 문제가 되기 전에 먼저 단체 내의 윤리 척도를 알아보는 작업이 선행되는 것이 좋다. 미리 여러 상황을 설정해 놓고 토론을 하거나 실제 있었던 일에 대해 연구하는 것이 이 과정에서 큰 도움이 된다.

모금을 하다 보면 흑백논리로 판단하기 힘든 윤리적 딜레마에 빠질 경우가 많다. 특히 우리나라는 규정이 명문화되어 있기보다는 관행과 단체의 문화 또는 설립자의 개인적인 의견에 좌우되는 경우가 많기 때문에 모금가의 현명한 판단이 무엇보다도 중요하다.

모금가가 반드시 명심해야 할 것은, 모금에서 윤리를 지키는 데에서 그 책임이 끝나는 것이 아니라 상대편에게 증명하고 그것을 믿게 하는 것까지를 포함한다는 사실이다. 즉 자신과 단체가 모든 윤리적 측면에서 떳떳하게 내세울 수 있다는 데에서 끝나는 것이 아니라 다른 사람이 그 사실을 인정할 수 있도록 증거를 보여 줄 수 있어야 한다는 것이다. 만약 이러한 노력에도 불구하고 다른 사람들이 단체 활동에 대한 믿음을 갖지 못한다면 그 단체는 윤리적으로 실패한 단체라 할 수 있다.

수년 전, 한 단체의 이사진과 자원봉사자들이 모두 참여한 모금 관련 세미나를 개최한 적이 있었다. 당시 모금윤리의 딜레마에 대한 여러 가지 예를 제시하고 각자 의견을 나누는 시간을 가졌는데, 그중한 직원의 생각이 다른 사람들과 다르게 어느 한쪽으로 치우치는 것을 느낄 수 있었다. 당시에는 중요하게 생각하지 않고 넘겼는데, 몇 년 후 그 직원이 단체의 CEO가 되었다는 소식을 듣게 되었다. 그리고 얼마 지나지 않아, 그 단체가 부정적인 영향을 끼칠 만한 사건에 연루되어 CEO 자리에서 물러나는 일이 발생했다. 그가 그 사건에 연루되었는가에 대한 인터뷰 기사와 지난날의 경험에 비추어 보았을 때, 그가 평소에 가지고 있던 윤리 판단 기준이 그 사건과 밀접한 관련을 맺고 있음을 알 수 있었다.

모금의 윤리적 딜레마를 해결하는 데는 모금가의 지혜와 그에 대한 훈련이 필요하다. 그 판단 기준은 동양철학에서 말하는 '중용'의 사상이 적용된다. 이는 두 가지 선택 사항 중 각각의 장점을 적당히 취하여 중간 지점을 선택하는 것이 아니라 가장 선한 방법, 즉 최선의 방법을 선택하는 것을 말한다. 그렇다면 최선의 방법이란 무엇인가? 미국의 전문 모금가 자격시험에서 자주 등장하는 것이 바로 이러한 모금윤리와 관련된 쉽게 판단하기 어려운 문제들이다. 실제로 있었던 일이나 가상의 상황을 예를 들어 모금가가 어떤 판단을 내려야 하는가에 대해서 묻는 문제들이다. 질문의 보기들은 결코 비논리적이거나 한눈에 답을 알 수 있는 것이 아니다. 제시된 보기들 중에서도 가장 최선의 선택을 해야 한다. 그리고 그 최선의 판단 기준은 전문 모금가 집단에게 같은 질문을 던졌을 때 전문가들이 가장 많이 선택한 것이 정답이 된다. 그러므로 자신의 답이 다른 사람들과는 다를지라도 전문가 집단의 동의를 많이 이끌어 낸 답이라면 그것은 정답이라고 할 수 있다. 이것은 상담 전문요원이 의뢰인의 문제를 최선의 방법으로 자문하고 권하는 판단 기준과 같은 것이라 할 수 있으며, 판사가 법의 기준으로 판가름하기 어려운 사건에 대해 배심원 다수의 결정을 따르는 것과 같은 이치이다.

그러므로 모금가는 수많은 예제를 놓고 자신의 윤리적 판단이 보편적이고 일반적인 기준에서 어느 정도 벗어났는지를 미리 점검해 보아야 한다. 만약 허용 범위를 벗어나는 판단 기준이 발견되면, 자신의 기준에 어떤 문제가 있는 것인지 꼼꼼히 따져 보아야 한다. 그것을 가볍게 생각하지 말고 깊이 있게 살피고 공부해야 하며, 또한 주변 사람들이나 동료, 선배, 멘토 등에게서 조언을 구하는 노력도 기울여야 한다.

THE INTRODUCTION OF FUNDRAISING THEORY

WISE GIVING

모금학 Ⅱ

SMART FUNDRAISING

제5장

모금이론의 배경

모금이 학문이 되려면 이론으로 정립되어야 한다. 이 이론은 지식(Knowledge)에 바탕을 둔다. '모금의 지식이란 무엇인가?' 에드먼드 게티어(Edmund Gettier)[02] 이전의 철학자들은 지식의 성립 요건에 대해 이렇다 할 만한 논쟁을 벌이지 않았다. 지식의 성립에 필요(충분)한 조건들이라고 내세운 것이 모두 대동소이했기 때문이다. 그들에게 지식이란 곧 정당화(Justified)된 참(True, 진리)인 믿음(Belief)이었다. 예를 들어 내가 여성 모금가가 남성보다 모금을 잘한다는 지식을 가지려면 (1) 여성 모금가가 실적이 더 낫고, (2) 내가 여성 모금가가 더 잘한다고 믿어야 하며, (3) 그 믿음이 정당화되어야 한다는 것이다. 만약에 여성 모금가가 남성 모금가보다 많다는 것은 참(True)이지만 여성 모

02 Edmund Gettier(1963), "Is Justified True Belief Knowledge?," Analysis 23 : 121-123

그림 5-1 지식의 성립 요건

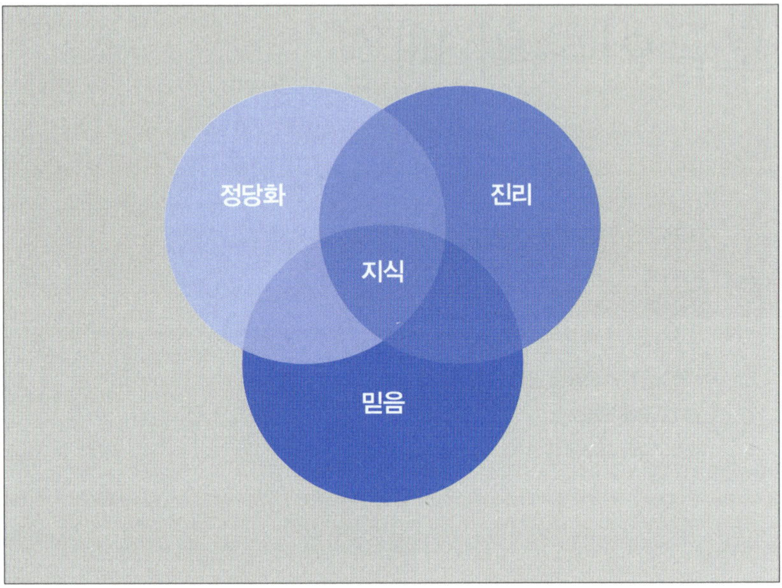

금가가 낫다는 믿음이 없다면 당연히 나는 지식을 가지고 있는 게 아니다. 하지만 내가 여성 모금가가 낫다고 믿고 있고 이것이 참이라고 할지라도 곧바로 지식이 성립되는 것은 아니다. 이 믿음이 정당화되어야 하기 때문이다. 지식이 참인 믿음을 비롯한 기타 요소들로 구성된다는 이론은 가치에 대한 이슈의 타당성을 평가하는 데 중요하게 작용한다.

모금이론의 지식 배경에는 모금의 본질과 신념의 합리성 및 정당성에 대해 인식론적으로 다루고자 했다. 모금이론에서 인식론을 적용한 주제는 다음 네 가지로 요약할 수 있다.

- 모금 지식의 철학적 분석과 진리, 신념, 정당화 등과 연관된 개념 연구

- 모금세계의 회의주의에 대한 제반 문제
- 모금 지식의 정당화의 기반과 범주
- 모금 지식의 정당화의 규범

인식론(認識論)은 지식에 대한 제반 사항을 다루는 철학의 한 분야이다. 인식론에서 지식은 참(진리)이라고 정당화하는 믿음을 가지고 있다.

지식이 진리를 근거로 해야 한다는 철학적 전통에 의해 지식은 정당화 방법에 따라 객관적 사실을 전달하는 대응적 진리, 전체적이고 체계적인 지식을 전달하는 정합적 진리, 검증 가능성과 유용성을 척도로 삼는 실용적 진리 등으로 구분된다.

정당화하는 방법에는 지식의 종류에 따라 수학적 증명, 과학적 방법에 따른 시험, 언어 논리적 논증과 같은 다양한 방법이 있다. 각각에는 여러 방법이 존재한다. 이러한 지식은 선언적 지식, 절차적 지식(노하우), 숙지한 지식 등의 과정을 거쳐 내면화 된다. 예를 들어 2 + 2 = 4를 인식하기 위해서는 수와 연산에 대한 지식이 선행되어야 한다. 덧셈의 수와 연산에 대한 선언적 지식, 이를 계산하는 절차에 대한 지식으로 연산의 숙달에 의해 터득한 지식이 결과적으로 내면화 되는 것이다. 헝가리 출신의 영국 화학자이며 철학자인 마이클 폴라니(Michael Polanyi)는 선언적 지식과 절차적 지식을 자전거를 타면서 균형을 잡는 것에 비유하여 설명하였다. 즉 자전거 동역학에 대한 이론적 지식을 알고 있다고 해도 훈련을 거쳐 균형을 잡는 법을 터득하지 못한다면 안정적으로 자전거를 탈 수 없다는 것이다(출처 : 위키백과).

1. 모금이론의 기본 형태

선의 개념에서 시작한 모금이론은 현대에 이르러 뫼비우스 개념으로 진화하였다. 선의 개념이 공간의 개념으로 변화하여 비선형방식으로 전이된다. 모금이론은 여러 개념적 가치의 집합체로서 서로 다른 개념이 정립과 정렬을 통해 통합한 것이다. 다른 개념 사이의 공통점을 발견하고, 같은 개념 사이의 차이점을 발견하도록 돕는다. 첫 시작은 2개의 점을 연결하는 선상에서부터 3개, 4개, 5개로 확장이

그림 5-2 모금의 기하학적 사고

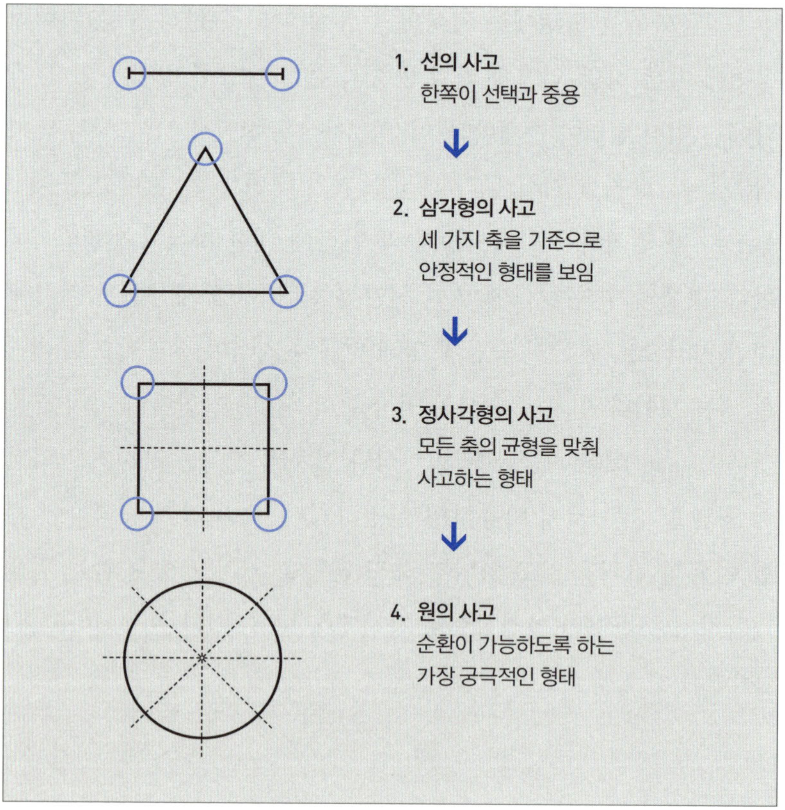

가능하다. 공간상에서 크기가 다를 수도 있고 시간적으로 우선순위에 따라 나열할 수도 있다. 그래서 2차원에서 출발하여 다차원까지의 디자인 콘셉트가 필요하다. 겹치는 부분에서 새로운 용어와 새로운 개념이 나온다. 더 큰 개념은 작은 개념을 포함하기도 한다. 목표를 향해 움직이는 방향도 다르다. 하지만 상관관계가 인과관계와 별개라는 것을 주지해야 한다. 여러 가지 수를 생각할 수 있지만 조심해야 할 것은 상관관계와 인과관계 사이의 오류이다. 상관관계인 변수 사이에 순서가 바뀌어도 상관은 없지만, 인과관계는 순서가 바뀌어서는 안 된다.

① 선(Line)의 개념 : 이분법이고 두 가지 가치의 선택과 균형을 말한다. 두 포인트 사이에서 하나를 선택해야 되는 이분법적인 선택 논리에서 갈등하게 된다. 예를 들어 이분법적 논리로 말할 때 과학과 예술, 이기주의와 이타주의, 경제적 이익과 사회적 책임투자(SRI)에서는 항상 선택 논리에서 갈등하게 된다.

② 삼각형(Triangle)의 개념 : 세 가지 주요 포인트에 대한 관계를 설정하면 '왜 모금을 해야 하는가?'에 대한 목적을 가장 안정적으로 설명할 수 있게 된다. 〈그림 5-3〉은 세 가지 서로 관련된 포

그림 5-3 삼각형 개념

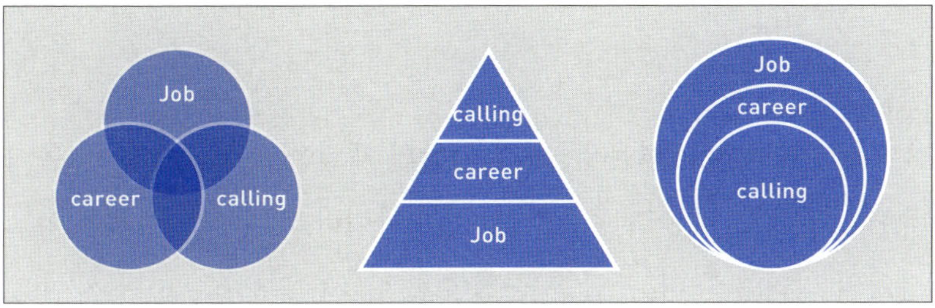

그림 5-4 정사각형의 개념

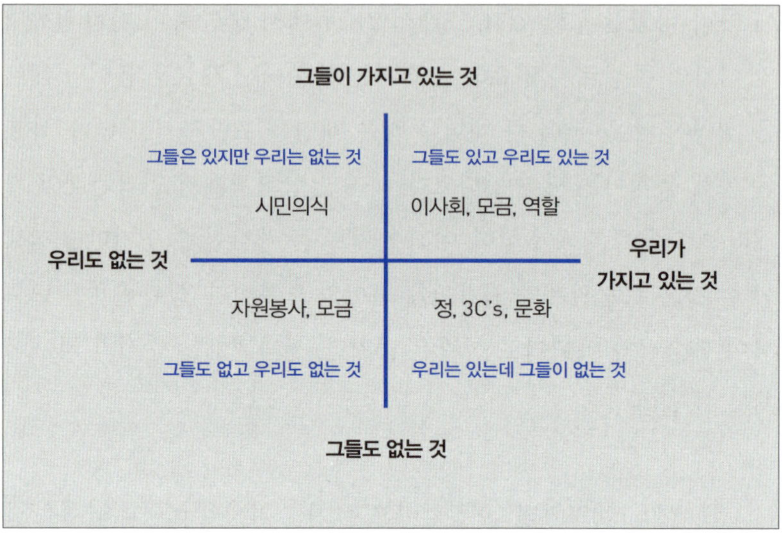

인트를 설정한 예시이다.

③ 정사각형(Square)의 개념 : 균형 있는 4사분 형태로 구성되며 이를 통해 기부문화를 비교할 수 있는 매트릭이 성립된다. 기부에 대한 분석을 하는 기본 프레임워크에 사용한다. 〈그림 5-4〉는 4사분면에 기부문화 비교 메트릭을 보여주는 예시이다.

④ 원(Circle)의 개념 : 포인트가 네 가지를 넘으면 다각형 형태가 되어 마지막 포인트가 원점과 연결되는 순환의 형태를 이룬다.

⑤ 뫼비우스(Möbius)의 개념 : 원을 뒤틀면 뫼비우스의 띠 개념이 된다.

현대 모금의 개념은 두 가지 이상의 개념을 연결하는 축이 톱니바퀴처럼 서로 맞물려 돌아가는 것이 아니라 뫼비우스 띠처럼 어느 정도의 거리를 둔다. 모금은 공심(公心, 이타주의, Altruism)과 사심(私

그림 5-5 뫼비우스의 개념

그림 5-6 뫼비우스 형태의 모금

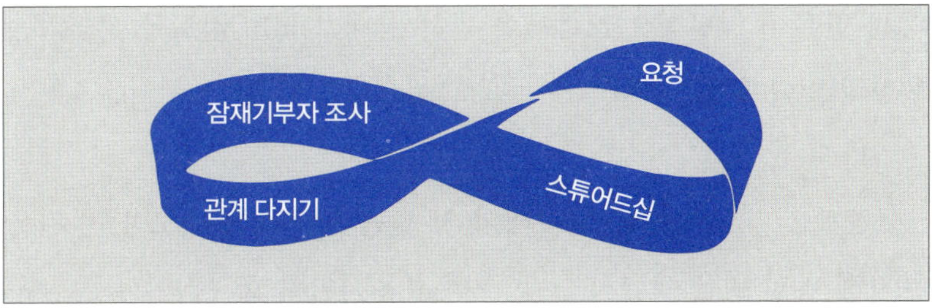

心, 이기주의, Self-Interest)이 연합하여 마치 뫼비우스의 띠처럼 구성되어 있다. 특히 기업모금에서 사심만 존재하는 영리 생태계에 공심, 즉 CSR(Corporate Social Responsibility)이 윤활유 역할을 하고 있고 공심만 존재하는 비영리 생태계에 사심, 즉 보상이 들어왔다.

두 개의 축을 연결하는 컨베이어벨트, 즉 자동차 엔진의 동력을 전달하는 벨트는 오랜 시간 사용을 하면 반드시 어느 한쪽은 닳기 마련이다. 이때 벨트를 뫼비우스의 띠 모양으로 만들면 골고루 닳게 되어 수명이 늘어난다. 이처럼 영리와 비영리를 연결하는 모금은 공심과 사심의 균형을 뫼비우스 띠의 형태로 만들 수 있는가의 여부에 그 수명이 달려 있다.

2. 모금이론의 전제

모금학자들과 경험자들이 만들어 낸 모금의 과학적 이론을 이해하기에 앞서서 우선 몇 가지 전제가 필요하다.

전제 1 | 모금을 하는 데 있어 만족도는 한쪽으로만 치우쳐서는 안 된다. 기부금을 요청하는 단체나 기부하는 기부자가 동시에 만족할 수 있어야 한다. 어느 한쪽(특히 기부자)의 과다한 희생으로 인해 다른 한쪽이 일방적으로 혜택을 받는 상태가 되지 않도록 끊임없는 협상과 노력이 필요하다.

전제 2 | 백 원을 투자해서 천 원을 모금하는 것보다 천 원을 투자해서 만 원을 모금하는 것이 더 효율적이며 효과적이다. 모금은 제한된 파이를 나누는 제로섬 게임이 아니다. 파이를 최대한으로 키워 미션을 극대화하는 데 모금의 의미가 있다.

전제 3 | 과학적인 모금이론이 성립하기 위해서는 우선 모금이론의 개념화가 가능하고, 수치로 표시하여 측정이 가능해야 한다.

3. 모금이론과 모델

우리가 처음 집을 지을 때에는 주로 기존의 건축을 모델로 참고한다. 콘크리트로 된 집, 철골로 된 집, 혹은 한옥으로 된 집 등 여러 형태의 모델이 있다. 모델이 없으면 그때마다 생각나는 대로 집을 짓게 되어 지을 때마다 다른 결과나 형태가 나올 것이다. 마찬가지로 모금도 기부모델이 없으면 모금을 제대로 하기가 어렵다. 그렇다면 효과성과 효율성을 떠나 한국에도 기부모델이 있는가? 그리고 한국적 기부모델로는 적절한 사회 환원이 힘들지 않겠는가? 하는 질문을 하지 않을 수 없다.

한국 기부문화의 가장 큰 장애물은 기부의 모델이 없다는 것이다. 예를 들어 기부동기 모델은 개인적 기부동기 모델과 사회적 기부동기 모델로 나누는데, 그나마 개인적 동기는 있으나 사회적 동기는 만들어 놓은 것이 없다. 사회적 투자를 통한 연구를 하지 않아 모델이 없는 관계로 기부문화와 모금개발이 더디게 발전한다. 모금모델은 모금현상에 대한 프로세스로 말(Verbal)이나 가시적인 도형(Visual)이 되기도 하고 수학적 방식으로 표현되기도 한다.

단체에서 모금모델 없이 여러 가지 방법으로 시도하며 시행착오를 반복한다면 시간과 재원을 낭비할 뿐이다. 어쩌다가 성공 케이스가 생기더라도 왜 성공할 수 있었는지에 대한 이론이 없기 때문에 모델로 승화시키지 못할 뿐 아니라 과학적인 설명조차 하지 못하게 된다. 또한 모델이 없으면 재현하기도 힘들고 이론을 점검할 수 있는 방법이 없기 때문에 세부적인 모금 설계를 할 수가 없다.

모금이론과 모금모델은 공통점도 있지만 명확히 다른점도 있다는 것을 알아야 한다. 모금이론은 일반화한 명제인 반면, 모금모델은 그 이론을 바탕으로 구체적인 개입이 가능하도록 만들어 놓은 실천방법이다. 그러므로 모델은 이론을 바탕으로 구체적으로 만들어지는 것이며, 그래서 모델이 이론보다 구체적일 수밖에 없다. 이론은 모델보다 추상적이긴 하나 모델을 통해서 이론은 좀 더 구체화되기도 한다. 따라서 기부모델과 기부이론은 현재 한국 내에서 일어나는 기부와 모금이 되는 현상을 설명할 수 있는 도구가 될 수 있다.

서양의 모금이론은 수십 년 동안 발전해 왔고 많은 현장 실험을

그림 5-7 모금모델을 움직이는 요소

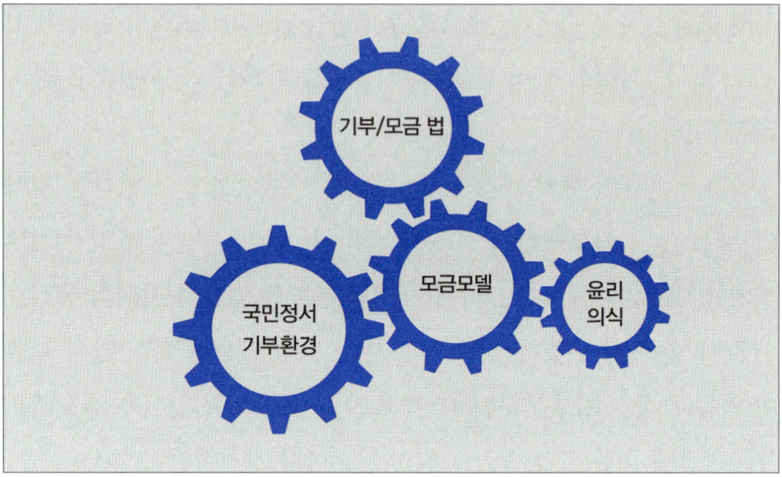

통해 데이터가 축적되어 있어서 개별 이론화가 충분히 되어 있다고 본다. 그중 일부는 모금법칙(Rule)으로 자리 잡은 것도 있다. 이러한 법칙과 이론이 한국적 모금의 모델에 기초가 되어 만들어져야 한다. 만약 한국의 기부현상을 모델로 표현할 수가 없다면 기부산업은 발전이 더딜 수밖에 없고, 정제화된 한국적 모금이론을 정립하는 방법도 없다. 한국의 독특한 기부문화와 정서, 기부환경, 윤리의식이 어우러져 기부 관련 법령과 세법이 정렬(Alignment)이 되어야 한다.

기부와 모금 관련 법은 사회적 변화에 따라 역기능을 최소화하고 순기능을 최대화할 수 있는 방향으로 필요한 유인이나 규제수단으로 담아야 하기 때문에 촉매제 역할을 한다. 즉 변화를 따라가고 동시에 이끌어야 하는 다소 모순된 기능을 해야 하기 때문에 항상 유기적이어야 하고 유연성을 유지할 필요가 있다. 이러한 요소들이 한국의 모금모델을 움직이는 요소가 된다면 〈그림 5-7〉과 같이 표현될 수 있다.

4. 모금이론의 과학성

1) 모금의 과학적 접근의 중요성

많은 모금가가 비영리단체의 발전을 위해 논리성, 체계성, 객관성, 통제성과 예측성에 입각한 과학적 모금의 중요성을 강조한다. 그 이유는 과학적 접근과 수행방법이 없는 모금활동은 체계적이고 효율적인 활동을 불가능하게 함은 물론, 상황적인 변수와 위기에 처했을 때 적절하게 대처하는 법을 갖지 못해 프로그램의 실패 혹은 단체의 생존 자체를 위협하기 때문이다.

비영리단체 운영에 있어서의 과학적 접근의 중요성을 보다 쉽게 이해하기 위해 댐 건설의 예를 비유로 들 수 있다. 흐르는 물길을 막아 둑을 쌓은 옛날의 댐 건설 방식과는 달리 현대 사회에서는 과학적인 조사를 토대로 강에 있는 물의 양, 증발되는 물의 양, 주위의 자연환경 및 강수량을 철저히 수식화한다. 대지에 비가 내릴 때 토양의 흡수력, 장단기적인 강수량의 데이터, 물의 방출량과 댐 도달까지의 시간 등 실증적인 자료가 있어야 적합한 규모, 견딜 수 있는 수위를 비롯하여 더 나아가서는 댐이 건설될 때 수몰되는 지형의 범위를 예측할 수 있다. 이러한 것을 수문학(Hydrology)이라 하고, 수문학에 관한 이해 없이는 댐의 역할이나 역량을 간파할 수 없기에 건설 자체가 무의미하고 또한 불가능하다.

모금에 있어서도 이러한 이론은 일맥상통한다. 하늘에서 내리는 비가 대지를 적시고 이를 통해 물이 불어난 것은 인간관계를 통한 모금활동을 의미하며, 물의 방출량을 조절함으로써 필요한 곳에 적절히 사용하는 댐의 수행 기능은 비영리단체의 역할과 같은 맥락에서 이해된다. 지역에 따라 강수량이 달라 물의 양이 다르듯, 모금 역시 활성화와 비활성화된 지역적 혹은 상황적 차이가 존재하며 각각의 대지가 비를 같은 속도로 흡수할 수 없는 것처럼 인간관계 속에서 확보된 기금이 비영리단체로 이관되는 과정 역시 다양하다. 이처럼 단체의 모금이 과학적 규명 없이는 모금운동 규모에 관한 효율적인 접근이 있을 수 없다. 정확한 예측이 불가능하다면 위기에 직면했을 때 단체의 모금운동 규모를 적절하게 조정할 수 없다.

모금에 대한 과학적 접근은 모금운동 시에 단체의 모금이 단순한 역할 수행을 넘어 최적의 활동과 최대의 수혜자 혜택이 효율적으로 발휘된다는 것을 의미한다. 그렇기에 선도적이고 전문적인 모금문화와 단체의 활성 방안을 위해 과학적으로 접근하여 개발해야 한다.

2) 모금의 과학적 측정

모금이 필요한 단체에서는 모금의 기본 개념에 대한 교육이 필요하다. 그중에서도 모금활동 과정을 총괄하는 지도자는 기본 개념을 반드시 숙지하고 있어야 한다. 이 모금개념은 대부분 과학적이고 약간의 예술(Art)적 의미를 갖는 복합체로서, 많은 전문가와 학자들이 수많은 판례와 데이터를 수집해서 의미 있는 형태(Pattern)를 이해하고 또한 원리를 찾아내어 이론화한 일종의 실행 지혜(Practical Wisdom)이다.

많은 사회학자나 사회복지학자들은 모금이 과학적임을 설명하기 위해 끊임없이 질문을 던져 왔다. 그러나 아직까지도 완벽하다고 내세울 만한 모금이론은 사실상 없다. 온갖 수준의 원리들로 중무장한 물리학과 달리 모금학은 태생적으로 원리를 앞세워 관계의 특성이나 현상을 가지런히 정리하기보다는 다양한 관찰 결과를 풍성하게 쌓는 것을 더 좋아한다. 모금의 세계는 하나의 원리로 정리하기에는 너무 복잡하고 다양하기 때문이다.

모금은 그 자체로 끝나는 것이 아니다. 모여진 기금이 어떻게 쓰이고 관리되며 어떻게 보고되는가 하는 문제가 모두 연결되어 있다. 기부자를 투자자로 바꾸어 생각하면 이해하기가 쉬울 것이다. 모금가는 투자자로부터 투자금을 받아 어떻게 활용하고 어떻게 보고를 할 것인가를 생각해야 하며, 투자자로부터 신뢰받기 위해 끊임없이 노력해야 한다. 비영리단체로 정식 등록하여 모금하는 행위는 마치 기업이 기업공개(Initial Public Offering, IPO)를 통해 경영 형태나 재무 구조 등을 공개하고 일반인들로부터 투명성을 인정받아 좀 더 원활한 투자가 이루어지도록 하는 것과 유사하다.

이같은 체계가 정착되기 위해서는 수치화 · 구조화된 모금이 이루어져야만 한다. 정확한 측정 방법과 통계를 통한 모금이야말로 과학적이라고 할 수 있기 때문이다. 정확한 과정을 거쳐 얼마만큼 목표에 도달했는가 하는 것에서부터 그 이후 모금액이 어떻게 사용되었는가 하는 문제까지 체계적으로 정리된 자료나 수치를 일반인들에게 공개하면 단체에 대한 신뢰도는 자연스럽게 상승한다. 단체의 기금 관리와 활용에 대한 일반인들의 신뢰는 기부자의 확대로 연결될 수 있으므로 매우 중요하게 여겨야 할 부분이다.

5. 비영리단체의 목표를 향한 단계

비영리단체가 도달하고자 하는 궁극적인 목표점은 어디인가? 조직이 시작되고 일정한 과정을 거쳐 결과가 나타나고 지속 가능하도록 하는 것이 궁극적인 목표점이다. 그 목표점과 과정의 단계를 이해해야 적절한 모금전략이 나온다. 목표점을 향해 시작, 과정, 결과, 유

그림 5-8 비영리단체의 성장 단계

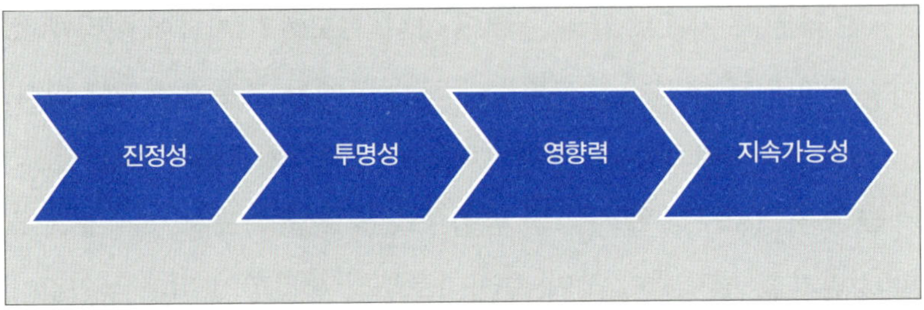

지 등의 4단계를 지나게 된다. 이것이 부족하면 '진정성이 없다' '투명성이 부족하다' '임팩트가 없다' '지속 가능하지 않다'라고 표현한다.

첫 단계로는, 조직을 시작하거나 혹은 캠페인을 시작할 때 공감을 얻는 좋은 스토리로 진정성(Authenticity)을 가지고 헌신해야 한다. 두 번째 단계에서, 진정성을 가지고 진행 과정에서 투명성(Transparency)을 보여야한다. 투명성은 수단이지 목표는 아니다. 이를 위해 투명성의 본질을 이해해야 한다. 세 번째 단계에서, 투명성이 있더라도 결과적으로 영향력(Impact)이 없으면 효과가 없다. 실제 변화가 나타나 순가치(Net Value)가 창출되고, 비용 대비 이익(Cost/Benefit)이 발생했음이 인정되어야 한다. 마지막 단계는, 지속 가능하게 유지(Sustainability)하는 단계까지 가야 한다. 그래야 모든 과정이 모델로서 확산(Scaling)이 가능해진다.

만약 결과는 좋았지만 과정이 비윤리적이고 동기가 불순하였거나, 이와는 반대로 결과는 안 좋았지만 과정이 좋았을 때 이를 인정할지에 대한 논쟁는 불가피하다. 또한 아무리 결과가 좋더라도 그것이 유지될 수 없다면 이는 사례로서의 가치 또한 없는 한 번의 이벤트로 끝나게 된다. 각 단계의 평가는 진정성지수, 투명성지수, 영향력지수, 지속가능지수로 측정할 수 있다.

1) 진정성(Authenticity)

하버드대학 경영대학원의 제임스 길모어와 조셉 파인 2세(James H. Guilmore & B. Joseph Pine II)는 『진정성의 힘(Authenticity : What Consumer Really Want)(2007)』에서 진정성을 '이익을 창출하기 위해 인위적으로 만드는 것이 아니라 오직 자체적인 목적을 위해 존재하는 고유한 형태'로 정의한다. 기부자들은 그럴듯하게 포장된 가식적인 산출물들을 더 이상 받아들이지 않으며 투명한 곳에서 제공되는 진실한 산출물을 원한다고 한다. 기부자들이 진실과 가식으로 인식하는 부분이 무엇인지, 어떠한 요소가 이러한 인식에 영향을 주는지 이해해야 한다는 것이다.

진정성을 확보하기 위한 마케팅 활동을 위한 세 가지 원칙을 제시한다.

첫째, 단체가 진정성이 있다면 굳이 진정 하다고 말할 필요가 없다.
둘째, 만약 단체가 진정하다고 말하고 싶다면 진정한 모습을 보이는 것이 더 좋다.
셋째, 단체가 진정하다고 말하지 않을 때 진정한 모습을 보이기는 더 쉽다.

결론적으로 기부자들이 공감할 수 있는 진정성의 요소를 찾는 것이 핵심 전제인 것이다.

또한 길모어와 파인은 진정성을 인정받을 수 있는 제품을 다음과 같이 다섯 가지로 구분하고 있다.

첫째, 인위적 요소가 배제된 천연 소재의 제품(Natural Authenticity)

둘째, 지금까지 없었던 최초의 제품(Original Authenticity)
셋째, 기존 제품과 구별되는 특별함을 가진 제품(Exceptional Authenticity)
넷째, 브랜드와의 연관 이미지를 진짜처럼 완벽히 구현하는 제품(Referential Authenticity)
다섯째, 경제적 이득을 넘어선 대의를 추구하는 제품(Influential Authenticity)

비영리에서도 다섯 가지로 구분해 진정성을 말한다.

첫째, 자연적 진정성이다. 기부자는 브랜드와 관련된 '사실(Fact)'을 전달할 때 진정성을 느낀다.
둘째, 체험적 진정성이다. 브랜드의 가치를 체화하는 '실체(Property)'를 통해 진정성을 전달한다.
셋째, 사회적 진정성이다. 어떤 캠페인이 상품 판매를 넘어 사회적으로 '의로운 의도(Right Thing)'를 가지고 있을 때 기부자들은 진정성을 느낀다.
넷째, 관계적 진정성이다. 기부자를 캠페인의 진정성을 검증하는 지지자로 직접 활용한다.
다섯째, 내재적 진정성으로, 솔직함이다. 캠페인의 부정적인 면까지 솔직하게 공개함으로써 브랜드의 진정성을 인정받는 것이다.

2) 왜 투명성(Transparency) 확보가 어려운 일인가?

투명성 확보를 위한 노력은 내부적으로 출구를 만들지 못하면 역효과가 날 수도 있다. 우선 투명성은 단체 미션의 수단이지 결코 목표가 아니라는 것을 명료하게 표현해야 한다. 투명성을 위해 단체를 투명하게 만드는 것은 도움이 되지 않으며, 오히려 과도한 통제에 관심이 있다는 신호일 수 있다. 이를 막기 위해서는 리더십에서 투명성이 필요한 이유를 강조하는 것이 중요하다. 투명성을 달성하는 데 도움이 되는 비즈니스 목표는 무엇일까? 어떤 통찰력을 얻고 어떻게 비즈니스 개선을 위해 활용할 것인가?

여기서 출구라 하면 용서 문화를 증진시키는 것이다. 단체가 실수를 배우는 기회로 용납한다는 확실한 신호를 보내지 않으면 이런 시도는 사실 무용지물이 된다. 이러한 용서 문화를 육성하기 위해 단체는 의사 결정자에게 의사 결정 기술을 향상시킬 것을 요구할 수 있다. 이것은 그들이 내부의 가치나 목표, 정보와 정책을 더 잘 전달할 수 있도록 하고, 특정 상황에서 경영진의 결정을 재평가할 수 있게 하며, 오류를 범한 사람을 처벌하기보다는 실수로 이어지는 과정에 적응되도록 돕는 일이다.

어떤 단체의 경우 의사 결정자가 재무 보고서의 오류를 방지하는 데 집중했다. 1년 동안 최고재무책임자(Chief Financial officer, CFO)의 계산 오류로 많은 기금이 부족한 것으로 나타났다. 그러나 다행스럽게도 단체가 규제 기관에 보고서를 제출하기 전에 오류가 확인되어 법적 결과는 없었다. 이러한 오류가 발생했을 때 용서받을 수 있다고 설명했고, 실제 계산 착오는 소프트웨어 결함의 결과로 밝혀졌다. 그럼에도 불구하고 책임질 직원이 해고를 당해 단체가 투명성을 오류를 처벌하는 방법으로 여기고 직원의 해고를 방지하지 않았다는 인상을 주었다.

전반적으로 투명성은 좋은 것이다. 나쁜 사과에 의한 그릇된 행위를 폭로하고, 배우는 능력을 향상시키며, 장기적으로 성과를 향상시킬 수 있다. 그러나 투명성은 제대로 관리하지 않으면 투명성의 결과로 인해 많은 비용이 발생할 수 있다. 투명성만으로는 건강한 문화를 창출하지 못하고 지식을 성과로 바꾸거나 신뢰를 향상시키지 않는다. 관리자는 사람들이 스스로 사실임을 말할 수 없다는 것을 기억해야 한다.

투명성을 기술로 해결한다는 것은 너무 순진한 생각이다. 특히 블록체인으로 해결할 수 있다는 것은 블록체인의 명과 암을 이해하지 못한 것이고, 또한 투명성의 본질을 이해하지 못한 것이다. 블록체인은 기존의 자본주의 시스템을 대체할 새로운 경제 체제를 제안한 것으로 봐야 한다. 거버넌스가 바뀌고 비즈니스 모델이 바뀌는 사회적 혁신이다. 그래서 블록체인은 기술혁신보다 더 근본적인 사회혁신으로 접근해야 한다. 사회혁신은 사람의 변화가 먼저이다. 물론 극히 드물긴 하나 기술혁신이 사람을 변화시킨 예가 없었던 것은 아니다.

투명성을 원하는 사람이 먼저 변화해야 한다. 기술이 발전해도 문화지체(Cultural Lag) 현상이 일어난 사례는 많다. 투명성은 양면의 칼과 같아서 선의라 하더라도 원하는 사람만이 있는 것이 아니라 원하지 않는 사람 또한 존재한다. 전체 과정에서도 원하는 부분이 있고 원하지 않는 부분도 있다. 기술을 무차별적으로 적용하면 부작용이 생기고 공감 없는 투명성이 지속 가능할지도 의문이다. 사람들의 태도 변화를 외면한 기술의 발전은 허망하다. 그래서 투명성 이전에 사람이 먼저 변해야 한다.

3) 임팩트 맵(Impact Map)

임팩트 맵은 모금캠페인의 스텝과 리더십들이 공동으로 작성한 범위 및 기본 가정을 시각화한 것이다. 그것은 다음 네 가지 측면에서 토론을 거쳐 만들어낸 마음지도이다.

그림 5-9 임팩트 맵 예시

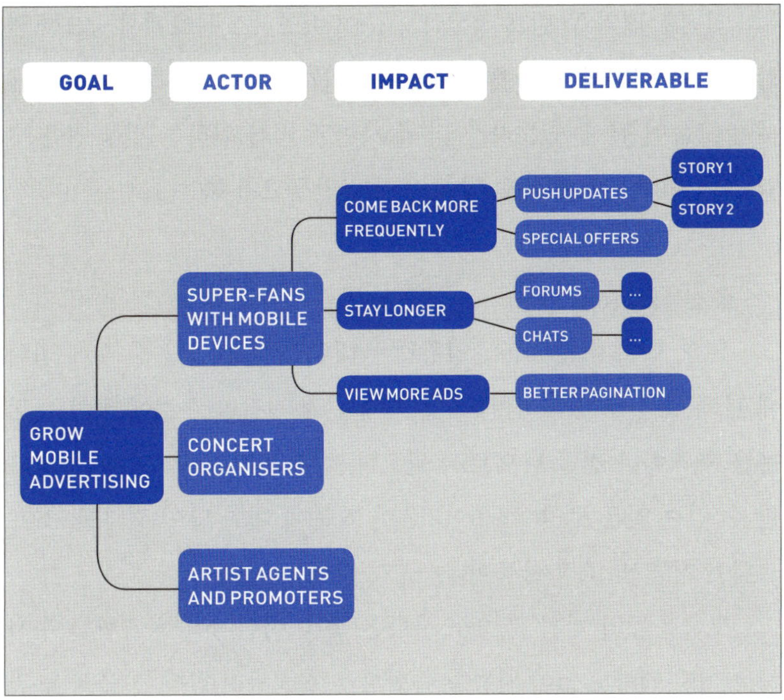

① **목표**(Goal)

임팩트 맵의 중심인 왜(Why) 우리가 이런 모금캠페인을 하고 있는지 달성하고자 하는 목표에 대한 답을 말하는 것이다.

② **참가자**(Player, Actor)

임팩트 맵의 첫 번째 지점은 다음 질문에 대한 답을 제공한다. 누가(Who) 원하는 효과를 낼 수 있는가? 누가 그걸 막을 수 있나? 최종 서비스의 소비자 또는 사용자는 누구인가? 누가 그것에 의해 영향을 받을 것인가? 영향을 줄 수 있는 참가자(Player, Actor)을 찾는다.

③ 영향력(Impact)

임팩트 맵의 두 번째 지점의 수준이 비즈니스 목표에서 중요한 역할을 한다. 어떻게(How) 변화해야 하는가? 목표를 달성하는데 어떻게 해야 도움이 될 수 있는가? 어떻게 하면 우리가 원하는 것을 얻을 수 있는가? 이런 질문에 대한 답이 우리가 만들고자 하는 효과들이다.

④ 산출물(Deliverables)

목표, 참가자(플레이어), 영향력에 대한 질문에 답을 한 후에 범위에 관해 말할 수 있다. 임팩트 맵의 세 번째 지점의 수준에서 하는 질문은 조직이나 전달 팀으로서 필요한 영향을 지원하기 위해 우리가 할 수 있는 일은 무엇(What)인가? 이 질문에 대한 답이 결과물, 소프트웨어 기능 및 조직 활동이다.

모금운동의 계획 및 요구 사항은 종종 이런 것의 중요함을 무시하고 어떤 맥락도 없이 기능 목록만으로 실행하려 한다. 산출물을 비즈니스 목표에 명확하게 매핑하고 지원해야 할 영향을 정당화하지 않으면 특정 항목에 왜 투자해야 하는지 또는 투자하지 않는지를 논증하기가 대단히 어렵다. 많은 프로젝트 이해관계자 또는 제품 스폰서가 있는 대규모 조직에서는 모든 사람의 개인적 선호 및 아이디어가 많이 제공되어 결국 범위가 크게 좁아진다.

모금에 적용하는 임팩트 맵은 기부금을 수혜자에게 전달하고 그로 인한 영향을 맥락에 둔다. 이를 통해 모금가는 산출물을 얻기 위해 덜 중요한 시스템 분야에 과도한 투자를 방지할 수 있다. 또한 특정 목적을 위해 이에 기여하지 않는 사람을 제한하는 데 도움이 된다. 마지막으로 효과 및 목표에 산출물을 연결함으로써 임팩트 맵은 기능 제안을 이끌어 내는 추론의 연쇄를 보여준다. 이것으로 모금가는 결정을 보다 잘 검토하고 이를 통해 새로운 정보 제공으로 재평가할 수 있다.

4) 지속가능성(Sustainability)의 7가지 차원

반드시 돈이 있어야 조직의 지속가능성이 유지되는 것은 아니다. 비영리단체의 지속가능성은 리더십에게 책임에 있다.

이사회의 역할은 단체의 지속가능성을 위한 재정적 책임 그리고 재정적 유지를 위한 효과적인 전략과 목적사업의 운영, 인적자원의 공급과 정책, 조직과 관련된 이해관계자들의 의식을 강화하기 위한 노력을 해야 한다. 또한 미션과 비전에 부합하는 방향성을 가지고 사회적 영향력을 발휘할 수 있는 조직으로 성장시켜야 한다.

다음은 『비영리적 지속가능성 : 재무적 생존을 한 전략적 결정』(Jeanne Bell, Jan Masaoka & Steve Zimmerman)에서 제시하고 있는 NPO 지속가능성의 일곱 가지 부분이다.

① **법적책임 준수** : 공인된 전문가로부터 확인받은 재무제표, 공익법인신고 및 세금납부, 기부금품 증빙 및 영수 발행, 법적 개정사항 확인, 신탁증서 및 법인설립과 운영에 있어서 법정 기관에 따라 수행되었는지 등이다.

② **업무 수행 능력과 전문성** : 명확하게 정의된 비전, 사명 및 목표가 중장기 전략으로 정의되었고 목적사업을 수행함에 있어 전문가와 전문성이 마련되어 있어야 한다. 이사회 구성원을 포함한 헌신적인 직원과 헌신적인 자원봉사자들은 직무와 함께 직무기술서가 문서와 계약으로 작성되어 있어야 한다.

③ **조직과 프로그램의 재정적 생존력** : 최소 2~3년 동안 재정 계획을 세워 수익계획을 마련하고 이사회의 승인을 받아야 한다. 이러한 계획에는 다양한 수입원이 포함되어 있어야 위험을 피할 수 있다. 재정 계획은 사명과 목적에 부합한 다양한 기금조성 기술

을 사용하여 균형을 이루어야 한다. 기금모금은 개인, 신탁, 재단, 기업의 사회적 투자 및 정부 부서와의 협력을 통해 추구해야 한다.

④ **사회적 변화와 옹호활동** : 사회정의와 불평등에 대한 정책변화, 법률개정, 옹호캠페인에 적극적으로 참여한다.

⑤ **서비스 제공의 질과 전문성** : 지역 사회의 가장 큰 필요에 초점을 맞추고 현 상태를 변경하지 않을 사업은 제안하지 않아야 한다. 성과와 영향은 수혜자에게 측정해야 하며 사회가치에 대한 변화의 성과도 보여줘야 한다. 이를 통해 사회적으로 우리 단체의 전문성이 인정되어야 한다.

⑥ **자산의 안정적인 기반과 확장** : 기부금이나 장기적인 멤버십 회비와 같은 장기 투자를 통해 적절한 공간과 시설을 갖추어야 하며, 지역 비즈니스 및 정부와 강력한 관계를 구축하고, 다른 NGO와의 협력을 통해 사회적 변화를 만들어야 한다. 조직원들의 역량을 향상시킬 수 있는 교육에 대한 투자와 이를 활용할 실험적 도전을 추구해야 한다.

⑦ **브랜드 및 공개 이미지 구축** : 단체의 미션과 비전, 목적사업에 대한 활동을 홍보하고 확산하기 위해 미디어에 정기적으로 노출하고, 이 후 사회가 우리단체를 어떻게 이해하고 인식하는지 모니터링해야 한다. 이를 위해 내외부 소통을 위한 커뮤니케이션 전략을 항상 마련하는 것이 좋다. 공공, 지역 신문, 라디오 방송국, 소셜 네트워크, 학교, 병원 및 경찰과 굳건한 관계를 구축하고 뉴스 및 개선된 결과를 게시하는 역동적인 웹 사이트가 있어야 한다.

리더십 및 이사회 구성원은 이 모든 것을 한데 모아 진정으로 변화를 만들어 사회정의와 단체의 미션과 비전을 확산하여 사회적 전환을 보여주어야 한다.

6. 연대모금과 구제모금

인간의 고통을 해소하기 위해 하나의 언어로 뜻을 관철하는 행위를 대개 연합(Ally/Union)이라 하고, 그 고통에 참여하여 함께 나눠 짊어지는 행위를 연대(Solidarity)라고 한다.

연대와 형제애(Fraternity)의 개념상 차이점은 형제애는 사람들이 서로에 대한 책임이 있다는 것에 기반하여 집단 행동, 협력 및 상호 원조의 이상을 통합하고, 연대는 형제애와 같은 종류의 이상으로 주로 사람들 간의 의무와 상호 지원을 말한다. 연대와 형제애는 상호 원조와 사회적 책임에 대한 공약을 공유한다. 연대는 사회 행동을 인도하는 구속력으로 협력보다는 도덕적 의무를 강조함으로써 형제애와 다르다. 연대는 공동선, 상호주의 및 사회적 책임의 문제를 포함한다.

연대라는 단어는 로마법에서 비롯되었고, 프랑스어 단어 Solidarité(단결)의 의미에서 시작되었다. 이 용어는 1840년대경에 독일어와 영어로 정치, 사회과학에 채택되어 더 넓은 의미로 사용되었다. "모두 하나를 위해"라는 슬로건처럼 감정적이고 규범적인 동기를 부여한 상호 지원이다. 이 개념은 경쟁 관계에서 네 가지 주요 맥락으로 사용되었다.

첫째, 사회 응집력, 사회 질서, 집단 또는 사회를 유지하는 윤리적인 '접착제'라는 본질을 설명하거나 이해하는 맥락에서 (사회적 연대, 집단연대가) 시작되었다.

둘째, 사회, 정치공동체 또는 복지 국가(사회연대, 시민연대)의 바람직한 특징으로 박애(Fraternité)[03]의 이상과 관련이 있다.

셋째, 해방을 위한 투쟁과 불의 또는 압제에 반대하는 태도 또는 요구(정치적 연대, 노동자 연대, 흑인 연대, 여성 연대)가 있다.

넷째, 인간의 도덕적 지위에 대한 응답성의 보편론적 이상으로서(인간연대, 도덕적 연대, 세계연대) 존재한다.

자선은 당신이 '자기보다 운이 적은' 사람들에게 주는 것이다. 그것은 계층적 체계인 '우리'와 '그들'을 암시한다. 그것은 억압과 경제적 불평등의 구조를 더욱 강화하는 힘의 역동성을 창조한다. 반대로 연대는 구조를 변화시키는 방식을 취한다. 그것의 기본 철학은 모든 관계와 힘의 역학이고 방향이며 모든 사람이 문제를 해결하기 위해 지혜와 자원을 가지고 있음을 인정한다는 것이다.

작가 Tim Wise[04]는 연대와 자선의 차이점을 이해하는 데 다음과 같은 유용한 프레임 워크를 제공한다.

① 문제가 무엇인가?

자선은 종종 소외된 사람들이 어떤 종류의 어려움을 가지고 있다는 것을 전제로 한다. 반면에 연대로 일하는 사람들은 불평등의 조건이 지배적인 문화에 의해 만들어진다는 것을 이해한다.

② 누가 지식을 가지고 있나?

---

03 '자유·평등·박애'란 'Liberte, Egalite, Fraternite'라는 슬로건이 나폴레옹 3세 시대에 프랑스 공화국의 공식적인 이념으로 선택되었다.

04 http://www.timwise.org/2012/09/charity-versus-solidarity-whats-the-difference-and-why-does-it-matter-2008-presentation/

자선활동은 기부자에게 커뮤니티가 필요로 하는 것과 커뮤니티에 제공할 방법을 결정할 수 있는 전문 지식이 있다는 전제에서 나온다. 그러나 연대활동은 수령할 커뮤니티가 자신의 필요를 결정하기에 가장 좋은 장소에 있다고 가정하며, 서비스가 언제 어떻게 제공되는지, 누가 제공할 것인지를 결정할 권리가 있다.

③ 책임은 어디에 있나?

자선사업은 책임을 안쪽으로 돌리므로 서비스를 제공하는 조직은 궁극적으로 자신과 자금에 대해서만 책임을 진다. 그러나 연대사업은 책임을 바깥으로 돌리므로 이 일이 유익한지 아닌지를 결정할 수 있다.

자선단체에 대한 연대 프레임 워크는 또한 우리가 우리의 경제적, 사회적 특권을 인정하고 그 특권을 사용하여 우리에게 주어진 시스템과 혜택을 필요로 하는 사람들과 연대하기 위해 사용한다. 예를 들어 우리는 기술 분야의 기회에서 제외된 사람들을 위해 그 분야가 평준화를 이루어야 된다고 생각한다. 우리는 불행한 사람들에게 자선을 확대하기 위해서가 아니라 자신의 조직을 훌륭한 단체로 만들고 사람들에게 효과적인 솔루션을 제공함에 있어 다양한 목소리의 힘을 근본적으로 믿는다. 우리가 더 뛰어난 기술 분야를 좋다고 생각하기 때문에 다양한 기술자를 유치하는 이니셔티브에 투자한다.

사회운동 파트너와의 긴밀한 파트너십은 자선적 사고방식의 연대에 대한 생각을 발전시키는 데 도움이 된다. 그래서 연대는 체계적인 사회운동과 파트너 관계를 맺어야 한다. 그들의 요구와 도전을 평가하고 이해관계자를 이해하며 그들의 복잡한 도전과 기회를 배우기 위해 시간을 소비해야 한다. 그렇지 않으면 사회 경제적 불의의 문제를 다룰 때 종종 이러한 문제를 야기하는 더 광범위한 체계적 문제를 다루지 않는 1차원 솔루션을 보게 된다.

점점 더 글로벌 운동 파트너와 함께 체계적인 접근 방식을 개발하고 있으며 기술자, 서비스 제공 업체, 정책 입안자 및 활동가의 생태계를 구축하여 변화를 만들고 있다. 이런 변화를 위한 도구로 기술을 활용하고자 하지만 새로운 디자인 및 매핑 기술로 무장하고 억압 및 불의 시스템을 강화하는 기술 역학에 대한 가시성을 제공하기 위해 노력하고 있다.

연대가 실제로 무엇을 의미하는지를 정의하기란 쉽지 않다. 이 주제에 대해 바바라 프래인색(Barbara Prainsack)은 "연대(단결성)는 애매모호한 개념이다. 많은 학자들이 그것을 하나의 사회 기능으로 고려하는 것에 비해 상대적으로 적은 수의 책과 논문이 이 개념을 명시하고 있다. 이것을 개념으로 정의하려면 두 가지 문제가 연결되어 있어야 한다. 건강, 사랑 또는 행복과 같은 우리 삶에서 가장 근본적인 개념 중 일부는 비슷한 정의 문제로 고민한다. 이는 모든 사람에게 중요하기 때문에 광범위한 경험, 감정 및 관행을 수용할 수 있을 정도로 개방적이어야 한다. 동시에 행동을 정당화하거나 설명할 수 있는 개념으로 구체적이고 견고해야 하며 개념으로 충분해야 한다"라고 말한다.

연대를 두 가지로 정의하면 다음과 같다.

- 다른 사람이 어려운 위치에 있거나 애정이 필요한 경우 심리적, 물질적 지원을 기꺼이 한다.
- 공동의 목표를 중심으로 또는 공동의 적에 대항하여 연합된 개인 간의 유대 관계이다.

공동의 적이나 공동의 목표에 대한 표현이나 연대는 기본적으로 매일 일어나고 있다. 예를 들어 헝가리에서 시민사회 단체가 공격을 받을 때 몇몇 재단은 물질적 측면만이 아니라 헝가리 시민사회와의 연대를 위해 정부에 대한 성명서로 이를 지원하기 위한 기금을 만들었다. 또 다른 예로는 영국 자선위원회와 이슬람 테러 지원에 대한 혐의로 기소된 NGO를 지원하는 매체에 의해 조셉 로우 트리 자선 신탁(JRCT)이 공격당했을 때이다. 많은 유럽 재단들이 일어서서 JRCT와 연대 진술서를 작성했다. 자선 활동가들이 이 용어의 의미를 더 잘 이해하기 위해 그들 중 몇 명에게 짧은 진술을 요구했는데 놀랍게도 답변이 매우 다양했다는 것이다.

한편으로는 연대가 도움이 필요한 사람들을 위한 이타적 지원의 행위라고 생각하는 사람들이 있다. 다른 한편으로는 보험 모델과 같이 오히려 실용주의적인 방식으로 연대를 보는 사람들이 있다. "필요할 때 다른 사람들이 나를 도울 것으로 기대하기 때문에 도움이 필요한 사람들을 지원한다."

우리 사회 대부분의 사회보호 시스템은 이 원칙에 기반을 두고 있으며, 종종 제도화된 연대로 여겨진다. 제도화된 연대 외에도 개인 기부자, 박애주의자 및 자원봉사자들의 활동을 통해 사회의 주요 연대가 이루어진다. 특히 재단은 제도화된 연대와 개인 연대 사이에 위치한다. 재정적 수단과 조직의 힘으로 그들은 전통적인 형태의 연대를 뛰어넘어 새로운 기반을 찾을 수 있는 능력과 유연성을 가지고 있다.

현대 기부와 모금의 트렌드를 보면, 전에는 주로 구제를 위한 자선(Charity)이 주요 이슈였지만 지금은 연대모금(Solidarity Fundraising) 형태로 변하고 있다. 연대모금은 주로 코즈(Cause, 모금이유)가 사회복지나 자선적 의미를 넘어 사회 불공정과 맞서 문제를 해결하려는 데 있다. 자선단체에 대한 연대는 참여의 철학이고 기부문화의 핵심이며 우리가 세상을 볼 수 있는 새로운 렌즈이다. 그래서 동참을 요구하는 회원제 모금(Membership Fundraising) 성격을 띠고 있어 일반 모금과 조금 다른 형태이다. 대학, 병원, 큰 멤버십 단체 등에서 연대를 주요 코즈로 삼고 있다. 그러나 모금하는 방법에서 단체의 연대성을 이해하지 못하면 모금이 잘못된 방향으로 나아갈 수 있다.

7. 자연선택과 기부문화

인간과 인간 사이의 상호 시스템과 기부문화는 밀접한 관계를 맺고 있다. 아리스토텔레스가 인간을 '정치적 동물'이라고 언급한 것을 통하여 알 수 있듯이, 정치는 인간 개인의 철학적 존재와 사회의 관계 사이에서 매우 중요한 역할을 한다. 그중에서도 도덕은 오늘날의 인간사회를 형성하는 데 큰 영향을 끼쳤다. 다윈은 진화론에서 남을 위해 희생할 준비가 되어 있는 구성원이 많은 종족이 자연에서 살아남는다는 '자연선택(Natural Selection)설'을 주장하였고, 조나단 하이트(Jonathan Heidt)는 "인간의 90퍼센트는 침팬지이고, 10퍼센트는 벌이다"라고 말하며, 권위에 대한 복종, 사회에 대한 충성, 사회적 규칙에 대한 순응 같은 도덕적 직관의 진화를 설명하였다.

여기서 기부와 모금에 적용하기 위해 마틴 노왁(Martin Nowak) 식으로 수학적인 모델을 만들어 보는 것은 의미가 있다. 기부문화에 영향을 미치는 인간 사이의 상호 시스템으로는 직접상호작용(Direct Reciprocity)과 간접상호작용(Indirect Reciprocity)을 들 수 있다.

우선 직접상호작용(Direct Reciprocity)은 '네가 도우면 나도 돕겠다'라는 것으로 전형적인 한국 기부문화이다. '네가 내 아들 결혼에 축의금을 내면 나도 네 딸 결혼식에 최소한 같은 금액의 축의금을 내겠다'라는 것이다. 이것을 수식으로 표현하면 다음과 같다.

W 〉 B/C

W : 기부를 계속 하는 확률

C : 기부자의 비용, 희생

B : 수혜자의 이익

다른 하나는 간접상호작용(Indirect Reciprocity)으로서 '내가 너를 돕지만 언젠가 누군가가 나를 도울 것이다'라는 것이다. 이것을 수식으로 표현하면 다음과 같다.

Q 〉 C/B

Q : 어떤 사람의 평판이 알려질 확률

C : 기부자의 비용, 희생

B : 수혜자의 이익

두 수식의 차이는 기부를 하지 않은 사람들에게 사회가 일종의 처벌(Punishment)을 내리는지 여부에 달려 있다. 직접 벌하면 직접상호작용에 의한 시스템이고 다른 사람에게 한 행동을 보고 벌을 주면 간접상호작용에 의한 시스템이다.

누군가가 다른 사람을 돕는다는 것의 이면에는 당장 그가 직접 갚지 않더라도 누군가가 대신 갚을 것이라고 기대하고 돕게 되어 있다. 이것이 종교적인 희생이든, 사회적인 평판으로 존경심을 받든 어떤 간접적인 보상이 있는 것이다. 그래서 하버드의 데이빗 헤이그(David Heig) 교수는 한마디로 "직접상호작용은 얼굴(Face)이 필요하고 간접상호작용은 이름(Name)이 필요하다"라고 말한 대목은 그만큼 기부와 모금에 사람과 단체의 평판(Reputation)이 매우 중요하다는 것을 의미한다. 사람의 평판은 주로 인간 관계를 잘 다루는 사회 지능(Social Intelligence)과 인간의 언어능력인 가십(Gossip)을 통해 평가한다. 사람들은 평판을 고수하기 위해 희생을 감수하고 평판을 포기한 사람은 희생의 협조를 포기하기 마련이다.

제6장

기부자 인식과 심리 이론

1. 기부의 다차원적 기능과 역할 이론

기부에는 단순히 재정을 보유하고 있는 사람들이 필요한 곳에 자원을 제공하는 기능만 있는 것이 아니다. 대중과 대중문화, 그리고 미디어와 소비사회 이론으로 유명한 프랑스의 철학자이자 사회학자인 장 보드리야르(Jean Baudrillard)의 박사학위 논문인 '사물의 체계' 이론에 적용하여 〈그림 6-1〉과 같이 예를 들어서 기부의 여러 가지 기능과 역할을 알아보고자 한다.

우리가 비싼 만년필을 들고 있다고 가정해 보자. 가장 바닥에 있는 것은 기능적 가치(Functional Value)로서 본래의 사용가치를 말한다. 메모나 필기가 만년필의 기능적 가치(Functional Value)라고 할 수 있다. 비싼 만년필은 시장에서는 교환의 가치(Exchange Vaule)가 있다고도 말할 수 있다. 기본적으로 값비싼 재화이기 때문이다. 또한 만

그림 6-1 장 보드리야르의 사물의 체계 : 기부에의 적용

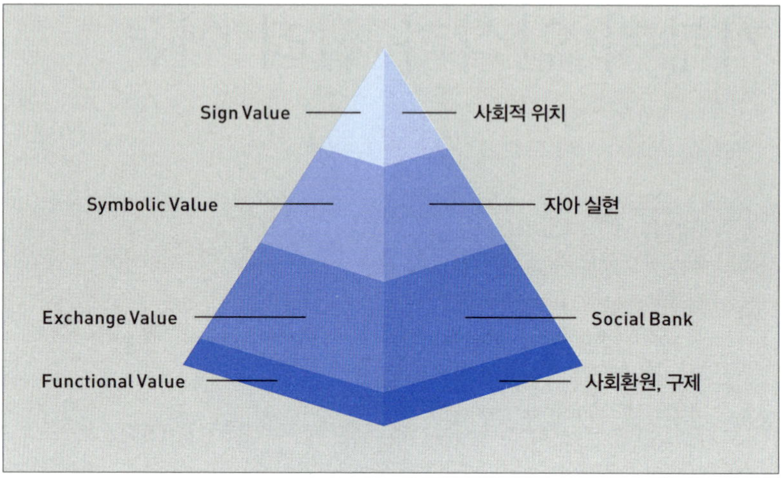

년필에 담긴 의미가 있을 수 있다. 예를 들어 아버지로부터 대학 졸업 선물로 받은 만년필이라면 남다른 의미를 가질 것이다. 이것이 바로 상징적 가치(Symbolic Value)이다. 마지막으로 최상층에 있는 표시의 가치(Sign Value)는 값비싼 만년필을 가지고 다님으로써 나 자신의 사회적 지위를 간접적으로 나타낼 수 있다. 고급스러운 만년필이 그 사람의 수준을 말해 준다고 생각하는 것이다.

이를 기부 차원에 적용해 보면 다음과 같다. 기부는 가장 기본적으로 사회 환원과 구제라는 기능을 가지고 있다. 수혜자만 혜택을 받는 것이 아니라 기부자 또한 다른 사람 및 단체들과 관계를 맺고 본인이 어려움에 처하거나 도움이 필요할 때, 기부자의 위치를 유지하면서도 도움을 받을 수 있는 상황이 얼마든지 벌어질 수 있다. 금전적으로 기부했지만 후에 서비스 혹은 다른 제도를 통해 이익이 되어 돌아올 수도 있는 것이다. 결국 기부자는 사람들과 단체로부터 어느 정도의 신용과 명예를 얻게 된다고 볼 수 있다. 매슬로우(Maslow)의 욕

구계층이론에 따르면 가장 높은 욕구는 자아실현이다. 기부는 가장 높은 단계에 위치한 욕구를 충족시킨다. 자신이 지향하는 가치관을 실행하고 있는 단체에게 금전과 시간을 들임으로써 자아실현을 직간접적으로 충족시킬 수 있다. 마지막으로 기부의 형태에 따라서 그 단체와 개인의 사회적 위치를 나타내 준다는 것이다. 기부 액수와 규모, 분야에 따라 그 관심사를 가감 없이 드러낼 수 있는 좋은 기회이다. 기부하는 모습을 통하여 주변 사람들이 그 사람에 대해 인식하게 되고, 또한 기부 액수에 따라 사람들이 기부자를 인식하는 모습은 판이하게 달라질 수 있다. 두 가지의 예를 들어보겠다.

> 태평양에 있는 고래를 보호하자는 주장을 하는 단체와 아프리카에서 굶어 죽어가는 아이들에게 구호물자를 지원하는 단체가 있다고 한다면 당신은 어느 단체를 지원하겠는가?

대부분의 사람들은 아프리카의 아이들에게 기꺼이 기부하겠지만, 기부를 통해 자신의 사회적인 위치를 과시하려는 사람은 생각이 조금 다를 수도 있다. 그들은 자신이 태평양에 있는 고래까지도 마음 쓰고 있다는 것을 보여주기 위해 아프리카의 아이들이 아닌 고래의 멸종을 막기 위해 기꺼이 기부할 수도 있다.

> 대부분의 사람들은 크고 유명한 단체에 기부하고자 한다. 만약 명문 국립대학교에 기부하기로 결정했다면, 그 대학교가 기부처로 매력 있는 이유는 무엇일까?

많은 기부자들은 자신의 기부 사실이 밖으로 알려지길 원한다(물론 정말 알려지기를 원하지 않는 사람들도 상당수 존재한다). 그러나 본인이

기부 사실과 액수를 직접 홍보하는 것이 아닌, 여러 채널을 통해 직간접적으로 알려지기를 바란다. 기부자는 이를 통해 자신의 사회적 위치를 다른 사람들에게 인식시키려는 의도가 있는 것이다. 기본적으로 명문 국립대학교는 언론과 홍보, 그리고 여러 동문을 포함한 광범위한 인맥을 보유하고 있다. 따라서 기부의 파급력은 다른 단체들과 비교할 수 없을 정도로 강력하다. 그 대학교는 여러 홍보채널을 통해 많은 기부자에게 지위나 명예 등으로 보상할 수 있는 능력을 가지고 있기 때문이다.

2. 추론 사다리(The Ladder Of Inference) 이론

모금을 하는 사람들은 대체로 바쁜 사람들이다. 바쁘기 때문에 이성적으로 관계를 맺기보다는 감성적이고 감각적으로 사람들을 대하게 된다. 인간관계를 책에서 배울 때에는 고개를 끄덕이며 그대로 할 수 있을 것 같은 생각이 들지만, 막상 실전에서 관계를 맺을 때에는 그것을 떠올리고 실행으로 옮기기는 쉽지 않다. 훈련을 통해 평소에 몸에 배어 있지 않으면 무의식 중에 전혀 다른 행동이 나올 수도 있다.

우리는 본의 아니게 자신이 속해 있지 않은 그룹에 대한 편견을 가지고 있다. 하지만 대부분의 사람들은 자신은 절대로 편견을 가지고 있지 않는다고 생각한다. 만약 자신 스스로가 편견이 없는 사람이라고 생각한다면 내재적 연관성 검사(Implicit Association Test, IAT, www.Implicit.Harvard.Edu)를 해 보기 바란다. 이 테스트를 해 본 대부분의 사람들은 스스로도 인지하지 못한 채 다른 그룹에 대한 편견을 가지고 있었음을 알고 놀라게 된다. 자신도 모르는 사이에 가지고 있던 편견이 모금운동이나 인간관계에 영향을 미쳐 왔다는 뜻이기도 하다.

뉴욕대학 경영학부의 달리 츄(Dolly Chugh) 교수는 '편견세(Stereotype Tax)'라는 말을 썼다. 이것은 우리가 남들에게 갖는 편견을 극복하지 못하여 치르게 되는 값을 뜻한다. 다시 말해 우리의 편견은 다른 사람과의 관계에도 손해를 주지만 편견을 갖는 주체도 그만큼의 피해를 입게 된다는 것이다.

많은 모금 강좌나 관련 서적들은 기부자 '프로파일링(Profiling)' 기법을 응용해서 그룹별로 성격과 특징을 나누어 놓고 있다. 각 그룹의 특성별로 효과적으로 다루는 방법과 전략적 접근방법 등을 구분해 놓았는데, 이것은 저자의 편견과 개인적인 경험이 은연중에 개입되어 매우 위험하다고 할 수 있다. 특히 미국과 같이 다문화 사회인 경우 그 문화의 보편적인 성격을 아는 것은 중요하지만 그것을 전체에 적용시킬 경우 실수를 범하게 될 수도 있다.

그렇다면 사람들이 잘못된 편견을 가지게 되는 것은 어떤 이유에서일까? 다음에서 살펴볼 추론 사다리는 사람들이 생각을 유추해 내는 사고과정을 설명한 것으로, 이 과정에서 종종 잘못을 범할 경우 바로 이런 편견이 생기게 된다.

모금에 있어서 가장 큰 장벽 중 하나는 모금에 대한 자신의 경험만을 전적으로 의지하고 또한 이것만이 전부라고 생각한 나머지 편협한 사고에 사로잡히는 것이다. 따라서 이러한 경우에는 혹여 자신이 이와 같이 믿게 된 과정이 '추론 사다리'에 기초를 둔 것이 맞는지 자세히 조사해 보아야 한다. 추론 사다리는 한 사람이 어떤 현상이나 문제에 대해서 자신만의 생각을 추론해 내는 순차적 단계를 사다리로 표현한 것이다.

사다리가 단단히 서 있기 위해서는 가장 아래쪽이 든든하게 자

그림 6-2 추론 사다리 (출처: The Fifth Discipline Fieldbook, 1994)

리 잡고 있어야 하는 것처럼, 이 이론에서도 가장 기본적인 첫 단계가 제일 아래에서 든든하게 받쳐주어야 한다. 〈그림 6-2〉가 보여주는 것처럼 이 기초 부분인 첫 단계가 바로 우리가 살면서 눈으로 보는 모든 경험을 축적시키는 '데이터 수집' 단계이다. 우리는 살면서 무수히 많은 것을 보고 느끼고 경험하면서 이를 토대로 자료를 수집한다. 예를 들어 어떤 한 사람이 기부문화라는 것에 관심을 가지게 되기까지 어느 누가 기부를 했고, 얼마를 기부했으며, 내 주위에서 어떤 기부 행위가 벌어지고 있는지에 대해 여러 가지로 보고 느낀 모든 것을 데이터화하는 것이다. 또는 '누가 기부를 했다고 하더라' 혹은 '이러이러한 사람이 기부를 잘 하더라' 등 주위 사람들로부터 들은 이야기까지도 모두 종합해서 결국에는 가지가지의 데이터들이 모이게 된다.

이 단계를 딛고 올라가면 두 번째 단계인 '데이터 선택' 단계에 다다르게 된다. 이전 단계에서 두서없이 수집한 수많은 데이터 중에서 공통된 데이터들을 선택하여 종합하는 것이다. 앞서 모았던 데이터 중에는 '어떤 사람이 기부를 했다 하더라', 또는 '가난한 사람들이 기부를 잘하고 부자들은 오히려 기부를 잘 안 하더라' 등 다양한 데이터들이 있을 것이다. 이제 이러한 데이터들 중에서 '부자들은 기부를 잘 안 하는 것 같다'라는 한 가지 공통된 데이터를 선택한다.

다음 단계로 올라가면 '의미 부여하기'이다. 이 단계에서는 자신이 선택한 데이터들에게 나름의 의미를 부여하게 된다. 이 과정을 통해 그동안 모았던 객관적인 데이터들이 어느 사람, 어느 문화에 적용되느냐에 따라 다르게 해석되어 전혀 다른 결과가 나오게 된다. 여기서 개인적 견해 차이가 발생할 수 있다. 같은 데이터를 수집했다고 하더라도 사람에 따라 다른 의미를 부여할 수 있기 때문이다.

그 다음에는 '추정하기'의 단계로 올라간다. 전 단계에서 부여한 의미를 바탕으로 한 가지 쟁점에 대해 추정하는 것이다. 지금까지의 정황을 토대로 '부자들은 대체로 기부를 잘 하지 않는다'라고 추정하는 것을 그 예로 들 수 있다.

이러한 추정을 바탕으로 다음 단계에서는 최종 결론을 내리게 된다. '결과 도출하기' 단계이다. 이 사람은 전 단계의 추정을 가지고 '한국의 부자들은 기부를 잘 하지 않는다'라는 결론을 도출해 낼 것이다.

다음으로, 사람은 일단 결론을 내리고 나면 그 결론에 대한 믿음을 가지게 된다. 바로 '믿음'의 단계이다. 자신이 내린 결론을 가지고 이후로도 계속해서 '한국의 부자는 기부를 잘 하지 않는다'라는 확고한 믿음을 갖게 될 것이다.

마지막으로, 사다리의 꼭대기는 '행동하기' 단계이다. 사람이 일단 하나의 믿음이 생기게 되면 일관되게 실제 행동으로 나타나는 것은 당연하다. 예를 들어 '한국의 부자들은 기부를 잘 하지 않는다'라는 믿음을 가지고 있는 사람이 모금을 하게 될 경우 부자에게는 요청을 시도하려 하지 않을 것이다. 또한 부자를 만난다 하더라도 이러한 그의 확고한 믿음을 바탕으로 그들을 평가하게 될 것이다.

이렇듯 어떤 사람이 한 가지의 의견을 갖게 되는 데는 이러한 일련의 절차를 거치게 된다. 이 사다리는 여기서 끝나 버리는 것이 아니라, 이렇게 최종 완성된 한 사람의 의견이나 행동이 돌고 돌아 또 다른 사람에게 가장 첫 단계인 '데이터'로 제공되기도 한다. 예를 들어 '한국의 부자는 기부를 잘 하지 않는다'라는 생각과 믿음을 가지고 그렇게 행동하는 사람을 누군가가 만나게 되었을 경우, 그의 의견을 듣거나 그의 행동을 보면서 이를 사다리의 처음 단계인 '데이터'의 하나로 삼게 된다.

이런 식으로 추론 사다리 이론은 결국 순환적 구조로 돌고 돌게 된다. 맨 꼭대기의 '행동하기'가 다시 다른 누군가의 '데이터'가 되고, 이 데이터가 모여 여러 단계를 거치면 또 하나의 '행동하기'가 탄생하는 것이다. 그러나 이 과정에서 중대한 문제가 발생하게 된다. 우리는 평소에 그 누구도 꺾지 못하는 잘못된 편견에 사로잡혀 있는 사람을 자주 볼 수 있는데, 이러한 편견은 바로 추론 사다리 과정에서 실수가 나타나기 때문에 생기는 것이다.

타인으로부터 얻은 데이터를 가장 기초적인 첫 단계, 즉 '데이터 수집하기'의 단계로 삼아야 하는데, 이를 거치지 않고 훌쩍 건너뛰어서 여섯 번째인 '믿음'의 단계에서 시작해 버린다. 스스로 데이터를 기초로 선택하고 의미를 부여해서 자신의 의견으로는 만드는 것이 아니라, 초반의 어떠한 단계도 거치지 않고 다른 사람의 의견을 곧바로

그림 6-3 추론 사다리의 선순환적 구조와 반사적 악순환 구조

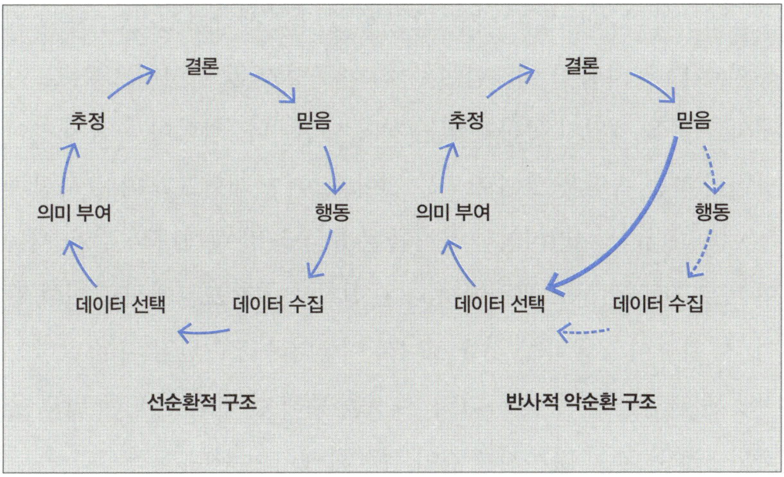

믿어 버리고 나면 거꾸로 두 번째 단계로 돌아가서 '선택된 데이터'를 만들어 변명거리로 삼게 된다. 이것을 '반사적 악순환(The Reflective Loop)'이라고 한다. 다른 사람의 의견을 그대로 믿음으로 반영해 '선택된 데이터' 단계로 점프해서 계속해서 돌고 도는 형태가 바로 이것이다. 이러한 상태로 원이 순환하게 되면 결국 반복적으로 잘못된 의견을 생산해 내게 된다. 우리가 의식하지 못한 채 저지르는 무수히 많은 실수 중 하나이다.

이렇게 되면 어떠한 객관적 데이터나 밑받침이 되는 증거도 없이 곧바로 '한국의 부자들은 절대로 기부를 하지 않는다'라는 편견을 가지게 되는 경우가 발생한다. 위에서 예로 들었던 사람의 경우에는 '한국의 부자들은 기부를 잘 하지 않더라'라는 의견을 도출해 내기까지 일련의 과정과 뒷받침되는 증거가 있었기 때문에 그의 의견은 편견이 아니며 그가 그동안 경험하여 내린 결론이다. 그러나 다른 사람이 이 사람의 이야기만 듣고 무턱대고 '한국의 부자들은 항상 이렇다. 원래

그렇다'라고 못 박아 버리는 것은 크게 잘못된 일이다.

대부분의 사람들이 나는 그렇지 않다고 생각하겠지만, 사실 예상외로 많은 사람이 이러한 실수를 아무렇지 않게 저지르고, 또 자신의 잘못을 깨닫지 못하고 있는 것이 사실이다. '암탉이 울면 집안이 망한다'라는 속담을 그대로 믿는 것이나, '어느 대학교를 나온 사람들은 이렇다더라' '이러이러한 사람들은 모금을 잘 못한다'와 같은 것들이 바로 잘못된 사고 과정에서 나온 편견들이다. 모금에서도 이와 같이 '저 사람이 모금하는 것을 보니까 이렇더라'라고 단정 지어 말하는 잘못된 관념들을 '추론 사다리' 과정을 통해 한 단계 한 단계 밟고 올라와 도출된 것이 맞는지를 깊이 생각해 보아야 한다.

3. 심리적 회계(Mental Accounting)

모금가는 심리적 회계(Mental Accounting) 이론을 이해해야 한다. 그리고 이를 바탕으로 기부자를 설득하고 기부자에게 요청을 할 수 있어야 한다. 모금 영역에서는 단순한 숫자로서의 돈, 그 이상으로 심리적인 면을 깊이 고찰해 볼 필요가 있다. 지갑을 열어 보면 여러 카드를 함께 넣을 수 있도록 칸들이 나뉘어져 있다. 심리적 측면에서 생각해 볼 때, 지폐를 넣을 수 있는 칸도 이렇게 여러 개로 분리되어 있다면 비합리적인 지출을 상당히 줄일 수 있다고 확신한다. 분류의 과정에서 돈에 의미가 부여되기 때문이다. 다음 질문을 생각해 보자.

입장료 10달러인 연극을 관람하기로 결정했다고 생각해 보자. 극장에 들어가려고 할 때 10달러 지폐를 분실했음을 알았다. 그래도 연극을 보기 위해 10달러를 지불하겠는가? 심리학자 트버스키

(Tversky) & 카너먼(Kahneman)에 따르면 그래도 연극을 보겠다고 답한 사람은 88%나 되었다. 그렇다면 다음 상황에서도 연극을 보겠는가? 우리가 연극을 관람하기로 결정하고 입장료 10달러를 지불했다고 생각해 보자. 극장에 들어가려고 할 때 표가 분실되었음을 알았다. 좌석은 표시되어 있지 않았으며 표는 되찾을 수 없었다. 10달러를 주고 다시 표를 구입하겠는가? 이 상황에서는 불과 46%만이 그래도 연극을 보겠다고 대답하였다. 이런 경우는 우리 주위에도 흔하다. 신학기가 되어서 새로이 구입한 전공서적을 분실했다고 가정을 했을 때, 대부분의 학생은 다시 그 책을 구입하지 않고 한 학기를 그대로 보내려고 한다. 왜 이런 행동이 나타나는 것일까?

인지심리학자들의 연구에 따르면 우리의 마음속에도 예산을 세우고 지출을 통제하는 회계장부가 있다고 한다. 두 번째 질문에서 잃어버린 10달러는 '연극 보기' 항목에 이미 할당해 놓은 돈이다. 만일 표를 재구입하여 연극을 본다면 10달러짜리 연극을 두 배의 가격인 20달러를 지불하며 보게 되는 셈이 된다. 그래서 관람을 포기할 가능성이 높아진다. 첫 번째 질문의 경우에는 잃어버린 10달러가 꼭 연극을 보기 위해 할당한 돈이라고 볼 수 없다. 점심 값에서 분실되었다고 생각할 수도 있기 때문에 연극비 10달러를 지출하는 데 큰 부담이 없다. 이러한 인식방식을 심리적 회계(Mental Accounting)라고 한다.

1) 심리적 회계 항목

심리적 회계의 중요성은 소비지출이 통제된다는 사실이다. '어차피 꼭 쓸 것을 쓰는데 가계부를 적는다고 특별히 더 절약이 되겠어? 괜히 골치만 아프지!'라고 생각하기 쉽지만, 사실은 그렇지 않다. 가

계부는 지출 중에서 불필요한 항목을 줄이는 데도 사용되지만, 예산을 세우는 것 자체가 소비를 줄이는 역할을 한다. 왜냐하면 일단 몫이 지워진 돈은 심리적 장벽에 부딪혀 다른 항목으로 이동하기가 쉽지 않기 때문이다.

예기치 못한 지출이 발생할 때, 사람마다 끌어다 쓰는 회계항목이 다르다고 한다. 이것은 그 사람의 가치관과 관련되어 있다. 예를 들어 길거리를 가다가 오랜만에 친구를 만났다고 해 보자. 이런 상황을 대비하여 예비 지출항목을 두고 있는 사람도 있겠지만, 그렇지 않은 사람은 다른 지출항목에서 끌어다 써야 한다. 어떤 사람은 영화 관람비용에서, 또 어떤 사람은 부인 생일 선물비용에서 등 각기 다른 항목에서 끌어다 사용할 것이다.

실제 장부에 적히지 않더라도, 지출항목을 정해 놓은 돈과 그렇지 않는 돈은 지출에 있어서 큰 차이가 난다. 장학금을 탄 친구에게 술을 얻어먹는 방법으로 예를 들어 보자. 장학금의 용도가 이미 정해진 것이라면 친구에게 술을 얻어먹는 것은 쉽지 않을 것이다. 이때는 예기치 않게 장학금을 받는 친구를 골라야 한다. 장학금에 대한 심리적 회계가 이루어지지 않은 상태여야 술 값 항목에 충분한 돈을 할당시킬 수 있는 것이다. 복권에 당첨되거나 사업에 성공하여 큰돈을 벌었을 때에도 마찬가지이다. 어떤 사람의 경우 장차 돈을 벌면 사회를 위하여 좋은 일에 쓰겠다고 미리 계정을 만들어 놓는다. 이런 사람은 쉽게 공익사업을 할 수 있다.

그러나 이런 계정이 없는 사람은 돈을 몇 배 더 벌어도 기부금조차 내는 것이 쉽지 않을 것이다. 교회를 다니지 않는 사람이 매주 십일조를 내야 한다면 다른 항목에서 돈을 끌어 모으기 위한 스트레스가 만만치 않을 것이다. 반대로 어려서부터 교회를 다니는 사람은 이미 '십일조' 계정이 확고하게 자리 잡고 있어 콩나물은 못 사더라도 십일조는 내야만 개운할 것이다. 심리적 회계 항목에 대한 연구를 통해 돈과 기부에 대한 조기교육이 얼마나 중요한지 잘 알 수 있다.

2) 심리적 회계 단위

축의금이나 조의금은 얼마 단위로 내는가? 여기에도 일정한 금액의 흐름이 있다. 5만 원, 7만 원, 10만 원, 15만 원, 20만 원, 30만 원 등의 금액이 있는 반면에 왜 4만 원이나 12만 원은 없는 것일까? 우리는 무의식 중에 돈의 크기 자체에 의미를 부여하고 있다. 여름휴가 보너스로 130만 원을 받을 때와 40만 원을 받을 때를 생각해 보자. 실제 휴가를 가서 얼마의 보너스를 받았을 때 더 많은 지출을 하겠는가? 전통경제이론에서 돈은 단순히 숫자에 불과하므로 130만 원을 받았을 때 더 많은 지출이 발생할 것이라고 예측한다. 그러나 심리적 회계의 원리를 이해하면 그렇지 않다는 것을 금방 알 수 있다.

심리적 회계에서 돈을 일정한 단위로 묶어 처리하는 성향이 있다. 사람들은 10만 원, 50만 원, 100만 원, 500만 원, 1000만 원, 1억 원 등 금액이 일정한 묶음 단위로 떨어지면 일단 이것을 지키려는 심리적 동기를 갖게 되며, 이 묶음을 무너뜨릴 때는 심리적 부담을 느낀다. 40만 원 묶음은 100만 원 묶음보다 심리적 부담이 적은 단위여서 모든 금액을 사용할 가능성이 높고, 130만 원은 100만 원의 묶음과 30만 원으로 구성되기 때문에 30만 원만 여름 휴가비로 쓸 가능성이 높다.

한국이나 일본의 빠른 성장을 높은 저축률로 설명하려는 경제이론도 있다. 탈러(Thaler)와 같은 심리경제학자는 한국이나 일본에서 저축률이 높은 이유 중 하나를 보너스제도에서 찾았다. 연봉 3600만 원을 받는 직장인을 생각해 보자. 매달 300만 원씩 나누어서

받는 경우와 매달 200만 원씩 받고 매 분기마다 400만 원씩 보너스 형식으로 받는 경우 중 어느 상황에서 더 많은 저축을 할까? 당연히 후자이다. 보너스를 받는 달에는 조금만 노력해도 특정 단위의 돈 묶음을 만들어 낼 수 있다. 기업의 입장에서 보면 일본이나 한국과 같은 임금체계에서 지출을 끌어내기가 더 힘들다. 그래서 고안된 것이 보너스 달에만 갚는 할부나 분기별로 일정 금액을 입금하는 정기저축이다.

3) 의미를 담아둔 돈

어렸을 때 부모가 고생하면서 재산을 모으는 과정을 지켜봤던 자녀는 부모로부터 물려받은 유산을 함부로 처분하지 못한다. 신도시 개발지역 인근의 땅값이 크게 뛰어 가난하던 농부가 하루아침에 큰 부자가 되는 경우도 있지만, 그런 상황에서도 땅을 처분하지 않고 조상의 대를 이어 계속 농사를 짓는 농부도 상당수 있다.

때때로 우리는 돈에 부여되는 의미의 중요성을 망각하고 살아간다. 돈에 몫을 지어 두는 것은 참 중요하다. 이것은 학비를 주기 위해 마련한 통장, 저것은 자식 결혼식에 쓸 돈 등으로 몫을 짓고 의미를 새겨 따로 보관하는 돈은 잘 지킬 수 있다. 우리 부모세대는 자식들에게 제삿밥을 떳떳이 얻어먹기 위해서는 상속할 재산을 꼭 모아두어야 한다고 생각했다. 지금도 노인들은 남몰래 숨겨 둔 돈이 있다. 자신의 장례식 비용이다. 어느 한 일간지에서 본 기사인데, 아버지가 용돈을 주실 때에는 항상 "이 돈은 아버지가 일해서 번 깨끗한 돈이다"라는 말씀과 함께 흰 봉투에 담아 주셨다고 한다. 이보다 더 확실한 경제교육은 없을 것이다.

한 사회에 쉽게 번 돈이 많을수록 값어치 없이 쓰이는 돈의 비중은 커지며, 그런 쪽의 시장도 더 활성화된다. 직장인들도 자신이 번 돈으로 회식을 한다면 회사 돈으로 회식을 할 때만큼 흥청망청 사용하지는 못할 것이다. 이는 자신이 땀 흘려 번 돈이기 때문이다. 각종 정부규제로부터 비롯되는 로비자금 또한 쉽게 버는 돈의 일종이다. 이런 돈이 아니라면 강남의 향락문화가 번성할 수 있었을까? 쉽게 생긴 돈은 기회비용이 없는 것으로 착각해서 쉽게 지출을 결정해 버리는 성향이 있는데 이를 매몰비용오류(Sunk-Cost Mistake)라고 한다.

쉽게 번 돈은 쉽게 사용하기 마련이다. 복권에 당첨되어 얻은 돈 1억 원과 저축을 해서 모은 돈 1억 원은 그 쓰임새가 달라진다. 건전한 자본주의는 건전한 축재 과정을 바탕으로 한다. 주식이나 부동산 투기를 통하여 일시에 큰돈을 버는 사회는 병들기 마련이다. 돈을 쓰는 과정에서 구성원들의 생각과 생활도 병들어 버리기 때문이다. 그래서 자식에게 돈을 남겨 주기보다는 돈을 벌 능력을 길러 주는 것이 자식의 삶을 더욱 건강하게 만들어 준다.

4) 비율에 의한 판단

한 봉지에 1000원 하는 콩나물을 할인해서 500원에 산 경우와 1억 원짜리 집을 500만 원 깎아서 9500만 원에 산 경우 중 언제 더 기분이 좋을까? 절약한 돈은 후자가 더 많음에도 불구하고 보통 사람들은 전자에서 더 큰 만족감을 느낀다. 왜 그런 착각이 생기는 것일까?

다시 트버스키(Tversky)와 카너먼(Kahneman)이 사용한 예를 들어 보겠다. 우리는 125달러짜리 재킷과 15달러짜리 계산기를 구입하려 한다. 계산기 판매원은 20분 정도 차를 타고 다른 지점에 가면 이 계산기를 할인된 가격인 10달러에 살 수 있다고 알려 준다. 이럴 경우

"당신은 다른 가게로 가겠는가?"라는 물음에 68%가 "다른 가게로 가겠다"라고 대답하였다. 그리고 이번에는 15달러짜리 재킷과 125달러짜리 계산기를 구입하려 한다. 계산기 판매원은 20분 정도 차를 타고 다른 지점에 가면 이 계산기를 할인된 가격인 120달러에 살 수 있다고 알려 준다. 이 경우 "당신은 다른 가게로 가겠는가?"라는 물음에 불과 29%만이 "다른 가게로 가겠다"라고 대답하였다.

이런 응답 차이는 가격의 차이를 비교할 때 절대적으로 절감되는 금액을 판단기준으로 삼기보다는 절약되는 금액의 비율을 기준으로 삼는 것을 알 수 있다. 다시 말해 15달러에서 5달러를 절약하는 것은 큰돈이지만, 125달러에서 5달러를 절약하는 것은 사소한 것에 지나지 않는다고 판단하기 때문이다. 이는 콩나물 거래가 집을 거래할 때보다 더 큰 만족감을 얻는 이유이기도 하다. 이러한 심리를 간파하고 있는 가게에서는 가격이 낮은 품목은 비율로, 가격이 높은 품목은 할인된 가격으로 할인행사를 홍보한다.

대부분의 사람들은 새집으로 이사를 가게 되면 가구를 새로이 장만한다. 이때 가구를 장만할 형편이 되지 않는다면 빚을 내어서라도 이렇게 한다. 심리적 회계에서 금액은 비율로 판단되기 때문에 집값에 비하면 가구값 정도는 빚을 내어 구입하더라도 그리 부담스러운 것이 아니라고 착각하기 때문이다.

우리는 큰 금액을 거래하다 보면 상대적으로 비율이 낮은 금액에 대해서는 무신경해지는 경향이 있다. 이로 인해 생각하지 못했던 돈의 지출이 발생한다. 자동차 등을 구입할 때 옵션을 추가하거나, 고급 오디오를 살 때 기능을 몇 개 더 추가하는 것에 대해서 필요 이상의 돈을 지불할 수 있다는 사실을 항상 명심해야 한다. 고액모금에도 거액을 내는 사람에게는 10억 원에 몇 가지 옵션을 더하여 20억 원으로 기부금을 올리는 것을 쉽게 볼 수 있다.

5) 모금의 현명한 구속

심리적 회계항목 간의 이동에는 스트레스가 발생하기 때문에 소비가 제어된다. 경제활동에는 우리를 유혹하는 많은 충동적인 자극들이 수시로 지나간다. 우리는 일반적으로 전통경제이론의 주인공처럼 합리성만을 추구하는 자제(Self-Control) 능력도 없거니와, 설사 그럴 수 있다고 하더라도 상당히 많은 스트레스를 받게 된다.

탈러(Thaler)는 '현명한 구속'이라는 개념을 이용하여, 판단과 행동에서 선택의 자유를 스스로 배제시킴으로써 스트레스를 줄여 가는 것이 얼마나 합리적인가를 설명하였다. 서민들이 하는 '계(契)'를 생각해 보자. 이자 수익을 바라고 하는 것이라고 생각하면 오해이다. 구성원들 간의 약속으로 인해 어쩔 수 없이 '곗돈'이라는 심리적 회계항목을 할당해야 할 뿐 아니라, 다른 곳에 쓰고 싶은 충동도 원천적으로 봉쇄시킬 수 있다. 금리도 이렇게 낮은데 은행에 정기적금을 하면 뭐하냐고 말하는 사람들도 상당히 많다. 그러나 명심해야 한다. 이렇게라도 해야 돈이 모아진다는 사실이다.

전통경제이론에서는 선택의 자유가 더 많을수록 합리적인 선택의 가능성이 더 높아지므로 만족도도 더 커진다고 가르친다. 그러나 이것은 잘못된 심리적 가정으로 인해 잘못 추론된 결론이다. 대학생들이 학원에 직접 가서 강의를 듣는 비용은 이동 시간과 왕복 교통비를 제외하더라도 같은 강의를 동영상으로 듣는 것보다 거의 두 배 정도 비싸다. 경제인이라면 당연히 동영상을 듣는 것이 합리적인 선택이라고 말할 것이다. 그러나 막상 동영상을 신청해서 마지막까지 듣는 사람은 많지 않다. 시간과 장소의 제약이 없어 언제나 들을 수 있다는 선택의 자유로 인해 결국은 다른 유혹에 빠져 버리기 때문이다. 이 학생이 그 강좌를 다시 수강하는 것이 얼마나 힘든지 다시 말할 필요가 없을 것이다.

모금가는 기부자에게 그들이 가지고 있는 심리적 회계 구좌를 구체적으로 어떻게 이동하여 기부를 할 수 있는가를 도와주는 역할을 해야 한다. 만약 매일 5000원짜리 커피를 사서 마시는 기부자라면 그의 심리적 구좌에 기록된 매월 5000원 × 20번 = 10만 원의 금액을 "당신이 하루에 커피 한 잔 값으로 아프리카에 한 어린아이를 살릴 수 있다"라는 말로 커피 구좌에서 기부 구좌로 옮길 수 있도록 하는 것이다.

심리적 회계에 대해 정리해 보자. 미국 사람이 한국 사람보다 여행 중에 돈을 덜 쓰는 것은 '여행항목'에 할당된 돈이 적기 때문이지, 한국 사람이 낭비벽이 있어서가 아니다. 마찬가지로 미국 사람이 한국 사람보다 기부를 더 하는 것은 '기부항목'에 할당을 더 하기 때문이지 더 인간을 사랑한다는 것 또한 아니다. 농촌 사람들이 도시 사람보다 작은 돈은 더 절약하지만 큰돈은 더 쉽게 지출을 결정하는 경향이 있다. 그것은 농촌 사람들이 더 뭉칫돈을 만지기 때문이다. 큰돈을 지출할 때는 거기에 가려서 잘 드러나지 않는 작은 돈의 지출에 신중해야 한다.

생각 없이 현금지급기에서 돈을 찾고 있다면 지갑에 돈을 넣을 때라도 어디에 얼마를 지출할 것인지에 대한 심리적 회계를 생각해 볼 것을 권한다. 여분의 돈이 남았다면 필요하지 않은 곳에 써 버릴 가능성이 높다. 심적 부담을 느낄 만한 단위로 묶어서 관리하자. 그것이 아니라면, 현명한 구속의 방법을 강구할 필요가 있다. 항상 돈이 들어오면 몫을 지어 두는 습관을 들이는 것이 현명한 방법이다.

6) 자선비용 프레임

Journal of Experimental Psychology(Sharma, Sussman & Alter)[05]에서는 2015년에 자선에 들어가는 비용이 정기적으로 발생하는 것이 아니라 예외적으로 발생하면 기부가 증가한다는 연구 결과를 다음과 같이 발표했다.

> 사람들은 반복되는 비용을 예산으로 책정한다면 이것을 심리적 회계(Mental Account) 항목으로 책정하는 경향이 있다. 그러나 일회성 비용이라면 '공식적으로 통보되는 고지서'라는 느낌을 덜 받는다.

그들의 연구에 따르면 사람들은 예산 범주를 벗어난 지출을 좋아하지 않는다. 이는 생활비와 휴가비의 지출을 비교하면 설명이 가능하다. 여행 중에는 평소에 집에서 잘 사먹지 않던 비싼 음식을 어쩌다가 한 번 사 먹는 것이기 때문에 이를 '무료'로 간주한다. 이것이 기부자로부터 일회성 또는 지연된(Deferred) 기부를 만드는 이유이다. 예외적인 지출은 흔하지 않은 비정기적인 지출로 인식된다. 그래서 이 연구를 위해 조사할 때에 기부금 요청을 예외적인 것으로 표시한 결과 기부자가 자선 지출에 사용할 수 있는 '무료' 돈을 가지고 있다는 인식을 갖게 된다. 결국 오히려 뛰어난 프레임이 사람들의 자선 예산 프로세스를 좋은 방향에서 방해한다는 것이다.

이것을 모금 방법으로 이용할 수 있는 몇 가지 예를 살펴보고자 한다.

---

05 Abigail B. *Sussman*, Eesha *Sharma* & Adam L. *Alter·Journal of Experimental Psychology*: Applied 21 (2):130-139 (2015)

▶ **하루에 $1**

1998년 구르빌(Gourville)[06]의 연구에 따르면 $1/하루와 $365/년을 비교했더니 단일 기부, 즉 $1/하루에서 더 많은 금액이 증가했다는 결과로 나타났다고 했다. 이것은 사람들이 1년에 120달러가 아닌 매월 10달러를 요청할 때 더 유효한 심리적 현상이다.

▶ **정기적이 아닌 예외적**

Sharma, Sussman & Alter의 연구에 따르면 기부를 평범한 것이 아니라 비범한 것으로 규정하는 것은 사람들이 최대 지출 금액을 정하지 않도록 하여 기부 의지에 긍정적인 영향을 미치기 위함이라고 했다. 이것은 사람들에게 연례 기부보다는 예외적인, 즉 일회성 기부를 요구할 때 현장에서 더 효과적인 심리적 현상이다.

(1) 효과적이고 특별한 프레이밍(Exceptional Framing)으로 자선 행동 강화

Sharma, Sussman & Alter는 기부자들은 예외적인 기부요청일 때 기부금이 심리적 예산에 미치는 영향이 더 적을 것을 다음 예를 통해 발견했다.

▶ **실험 1 – 걷기 대회 :**

알츠하이머 협회에서 '걷기 대회' 홍보를 위해 두 장의 포스터를 사용하였다. 각 포스터에는 문구를 조금 다르게 사용했더니 놀라울 정도의 결과를 나타냈다.

---

06 *John* T. *Gourville*. Journal of Consumer Research, Volume 24, Issue 4, March 1998, Pages 395-408

1년 내내 반복적으로 개최되는 것이 아닌 예외적으로 특별히 연 1회 개최의 경우 응답 속도가 빨라지고 평균 기부금이 늘었다. 이런 프레이밍은 사람들로부터 기부금이 예산에 미칠 영향에 대해 덜 생각하게 만드는 것이다.

▶ **실험 2 – 레모네이드 스탠드 :**

두 사람이 '어린이 암 투병'을 위한 모금을 위해 레모네이드 스탠드 판매를 계획했다. 한 사람은 1년 내내 기금모금 행사를 진행하였고 참가자들에게 행사 동안 기부금을 요청한다는 사실을 분명히 했

다. 다른 한 명은 1년에 한 번만 행사를 진행했으며 한 번의 기부만 요청했다고 언급했다.

참가자들에게 연간 계속되는 일정의 기부요청을 예산의 일부로 고려하고 있는 금액과 연 1회의 특별한 기부요청을 예산의 일부로 고려하고 있는 금액에 대해 다음과 같이 물었다. "기부요청이 매년 발생함으로 인해 이 기부금이 예산에 미치는 영향이 어느 정도로 고려됩니까?" 결론은 연 1회의 예외적인 조건의 참가자는 연간 진행되는 조건의 참가자보다 자선 단체에 기부할 가능성이 훨씬 높다고 보고되었다.

(2) 특별한 프레이밍으로 긴급구호 지원 유도

자선단체를 위한 연간 예산을 정해 놓은 사람들조차도 허리케인, 지진, 산불 등의 자연재해의 긴급한 위협에 대해서는 기대 이상으로 지원을 한다. 대부분의 사람은 이런 비상 상황을 마주하면 자신이 이미 책정했던 자선 예산을 염두에 두지 않는다. 그만큼 '긴급 대응'은 또다른 정신적인 부분에서 비롯된다. 아마도 불행한 이웃의 구조에 대한 긴급함으로 행동을 유도하는 요청은 기부자의 응답에 영향을 미칠 수 있는 한 가지 방법이 될 수 있다. 뭔가 긴급하게 필요한 것처럼 보이면 사람들은 신중하게 생각하지 않고 빨리 대응한다. 감정적이고 합리적이지 않은 모습을 보인다. 이때 물론 crying wolf(필요하지도 않으면서 요청해서 진정 필요할 때 요구를 들어주지 않음)와 같은 거짓 정보가 있어서는 안 되기에 긴급성에는 진정성이 있어야 된다.

특별한 프레임은 현재 참여하고 있는 기존의 기부자보다 잠재기부자에게 더 효과적일 수 있다. 기존의 반복 기부자는 특정 자선 활동의 규칙성을 구체적으로 이해하는 경향이 있어서 기부가 일반적인지 아니면 예외적인지 그 인식을 바꾸는 것이 더 어려울 수 있다. 실제로 로버트 치알디니(Robert Cialdini)의 연구에 따르면 설득과 영향력의 원칙 중 하나는 '약속과 일관성'이라고 한다. 사람들은 과거의 행동을 반복하려는 경향이 있다는 것이다. 그래서 전문가들은 기부자들에게 과거의 기부에 대해 상기시키는 것이 의사 결정의 지름길이라고 조언한다. 사람들은 '아! 나는 이미 이 조직에 기부하기로 결정했고, 계속 유지할 것 같다'라고 생각한다. 따라서 다음과 같은 전략 프레임이 필요하다.

- 기존 기부자들에게 연간 기부를 요청할 때 로버트 치알디니의 연구를 따르는 것은 어떠한가? 그들의 일관되고 헌신적인 지원에 감사를 표한다.
- 새로운 잠재기부자에게 접근할 때 앞에서 언급한 프레임에 관한 연구를 고려한다. 매년 한 번만 물어보는 것은 어떨지 생각해 본다.
- 진정으로 '예외적인' 일로 요청한다. 사람들이 이것이 평범한 상황이 아닌 예외적인 상황임을 알도록 한다.

4. 로젠버그 법칙(Rosenberg's Rule)

사람들은 자신이 직접 기부에 참여하는 것은 긍정적으로 생각하지만, 다른 사람에게 기부를 권하는 것에 대해서는 부정적인 인식을 가지고 있다. 남에게 돈과 관련된 이야기를 하는 것을 꺼리는 정서 때문이다. 직접 돈을 빌리거나 아쉬운 소리를 하는 것이 아님에도 불구하고 기부 역시 돈과 관련된 일이라는 점에서 선뜻 말을 꺼내지 못하게 된다.

유산기부 또한 먼 나라의 특별한 사람들의 이야기로 여길 뿐, 나와는 상관없는 일이라고 여기는 사람들이 많다. 유산기부를 요청하면 "나중에 좀 더 벌면 하지요", 혹은 "내가 죽은 뒤에 하는 걸로 하면 어떨까요?"라는 대답이 돌아오기 일쑤이다. 이런 경우에는 '지금'이 가장 적기임을 주지시키고, '다음' 또는 '나중에' 미루다가는 결국 아무것도 하지 못하는 것이 기부의 속성이라고 이야기해 주어야 한다.

2008년 5월, 80세의 나이로 타계한 미국의 클라우드 로젠버그(Claude Rosenberg)는 모금가들 사이에서 매우 유명하고 또한 존경받는 인물이다. 늘 그의 이름 뒤에는 '머니매니저 & 필란트로피스트(The Money Manager and Philanthropist)'라는 칭호가 붙는데 '머니매니저'는 그의 원래 직업인 자산관리 및 투자금융 전문가를 뜻하는 것이고, '필란트로피스트'는 그가 생전에 쌓은 재산을 사회 공익을 위해 열정적으로 헌신한 것을 기리며 모금가들이 붙여 준 칭호이다.

그는 평소에 자신의 재산을 공익을 위해 기부하고 투자해서 모범을 보였을 뿐 아니라 부자들이 어떻게 돈을 써야 하는지를 교육했던 사람이다. 다른 사람들에게 기부 이야기를 꺼내는 것을 꺼려하지 않았고 오히려 그것을 당당하게 여겼으며, 그들을 독려하고, 스스로가 먼저 실천하고 모범이 되어 많은 이를 변화시켰다. 그의 적극적이고 솔선수범하는 모습은 좋은 본보기가 되어 '로젠버그 법칙(Rosenberg'S Rule)'을 탄생시켰다.

2006년 6월, 전 세계에서 두 번째로 많은 재산을 보유하고 있던 워렌 버핏(Warren Buffett)은 빌 게이츠(Bill Gates)의 가족이 운영하는 '빌 & 멀린다 게이츠 재단(Bill & Melinda Gates Foundation)'에 310억 달러를 기부하기로 했다. 이 금액은 그의 전 재산 중 85%나 차지하는 큰 금액이었기 때문에 모두가 놀라워했다. 그러나 모금가들에게는 그 금액이나 워렌 버핏의 큰 배포가 놀라웠던 것이 아니라 워렌 버핏이 자신의 이름으로 된 재단을 통해서도 충분히 기금을 사용할 수 있었음에도 불구하고 왜 빌 게이츠 재단에 기부를 했는가 하는 것이었다.

80년대 초에 그가 쓴 책에서, 유산 문제에 대해 "자식들이 아무것도 하지 않고 무능하게 살아갈 정도가 아니라 자식들이 무엇이든지 할 수 있을 정도의 재산만 물려주고 싶다"라고 말했다. 하지만 사회에 전 재산을 기부하는 문제에 있어서는 "내가 죽은 후에 기부하겠다"라고 답하며 소극적인 입장을 취해 왔었다. 그가 당시에 이렇게 주장한 근거는 투자의 효과를 객관적으로 놓고 보았을 때 그 금액을 비영리단체에 지금 기부하는 것보다는 일반 기업에 투자하여 더 큰 이익을 남겨서 금액을 불릴 수 있을 만큼 불리고 더 이상 이익을 남기지 못할 때가 되었을 때, 즉 자신이 죽은 뒤에 더 많은 금액을 기부하는 것이 더 효율적이라고 생각했기 때문이다. 다시 말해서 투자의 귀재인 자신이 죽기 직전까지 투자로 인한 재산 증식을 계속하면 좀 더 많은 재산을 기부할 수 있을 것이라고 여겼다는 뜻이다.

그러나 이러한 워렌 버핏의 생각을 완전히 뒤엎은 사건이 발생했다. 모금가들 사이에서 '로젠버그 법칙(Rosenberg'S Rule)'으로 통하는 이 사건은, 유명한 모금가 로젠버그가 워렌 버핏이 고수해 오던 그의 기부 철학을 반박하는 사설을 기고함으로써 지금껏 확고하던 그의 생각이 바뀐 사건이다. 그가 사설에서 주장한 것은, "지금 당신이 기부를 하지 않음으로써 발생하는 사회적 손실(Societal Ills)이 당신의 투자로 인해 발생하는 수익보다 더 클 수 있다"라고 반론하며 사설을 통해 워렌 버핏을 설득했다. 다시 말하면 지금 당장 기부하는 것이 나중에 기부하는 것보다 금액 면에서는 작더라도 사회에서 사용될 긴급성을 따진다면 그 값어치는 비교할 수 없을 정도로 크다는 것이다. 예를 들어 후천성 면역결핍증(Aids) 신약 개발이나 아프리카 난민 문제 등은 시간을 다투는 문제이기 때문에 기다렸다가 더 큰 금액으

그림 6-4 로젠버그 법칙

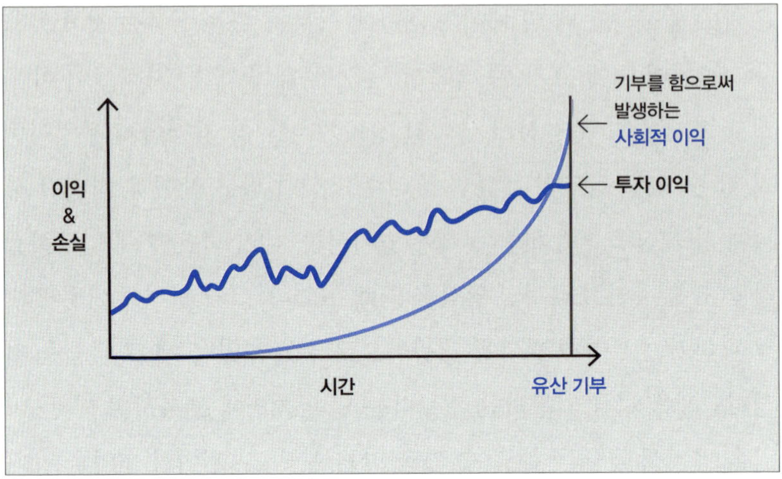

로 부풀려 기부하는 것보다도 적은 금액이라도 지금 당장 사용하는 것이 효과가 더 크고 훨씬 필요한 일이라는 것이다. 또 다른 예로는 당신이 지금 100만 원을 투자하여 10년 후에 1억 달러의 수익을 낼 수 있다고 해 보자. 만약 그 돈을 투자가 아닌 비영리단체에 기부한다면 그 돈으로 인해 도움을 받은 아이들이 성장하여 10년 후에 낼 어마어마한 사회적·경제적 파급력은 투자로 인한 수익인 1억 달러보다 훨씬 더 크다고 할 수 있을 것이다. 아무리 큰 금액이더라도 지금의 시기를 놓쳐 버린다면 나중에는 아무런 쓸모가 없는 것이 되어 버릴 수도 있기 때문이다.

이러한 로젠버그의 반박에 워렌 버핏은 결국 그동안 지켜 왔던 자신의 뜻을 굽혀 당장 기부하기로 결정하고 그의 재단을 만들었다. 그러나 자신의 이름으로 된 재단을 이용하는 것이 아니라 자신의 재단보다 실질적으로 더욱 효과적인 다른 재단을 이용하여 그 효과를 증대시키고자 한 결정은 정말로 놀라운 것이었다. 그러한 결정은 쉬운 일이 아니었을 것이다. 그러나 빌 게이츠 재단은 효율성에 대해 이미 많은 사람의 신임을 얻고 있었기 때문에, 그 재단에 기부하게 된다면 기부의 영향력을 극대화할 수 있다고 생각했기 때문에 내린 대단한 결정이었다. 신문에는 발표되지 않았지만, 이 일을 성사시키기 위해 모금가가 숨어서 많은 노력을 했다는 사실 또한 잊어서는 안 된다.

이와 같이 기부요청에 대해 잠재기부자가 '나중에 하겠다' 혹은 '죽은 뒤에 하겠다'라는 식의 반응을 보이면, 모금가는 바로 이 로젠버그 법칙을 활용하여 설득해야 한다. 이 법칙은 맥킨지(Mckinsey) 보고서를 통해 정확한 데이터로 측정되어 신빙성을 얻었다. 워렌 버핏은 본인의 생각을 바꾸고 자산의 85%인 310억 달러를 빌 게이츠 재단에 분할 기부하기로 공식 발표하였다. 이처럼 기부 능력이 충분한 사람들에게 기부를 권함으로써 공익에 이바지하고, 본인 스스로도 기부를 아끼지 않은 로젠버그의 생각과 실천은 모금계에 엄청난 변화를 가져다주었다.

5. 이타주의(Altruism)

학자와 모금가 사이에서 논란이 되었던 질문은 "단순히 순수하고 박애주의적인 기부행위는 과연 존재하는 것인가?"이다. 경제학자는 인간은 이익을 위해 움직이는 경제적인 동물이라고 규정하고 있는데 반하여, 기부행위에 있어서 무조건 이타심으로 실천한다고 가정한다면 정부가 장기기증 및 빈민구호 등의 대책을 내놓을 필요가 없을지도 모르겠다. 그러나 현재 통용되고 있는 모금이론은 순수한 이타주의에 의거한 것이라기보다 대부분이 서로 주고받는, 즉 자기 이익(Self Interest)에 의거한 기부로 보고 있다. 따라서 이에 상응하는 모금 심리 연구와 기부자 대우를 기반으로 하는 모금상품이 나오고 있다. 요즈음의 기부, 특히 고액기부일 경우에는 순수 이타주의, 즉 조건 없이 주는 경우는 드물다. 받기 위해 주는 것이라고 보는 것이 타당하다. 그러므로 이론가뿐 아니라 모금 실무자들은 현실성이 떨어지는 순수한 이타심에 기대하여 모금상품이나 모금계획을 세우는 것을 경계해야 한다.

한국에서의 기부도 진정한 이타주의의 기부라기보다 '호혜적인 기부(Reciprocal Giving)', 즉 서로 주고받는 형태의 기부가 대부분이다. 우리가 많이 쓰는 '나눔(Share)'이라는 말은 계(契), 향약(鄕約), 두레 등 한국의 전통적인 기부 방식에서 기인한다. 이것을 동물학자들은 자신들이 주고받은 기억력이 오랫동안 지속 가능한 척추동물에게서 일어나는 현상과도 비슷하다고 설명하고 있다. 내가 어떤 사람에게 자선을 베풀었을 때, 언젠가는 그가 내가 필요할 때 도움을 주기를 기대하기에 베푼다는 것이다. 만약 이 규범을 어기는 자는 사회에서 묵계된 계약을 어긴 '배신자'로 추방될 가능성이 있다고 보는 것이다. 따라서 우리는 이 부조 안에 숨어 있는 '나누다'라는 뜻을 반드시 이해해야 한다. 예를 들어 친구의 딸 결혼식에 축의금을 낼 때에는 '이 축의금은 다음에 내 딸이 결혼할 때 다시 받겠지!'라는 심리가 깔려 있다. 동양적인 사고방식의 이런 기부(나눔)는 앞으로 사회적인 선한 투자로 선진화되어야 하겠지만 현재로서는 그 기부의 뿌리를 이해하고 그에 맞는 모금이론과 방법의 개발이 필요하다.

1) 윌리엄 해밀턴(William Hamilton)의 이타주의 이론

이타주의의 진화에 대한 논란의 중심에는 20세기의 유명한 수학적 유전학자인 할데인(J.B.S Haldane), 로널드 피셔(Ronald Fisher), 윌리엄 해밀턴(William Hamilton), 그리고 시웰 라이트(Sewell Wright)가 있다. 이들은 이타주의는 가족의 종족 보전을 위한 것일 뿐 엄밀히 말해서 순수한 이타주의는 존재하지 않는다고 주장했다. 그리고 그것을 수학적으로 증명하려고 노력했다.

동물계에서 이타주의의 가장 좋은 예는 여왕벌을 위해서 희생하는 일벌의 행동이다. 다윈은 이 일벌의 이타주의에 대해서 많은 관심을 보였는데, 이는 그가 주장한 적자생존의 법칙에 어긋나는 것이기 때문이다. 일벌은 자신의 이타주의적 행동에 전혀 직접적인 이익을 얻지 않고 그들의 유전자를 다음 세대에 이어가지도 않는다. 그래서 몇몇 학자는 그들의 이타주의적인 행동은 아무 곳에나 무작위로 적용되는 것이 아니라 그 일벌과 깊은 관계에 있는 그룹에만 적용될 수 있다고 설명한다. 다시 말해 일벌은 여왕벌을 위해 희생함으로써 전체 꿀벌집단의 유전자를 보존하는 일에 기여한다는 것이다.

하지만 여기서 또 다른 문제를 제기할 수 있는데, 아들이 물에 빠져 죽어갈 때 아버지가 아들을 구하기 위해 무조건 물에 뛰어들어가는 것은 이타주의적 행동인가 아닌가 하는 것이다. 그래서 윌리엄 해밀턴은 1963년에 다음 공식을 발표했다. 그중에 라이트가 발표한 친척 간의 유전적 관계의 정도를 R의 값으로 정하고(R은 아버지와 아들 사이의 유전 공유로 보면 R=1/2, 할아버지와 손자는 R=1/4이다), 이 R값을 이용한 해밀턴의 유명한 이타주의 공식은 모금가들이 기부를 깊게 이해하려면 반드시 알아야 할 이론이다.

$$R \times B > C$$

여기서 B는 이타주의 행동에 의해 친척에게 돌아가는 이득이고, C는 이타주의 행동으로 치러야 할 희생의 값, R은 아버지와 아들 사이의 유전 공유 값이다. 만약 아버지가 그의 아들이 물에 빠지는 것을 보고 그를 구하기 위해 물에 뛰어들어간다고 가정하면, 그 아들의 목숨을 구할 확률이 아버지가 목숨을 잃을 값(확률)보다 두 배가 더 높기(이득) 때문에, 결국 가족의 종족 보존을 위한 이득이 생긴다는 것이다. 다시 말해 B 〉 2C, 즉 이득이 치러야 할 값(대가)보다 크기 때문에 희생을 감수하는 행동으로 옮긴다는 것이다. 이런 이타주의적 행동과 관련된 두 사람의 관계를 좀 더 관찰해 보면 R 값이 높을수록 가족 간의 이익은 더 높아질 것이고, 선택의 가치 또한 높을 것이다. 이 공식을 수학적으로 정의 내려서 자연적 선택과 혈연 중심적인 선택을 나타내는 '종족 보존적 선택 행위(Kin Selection)'라고 해밀턴은 주장한다.

그리고 이 공식은 척추동물을 포함한 여러 동물 사이에서 이타주의적 행동을 설명하는 데 활용되고 있다. 그는 또한 이런 선택적인 이타주의의 이득은 작은 그룹 안에서 이루어지는 것보다 더 큰 그룹 안에서도 이루어질 수 있다고 하였고, 작거나 큰 그룹 안에서 전혀 관계없는 인간들의 이타주의적 행동으로 인하여 상과 벌의 개념이 형성된다고도 하였다.

2) 진정한 이타주의적 기부의 판단 기준

만약 동생이 오빠에게 선물을 주었는데 비록 조건 없는 선물이라 할지라도 오빠가 그 선물을 받은 후 반응이 시큰둥하다면 다음에 그 동생은 오빠에게 다시 선물을 줄까? 또 하나, 어머니가 자취하는 아들에게 밑반찬을 잔뜩 싸서 준다. 하지만 아들이 그러한 밑반찬을 먹지 않는다고 불평해도 어머니는 계속 반찬을 싸 줄까? 우리는 이러한 질문을 통해서 복잡한 기부와 베풂의 세계를 이해할 수 있다.

진정한 이타주의에 의한 기부는 어떤 기준으로 판단해야 하는가? 그 기준은 다음의 네 가지 요소에 의해서 결정된다.

첫째, 기부는 수혜자에게 반드시 이익이 돌아와야 한다는 점이다. 이 말은 아무리 기부의 형태와 동기가 훌륭하고 가치 있는 것이라 할지라도 수혜자에게 이익이 없으면 진정한 기부가 아니라는 것이다. 예를 들어 주는 사람은 값을 치르고 기부를 했다고 해도 받는 사람에게 전혀 쓸모가 없거나 필요성 없는 것이라면 진정한 기부가 아니라는 뜻이다.

둘째, 기부자와 수혜자가 전혀 관계가 없는 사람이어야 한다. 즉 수혜자가 가족이라든지 친척이라든지 이런 관계라면 그 기부는 진정한 이타주의적 기부라고 볼 수 없다. 이는 특히 한국의 기부 형태가 혈연 중심이기 때문에 그들의 기부는 정부 통계에 잡히지 않는다. 엄밀한 의미에서 진정한 기부는 전혀 관계없는 사이에서 이루어질 때 이타주의적 기부라고 할 수 있다. 앞에서 설명한 해밀턴의 이론에서처럼 아들을 구하기 위한 아버지의 행동은 이타주의적 행동으로 보지 않는 것과 같다.

셋째, 반드시 기부를 통해서 기부자가 어떤 형태로든 손해를 보아야 한다. 이것은 아주 중요한 개념이다. 기부자가 기부를 통해서 자신에게 돌아오는 피해와 희생이 없거나 오히려 기부자가 더 큰 이익을 얻는다면 이것은 진정한 이타주의가 아니다. 예를 들면 자기가 쓰던 물건이 더 이상 사용하지 않는 것이어서 그것을 남에게 선물로 주는 경우나 기부를 통해 원하든 원치 않든 명성을 얻는 경우가 그렇다. 만약 어떤 사람이 100만 원을 기부했는데 기부자가 1000만 원의 홍보 효과를 얻는다면 이것 또한 기부가 아니다. 그래서 전통적인 미국에서의 기부 정의는 기업체에서 내는 기부금은 기부로 취급하지 않는 것이 보통이다. 그 이유는 기업체는 영리를 추구하기 때문에 그들이 기부를 통해서 홍보 효과 등 더 많은 것을 얻고 있기 때문이다.

넷째, 수혜자의 이득이 반드시 베푸는 자의 희생보다 커야 한다는 것이다. 예를 들면 기부자가 100만 원을 기부했는데 수혜자에게는 그 100만 원의 금전적 가치가 매우 소중할 경우가 대부분이지만, 그러나 특별한 경우에 반대로 그 100만 원의 가치가 수혜자에게는 절반 정도밖에 인정할 수 없는 경우가 있다면 이것은 이타주의에 의한 기부가 아니라고 할 수 있다.

제7장

모금전략 이론

1. 상황의 법칙(Low of Situation)

모금에 많은 사람이 참여할수록 성공률이 높아진다는 것은 모금과 관련된 교육을 받지 않아도 알 수 있다. 결국 어떻게 더 많은 사람을 참여시키고, 그들을 더욱 열성적이고 성실하게 동참시킬 것인지의 문제가 성공의 열쇠인 셈이다.

사회심리학자인 매리 플레트(Mary Follett)는 상황의 법칙(Law of Situation)에서 "모든 결정에 대한 권위와 책임은 특정한 한 사람으로부터 나오는 것이 아니라 여러 사람이 책임과 권위를 나누고 협조함으로써 가능해진다"라고 말한다. 이 이론은 모금활동에 큰 영향을 끼쳤으며, 이는 모든 비즈니스나 정부기관의 행정관리에 있어서도 공통적으로 적용되고 있다.

플레트의 주장에 따르면 일반적으로 어느 단체에서건 통제, 권력, 참여, 갈등과 같은 공통적인 문제의 상황에서 경영자는 단순히 총무관리 차원을 넘어서야 한다는 것이다. 이러한 주장은 비영리단체에도 적용되어 다음의 두 가지 질문을 던지게 된다. '사람들이 무엇을 하기 원하는가?' 하는 것과 또 하나는 '사회적 관계를 통해 어떻게 그 일을 진행시키고 있고 과학적 통제와 조정은 가능한가?' 하는 문제이다. 최근에는 주로 이 두 가지 질문에 관한 연구에 초점이 맞추어져 있으며 이 연구가 모금 현장 실무자들에게 지대한 영향을 끼쳐 왔다. 플레트는 사회심리학을 이용하여 인간의 관계 중 개인의 동기와 사회적 그룹 간의 역학관계, 그리고 서로의 목적을 공유하는 메커니즘을 규명하기 위해 노력했다. 그녀는 이를 단체의 지도력과 개인의 협조를 위한 네 가지 원리로 다음과 같이 설명하였다.

첫째, 직접 접촉한다. 정보나 결정사항을 남에게서 전해 듣는 것이 아니라 직접 들었을 경우에 협조를 구하는 것이 더 쉬워진다.
둘째, 결정의 초기 단계에 포함시킨다. 중요한 사안을 결정하는 데 있어서, 나중에 포함되거나 사안이 결정된 후에 통고를 받는 입장이 되면 그 결정에 대한 참여도, 충성도, 동기부여가 떨어지게 된다. 그러므로 결정의 초기 단계에서부터 참여하도록 하여 책임감과 충성도를 높이는 것이 중요하다.
셋째, 상호 이익을 준다. 한쪽이 일방적인 이익을 얻는 경우에는 참여를 유도하기가 어렵다. 모든 상황에서 상호이익(Reciprocal)을 추구해야 하며, 다른 이를 배려하는 마음과 균형 관계가 매우 중요한 요소가 된다.

넷째, 연결된 과정(Process)이어야 한다. 일회성의 행사 협조 요청으로 끝나서는 안 된다. 많은 사람이 그 결정의 과정에 포함되고 참여하며 공동책임을 부여할 수 있는 연관성을 가져야 한다.

위의 네 가지 요소가 합쳐진 결정에 자신이 포함되면, 자연스럽게 그 모금에 대한 열정과 충성도가 높아지게 된다. 모금은 다수의 힘이 모여 이루어지는 것이다. 이 원리는 모금가와 기부자 간, 단체와 자원봉사자 간의 관계에 적용이 가능하다. 특히 모금을 하고자 하는 지도자로서 처음에 어떻게 팀을 구성하고 자원봉사자들을 참여시켜야 하는지를 계획할 때 반드시 생각해야 할 매우 중요한 이론이다.

2. 모금의 골든 법칙

1) 모금의 골든 룰(Golden Rule)

골든 룰은 긍정적인 면에서 '사람은 다른 사람이 자신에게 하기 원하는 방법으로 자신도 남에게 해야 한다'라는 것이고, 실버 룰(Silver Rule)은 '사람은 남이 자신에게 하기 원하지 않는 방법으로 남에게도 하지 말아야 한다'라는 것이다. 모금에도 이 룰이 그대로 적용된다. 기부자가 우리 단체에 기부하기 원하면 먼저 우리 단체가 해 주어야 할 것이 무엇인지, 원하는 것이 무엇인지 등을 먼저 알아보라는 뜻이다. 단체가 하는 말을 기부자가 듣기를 원한다면 먼저 기부자의 말에 경청해야 한다. 단체의 필요를 말하기 전에 기부자의 필요가 무엇인지, 흥미를 보이는 것이 무엇인지 관심 가져야 한다. 기부를 요청하기 전에 반드시 기부자의 관심(Interest), 열정(Passion), 우려하는 점(Concern), 그리고 동기(Motivation) 등 네 가지를 파악해야 한다.

우리 단체에게 기부해야 하는 이유를 설명하기보다 우리 단체에 기부하는 것이 왜 좋은 기부자가 되는 것인지를 스스로 설명할 수 있다면 기부자를 설득할 수 있다. 이것이 모금의 비밀이다. 단체는 내면의 기부동기가 성장하도록 환경을 만드는 곳이어야 한다. 기부동기는 기부자가 단체의 미션, 비전, 가치와 연결고리를 발견했을 때 나온다. 모금가는 기부자가 궁금해 하고 염려하는 점을 찾아내고 그의 열정을 단체와 연결시켜 참여함으로써 그 열정을 점화시키고, 기부자에게 보상(Reward)과 책무(Stewardship)를 통해 더 발전된 기부로 나아갈 수 있도록 돕는 사람이다.

2) 모금의 골든 서클(Fundraising Golden Circle)

모금활동을 하기 위해 '모금의 골든 서클(Fundraising Golden Circle)'이라는 개념을 필수적으로 이해해야 한다. 이를 바탕으로 모금계획 및 전략들이 세워져야 하므로 이해뿐 아니라 숙지한다면 더욱 좋을 것이다.

〈그림 7-1〉의 가장 핵심에 있는 원이 'Why', 즉 모금을 해야 하는 분명한 이유이다. 기부자는 자신이 낸 기부금이 사회에 어떻게, 얼마나 공헌하는지 알고 싶어 하고, 실제적으로 왜 자신이 기부를 해야 하는지 반드시 알고 싶어 한다. 자신이 기부를 해야 하는 이유에 대해 스스로 명확하게 이해되지 않는다면, 기부할 동기와 흥미를 동시에 잃어버리게 된다.

다음은 중간 원, 'How'에 관한 부분이다. 어떻게 개발계획을 세

그림 7-1 모금의 골든 서클

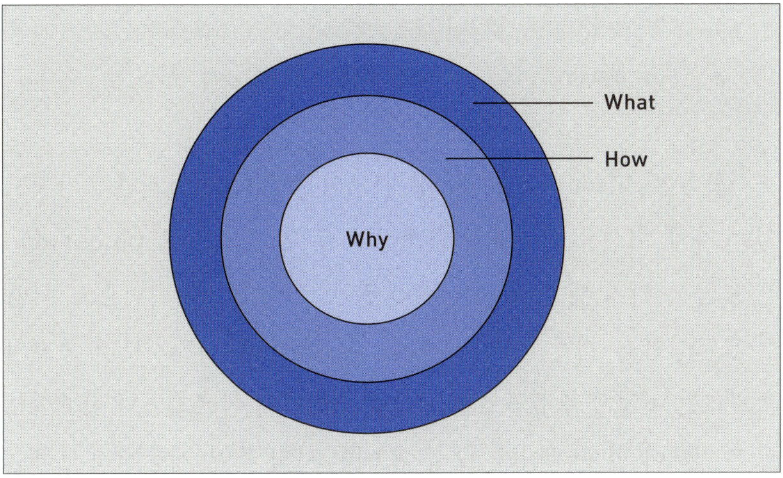

워야 하는가에 대한 문제이다. 모금가들이 활용할 수 있는 개발계획 방법은 다양하다. 모금상품을 개발하는 것, 바자회를 여는 것, 후원회와 회원들의 모임들을 강력하게 조직하는 것, 외부 기관과의 협력, 길거리 모금, 그리고 최근 부각되고 있는 소셜 펀딩 등 자원을 모으는 방법은 무궁무진하다.

마지막으로 'What', 무엇을 할 수 있는 것인가에 대한 것이다. 자신의 조직에 맞는 모금 계획을 세울 수 있어야 한다. 이 계획은 조직의 미션과 비전에 따라 사용 가능한 인력 및 자원의 종류와 양이 정해진다. 이 때문에 조직의 능력과 가능성을 제대로 파악하는 것이 무엇보다 중요하다. 부서차원에서 움직여야 하는 규모의 모금사업을 한 명의 직원이 진행하는 것은 실패를 예정해 놓는 것과 다름없다.

이러한 것들이 파악된 후에, 모금가들은 다음 세 가지의 구체적인 단계를 거쳐 모금 계획을 세우게 된다.

- Institutional Plan
- Development Plan
- Fundraising Plan

첫 번째, Institutional Plan은 단체의 존재 이유, 단체만이 가지고 있는 가치, 미션을 설정하는 단계이다. 두 번째, Development Plan은 모금을 하기 위한 전략들을 세우는 단계이다. 단기적으로 어떠한 모금상품을 개발하거나 마케팅 전략을 세울 것인지부터 중장기적으로는 어떻게 재무구조를 개선할 것인지에 이르기까지 집중적으로 고민해야 할 단계이다. 그 후에 어떤 사람 혹은 계층에게 모금전략을 실행할 것인지 구체적인 마케팅 전략도 완성해야 한다. 마지막 Fundraising Plan은 핵심적인 가치를 바탕으로 이를 실현하기 위한 사업 선정과 구체적인 예산을 기획하는 것이다.

3) 모금의 3대 골든 타임

모금가가 가지고 있는 무기 중 가장 중요한 것은 시간이다. 시간을 관리할 수만 있다면 모금을 좀 더 원활하게 할 수 있다. 모금가는 시간에 대한 직관(Hunch Feeling)이 뛰어나야 하며, 좋은 모금가는 들어갈 때와 나올 때를 잘 아는 사람이어야 한다. 모금은 시간과의 싸움이고 모금가는 시간의 연금술사이다. 시간은 기다려주지 않기에 모금의 3대 골든 타임은 다음과 같다.

- 기부금 요청 시기 : 모금을 해야 할 적절한 시기가 있다. 너무 빨라도 문제요 너무 늦어도 문제이다. 바나나를 먹을 수 있도록 조금 덜 익은 바나나를 사면 서로 먹게 되어 나중에는 먹을 것

이 없고, 금방 먹을 수 있는 바나나를 사면 남아서 버린다는 바나나 법칙의 비유에 유의한다.

- 기금 배분 시기 : 모금 후 수혜자에게 배분할 때 수혜자가 필요한 때보다 늦으면 비용이 더 들어가고, 또 더 이상 필요하지 않을 수 있다. 특히 긴급구호 같은 경우가 그렇다. 특히 트라우마 같은 경우는 치료시간을 놓치면 힘들어진다. 필요한 때에 필요한 것을 주어야 한다.
- 기부금 보고 시기 : 기부금에 대한 감사 표시는 다음 기부금 요청을 위해서라도 빨리 할수록 좋다. 기부금의 사용내역을 보고하는 시기를 놓치면 안 된다.

3. 6 Rights

6 Rights는 모금의 가장 중요한 요소이다. 이 모든 요소가 정확히 '적절할(Right)' 때에 비로소 모금이 성공적으로 이루어진다고 보는 것이다. 이 6가지 요소는 '적절한 금액(Right Amount)' '적절한 기부자(Right Donor)' '적절한 모금가(Right Asker)' '적절한 이유(Right Reason)' '적절한 방법(Right Way)' '적절한 시간(Right Time)'이다.

목표한 금액을, 그 금액에 적절한 기부자에게, 그 기부자에게 적절한 모금가가, 적절한 이유와 동기를 가지고, 적절한 방법으로, 적절한 시간 혹은 시기에 요청을 해야 한다는 것이다. 기부를 이끌어내기 위해서는 이 6가지가 모두 맞아떨어져야 한다. 그러나 사실 이 6가지가 모두 맞아떨어지기란 무척 어려운 일이다. 여기서 한 가지 중요한 것은 이 6가지가 그저 단순히 갖춰지는 것이 아니라 올바른 순서로 갖추어져야 한다는 것이다. 기부문화가 잘 보급되지 않고 모금

그림 7-2 (지양해야 할) 6 Rights 이론

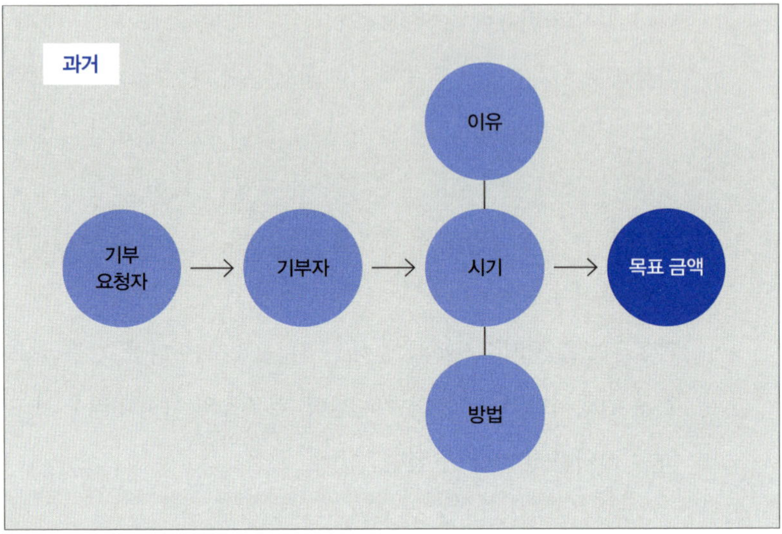

을 하는 사람들도 전문적 지식을 가지지 못했던 과거에는 잘못된 순서로 이 6가지를 실천하였기 때문에 모금에 어려움이 많았다.

과거에는 모금을 하기 위해 가장 먼저 모금가를 구했다. 이것은 최근에도 모금에 대해 잘 모르는 사람들이 자주 범하는 잘못이기도 한데, 모금을 할 자원봉사자나 직원들을 가장 먼저 구해서 팀을 꾸려 놓고 모금을 시작한다. 이렇게 하나의 팀을 만든 다음에 기부자를 찾아 나선다. 그 후에 기부자에게 찾아갈 시간과 대면 시 설명할 내용과 방법을 동시에 진행하며, 금액을 정하는 것이 가장 나중에 이루어지는 작업이었다. 모금가나 모금팀에 기부자를 맞추고, 기부자에게 금액을 맞추는 것이다. 예를 들어 모금팀을 가장 먼저 구해 놓고 각자 아는 사람들 중에서 누구에게 부탁할지를 고민하다가 '이 사람이다'라고 정하면 무조건 만나서 얼마를 낼 수 있을지 물어보는 식이다. 그러나 이것은 크게 잘못된 순서이다. 모금을 할 때에는 무엇보다도 금

그림 7-3 (지향해야 할) 6 Rights 이론

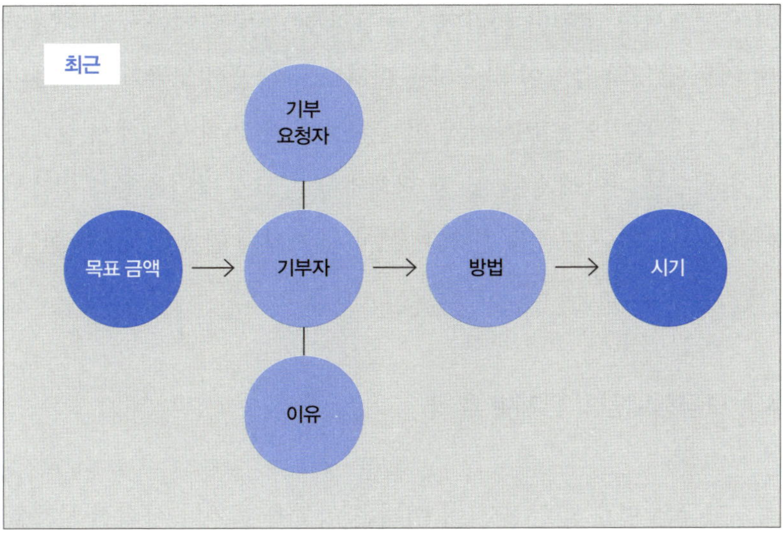

액을 가장 먼저 정해야 한다. 기부 피라미드 이론(제8장 참조)에서처럼 100억 원이면 100억 원, 10억 원이면 10억 원, 원하는 총목표액을 정한 후 그 금액에 맞는 VIP를 찾아야 한다.

목표 모금액을 가장 먼저 정해 놓고 고액기부자는 고액기부자대로, 소액기부자는 소액기부자대로 잠재기부자를 찾아내야 한다. 기부자를 먼저 찾고 나서 나중에 금액을 정하면 목표한 금액을 전부 채우지 못하거나 아예 모금을 하지 못하게 될 가능성이 있다. 그리고 모금가도 먼저 정해서는 안 된다. 금액에 맞는 기부자를 결정했다면 그 기부자에 맞추어 모금가를 뽑아야 한다. 모금은 기부자의 마음을 움직이는 것이 관건이기 때문에 기부자의 성격과 특성, 스타일에 맞추어 요청할 수 있는 '맞춤 모금가'가 필요하다. 이렇게 모금팀이 갖추어진 다음에 기금요청의 방법을 서로 고민하고, 기부자와의 시간을 잡는 순서로 해야 한다.

모금은 계획과 전략 없이 아무에게나, 아무 때에나, 아무 금액이나 요청해서는 안 된다. 피라미드를 그려 놓고, 몇 층에는 누가 해당하며 어느 정도의 금액이 맞을지를 따져보고 신중히 모금활동을 해야 한다. 맨 꼭대기의 VIP를 가장 먼저 확보할 것, 기획 단계에서 잠재기부자의 수를 파악해 놓을 것, 각 단계에 맞는 요청 방법을 통해 위에서 아래로 차근차근 모금을 진행할 것, 이 세 가지를 항상 명심해야 한다.

4. 모금캠페인의 단계별 효과

모금은 단순히 돈을 모아 어려운 이웃을 돕거나 사회적 문제를 해결하는 데에서 그치는 것이 아니다. 모금은 사회적인 관심과 참여가 필요한 이슈에 대해 관심을 불러일으키고 문제점이나 심각성을 정

그림 7-4 모금캠페인의 7단계 효과

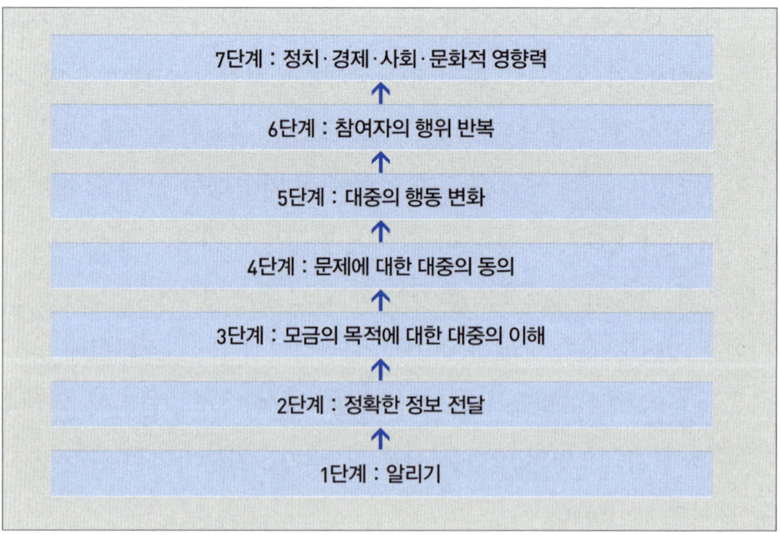

확히 파악할 수 있도록 하는 데 궁극적인 의미가 있다. 그러므로 모금캠페인은 개개인의 참여와 기부를 이끌어 내는 단순한 작업이라기보다 정치·경제·사회·문화적 파급력을 가진 행위로 보아야 한다. 모금캠페인이 시작될 때부터 본 궤도에 오르기까지 7단계로 나누어 살펴볼 수 있다.

1) 1단계 : 알리기

모금캠페인을 널리 알리고 홍보하여 많은 사람에게 모금캠페인이 벌어지고 있다는 것을 인식시키는 단계이다.

2) 2단계 : 정확한 정보 전달

모금캠페인에 대한 정확하고 자세한 정보를 전달한다. 어떤 문제를 해결하기 위한 모금인지, 어떤 목표를 가지고 있는지, 어떤 방식으로 진행되고 있는지 등 모금 전반에 걸친 자세하고 필수적인 정보를 널리 알리는 단계이다.

3) 3단계 : 모금의 목적에 대한 대중의 이해

모금캠페인을 통해 알리고자 하는 것에 대한 대중의 이해 단계이다. 방학 중에 아이들의 점심을 제공하기 위한 모금이라면, 가정 형편이 어려워 끼니를 굶는 아이들에 대한 대중의 인식과 이해를 이끌어 낼 수 있으며, 나무 심기를 위한 모금이 벌어진다면 대중은 환경문제의 심각성에 대해 관심을 가지고 이해하게 된다.

4) 4단계 : 문제에 대한 대중의 동의

모금캠페인에 대한 정보를 습득하고 이슈에 대해 알게 되면 이 캠페인에 대한 동의가 얻어진다. 현재 사회적 문제를 해결하기 위한 방안으로서 모금캠페인이 진행 중이고, 이 캠페인은 꼭 필요한 것이며, 나아가 문제 해결에도 큰 영향을 미칠 것이라는 대중의 동의를 얻어 내는 단계이다. 누가 보아도 꼭 해결되어야 할 문제이고, 단체가 올바른 행위를 하고 있다는 것에 대한 일반적인 지지와 동의를 받게 된다.

5) 5단계 : 대중의 행동 변화

모금캠페인에 참여하여 그 문제의 해결에 동참하고, 새로운 의식을 깨닫게 되는 단계이다. 문제점에 대한 이해와 동의 과정을 거쳐 대중의 직접적인 참여가 이루어진다. 모금캠페인에 대한 참여는 문제 해결의 의지를 내보이는 것이며, 이는 간접적으로 사회적 문제에 대한 변화를 촉구하는 행위라고 할 수 있다.

6) 6단계 : 참여자의 행위 반복

한 번의 우연한 참여가 아니라 반복적이고 지속적인 관심과 참여가 이루어지는 단계이다. 처음 모금에 참여하는 것은 어려울 수 있지만, 일단 한 번의 경험이 생기면 이후의 참여 활동은 훨씬 자연스러워진다. 기부자가 여러 가지 사회적 이슈에 관심을 가지고 다양한 목적을 가진 모금에 반복적으로 참여함으로써 모금캠페인은 진정한 의미를 가지게 된다.

7) 7단계 : 정치·경제·사회·문화적 영향력

대중의 이해와 동의를 넘어서 참여까지 이끌어 낸 모금캠페인은 정치·경제·사회·문화적으로 엄청난 영향력을 미치게 된다. 다수의 동의를 받았다는 것은 이 캠페인이 옳다는 뜻이고, 이는 사회적으로 인정받은 목표를 수행할 의무가 있다는 것을 의미한다. 이 때문에 성공적인 모금캠페인은 단순히 모아진 기금을 계획적으로 사용하는 데에서 그치는 것이 아니라 그 행위로 인한 엄청난 정치·경제·사회·문화적 파급력을 갖게 된다.

5. 모금캠페인 Triad 법칙

1) 끌림의 삼각형(The Triangle of Attraction)

기부자가 단체에 기부한 이유를 끌림의 세 가지 요소로 설명한 것이다.

① 겸손(Humility) : 겸손은 기부자로부터 호감을 불러일으킨다. 겸손은 단체가 이해관계자에게 보여주는 솔직함과 진솔한 태도, 진정성에서 시작된다. 기부자는 겸손한 단체에 끌리게 되어 있다.

② 호기심(Curiosity) : 호기심이 없다면 매력적이지 않다. 호기심은 지식, 문화, 참신함, 경험, 아름다움, 예술 및 연결에 대한 끊임없는 탐구를 이끌어낸다. 이것은 이야기, 기억, 성취 및 관계로 가

득 찬 삶을 건설할 수 있는 초석이 된다. 호기심을 보이는 사람들은 항상 열린 마음을 가지고 있다. 사람들은 새로운 것을 찾기 위해 호기심이 많은 단체에게 열광한다.

③ 공감(Empathy) : 공감은 인류에게 기적과 같은 것이다. 이것은 가장 단순하고 감미로운 성격을 지니고 있으며 사회적 성공을 위해 가치가 있는 것이다. 공감은 사람들을 더 가깝게 만들고, 다른 사람을 이해하고 덜 외롭게 만든다. 진정으로 공감하는 사람들은 진정으로 관심을 가진 사람들이며, 때로는 다른 사람과 함께 있으면서 공간을 침범하거나 경계를 침범하지 않는다는 것을 이해하는 사람들이다. 이 독특한 능력은 다른 사람의 눈을 통해 세상을 이해하고 다른 사람이 느끼고 경험하는 것의 핵심에 다가간다. 감정 이입은 연민, 연결 및 사랑을 낳으며, 정직함의 중요한 전조 현상이다.

겸손·호기심·공감은 밀접하게 관련되어 있다. 겸손은 영혼(Sprite)이고 호기심이 마음(mind)이며 공감은 또 하나의 뜨거운 마음(Heart)이다. 이 세 가지는 서로를 증폭시키고 확장시킨다. 겸손은 당신이 자신을 소중히 여기는 방식이고 호기심은 다른 사람들을 소중히 여기는 방법이며. 공감은 자신과 다른 사람들 사이의 유대를 얼마나 소중히 여기는가이다. 만약 이 세 가지 중 두 가지만 있어도 중요한 요소를 놓치는 것이다. 겸손과 호기심이 있으면서 냉담한 사람들은 게으르고, 겸손하고 공감은 있는데 불만인 사람들은 민감하지만 흥미롭지는 않으며, 호기심 많고 공감은 하는데 교만한 사람들은 정이 안 간다. 이 모두가 함께 있을 때 호의적인 트라이어드(Triad)를 창조한다. 이런 단체에 기부하는 것은 너무나 당연하다.

2) 관련성의 삼각형(The Triangle of Relevance)

모금을 위해 콘텐츠를 훌륭하게 만드는 것은 매우 중요하다. 단체에서 제공하는 콘텐츠의 관련성이 높을수록 더 이끌림을 갖게 한다는 것이다. 이런 관련성 안에서 브랜드의 콘텐츠를 강화하고 클릭율을 최적화하는 공식이 만들어진다. 관련성의 삼각형의 기본 원리는 일반 고액모금에도 적용된다. 따라서 콘텐츠의 관련성을 극대화하고 기부자 행동을 창출하기 위해 기부자의 비즈니스 관심, 기부자 자신의 관심 및 시간의 중요성이라는 세 가지 각도를 통합한 콘텐츠 전략 원칙인 '관련성의 삼각형'이 나온 것이다. 타겟 잠재기부자를 조직 내 인바운드 마케팅 전략에 끌어들이기 위해 힘을 발휘하는 수단으로 관련성의 삼각형을 디자인한다.

그림 7-5 관련성의 삼각형[07]

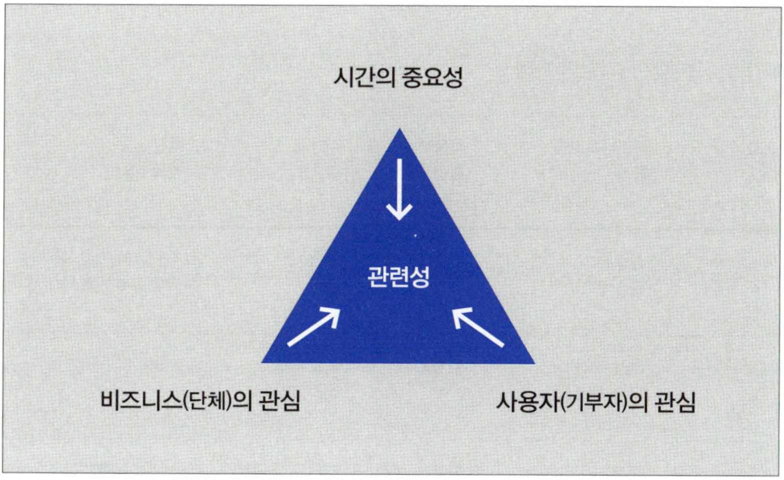

07 https://www.convinceandconvert.com/wp-content/uploads/2011/03/content-strategy-triangle-of-relevance-by-angie-schottmuller.png

(1) 관련성 삼각형 콘텐츠 전략

- 단체의 관심 : 모금상품, 서비스, 단체 사명, 목표, 비즈니스 또는 단체와 관련된 사람들
- 기부자의 관심 : 욕구, 열망, 가치, 사회지향, 취미 등 (이 단계를 보다 쉽게 수행할 수 있는 페르소나를 정의한다)
- 시간의 중요성 : 사건, 재해, 사회문제, 최신 뉴스 등

(2) 관련성 삼각형을 사용한 콘텐츠 계획

각 관련성 삼각형의 각도에 대한 표를 만든다. 이것은 콘텐츠의 제목을 정하는 데 도움이 된다.

삼각형의 각 각도에서 참조할 아이디어를 나열할 별도의 탭을 만든다. 다음 〈표 7-1〉은 관련성 삼각형의 예시이다(팁 : 대상 사용자와 관련된 중요 이벤트에 대한 데이터베이스 목록을 포함하는 것이 좋다. 휴일, 주요 TV 또는 스포츠 이벤트, 영화 출시 날짜, 학교 방학 등).

표 7-1 관련성 삼각형의 사례

회사 이름	비즈니스 목적	사용자 관심	시간의 중요성	콘텐츠 제목 예시
Wegmans	감귤류 제품 판매	건강	겨울	감귤류을 먹고 겨울을 이겨냅시다!
Mayo Clinic	건강 관리 지원 서비스	환자 회복	국가 지정 심장의 날	서바이벌 이야기
Whole Food Market	돼지고기 관련 새 제품 시험 판매	가족 친화적	새로운 동물복지 법률 기준	이 작은 돼지가 유기농 식품 마켓으로 오게 되었습니다!

(3) 관련성 삼각형의 클릭률 최적화

이메일 제목 줄, 블로그 제목 및 트위터(Twitter) 게시물을 계획하는 것은 매우 중요하다. 클릭을 부르는 프로젝트 제목은 기존의 종이 신문 편집 방식으로는 할 수 없던 클릭과 제목 간의 상관관계를 이해해야 한다. 뉴스 제목의 특징, 원리, 형태 등을 이해함으로 기부자의 관여도를 높이는 제목 달기는 중요하다. 단순히 주의를 환기시키는 제목이 아니라 7하 원칙과 문법에 맞춘 올바른 제목 원칙을 설명하기 위해 필요하다. 매트릭스 관점에서 볼 때 이 원칙은 클릭률을 비교하고 최적화하여 가장 효과적으로 테스트할 수 있다. 다음은 이 원칙을 사용하여 타겟팅 할 몇 가지 콘텐츠 요소이다.

- 전자 메일 제목 줄
- PPC 및 Facebook 광고용 사본
- 광고 및 그래픽 디스플레이
- 웹 페이지 제목
- Twitter, Facebook

3) 신뢰의 삼각형(The Triangle of Trust)

기부문화가 위축되는 이유 중 하나가 여러 횡령 사건으로 인해 기부자로부터 신뢰를 잃었기 때문이라며 신뢰회복이 급선무라고 말한다. 그래서 신뢰의 본질을 이해한다면 회복 방법의 해답은 쉽게 찾을 수 있을 것이다. 사람들이 '비영리단체를 신뢰한다'라는 것은 실제로 세 가지 요소가 결합한 것이다. 이 요소 중 하나가 누락되거나 무시되면 전체적으로 신뢰가 크게 감소한다. 더하기가 아니고 곱하기여서 하나가 영(0)이면 신뢰도 또한 영(0)이 된다.

그림 7-6 신뢰의 삼각형

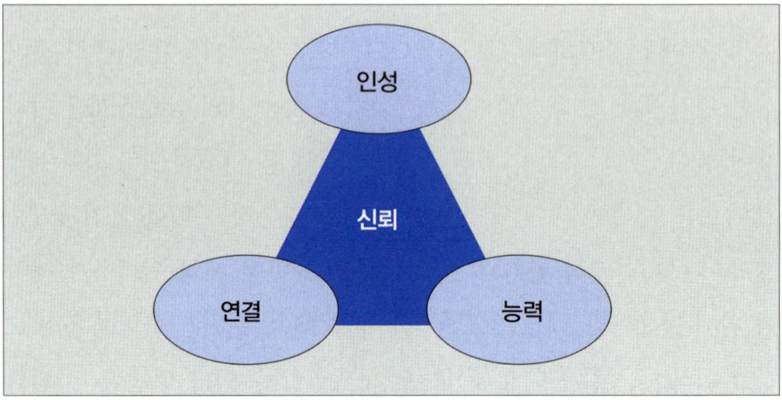

신뢰(Trust) = 인성(Character) × 연결(Connection) × 능력(Competence)

신뢰는 시간이 지남에 따라 반복되는 경험의 결과이다. 단체의 태도와 행동을 통해 사람들은 단체의 성실함, 능력을 이해하고 이런 반복적 경험을 통해 단체를 판단하고 믿게 되는 것이다.

① 인성 : 이것은 윤리적인 신뢰이다. 사람들이 단체의 성실성에 확신을 가질 때 확립된다. 단체가 하는 말과 행동에 대한 일관성을 경험할 때와 사소한 일에서도 신뢰할 수 있다는 것을 경험할 때 사람들은 단체의 성품을 신뢰한다.

② 능력 : 이것은 기술적인 신뢰이다. 사람들이 단체의 능력에 자신감을 가지고 있을 때 확립된다. 사람들은 단체의 지식과 기술에 대한 경험과 목표를 달성하고 문제를 해결하는 능력을 반복할 때 단체의 능력을 신뢰한다.

③ 연결 : 이것은 개인적인 신뢰이다. 사람들이 단체와 개인적으로 관계를 가지고 최선의 이익을 위해 행동할 것이라고 믿을 때 확립된다. 사람들은 자신의 경험을 반복적으로 듣고, 이해하고, 보살피고, 행동하는 경험이 있을 때 개인적으로 연결되어 있다고 느낄 때 단체를 신뢰한다.

일부 비영리단체의 리더십이 부정적인 행동을 하기 때문에 신뢰를 잃는 것이 아니라 신뢰를 쌓는 요인에 주의를 기울이지 않기 때문에 신뢰를 잃는다. 각 사람에게는 나름의 신탁계좌를 하나씩 가지고 있다. 인출은 종종 예금보다 큰 영향을 미치기에 신뢰는 구축하는 것보다 잃는 것이 훨씬 쉽다.

단체는 단체의 의도에 따라 자신을 판단하는 경향이 있지만 다른 사람들은 단체에서 어떤 경험을 했는지에 따라 단체를 판단하는 경향이 있다. 때로는 단체의 의도와 사람들이 실제로 단체를 경험한 것 사이에는 간격이 있다. 인식은 매번 의도보다 우선하기에 이러한 차이를 알고 관리하는 것이 중요하다. 높은 신뢰는 단체 성과의 결과를 향상시키는 도구이고 낮은 신뢰는 반대로 감속시킨다. 사실 낮은 신뢰는 결과에 대해 일종의 '세금'으로 작용하여 긍정적인 성과 창출에 전반적으로 효과를 감소시키며 쓸데없는 노력을 가중시킨다. 따라서 신뢰의 분위기를 조성하는 것이 비영리단체의 활동과 성과에 매우 중요하다.

만약 처음부터 회복할 신뢰가 없는 상황이라면 신뢰 회복(Trust Restoration)이 아니라 신뢰를 조금씩 처음부터 쌓아야(Trust Build) 한다. 신뢰는 윤리적으로 도덕지능(Moral Intelligence)을 높이고 단체의 역량 강화를 통해 능력을 키우고 소통과 참여(Engagement)로 좀 더 긴밀한 관계를 가져야만이 회복된다.

6. 모금캠페인의 최적화 설계

특정 제품이나 시스템이 최고의 성능을 발휘할 수 있도록 설계하는 작업을 최적설계(Optimal Design)라고 부른다. 최적이라는 용어는·암시적인 의미를 많이 함축하고 있다. 제품이나 시스템의 가격 및 외형 치수와 같은 제한적인 조건 등을 모두 고려해서 발휘할 수 있는 최고의 성능을 의미한다. 이런 개념이 모금캠페인에도 적용된다.

모든 모금캠페인의 최적설계에는 해당 이벤트나 시스템에 대해 향상시키고자 하는 목적함수(Objective Function)와 목표에 수반되는 각종 제한조건(Constraint)으로 구성된다. 또한 성능을 향상시키기 위해 설계하고자 하는 각종 변수들을 설계변수(Design Variable)라 부르며, 최적의 기획안을 찾아가기 위한 기획변수의 방향을 탐색하는 것을 민감도 해석(Sensitivity Analysis)이라 부른다. 최적설계는 물체의 모양이나 치수를 최적화하는 형상(Shape) 최적설계, 재질을 최적화하는 물성(Material) 최적설계, 물체의 구조를 최적화하는 위상(Topology) 최적설계로 분류할 수 있다. 위상 최적설계는 형상 최적설계와 혼동하기 쉬운데, 전자는 캠페인이나 시스템의 개념 설계 단계에서 투자나 에너지 배분을 최적으로 설계하기 위한 것인 반면, 후자는 이미 진행 중인 캠페인이나 시스템의 효과·결과·목표에 따라 시간이나 투자금을 배분시키는 경우이다. 최적화(Optimization)는 주어진 범위 안에서 우리가 목적함수로 선정한 값이 정의하기에 따라 최소 또는 최대가 되도록 변수를 결정하는 과정이다. 캠페인의 최적설계는 최적화 과정을 통해 설계변수를 결정한다. 넓은 의미에서의 설계는 머릿속에 생각하고 있는 것을 현실로 구현하는 것을 말한다. 가용한 자원 범위 내에서 혹은 제한조건 내에서 현실화하는 것이다. 다음은 모금캠페인의 최적화를 보여주는 공식의 예이다.

TD(총모금액) = ND(기부자 수) × CR(크로징 율) × AG(평균 기부금)

Total dollars =	Number of donors ×	Closing % ×	Average gift
	↓	↓	↓
	어떻게 더 많은 기부자를 모을 수 있을까?	**어떻게 더 많은 확답을 받을 수 있을까?**	**어떻게 더 큰 기부금을 기부하도록 유도할까?**
	· 분명한 메시지가 있어야 한다 · 조심스럽게 그물을 던져라 · 나가서 요청하라	· 대상 기부자의 관심 분야 · 기부자의 머리와 마음에 호소하라 · 적절한 타이밍을 얻어라	· 사용 가능한 재원을 이해하라 · 중요한 기부를 요청하라 · 시간이 지나면서 구축하라

총모금액은 총기부자, 요청이 성공할 확률, 그리고 평균 기부금을 곱한 값인데, 이 중 하나만 0이어도 전체 값은 0이 된다. 모금에 투자금이 한계가 있다면 전략적으로 어디에 집중투자를 해야 하는지 총모금액을 높이기 위한 세 가지 변수를 놓고 조율하는 것이다. 이를 위해 모금캠페인을 진행하면서 측정하고, 측정 데이터로 판단하여 결정하고, 자동화로 만들어 확장하는 작업을 한다.

7. 로저스(Rogers)의 모금 마케팅 법칙

많은 모금 단체들이 기부금을 유치하고자 새로운 모금 프로그램을 개발하고 홍보할 때, 자신들의 브랜드 파워를 최대한 활용한다. 그러나 사업을 시작한 지 얼마 안 된 작은 단체의 경우에는 모금 방법이 그와 같을 수 없다.

모금 담당자는 흔히 모금 프로그램을 개발하면서 후원자 수라든지, 기부 금액 등을 염두에 두기 마련이다. 이때 모금 프로그램의

그림 7-7 전통적 기술수용주기

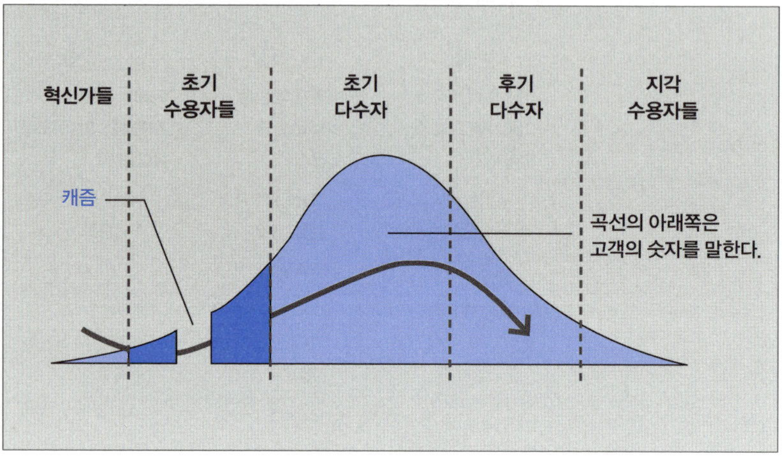

성패는 상품 자체보다도 기부요청을 누구에게 할 것인가를 설정하느냐에 따라 좌우된다. 결론을 말하자면 상품을 받아들인 초기 & 후기 다수자(Early & Late Majority)를 공략할 것인가를 전략적으로 판단해야 한다.

초기 수용자(Early Adopter)나 다수 수용자(Major Adopter)라는 용어는 미국의 사회학자 에버렛 로저스(Everette M. Rosers)가 1957년 자신의 저서 『혁신의 확산(Diffusion of Innovation)』에서 혁신수용이론(Innovation Adoption Theory)과 함께 소개한 개념이다. 이것을 기술에 접목하여 발전시킨 것이 기술수용주기(Technology Adoption Life-Cycle)이다.

초기에 극소수의 혁신 수용자들을 거쳐 초기 수용자로 수용이 파급될 때 급격한 판매 공백 현상이 발생하는데 이런 현상 또는 시기를 캐즘(Chasm)이라고 부른다. 어떤 제품이든지 반드시 캐즘을 거치는데 이 시기를 돌파하지 못한다면 제품은 사장되고 만다. 이때 캐즘을 무사히 통과하도록 절대적 영향을 미치는 구매자들이 초기 수용자 층인데, 이들은 제품에 대한 장단점, 사용방법 등을 신속하고 열정적으로 전파함으로써 제품에 대한 경험을 비 경험자에게까지 효과적으로 전수한다.

2010년 현재 스마트폰 열풍을 이끈 아이폰의 경우를 보자. 새로운 제품에 관심을 보이는 초기 수용자 층은 아이폰 전파의 일등 공신이었다. 아직 익숙하지 않은 스마트폰에 대한 편견과 국내 대형사의 스마트폰 시장 점유로 아이폰은 잠시 캐즘에 봉착했지만 실생활에 유용한 다양한 어플을 활용하는 아이폰은 더 이상 낯선 상품이 아니라 스마트폰의 대세가 되었다. 아이폰은 한국에서 초기 수용자 단계를 거쳐 지각 수용자 단계로 넘어왔다고 판단된다.

초창기의 비영리단체 또는 브랜드 파워가 약한 비영리단체는 아이폰의 성공 사례에서 초기 수용자를 공략하는 전략을 배워야 한다. 기부자들도 일반적으로 주변 사람들의 평가에 따라 기부를 결정한다. '정말 그 단체의 모금에 참여하는 것이 최선일까?', 이러한 질문에 답을 주는 기부자군(群)이 바로 초기 수용자들이다. 이 때문에 대부분의 IT 기업들이 이들을 사로잡는 마케팅 전략을 전개하듯이 모금기관에서도 충성된 기부자들의 첫 반응에서, 또한 이들 사이에서의 긍정적인 입소문을 통해 최고의 효과가 나타나기를 기대한다. 기부자 전체를 목표로 홍보할 수도 없고 할 필요도 없다. 만약 그러한 초기 수용자층이 기부하여 반응이 좋으면 나머지 단계의 그룹은 당연히 따라오기 마련이다.

브랜드 파워가 있는 대형 모금기관의 경우, 모금전략은 조금 다를 것이다. 굳이 캐즘을 통과하는 모험을 감행하고 싶지 않을 것이기 때문이다. 〈그림 7-8〉의 '발전된 기술수용주기'는 오늘날 브랜드 파워와 자본력을 갖춘 기업이 신제품을 출시할 때 처음부터 시장의

그림 7-8 발전된 기술수용주기

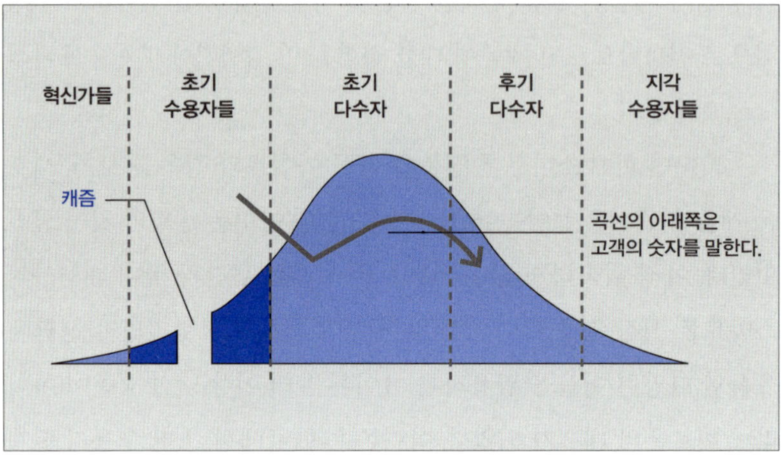

75% 이상을 차지하는 초기 & 후기 다수자(Early & Late Majority)에게로 직접 들어가고 있다는 것을 보여준다.

1330만 명의 한국 관객을 사로잡은 3D영화 〈아바타〉가 흥행에 성공할 수 있었던 원인은 어디에 있었을까? 아바타는 광범위한 연령층의 영화라는 점을 처음부터 강조하며 마케팅을 했다. 그리고 21세기 폭스사가 수입 배급하고 영화 〈타이타닉〉을 연출했던 거장 제임스 카메론 감독이 제작했다. 아울러 금세기 최고의 첨단 3D 기법이 동원된 테크니컬 스케일의 차별화가 있었다. 물론 3D에 열광한 초기 수용자층의 기여를 무시할 수는 없지만, 아바타에 붙은 수식어는 양질을 불문하고 최대 최고였다. 아바타의 마케팅은 다수의 시장을 공략하여 성공한 사례가 된다.

이상과 같은 아이폰, 아바타의 성공 사례를 통해 대형 모금 단체들은 어떤 모금전략을 수립할 수 있을까?

첫째, '강력한 마케팅'을 뒷받침하는 '충분한 투자'이다. 모금의 필요성을 강조하는 광고가 범람할 것이다. 또한 탄탄한 다른 기존 후원자 사회(Community)에 기초를 둔, 이른바 소셜 미디어 마케팅 등 광범위한 마케팅 노력들을 전개해야 할 것이다.

둘째, 기부 후 기부자들에게 제공하는 고품격의 서비스이다. 예를 들어 '깔끔하고 정확한' 영수증 처리라든지, 기부금이 수혜자에게 전달된 후 기부자에게 주어지는 보고서 등은 기부자의 '기부 편의'를 도모하는 수단이다. 길게 기록된 기부 명분서는 초기 다수자에게는 큰 의미가 없다. 이미 알려진 모금상품에는 대중이 지갑을 여는 데 결정적으로 작용하는 요인들을 이미 다 갖추고 있다고 보기 때문이다.

셋째, 가장 중요하고 결정적인 요소, 즉 신뢰라는 자본이다. 이미 쌓아 놓은 브랜드 명성이 기부자들에게 새로운 모금상품에도 신뢰를 주게 된다. 대형 모금 단체가 성공적인 모금을 전제로 처음부터 대중적인 기부자 시장을 공략하는 데는 나름대로 그만한 이유가 있기 마련이다. 이런 전략은 이미 대중적 인지도가 있는 대형 혹은 유명 단체에서는 가능할 것이다. 반면에 잘 알려지지 않고 기부자들에게 검증도 되지 않은 단체의 모금전략은 초기 수용자의 반응을 기대하는 것이 현명한 전략이다.

8. 커뮤니케이션 이론

커뮤니케이션은 단순히 사람들 간의 대화나 말하고자 하는 바를 전달하는 데에서 끝나는 것이 아니다. 말하는 사람은 상대방이 자신이 의미한 바를 이해하고 받아들이기를 원하지만 듣는 사람이 그 의미를 완벽히 이해하고 받아들이는 경우는 흔치 않다. 이러한 커뮤니케이션의 과정을 조사하고 수치화하여 통계를 낸 것이 바로 커뮤

그림 7-9 커뮤니케이션 모델

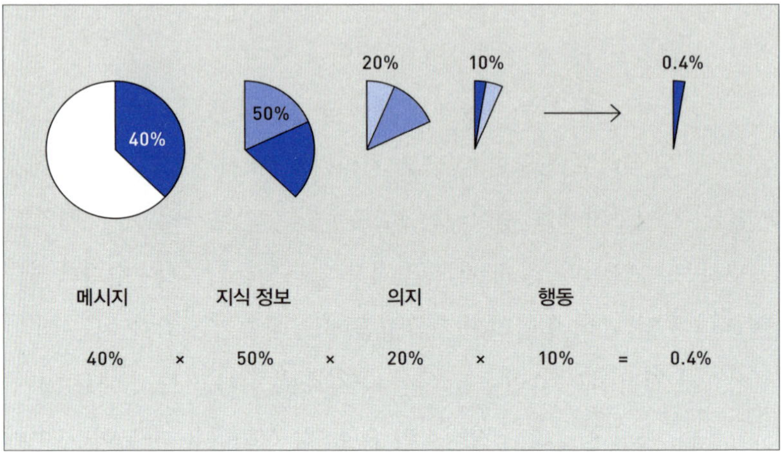

니케이션 모델이다.

예를 들어 1000명 앞에서 연설을 한다고 했을 때 이 중에서 40%인 400명만이 그 의미를 받아들이고, 그중에서도 그것을 정보화(Knowledge)하여 받아들이는 사람은 다시 절반으로 줄어든다. 단순히 한 귀로 흘려버리는 사람들도 있고, 자리에서 일어서는 순간 전달받은 내용을 잊어버리는 사람들도 많기 때문이다. 이제 모금가의 말을 잘 듣고 자신만의 정보와 지식으로 받아들인 사람은 1000명에서 200명으로 줄었다. 여기에서 그 정보가 단순한 지식이 아닌 실천을 위한 의지(Attitude)를 가지고 변화하는 사람들이 생긴다. 이러한 변화를 일으키는 사람들의 비율은 앞서 정보화를 거친 그룹의 20% 정도가 된다. 즉 정보를 지식으로 받아들였던 200명의 사람들 중 40명이 모금에 직접 참여하고 실천해야 하겠다는 마음을 먹게 되는 것이다.

실천 의지를 보이며 참여하기로 마음을 먹었다고 해서 모두가 행동(Behavior)으로 옮기는 것은 아니다. 이들 중 단 10%의 사람들만이 자신이 마음먹은 것을 행동으로 옮긴다. 실천하겠다고 마음먹었던 사람들 중에서도 그것을 실현하는 사람은 단 4명에 불과하다. 결국 모금가에게서 모금운동에 대한 정보를 전달받고 참여해 줄 것을 부탁받았던 1000명의 사람 중 단 4명만이 실제로 모금운동에 참여하며 기부를 실천하게 된다는 것이 커뮤니케이션 이론이다.

1) 커뮤니케이션 방법에 따른 접촉강도

모금운동에서 쓰이는 커뮤니케이션 방법은 잠재기부자와 얼마나 많이 접촉하느냐에 따라 11단계로 나누어 볼 수 있다.

그림 7-10 커뮤니케이션 방법에 따른 접촉강도

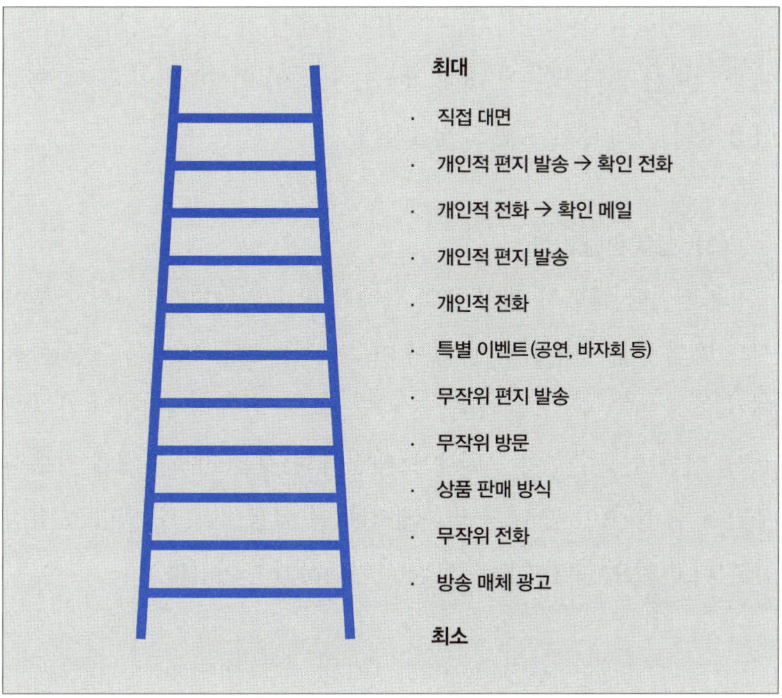

(1) 방송 매체 광고

이는 기부자와 모금가 사이의 접촉이 전혀 이루어지지 않는 가장 낮은 단계의 커뮤니케이션 방법이다. 모금가는 방송이나 대중 매체를 통해 불특정 다수를 대상으로 모금에 대해 알리고, 이를 받아들이는 잠재기부자에 대한 연구나 분석은 거의 이루어지지 않는다. 모금가가 잠재기부자를 향해 일방적으로 정보를 전달하는 방식이며, 가장 넓고 빠르게 모금에 대한 정보를 전달할 수 있으나 가장 낮은 모금률을 가지고 있다.

(2) 무작위 전화

전화번호라는 최소한의 정보만으로 잠재기부자를 발굴하는 커뮤니케이션 방법이다. 이 방법 역시 접촉 수준은 매우 낮으며, 상대방에 대한 연구나 기본 정보가 전혀 없는 상태에서 이루어지기 때문에 높은 성공률을 기대하기는 어렵다. 그래서 가능한 한 많은 사람들에게 전화를 걸어 모금에 대해 알리는 작업이 이루어져야 할 때 주로 사용하며, 그에 대한 훈련도 필요하다.

(3) 상품 판매 방식

볼펜이나 메모지, 과자 등의 판매와 함께 커뮤니케이션이 이루어지는 방법이다. 아무런 보상 없이 이루어지는 모금이 아니라 상품 판매가 함께 이루어짐으로써 좀 더 자연스러운 커뮤니케이션이 가능해진다. 제품판매 수익이 모금에 보태진다는 것은 기부자에게 기부의 부담을 줄여 주어 좀 더 수월하게 기부를 이끌어 낼 수 있다는 장점을 지니고 있으나 역시 많은 모금을 기대하기는 어렵다.

(4) 무작위 방문

특정한 대상을 정해 놓지 않은 상태에서 직접 잠재기부자의 집이나 직장으로 찾아가는 커뮤니케이션 방법이다. 이 방법 역시 성공률은 높지 않지만 다수를 대상으로 할 수 있다는 장점을 지닌다. 그러나 잠재기부자에 대한 파악이 쉽지 않아 모금에 대한 참여를 이끌어 내기는 쉽지 않다.

(5) 무작위 편지 발송

이전에 모금에 참여했던 적이 있거나 관심을 가지고 있는 사람들에게 단체에서 기본 정보를 이용하여 모금에 참여를 부탁하는 내용의 편지를 보내는 커뮤니케이션 방법이다. 잠재기부자의 관심을 다시한 번 불러일으킬 수 있으며, 기부에 대한 부담이 크지 않아 큰 거부감을 일으키지 않는 커뮤니케이션 방법이라고 할 수 있으나 보통 1~2% 정도의 반응을 기대할 수 있다.

(6) 특별 이벤트(공연, 바자회 등)

대중들의 관심을 환기시키고 직접적인 모금 참여가 가능하도록 하는 커뮤니케이션 방법이다. 눈에 띄는 행사를 통해 흥미를 돋우고 모금에 대해 확실히 인식시킬 수 있다는 장점이 있지만, 모금에 앞서 경비가 소요된다는 단점도 있다.

(7) 개인적 전화

개인적인 친분이나 관계를 활용한 커뮤니케이션 방법이다. 모금가뿐 아니라 조직의 구성원 모두가 해당되며 잠재기부자에 대한 파악이 어느 정도 이루어진 상태이므로 무작위 전화보다 높은 성공률을 기대할 수 있다.

(8) 개인적 편지 발송

개인적 친분 관계에 있는 잠재기부자들에게 편지를 발송하여 모금에 대한 정보를 전달하는 커뮤니케이션 방법이다. 정중하고 호소력 있는 글로 상대방의 마음을 사로잡을 수 있어야 한다.

(9) 개인적 전화 → 확인 메일

개인적인 전화 후 상대방의 반응을 기다리는 것이 아니라 확인 메일을 통해 다시 한 번 확답(혹은 정보의 환기)을 받는 커뮤니케이션 방식이다. 전화를 함으로써 구두로 맺었던 약속이나 정보를 다시 한 번 확인하고 기부자로부터 적극적인 참여를 이끌어 내려는 방식으로 전화만 하고 끝내는 것보다 더 높은 성공률을 기대할 수 있다.

(10) 개인적 편지 발송 → 확인 전화

글로써 기부자의 마음을 사로잡은 후에 확인 전화로 구체적인 계획을 확정하고 마무리 짓는 커뮤니케이션 방법이다. 모금의 목적과 의미에 대해 다시 한 번 주지시키며 상대방의 반응을 확실히 이끌어 낼 수 있는 방법이다.

(11) 직접 대면

소개를 통하거나 친분을 바탕으로 한 직접 대면 커뮤니케이션 방법이다. 가장 확실한 효과를 얻을 수 있지만, 그 대상의 수가 한정적이며 기회를 만드는 것이 쉽지 않다는 단점이 있다. 직접 대면의 경우 모금가는 상대방이 신뢰할 수 있는 사람이어야 하며, 모금의 정당성과 기금의 활용 방안 등을 완벽히 숙지하고 상대방을 설득할 수 있어야 한다.

2) 모금의 3-3-7 원리

사회 여러 분야에서 숫자 '3'은 자주 등장한다. 그리고 많은 사람이 숫자 3을 선호한다. 특히 어떤 사안에 대해 중요한 일이나 원인, 해결방안 등을 꼽으라고 하면 통상적으로 세 가지를 꼽는다. 어떤 문제에 대한 대안 제시도 두 가지만 하면 너무 적은 느낌이 들고 또 네 가지를 제시하면 너무 혼돈되기 때문에 결국 세 가지의 대안이 가장 적당하다.

모금에서 337 법칙이란, '3'이라는 숫자가 모금에서 7번씩 사용되는 것을 의미한다.

첫 번째, 기부자에게 거부감이 없고 친근감 있는 첫인상을 전해 주는 것이 가장 중요한데, 바로 이러한 첫인상은 기부자를 만나고 3초 안에 결정이 난다.

두 번째, 기부자와 대화하는 중에 상대방의 분위기나 제스처를 읽고 3초 만에 판단해야 한다. 반응이 호의적인지 아닌지 판단하여 다음 단계로 넘어갈지를 결정해야 되기 때문이다. 만약 이것을 놓쳐 버리면 그 다음에는 아무리 잘 설득하려고 해도 힘들어진다. 그래서 티셔츠에 단체를 나타내는 짧은 글귀를 써서 상대의 주의를 집중시키기도 하는 것이다.

세 번째, 모금가는 단체가 무엇을 하려고 하는지, 왜 기금이 필요한지에 대해 30초 안에 설명할 수 있어야 한다. 이것을 설명하는 데 너무 긴 시간을 소비하게 되면 본론도 말하기 전에 기부자는 바로 피곤함을 느끼게 되어 다음 단계로 이어지는 기회를 놓쳐 버리기 쉽다. 예를 들어 기부자를 엘리베이터에서 우연히 마주친 순간이나 행사에 참석해서 잠시 이야기를 나눌 기회가 주어졌을 경우, 이때 주어진 시간은 대충 30초 정도이다. 이 30초 안에 분명하고 설득력 있게 원하는 것을 말하는 것이 다음 만남을 만드는 기회가 된다. 물론 30초라는 짧은 시간에 원하는 내용을 모두 다 말한다는 것은 미리 연습하지 않으면 매우 힘든 일이다. 그래서 미국 내 비영리단체에서는 직원과 자원봉사자들에게 미리 대본을 만들어 외우도록 해서 연습하게 한다. 그러다가 기회가 오면 외워 놓은 대본을 최대로 활용한다. 큰 모금에 성공한 사람들에게 비결을 물으면 바로 이 30초의 프레젠테이션이 가장 중요했다고 말한다. 이때 좋은 인상을 주어야만 다음에 만날 기회를 만들 수 있기 때문이다.

네 번째, 약속을 잡아서 만나기로 하여 상대방의 집 혹은 사무실에서 기금을 요청하는 상황이라고 해 보자. 직접 대면하여 기금을 요청하는 첫 시작부터 마무리까지 모두 30분 안으로 끝내야 한다. 요청이 30분을 넘어가면 좋았던 인상이 점차 부정적으로 바뀌게 되어 기부를 하고 싶었던 마음이 변할 수 있게 된다. 이 요청 시간은 결코 기부자에게 즐거워서 더 길게 끌고 싶은 시간이 아니기 때문이다. 원하는 것을 짧고 정확하게 요청하고 제때 끝내는 것이 중요하면서도 어려운 작업이다.

다섯 번째, 제일 중요한 '3'의 법칙은 바로 3번 만나기 전까지는 절대 기부를 요청해서는 안 된다는 것이다. 상대방을 처음 보자마자 돈을 달라고 하는 것은 매우 성급하고 위험한 일이다. 만약에 처음 만난 자리에서 요청을 하여 기금을 받아 냈다고 해도 이 모금은 올바른 모금이라고 할 수 없다. 다음에 반복되는 모금의 기회를 놓치는 일이 될 수 있기 때문이다. 처음 만난 자리에서 기부한 기부자는 그 모금가 혹은 단체에 대한 이미지가 좋지 않게 되어 다시 이 기부자로부터 모금을 할 수 없을 확률이 높다. 이렇게 되면 향후 장기적인 기금 확보 계획에 어려움이 발생한다.

여섯 번째, 진정한 기부자인지 아닌지를 알 수 있는 것도 3과 연관된다. 한두 번 정도 기부하는 것은 누구나 할 수 있지만, 최소한 3번 이상 기부하는 일은 쉬운 일이 아니다. 그러므로 그 사람이 진정한 기부자인지 아닌지를 확인하는 방법은 3번 이상 기부행위를 했는지로 구분할 수 있다.

일곱 번째, 많은 비영리단체들이 사회공헌 활동을 위해서 다양한 모금활동을 전개하고 있지만, 그러나 어느 정도 모금활동이 끝난 후 관리는 소홀하기가 쉽다. 관리 차원에서 가장 중요하게 해야 할 일은 기부자에게 기부를 받은 후 3일 안에 반드시 감사의 표시를 전하는 일이다. 이 시간이 지나가게 되면 기부에 대한 의미와 감정 등에 변화가 생길 가능성이 있다. 그러므로 단체들은 반드시 모금 후 3일 안에 기부자에게 신속하면서도 정중한 감사의 표시를 해야 한다. 3일이 바로 '감사표시 마감일(Dead Line)'인 것이다.

3) 효과적인 의사전달

모금활동에 있어서 기부자에게 단체의 미션이나 단체가 무엇을 위해 존재하는가를 확실히 전달하는 것은 무엇보다 중요하다. 따라서 단체에서는 모금에 들어가기에 앞서 팀과 자원봉사자들이 머리를 맞대고 효과적인 전달 방법과 표현 기법들을 연구하는 데 많은 시간을 투자한다.

첫째, 단체는 무슨 일을 하는가?
둘째, 단체가 어디로 향하고 있나?
셋째, 왜 다른 사람들이 관심을 가져야 하나?

전달할 내용의 주요 요점에는 이 세 가지가 반드시 포함되어 있어야 하며, 간단하고 명확하여 사람들의 마음을 움직이기에 충분한 강렬한 메시지가 동반되어야 한다. 모금활동 시에 단체에 맞는 의사 전달 방법이 무엇인지 찾고 이에 대한 준비가 미흡하지 않도록 노력과 많은 훈련이 필요하다. 다음은 미국의 비영리단체들 사이에서 많이 활용되고 있는 메시지 전달 방법이다.

(1) 티셔츠 메시지(T-Shirt message)

미국 내 텍사스주에서 사람들이 많이 입고 다니는 티셔츠에 '텍사스를 더럽히지 마!(Don't Mess With Texas!)'라고 쓰인 문구를 쉽게 발견할 수 있다. 쓰레기를 고속도로나 길거리에 버리지 말자는 내용인데, 텍사스를 쓰레기더미로 만들지 말라는 경고를 짧고 간결하지만 강렬하고 함축적인 내용으로 표현하고 있어 큰 효과를 보고 있다.

다른 사람이 입은 티셔츠에 쓰인 문구를 보는 시간은 길어야 2~3초에 불과하다. 그리고 그 짧은 시간 안에 상대방에게 메시지를 전달하는 것은 매우 어려운 일이다. 그러나 그 짧은 순간에도 단체가 무엇을 하는지 상대방에게 설명할 수 있어야 하며, 또한 강렬한 인상을 남겨야 한다. 그래서 모금활동을 하기전에 반드시 상대방의 마음에 각인시킬 짧고 간결하며 강렬한 메시지를 준비해 두어야 한다. 또 미리 준비해 둔 메시지를 실제 길거리 테스트를 통해 일반인들에게 얼마나 효과가 있는지를 실험해 보아야 한다.

(2) 엘리베이터 메시지(Elevator Message)

만약 엘리베이터 안에서 우연히 잠재기부자를 만났다고 가정해 보자. 모금가는 잠재기부자와 함께 꼭대기 층에 도착하기 전에 그를 설득할 수 있어야 한다. 그 시간은 길어야 20~30초 정도이다. 이 짧은 시간 안에 모금가는 모금에 대한 설명과 기부 요청, 설득의 과정을 모두 거쳐야 할까? 단체의 역사, 그동안 이루어 놓은 업적 등 길고 장황한 이야기는 전혀 할 수 없을 것이다. 그렇기 때문에 모금가는 이러한 상황에 대비하여 꼭 전달해야 할 중요사항을 미리 정리하여 요점을 효과적으로 압축하여 전달할 수 있도록 훈련이 되어 있어야 한다.

(3) 원거리 메시지(Cross River Message)

모금가와 잠재기부자가 강을 사이에 두고 서 있다고 가정해 보자. 모금가는 잠재기부자를 향해 소리를 높여 모금에 관련된 사항을 전달하려고 애쓰지만, 기부자에게 그 말이 제대로 전달될 리가 없다. 이 상황에서 화려한 언변과 장황한 설명은 불필요한 군더더기에 불과하며 모금가를 지치게 할 뿐이다. 이런 상황에서는 불필요한 말은 줄이고 한마디 한마디를 엄선하여 상대방이 단번에 받아들일 수 있는 메시지를 준비해야 한다. 정성을 다해 소리치는 마음의 내용을 준비해야 한다.

(4) 감동실화 메시지(Telling your story message)

앞에서 설명했던 짧지만 강력한 내용으로 기부자의 마음을 연 후에 그와 마주 보고 앉아 이야기를 나눌 수 있는 기회가 생겼다고 가정해 보자. 이 경우에는 앞서 간결하고 강렬한 메시지를 전달하는 것과는 또 다른 메시지 전달 방법을 준비해 놓아야 한다. 물론 시간이 허락한다면 그동안 단체에서 해 왔던 일들, 지향하는 것, 그리고 기부자에게 주는 기부혜택 등을 자세히 설명해 나갈 수 있겠지만 기부자의 마음을 가장 효과적으로 움직이게 하는 것은 바로 모금가 자신의 경험에서 우러나오는 이야기이다. 비영리단체의 화려한 미사여구로 꾸민 홍보물과 같은 형식적인 이야기들보다는 한 개인의 소박하고 진솔한 삶에 중점을 둔 이야기를 나누는 것이다. 자신의 이야기를 풀어놓기 힘들다면 단체의 도움과 영향을 받은 다른 사람의 성공 사례를 들려주는 것도 상대방의 마음을 움직이는 이야기가 될 수 있다. 사실을 근거로 한 성공 사례는 잠재기부자의 신뢰를 얻을 수 있고, 여기에 모금가의 개인적 감동 사례가 더해지면 그 효과는 더욱 커진다.

9. 커뮤니케이션 전략

1) 커뮤니케이션 계획(Plan)

영리에서의 성공 3요소는 '3L', 비영리에서는 '3C'라고 한다. 3L은 'Location, Location, Location'이고, 3C는 'Communication, Communication, Communication'이다. 그만큼 비영리 영역에서는 커뮤니케이션이 가장 중요한 핵심전략이다. 모금전략의 성공은 훌륭한 커뮤니케이션 계획과 실행하에 가능하다. 그래서 최근에는 모금가를 부를 때 "돈을 모은다"라는 부정적 이미지 대신에 "Director of Philanthropy Communication"이라고도 한다. 모금을 실행하기 전에 충분한 시간을 가지고 이 시점에서 왜 모금이 필요한지에 대해 이해관계자들과 소통이 필요하다. 이 소통은 세 단계로 진행한다.

첫 단계는 내부적으로 스텝들 사이에서 그리고 스텝과 이사회 사이에서 소통한다.
두 번째 단계는 이해관계자들 중에서 멤버와 기존의 기부자들과 소통한다.
마지막으로는 일반 대중을 상대로 한 모금캠페인이나 옹호캠페인에 대한 소통이다. 이때 일방적인 홍보성 메시지가 아니라 쌍방이 소통

그림 7-11 커뮤니케이션 전략계획의 구성요소

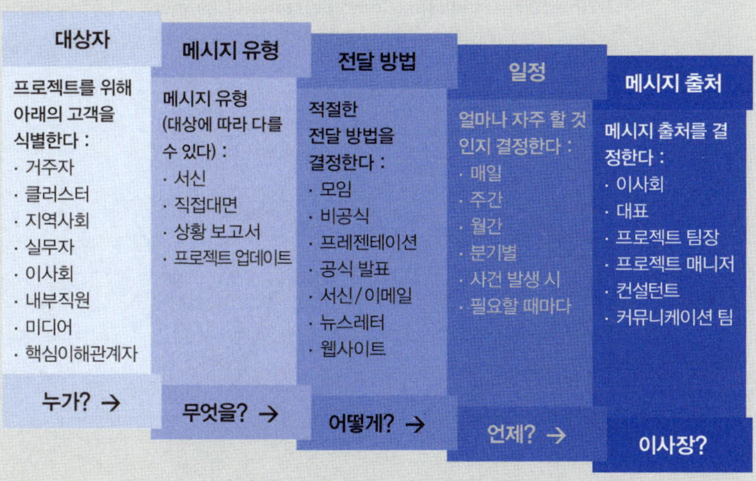

출처 : Reston Association-Capital Improvement Program

할 수 있는 콘텐츠와 소통 통로가 필요하다.

〈그림 7-11〉은 커뮤니케이션 전략계획을 할 때 필요한 주요 구성요소이다. 만약 단체 내에 커뮤니케이션을 담당할 모금가가 없을 경우에는 다른 직원이 겸직을 하여 〈그림 7-12〉와 〈그림 7-13〉에서 보여주는 것과 같은 여러 소통 통로에 따라 작업 시간을 배치한다.

2) 커뮤니케이션 팀 구성

마케팅과 커뮤니케이션 담당자를 고용할 때 제시하는 세 가지 직책에 대한 사무분장(Job Description)이다. 비영리 분야에서의 마케팅은 모금캠페인 또는 옹호캠페인, 그리고 기부자 개발이 포함된다. 규

그림 7-12 소통 통로별 관리 시간

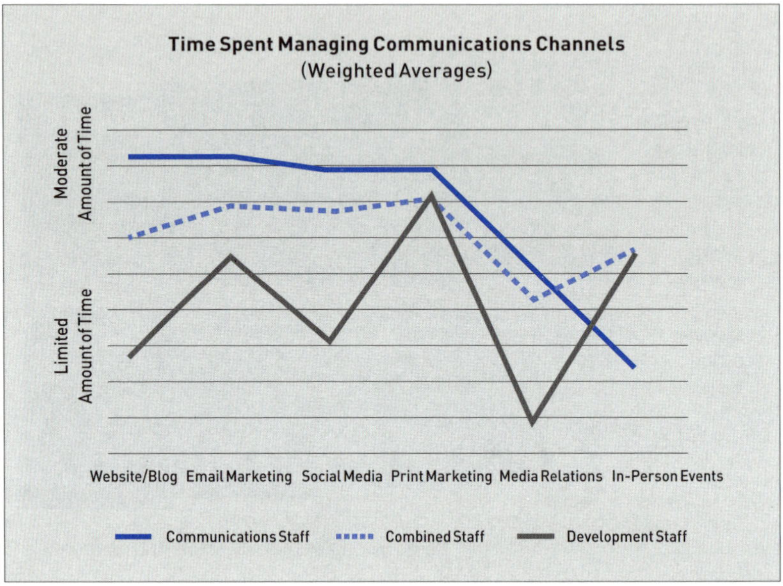

그림 7-13 커뮤니케이션 활동 투입 시간

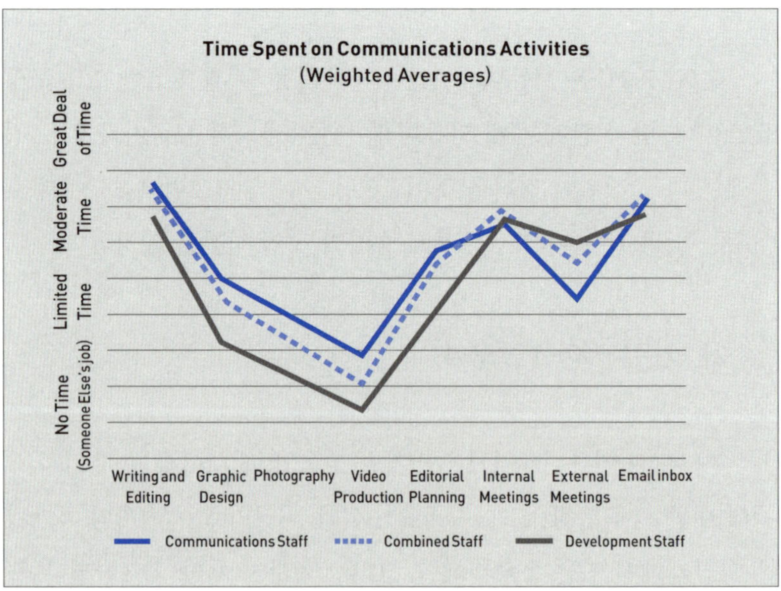

모가 작은 단체의 경우는 겸직을 통해 업무의 범위를 축소할 수 있다.

(1) 마케팅과 커뮤니케이션 및 홍보 디렉터(Director of Communications and Marketing)

조직의 이미지와 위치를 향상시키고 내부 및 외부 커뮤니케이션을 촉진하는 포괄적인 마케팅, 커뮤니케이션, 홍보 등의 기획과 운영에 대한 책임이 있다. 그리고 출판, 미디어 관계, 고객 확보 등을 포함한 조직의 마케팅, 커뮤니케이션 및 홍보 활동 및 자료를 만든다. 조직이 원하는 이미지와 위치를 알고 내부 및 외부의 모든 이해관계자에게 이를 일관되게 전달해야 한다.

- 마케팅, 커뮤니케이션, 홍보 사명, 목표 및 재무 목표 달성을 책임진다. 이러한 목표 및 목표와 관련된 평가 시스템이 마련되어 있는지 확인하고 필요한 경우 조직 및 이사회 책임자에게 진행 상황을 보고한다.
- 마케팅, 커뮤니케이션, 홍보 및 그 활동을 위한 단기 및 장기 계획과 예산을 개발하고, 진행 상황을 모니터링하고, 성과를 평가한다.
- 마케팅, 커뮤니케이션, 홍보팀의 원활한 운영에 필요한 시스템 및 절차를 개발, 구현 및 모니터링한다.
- 마케팅, 커뮤니케이션, 홍보 분야의 발전에 대한 정보를 유지한다.
- 모든 조직의 간행물의 편집 방향, 디자인, 제작 및 배포를 담당한다.
- 조직에 대한 미디어의 관심을 조정하고, 대상 미디어와 정기적으로 연락하고, 미디어 요청에 대해 적절하게 대응한다.
- 모든 미디어와의 관계에서 조직의 담당자 역할을 한다.

- 조직의 웹 사이트를 관리한다.
- 조직의 인쇄 자료 및 전자 자료의 형식을 조정한다.
- 조직이 공익연계마케팅 및 특별 행사, 계획 및 예산 책정으로 할당된 프로젝트를 위해 정기적으로 관련된 시장을 조사, 조정 및 주도하여 수행하도록 한다.
- 시장의 요구 및 만족도를 바탕으로 고위 관리, 다른 직원 및 자원봉사자와 협력하여 전략적 관점을 개발하고 유지한다.

(2) 마케팅 코디네이터(Marketing Coordinator)

마케팅 코디네이터는 조직 내 마케팅 및 커뮤니케이션의 모든 분야에서 외부 관계 팀을 지원하는 역할을 한다. 이와 관련한 주요 책임 업무는 커뮤니케이션 및 마케팅 이사, 디자이너 및 브랜드 큐레이터와 함께 조직의 소셜 미디어 활동에 대한 전략 및 분석을 제공한다.

- 이벤트를 조정하고 지원한다.
- 소셜 미디어(마케팅 디렉터 및 디자이너와 함께) 활동의 전략 및 분석을 제공한다.
- 지역사회에 대한 모든 서면 자료를 업데이트 및 수정한다.
- 미디어 및 스폰서와의 계약을 관리한다.
- eNews 자료를 수집하고 작성 및 편집한다.
- 연례 보고서 및 기타 서면 자료를 편집한다.
- 전체 커뮤니케이션에서 eNews가 최대한 효율적으로 작동하도록 지원한다.
- 모든 미디어 관계가 조직에 가치를 더하고 궁극적으로 올바른 방향으로 나갈 수 있도록 지원한다.
- 후원 패키지에 모든 요소가 충족되어 있는지 면밀히 모니터링

한다(정기적인 모니터링 및 파트너와의 연락).

- 필요에 따른 이 외의 사항을 지원한다.

(3) 회원 관계 담당 디렉터(Director of Member Relations)

주요 역할은 전체 수명주기 동안 조직의 네트워크에 연결된 회원 커뮤니티에 기부문화를 조성하기 위해 설계된 이벤트, 봉사 활동 및 프로그램 개발, 마케팅, 구현 및 평가하는 일을 담당한다. 주요 책임 업무는 회원 분류와 관련된 이벤트, 봉사 활동, 자원봉사 관리 및 프로그램을 포함한 광범위한 회원 참여 및 연간 기부 프로그램을 연구, 개발, 계획, 구현 및 평가한다.

- 지역 및 국제적으로 광범위하게 퍼져 있는 회원과의 관계를 수립 및 구축한다. 이를 위해 이메일이나 회원 웹 페이지 및 인쇄 출판물을 통해 회원과 정기적인 의사소통을 유지한다.
- 이벤트 및 봉사 활동 프로그램을 통해 새로운 참여 방법을 제안하고 개발한다.
- 연구 분야, 관심 분야 및 관련 산업을 기반으로 회원 선호도 프로그램을 개발한다.
- 이벤트를 홍보하고 참석을 촉진하기 위해 전자 메일 및 홍보물의 설계 및 실행한다.
- 외부 관계 및 거버넌스를 위해 관련 행사 브리핑의 문서 및 지원 자료를 준비한다.
- 정확하고 완전한 회원 데이터베이스 기록을 위해 데이터 업데이트를 성실하게 지원한다.
- 행사에서 대표 역할을 한다. 추가로 지정된 특별 프로젝트를 지원한다.

3) 메시지 전달

사람들이 단체의 의견을 들을 수 있도록 메시지를 전달하는 방법을 알아보자. 비영리단체의 구성원으로서 사람들에게 메시지를 알리는 것이 얼마나 어려운지 다들 알고 있다. 특히 요즘과 같이 대량의 무차별적인 콘텐츠는 사람들이 집중해서 정보를 읽지 않고 흘려보낸다. 따라서 사람들이 단체의 메시지를 듣거나 그 이상을 원한다면 콘텐츠 제작에 더 신중하게 접근해야 한다.

비영리단체의 틈새시장에서 가장 중요한 것은 미션이다. 그러나 이 미션을 전 세계에 알리려면 기부자와 자원봉사자가 모두 필요하다. 비영리단체가 들려주고자 하는 메시지에 관심을 갖게 하기 위해서는 그들이 읽거나 듣는 것에 투자해야 한다. 다음 사항은 콘텐츠 제작에 도움이 될 만한 내용에 대한 작성 요령이다.

(1) 먼저 메시지에 아이디어가 있는지 확인한다.

비영리단체는 제품이 아닌 아이디어를 판매하는 곳이다. 사람들이 비영리단체의 아이디어를 '구입'하게 하려면 콘텐츠(메시지)가 독창적이면서도 명확해야 한다. 그리고 디자인 또한 적절해야 한다.

- 해결할 문제를 생각한다.
- 상황을 설명한다(아이디어 전달을 위해 콘텐츠에 사용할 문구이다).
- 주제문(Thesis Statement)을 작성한다.
- 이 아이디어를 실현하기 위해 취할 모든 단계를 지정한다(콘텐츠에 이 아이디어를 어떻게 넣어 전달할 것인지에 대한 계획이 될 것이다).

전달되는 대상자 입장에서의 사고가 필요하다. 이름, 슬로건, 특이한 콘텐츠 형식, 통찰력, 디자인 등과 같은 아이디어로 사람들을 사로잡을 수 있도록 고려한다.

(2) 이야기를 들려준다

비영리의 블로그 게시물, 보도 자료 및 리뷰는 콘텐츠로서 모두 훌륭하지만 독자는 비영리 프로젝트에 대한 통계, 데이터 및 냉정한 사실에 대해 읽고 싶어하지 않는다. 그러나 스토리텔링은 사람들이 메시지를 듣고 싶어하는 유일한 방법이다. 인간은 사실보다는 감정을 사용하여 정보를 평가하기 때문에 스토리텔링에는 경험을 담당하는 뇌 영역을 활성화시키는 이야기가 있다. 그러므로 사람들의 참여를 위해 메시지에 사람들의 가치를 반영한다.

(3) 정서적 글쓰기 기법 사용

마케팅 담당자와 SEO(검색엔진 최적화) 카피라이터는 조직이 '원하는 행동'을 유도할 텍스트에 대해 알고 있다. 이것이 독자에게 영향을 주기 때문이다. '원하는 행동'이 많은 데 핵심적인 행동이 있다.

- 사람들이 무언가를 하도록 한다.
- 그들에게 무언가를 느끼게 한다.
- 새로운 것을 배우도록 돕는다.
- 그들을 즐겁게 한다.
- 그들에게 능력을 증명한다.

비영리의 콘텐츠를 읽지 않는 사람에게 굳이 메시지를 공유하며 그들의 참여 독려를 위해 전화를 걸지 마라. 진정으로 사람들이 단체의 메시지를 듣기 원한다면 그들과 관련된 내용으로 감정에 호소하

라. 이를 위한 방법으로 정서적 글쓰기는 그들이 기꺼이 응답할 수 있도록 사람들의 정서에 맞는 특정 단어와 문장으로 메시지를 작성하는 것이다. 정서적 글쓰기에는 다음과 같은 것을 고려해야 한다.

- 사람들의 세 가지 본능인 자기 보존(안전, 건강, 환경 등), 성적(사람, 연결, 매력, 호르몬 분비 등), 사회(행동, 창의성 등)에 관한 내용을 제공하여 응답을 이끌어 낸다.
- 텍스트에 음운론을 시도하는 일은 메시지를 읽는 동안 독자의 뇌에 그 감정을 느끼도록 영향을 미치게 되어 정신적 감정을 유발하게 된다.

여기에 사용할 작성 전술은 다음과 같다.

▶ **작문과 소리의 톤을 연마**

청중과 동일한 수준의 언어로 말한다. 전문 용어보다는 가능한 그들이 사용하는 단어를 사용하고 짧은 단락으로 작성한다. 또한 긴 문장과 짧은 문장 사이를 전환하여 작문에 리듬을 적용할 수 있다. 독자들이 지금하고 있는 일, 메시지를 읽는 데 사용하는 장치 및 현재 필요한 것을 상상해 본다. 그에 따라 메시지의 형식을 정한다. 함께 고통을 느끼게 하고 공감과 호기심을 불러 일으키게 한다. 일관성 있게 해야 된다는 것을 기억하고 브랜드 가치와의 관련성을 유지해야 한다.

▶ **조직의 메시지가 더 잘 들리도록 언어 트릭을 사용한다**

능동형 동사와 힘과 희망이 담겨 있는 긍정의 말을 사용한다. 은유·반복·대조와 같은 감각적인 단어, 유익한 형용사 및 문체는 문장을 강력하게 만든다.

▶ **독자가 답변을 찾도록 도와주고 행동하도록 권유한다**

필요할 때마다 대화형 요소(퀴즈, 테스트, 슬라이드, 비디오)를 추가하여 사람들이 자신의 문제를 해결하는 내용에 반응하고, 그들에게 세상과 소통하는 방법을 알려주어 지원한다. 이해관계자가 필요로 하는 비밀, 팁, 전략, 도구 및 해킹을 공유한다. 대부분의 사람은 쉬운 방법을 찾고 있다. 콘텐츠에 "나는 할 수 있다"라고 진심으로 호소한다.

10. 심리를 이용한 홍보전략

현재 비영리단체를 비롯한 여러 조직에서 사용하고 있는 홍보전략에서 심리학 이론을 적용하는 사례를 몇 가지 찾아볼 수 있다.

1) 혼자 있는 사진을 준비하라

아프리카 난민을 위한 기금 마련을 계획 중이라고 가정해 보자. 목표 금액을 정한 후, 잠재기부자를 찾아 나서는 길이다. 그들에게 동기를 부여하기 위해 굶주림에 지쳐 있는 난민들의 사진을 준비하려고 하는데, 이때 수만 명의 난민이 찍혀 있는 사진과 어린아이 한 명이 찍혀 있는 사진 중에서 어떤 사진을 보여 주는 것이 좋을까?

만약 기부자의 입장이라면 수만 명의 굶주리고 있는 난민들의 사진을 보았을 때 '저 많은 사람을 어떻게 내가 다 책임질 수 있을까' 하고 겁부터 먹게 될 것이다. 반면에 한 명의 가엾은 어린아이 사진을 본다면 '이 아이 한 명 정도라면 내가 도움을 줄 수 있을 거야'라는 생각을 가지게 된다. 한 명이라면 나 혼자서도 감당할 수 있을 것이라고 생각하는 것이다. 따라서 사진을 보여 줄 때는 수만 명의 사람들보다는 도움의 손길이 필요한 단 한 명을 보여 주는 것이 낫다.

사람들은 기본적으로 많은 사람, 혹은 많은 금액을 책임지는 것에 큰 부담감을 느낀다. 반면에 한 명, 특히 가엾은 어린아이를 책임지는 것이라면 부담감을 크게 느끼지 않으면서도 오히려 효과적으로 동기를 부여할 수 있다. 그러므로 기부자에게 접근할 때에는 "우리가 이렇게 많은 사람을 살리는 원대한 계획을 세우고 있는데 여기에 책임을 지고 도와주셨으면 합니다"라는 식의 접근보다는 "한 사람이 이러한 어려움에 처해 있는데 선생님의 작은 손길로 한 생명을 살릴 수 있습니다"라는 식으로 접근하는 것이 더욱 효과적인 모금 방법이 된다.

2) 긍정적인 것을 강조하라

① 당신이 지금 1억 원을 기부하면 만 명의 어린이가 살 수 있습니다.

② 당신이 지금 1억 원을 기부하지 않으면 만 명의 어린이가 목숨을 잃게 됩니다.

같은 의미이지만 다른 표현을 쓴 두 가지 문장이다. 과연 둘 중 어떤 것이 잠재기부자로 하여금 기부에 더욱 긍정적이고 적극적으로 참여할 수 있을까?

기부자에게 기부를 요청할 때 흔히 하는 실수가 있다. 바로 ②번의 예와 같은 협박에 가까운 말투를 쓰는 것이다. "당신이 기부를 거절한다면, 이만큼의 피해가 생기는 데도 기부를 하지 않겠느냐?"라는 식의 화법은 상대방에게 오히려 부담을 안겨 주게 된다. 기부를 꼭 해야만 한다는 의무감과 책임감을 안겨 주기 위해 더욱 강하게 발언하는 것이 좋다고 생각하기 쉽지만, 오히려 역효과가 날 수도 있다는 것을 명심해야 한다.

반면에 ①번의 예와 같은 설명은 잠재기부자로 하여금 자신의 기부로 인해 어떠한 긍정적인 변화가 일어나며, 그것이 얼마나 중요한 일인지 단번에 마음에 와닿게 한다. 상대방의 부담을 덜어 주는 대신 변화에 대한 기대와 희망을 품을 수 있도록 하는 이러한 화법이 실제로도 기부의 성공을 이끌어 낼 확률이 높다는 것이 증명된 바 있다.

3) 먼저 내밀어라

모금뿐 아니라 일반적인 협상이나 거래에서는 먼저 제안하는 것을 기본 원칙으로 삼는다. 사업상 어떤 거래든지 금액을 먼저 부르는 사람이 승자가 된다. 이와 마찬가지로 모금가도 먼저 제안을 해야 한다. 기부자가 "제가 얼마를 내야 하나요?"라고 먼저 말하게 되면, 모금가는 "그냥 알아서 주십시오"라는 식으로 되어 버리고 만다. 이렇게 되면 목표한 모금액을 달성하지 못할 가능성이 커진다. 따라서 모금가가 100억 원이면 100억 원, 10억 원이면 10억 원이라는 목표 금액을 정해 놓고 "우리가 지금 얼마가 필요합니다"라고 기부자보다 먼저 제안해야만 모금을 성사시킬 확률이 높아진다.

요청을 할 때 직접적인 금액을 언급하는 것은 어려운 일이다. 그러나 모금에서는 이러한 두려움을 극복하고 당당하게 금액을 먼저 제시해야 한다. 여기서 먼저 내미는 방법에는 두 가지가 있다. 다리를 먼저 내미는 것과 머리를 먼저 내미는 것이다. 다리를 먼저 내민다는 것은 목표한 금액보다 적게 불러서 상대방이 흔쾌히 승낙하면 점차 금액을 높여 목표 금액으로 접근해 가는 방법이다. 큰 금액에 부담을 느끼는 기부자에게는 부담을 줄여 주는 방법으로 다리를 먼저 내미는 방법이 좋다. 반면에 머리를 먼저 내미는 것은 처음부터 큰 액수를 불러서 상대방이 점차 금액을 줄여 협상하도록 하여 모금가가 목표했던 금액을 기부자 스스로 부르도록 유도하는 방법이다. 이 두 가지 방법은 모금의 종류에 따라, 기부자의 성격과 특성에 따라 그에 맞게 사용된다. 모금에서는 주로 머리를 내미는 것이 더욱 성공할 확률이 높은 것으로 본다. 사람은 심리적으로 큰 액수를 부르면 부담을 느끼고 그것에 협상을 하는 자세로 더 작은 액수에는 흔쾌히 응한다. 그러나 상대방은 사실 그 작은 액수에 목표를 두고, 목표한 양보다 더 큰 금액을 부르는 것이다. 당장에 100억 원을 기부해 달라고 할 때에는 거부감이 들지만, 요청액을 줄여 가며 10억 원을 부르면 상대방은 적은 액수처럼 느껴 거부감이 덜해질 것이다. 그러나 이는 알고 보면 모금가가 10억 원을 예상하고 처음부터 고액을 부른 것이다.

또 한 예로, 사람들에게 "재소자를 3일 동안 보살피는 봉사를 기획 중인데 참여해 줄 수 있겠느냐?"라고 묻는다면 거의 대부분의 사람들이 못하겠다고 대답할 것이다. 3일이라는 긴 시간 동안 재소자들을 직접 보살피는 일을 해야 한다면 누구든지 큰 부담을 느낄 것이다. 바로 이때 "아쉽지만 재소자를 위해 하루 동안 진행하는 행사에 참석하는 것은 해 주실 수 있겠느냐?"라고 묻는다면 "그거라면 제가 할 수 있겠다"라는 반응이 나올 수 있다. 결국 처음에 목표했던 재소자를 위한 하루의 행사 참여자를 모집하는 것에 성공하는 것이다.

결국 큰 것을 요청하면 그보다 작은 것은 상대적으로 쉽게 받아들이는 사람들의 심리를 이용하여 기부를 유도하는 하나의 방법이다. 사람들은 기본적으로 부담감을 느끼고 한 번 거절했던 요구에서 조금 낮춰진 조건을 제시하면 그것에 대한 보상심리를 느껴 만족감을 느끼게 된다. 이러한 심리를 이용해서 처음에 원했던 것보다 더 큰 것을 요청하면 결국 대안으로 제시했던 더 작은 요구, 즉 처음에 목표했던 요구가 받아들여지게 된다.

4) 부정적 행동 유발(Negative Hook)을 이용하는 경우

그동안은 모금에서 '옵트인(Opt-In) 방식'을 사용했었다. '옵트인 방식'은 인터넷 사이트나 메일에서 기부를 원하는 사람만 클릭해서 들어가도록 만들어 놓은 것을 말한다. 기부를 결정한 사람들만 클릭이라는 행동을 취하는 것이다. 이러한 방법은 'Default is not donation', 즉 '어떠한 행동도 하지 않는 것이 기부하지 않는 것이다'라는 의미이다. 그러나 이러한 방식으로 모금할 경우 모금이 4~25%의 확률밖에 이루어지지 않았다. 그렇지 않아도 기부에 관심이 없는 사람들이 굳이 클릭이라는 행동을 하면서까지 기부하지는 않을 것이다. 기부에 관심이 없는 사람들을 기부하도록 하는 데는 이러한 방법이 효과적이지 않았다.

이와 반대로 사람들의 부정적 본성을 이용한 새로운 전략을 사용하였더니 정반대의 좋은 결과가 나왔다. 그것은 바로 'Default is donation', 즉 '어떠한 행동도 하지 않는 것이 바로 기부하는 것이다'라는 의미이다. 앞의 예에서는 클릭해야지만 기부 의사를 밝히는 것이었다면, 이번에는 클릭해야지만 기부하지 않겠다는 의사를 밝히는 것이 된다. 이것이 '옵트아웃(Opt-Out) 방식'이다. 클릭하지 않고 지나갔다면 그 사람들은 전부 기부자가 되는 것이다. 이러한 방법을 사용하였더니 실제로 모금이 86~99%의 확률이 되었다고 한다. 그러나 이런 옵트아웃 방식은 각 분야의 윤리적 문제와 법규제의 대상이 될 수 있으므로 주의해야 한다.

기부자가 기부해야 하는 이유와 기부자의 기부가 필요한 이유가 타당해야 동기부여가 되고 사람들의 마음이 움직여 기부한다고 생각했다. 그래서 그동안 'Emotional Hook', 즉 '감정 유발' 방식을 사용해 왔다. 이러한 기존 방식은 기부자에게 심리적 압박을 주는 것이었다. 그러나 부정적 행동 유발은 어떠한 행동도 하지 않고 가만히 있으려는 부정적인 심리를 이용하여 감정을 굳이 유발하지 않고 오히려 내버려 두는 전략인 것이다. 이 전략은 특히 유럽에서 많이 사용하는 방식 중 하나이기도 하다.

웹사이트의 경우뿐 아니라 대중이 모인 자리에서 기부하지 않을 사람들만 손을 들어 거부 의사를 표현하도록 한다면, 손을 들고 "저는 기부를 하지 않겠습니다"라고 하는 사람은 그리 많지 않을 것이다. 손을 놓고 가만히 앉아 있던 사람들로부터 결국 기부하겠다는 약속을 받아 낸 셈이 된다.

5) 즐거움을 여러 번 느끼게 해 줘라

한 남자가 어느 날 길을 가다가 만 원을 주웠다. 그런데 다음 날 같은 자리에서 만 원을 또 주웠다. 다른 어떤 남자는 길을 가다가 2만 원을 한 번에 주웠다. 여기서 두 남자 모두 2만 원이라는 금액이었지만 행복감에는 차이가 난다는 것에 주목해야 한다. 그렇다면 한 번에 2만 원을 주운 남자와 하루에 만 원씩 이틀 연속으로 2만 원을 주운 남자 중에 누가 더 기쁠까? 바로 하루에 만 원씩 이틀 연속으로 2만 원을 주운 첫 번째 남자이다. 우연히 한 번에 만 원을 줍고 난 후 같은 행운이 다음 날 또 찾아온다면 금액이 아무리 같더라도 한 번에 2만 원을 주웠을 때보다 그 기쁨은 배가된다.

그렇다면 어느 날 길을 가다가 만 원을 잃어버린 남자가 다음날 또 만 원을 잃어버렸다면 어떨까? 이 남자는 하루에 2만 원을 한 번에 잃어버렸을 경우보다 더 충격이 클 것이다. 이렇듯 적은 금액이라도 이것이 자주 일어나면 그 감정이 배가된다는 심리가 있다. 이것을 모금에 이용하여 큰 금액을 한 번에 내도록 하는 것보다는 적은 금액을 조금씩 나누어서 지속적으로 내도록 하는 것이다. 이러한 방법은 부담도 덜어질 뿐 아니라 기부하는 기쁨도 배가 되도록 할 수 있다.

사실 기부하는 행위는 개인에게 상당한 만족감과 기쁨, 성취감을 준다. 사람들이 기부하는 이유 중에는 타인을 돕고자 하는 이유도 있지만, 기부하는 개인의 만족감과 성취감도 있을 것이다. 그러므로 금액을 나누어서 지속적으로 기부를 하면 부담도 덜 느끼게 되고 기부의 즐거움과 성취감도 배가된다. 더 나아가서는 기부자의 충성심도 유발할 수 있다. 지속적인 기부를 하다 보면 그 단체에 대한 믿음이 생기고 단체에 충성하게 된다. 이렇게 되면 한 번의 기부로 끝나는 것이 아니라 지속적인 관계를 유지하면서 다음 모금에도 다시 기부하게 될 가능성이 커진다. 사람들이 기부하는 즐거움을 더 크게 느낄 수 있도록 조금씩 나누어서 기부하도록 하는 것, 이것이 또 다른 형태의 심리를 이용한 효과적인 모금 방법이다.

6) 인간은 이기적인 동물이란 점을 명심하라

모금활동을 할 때 주의해야 하는 인간의 본성을 설명하고자 한다. 모금은 혼자서 하는 작업이 아닌 팀을 이루어 하는 작업이기 때문에 팀원 간에는 갈등이 생기기도 있다. 모금에서뿐 아니라 모든 공동체 안의 사람 간에는 바로 이러한 끊임없는 심리적 갈등이 있기 마련이다. 이것은 인간에게 내재되어 있는 본성 때문이다. 이와 같은 문제를 해결하는 데는 심리학을 이용하기도 한다.

4명이 한 팀이 되어 어떤 사업계획을 진행하여 그 보상금이 1000만 원이 나왔다고 가정해 보자. 4명 각각에게 자신이 사업계획에 기여한 기여도를 스스로 평가하여 본인의 역할에 합당한 할당액을 적어 내라고 한다면 4명이 적어낸 금액의 합계는 얼마가 될까? 상식적으로는 1000만 원을 4명이 나누어야 하는 것이므로 4명의 할당액을 모두 합쳤을 때도 1000만 원이 나오는 것이 맞을 것이다. 하지만 실제로는 120~150% 정도의 금액이 나온다고 한다. 반대로 일을 잘못해서 1000만 원의 위약금을 물어내야 하는 경우에는 각자 잘못한 만큼을 계산하게 한 후, 합하면 1000만 원의 60~70% 정도가 나온다고 한다.

바로 이러한 인간의 본성이 인간사회에서 갈등을 일으키는 근본적인 원인이다. 같은 팀 내에서도 이러한 본성 때문에 각자가 생각하는 몫과 성취도가 서로 상충된다. 이러한 갈등은 모금팀뿐 아니라 모금가와 기부자 간에도 발생한다. 서로가 생각하는 모금액과 모금을 하려는 동기나 목적, 의미가 다르기 때문에 서로에게 기대하는 것이 더욱 커지게 된다. 따라서 인간의 기본 본성이 이러하다는 점을 항상 염두에 두고 팀을 적절히 조율하는 능력과 기부자의 심리를 잘 파악하여 마음을 움직이도록 하는 기술과 연습이 필요하다.

11. 모금의 브랜드레이징(Brandraising)

비영리의 브랜드 만들기의 주목적은 '어떻게 하면 제한된 자원으로 더 많은 일을 할 수 있을까'이다. 소규모 단체의 경우 커뮤니케이션에 별도 예산을 편성하거나 전담 직원을 고용하는 경우는 거의 찾아볼 수 없다. 대형 모금조직의 경우 브랜딩을 위한 별도 예산이 책정되기도 한다. 브랜드 담당자 역시 단체의 규모에 따라 달라진다. 일반적으로 작은 단체는 최고관리자, 중간 규모의 단체는 자원개발 총책임자(모금부서), 큰 규모의 비영리단체는 커뮤니케이션이나 대외협력, 또는 마케팅 총괄자가 맡는다. 문제는 대다수의 단체는 커뮤니케이션의 전략, 의사결정, 실행에 명확한 프레임이 없기에 대부분 노력이

헛수고가 된다는 것을 인지하지 못하고 두서없이 중복적인 일들을 한다는 것이다. 또한 비영리단체의 직원들은 후원을 받는 일을 너무 당연시하여 단체의 비전에 모든 후원자들이 동참할 것이라고 착각을 하기도 한다.

효과적인 모금 계획을 위해서는 내가 아닌 기부자 입장에서 우리 단체가 그에게 어떤 이익을 줄 수 있을 것인가를 생각해 보는 것이 우선이다. 보통 기부자가 기부를 하기 전에 효과적 빈도(Effective Frequency), 즉 깊숙이 단체가 각인될 정도의 메시지 접촉이 몇 번 있어야 하는가에 관심이 쏠린다. 소비재 구입에 관심을 기울이기 전에 제품광고를 평균 6번 정도 접한다고 한다. 하루에도 수천 개의 메시지를 접하는 개인에게는 동일한 메시지가 6번 정도 인지되어야 겨우 한 개가 각인된다는 것이다. 이 때문에 브랜드레이징은 쉬운 작업이 아니다.

비영리단체를 위한 커뮤니케이션 전략을 소개하고 있는 책 『브랜드레이징』의 저자 사라 더럼(Sarah Durham)은 흥미로운 경험을 언급한다. 브랜드를 정립하는 일은 매우 지루하지만 끊임없이 해야 하는 작업이기에 비영리 커뮤니케이션 담당자는 인내심을 가지고 일에 임해야 한다고 말한다. 그래서 직원을 뽑을 때 인터뷰 중 오랜 시간 동안 같은 요소를 반복한다면 어떤 기분인지를 질문하라고 조언한다. 단체의 로고 사용 등 브랜드를 정립하는 과정에서 직원이 피로감을 느낄 때가 이제 겨우 기부자들이 단체를 아는 순간이라고 말한다. 그 정도로 일관성(Consistency)이 중요하다는 것을 강조하는 이야기일 것이다. 이러한 이유로 창의적이고 창작을 주로 하는 디자이너나 작가는 단체의 브랜드를 만드는 데 적합하지 않을 수 있다고 말한다.

또한 그녀는 소통대상이 누구인지, 프로젝트에는 어떤 것이 필요한지, 목적이 무엇인지, 명백하게 파악되기 전에는 페이스북이나 기타 소셜 미디어 등 새로운 커뮤니케이션 수단을 성급하게 사용하는 것을 자제하라고 권고한다. 한국뿐 아니라 비영리의 종주국인 미국에서도 전문적인 커뮤니케이션 인력이 부족하고 변화를 위한 재원이 부족하며 단체의 변화를 방해하는 관성(慣性, Inertia)이 매우 크다. 따라서 기부자 관점으로 바라보면서 기부자 중심의 커뮤니케이션을 시행해야 하고 최소한 전담하고 관리·감독하는 한 사람을 지정해야 한다. 그때그때 상황에 따라 반응하는 업무는 중복된 일을 하게 되어 있다. 이를 방지하기 위해서는 표어, 핵심 메시지, 정리된 문서 스타일 지침서가 미리 준비되어 있어야 하고 모든 일정을 보여주는 상세한 일정표와 커뮤니케이션 계획(Communication Plan)이 준비되어 있어야 한다.

12. 게임이론과 모금

우리는 일상생활에서 의식적이든 무의식적이든 게임의 상황에 참여하고 있으며, 인간의 사회적 행태와 경제사회의 현상을 파악하는데 게임을 이해하는 것이 중요하다는 것을 알 수 있다. 게임을 이해하기 위해서 게임의 특징을 체계화시킨 것이 게임이론(Game Theory)이다. 구체적으로 게임이론은 전략적 상호작용이 존재하는 게임의 상황에서 개인의 전략 또는 행동이 초래하게 될 결과 중에서 가장 바람직한 결과를 얻기 위하여 어떠한 전략을 선택해야 할 것인가를 제시하는 실용적인 기여도 할 수 있다. 최근에 국제적으로 모금가 사이에서 게임이론을 모금에 적용하려는 움직임이 활발하다. 일반적으로 모금계에서 모금전략이 게임이라고 불리지는 않으나 학자들이 말하는 공통점을 모두 만족하는 현상들이 많이 발견되고 있다.

'왜 단체들은 모금을 잘하기 위해 공조를 해야 하는가?'라는 질문에 대한 답을 포함한 논문[08]이 발표되었는데 이는 게임이론을 바탕으로 수학적인 알고리즘을 만들어 증명한 것이다.

게임이론(Game Theory)이라는 말은 로직과 컴퓨터의 대가인 존 노이만(John Von Neuman)이라는 수학자에 의해서 지어졌다. 〈뷰티풀 마인드〉라는 영화로 세상에 널리 알려진 존 내시(John Nash)가 내시균형(Nash Equilibrium)을 통해 더욱 체계적으로 다져 가기 시작했다. 노벨 경제학상을 공동 수상한 엘빈 E. 로스(Alvin E. Roth) 하버드대 교수와 로이드 S. 섀플리(Lloyd S. Shapley) 캘리포니아대 교수는 실제 생활에 활용할 수 있는 시장분배 연구에 대한 업적을 인정받았다.

예를 들면 장기 기증자와 장기가 필요한 환자를 연결하거나, 병원에 인턴을 배정하거나, 학교에 학생을 배분하는 문제 등이다. 죽어가는 사람에게 간을 이식하는 경우, 돈이 많은 사람에게 먼저 기회를 주는 방식의 시장논리는 적용될 수 없다. 결국 사람들이 자기 이익에 따라 행동하면서도 자원의 배분이 지속 가능할 수 있는 메커니즘이 필요하다고 보고, 섀플리 교수는 존 내시 교수의 '내시균형'에 버금가는 이론으로 평가받는 '섀플리 밸류'를 만들어 내며 게임이론의 발전에 커다란 족적을 남겼다. 섀플리 교수는 구체적으로 서로 다른 매칭 방법을 비교 연구하기 위해 이른바 '협조적 게임이론(Cooperative Game Theory)'을 이용했다. 또 다른 비협조적 게임이론(Noncooperative Game Theory)은 상대방이 어떤 행동을 취하든 각 주체가 자신의 효용을 극대화하기 위한 방안을 세우는 것을 전제로 하며 죄수의 딜레마(Prisoner'S Dilemma)가 이때 등장한다.

08 Brothers In Alms? Coordination Between Nonprofits on Markets For Donations, Gani Aldashew, Marco Marini, and Thierry Verdier

개별 주체의 효용을 최대화하는 방안을 찾는다는 점에서 공리적인 측면을 강조하는 협조적 게임이론과 차이가 있다. 마치 모금시장에서 모금하는 비영리단체들 간의 경쟁은 그 좋은 예이다. 경쟁의 주체는 개별단체이다. 각 단체에는 정관, 채권채무관계, 지분 및 소유권, 정부규제를 포함하여 비영리단체 운영과 경쟁을 규정짓는 규칙이 있다. 이 규칙을 어기면 벌금을 내거나 처벌을 받게 되며 심한 경우에는 경영진 교체, 부도 등 영리처럼 최악의 상황으로 갈 수 있다. 단체들 간의 경쟁에 있어서 프로젝트 결정, 모금 목표 책정, TV 광고 여부 등 각종 의사결정에 따르는 전략수립은 매우 중요하다. 비영리단체가 얼마의 기부총액과 순이익을 남기느냐 하는 결과는 비영리단체가 택한 전략과 경쟁 단체들이 택한 전략의 상호작용에 의하여 결정된다.

결국 단체 간의 경쟁은 규칙, 전략, 결과, 전략적 상호작용이라는 게임의 필수요건을 모두 갖추고 있으며, 따라서 경제학자들은 단체들 간의 경쟁을 게임이라고 보는 것이다. 투자와 운영을 위하여 필요한 자금 중에서 얼마를 부채로 조달하고 얼마를 단체 유보금으로 충당할 것인가, 관계당국의 눈을 피하면서 단체집단의 이익을 극대화할 수 있을 것인가, 정부의 기부금 충당 조정압력에 어떻게 대응할 것인가 등은 큰 단체가 직면하는 전형적인 게임 상황이다. 비록 비영리단체는 영리회사처럼 긴급하지 않더라도 근본적인 원리는 같다.

이 같은 예를 확장시켜 생각해 볼 때 게임이론이 모금에 적용되는 두 가지 예를 들어 보자. 만약 단체가 모금캠페인을 하면서 대중에게 모금을 알리기 전에 이미 내부적으로 모금을 한 내용을 보면, 30억 원을 모금하기 위해 3000명에게 요청을 하기 전에 이미 3억 원을 했으면 170명 정도가 기부하고, 이미 20억 원 정도 되었으면 450명 정도가 기부하게 된다. 이같이 이미 많은 금액을 모금했으면, 기부자가 성공을 믿게 되어 참여할 확률이 높아진다는 것이다. 하지만 정통 게임이론은 게임에 참가한 사람이 논리적으로 생각한다는 전제가 있지만 필란트로피 세계에서 아무것도 돌려 줄 것이 없는 단체에게 기부한다는 상황에서는 설명하기 어려워진다. 하지만 '웜 글로우(Warm Glow : 남을 도움으로써 마음에 생기는 기쁨의 감정)'가 있기에 게임이론은 적용될 수도 있는 것이다. 잠재기부자가 기부를 하면서 '웜 글로우'가 있다고 하면 '따뜻한 사람'이라고 하고, 없다면 '차가운 사람'이라고 하자. 차가운 사람은 단체가 성공하기를 원하는 이유가 단순히 '웜 글로우'를 갖지 못하고 더 나쁜 상황으로 가는 것을 면하기 위한 포석일 것이다. 반면에 따뜻한 사람은 '웜 글로우'보다도 단체가 지향하는 목적에 더 관심이 있기에 단체의 성공을 바랄 것이다. 만약 프로젝트가 실패한다면 두 사람 다 기부를 원하지 않을 것이다. 그러나 차가운 사람은 성공이나 실패에 상관없이 기부를 거절할 것이고, 게임이론에서 쓰는 용어로 기부거부는 절대우월전략(Dominant Strategy)일 것이다. 따뜻한 사람에게는 두 가지 선택이 있다. 만약에 모든 사람이 기부를 하지 않아서 실패한다면 나머지 사람은 당연히 기부를 안 할 것이고, 모든 사람이 기부한다면 나머지 사람이 '웜 글로우'의 기쁨을 놓치기 싫어서 기부를 따라하게 될 것이다. 여기서 두 가지의 순수한 전략인 내시균형을 볼 수 있다. 즉 모든 사람이 기부하든가 모든 사람이 안 하든가 하는 것이다. 일종의 이것이 코디네이션 게임인 것이다.

비영리단체의 시각으로 볼 때 차가운 사람은 기부를 안 할 것이기 때문에 따뜻한 사람 중심으로 포커스를 맞출 것이다. 그들로 하여금 기부를 하게 하여 프로젝트가 성공하고 '웜 글로우'를 만끽하게 해야 할 것이다. 바로 그 이유가 앞에서 언급했던 '왜 이미 많은 기부금이 모인 프로젝트가 성공하는가'에 대한 설명이 게임이론으로 가능해지는 것이다.

기부자 개발전략 이론

1. Development 전략

1) Development 정의

필란트로피 실현을 위한 중간 과정인 모금은 목적 및 목표가 아니라 수단이며, 모금의 상위개념인 디벨롭먼트(Development)는 일련의 모금을 통해 분석과정을 거쳐 체계적으로 방법론화되어 성장해 나가는 발전적 과정이며 조직과 개인의 공통가치를 찾아가는 과정으로, 궁극적 목적은 필란트로피의 가치를 실현하는 데 있다. 모금은 결국 디벨롭먼트에서 얻은 가치의 공통분모를 행동으로 옮기는 행위이다.

〈그림 8-1〉에서 더 안으로 들어가면 가장 코어 부분에 가치(Value)가 존재하고 그 위에 사회문제(Cause)가 있어서 만약 누군가가 문제의 해결책을 제시하여 참여 공감대를 가지게 하는, 즉 모금의 기

그림 8-1 모금 및 Development의 역할

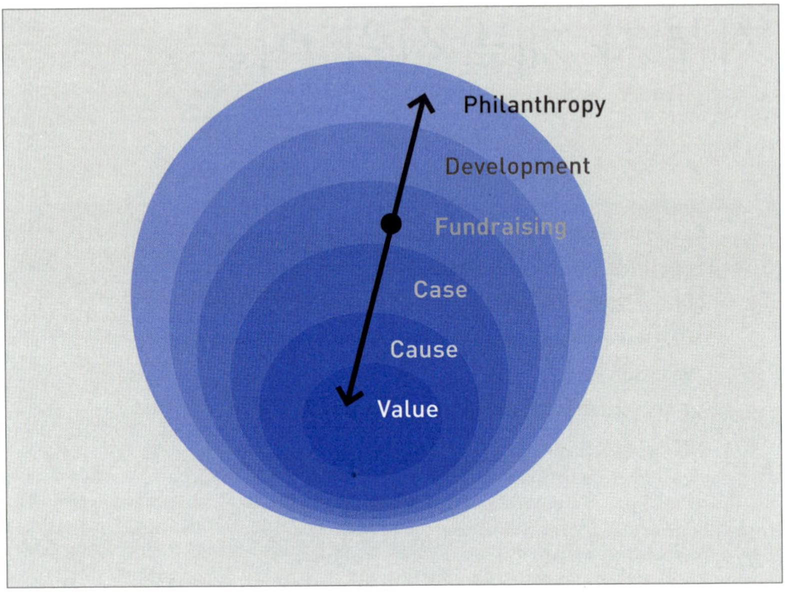

회인 케이스(Case)가 되고, 그 케이스가 필란트로피로 발전하는 것이다. 그러므로 필란트로피는 가치에서 시작한다. 바로 이런 발전 과정을 배우는 것이 필란트로피 교육이며 모금 교육의 핵심이다. 여기서 디벨롭먼트는 단순한 조직의 발전이 아니라 큰 의미에서 조직의 역량 강화, 지역의 발전, 기부자의 필란트로피적 발전 등을 포함한다. 이때 금전적인 것을 넘어 재능, 영향력, 정보, 전문성, 네트워크 등 모든 종류의 자원 동원(Resource Mobilization)을 말하며 작은 의미에서는 재정적(금전적) 자원개발을 의미한다.

Development Professional(DP)은 모금가를 조직 차원에서 부르는 또 다른 명칭이다. DP는 필란트로피 정신에 입각해서 이해관계자를 대상으로 기금을 조성하며, 크게 세 가지 분야에서 역할을 한다. 첫째는 조직의 주위에서 영향을 주는 지역 개발이나 이해관계 조

직의 미션 안에서 선순환적인 사회적 영향을 주는 것이다. 둘째는 기부자 개발로서 기부자의 기부 역량을 키우도록 가이드 역할을 한다. 셋째는 조직의 역량을 키우는 데 중추적 역할을 한다.

2) Development의 핵심 요소

잠자리는 네 날개를 동시에 이용해서 어떤 방향이든 자유롭게 날아갈 수 있는 유일한 곤충이라고 한다. 각 날개의 기능이 혼합되어 목표를 향해 비행하는 잠자리 효과는 작은 역할을 시작으로 사회적으로 큰 변화를 이끄는 큰 힘으로 작용한다는 비유로 네 가지 요소의 중요성을 상징하여 심리학, 경제학, 사회학 이외에도 많은 분야에서 적용하고 있다. 현재 비영리단체는 모금에 긍정적인 영향을 미치기 위해 소셜 미디어를 어떻게 신속하고 효과적으로 사용할 수 있는가에 관심을 가지고 잠자리 효과를 접목해서 실제로 성공 사례를 생산해 내고 있다. 성공적인 디벨롭먼트에 필요한 네 가지 기본 요소는 다음과 같다.

- 앞날개
  - 분류(Segmentation) : 흩어져 있는 여러 데이터를 같은 범주로 분류한다.
  - 통합(Integration): 시너지 효과를 위해 모금 행위를 통합한다.
- 뒷날개
  - 공감(Empathy): 명분과 메시지에 공감하도록 노력한다.
  - 관련(Relevance): 기부자 혹은 이해관계자와 관련성을 연계하여 참여와 헌신을 돕는 소통을 디자인한다. 개인적인 연결고리를 만들어 행복, 연민, 공감대를 통해 접근하고 참여

그림 8-2 디벨롭먼트의 4가지 요소

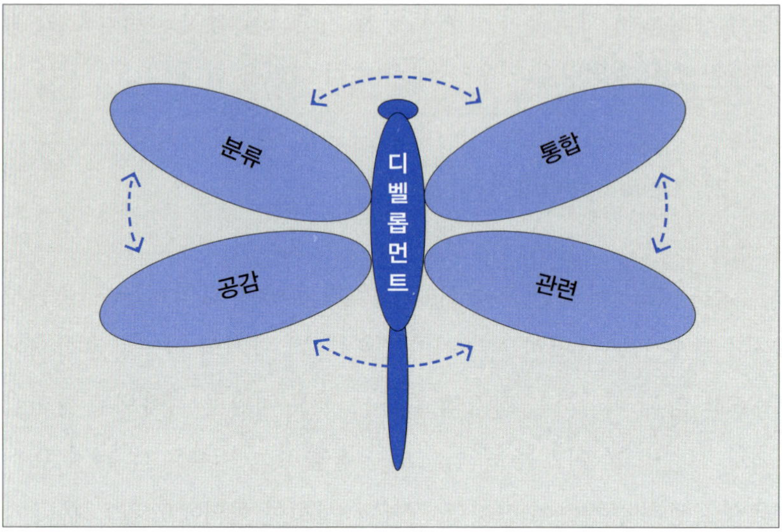

하게 하여 다른 사람들이 행동으로 옮기도록 권한을 위임한다.

디벨롭먼트를 위한 디자인 싱킹(Design Thinking)의 도구, 즉 아이디어를 사용한 실험 결과를 축적하여 향상시키는 방법으로 이런 참신한 잠자리 효과를 현장에 적용할 때 더 큰 효과가 나타난다. 이 방법은 공유된 공감대로 시작하여 가설(Hypothesis) 설정 후 원형(Prototyping)을 만들어 테스트 과정을 빠르게 진행시킨다.

마케팅의 핵심 키워드는 분류(Segmentation, 세분화)이고 모금캠페인은 통합(Integration)을 말하며, 이 외의 두 가지 요소는 공감대와 관련성이다. 너무나 당연한 이야기이지만 기부금은 기부자와 관련이 있을 때 효과적이다. 관련성이 없는 경우 아무리 명분이 있어도 무시된다. 오래전 아이티 지진을 예로 든다면 우리와 어떤 상황이 관련 있는지, 그리고 자연재해로 인한 모금이 아니더라도 기부자와의 관련성을 높이기 위해 무엇을 할 수 있는지 살펴보게 된다.

모금이 과학적이라는 것은 누구도 반론을 제기하지 않는다. 그 이유 중 하나가 바로 영리 분야의 마케팅 전략에서 많이 사용하는 분류 기법을 사용하기 때문이다. 과거에는 분류하려면 일일이 수작업으로 이루어져 많은 초기비용이 발생하였지만, 최근에는 데이터베이스 운영기술 발달로 쉽게 이뤄지고 있다. 이는 결국 투자대비 효율성과 총기부금 증가에도 반드시 필요하다. 그래서 많은 모금교육 세미나나 논문이 이 분야에 초점을 맞추는 추세이다.

모금의 경우 메일링을 시작할 때 잠재기부자를 여러 특징(예를 들어 거주지가 다른 우편번호 별, 수입, 생활패턴 등)으로 나누어 접근방법을 다르게 시도한다. 안내 내용과 사진 등 그들의 입장에 맞는 '맞춤형'으로 보내고 전화 내용도 다르게 진행한다. 예를 들어 미국의 비영리단체에서 메일을 보내 기부를 요청할 때 소유한 차 종류에 따라 기부금액을 구별하는데, 이는 일종의 마케팅 방법인 것이다. 요즘은 실제 사용할 수 있는 수학적 모델도 나오고 있고, 메일링뿐 아니라 다양한 형태의 커뮤니케이션 통로의 발전으로 고액모금에도 접근방법을 계층별로 전략화하고 있다. 하지만 한국의 경우는 아직은 잠재기부자나 기존기부자에 대한 데이터나 정보가 부족하고 그것을 분석할 만한 기술과 방법이 없다. 따라서 비영리단체 리더들은 이를 위해 경쟁력확보를 위한 미래 투자를 고민해야 한다.

디벨롭먼트는 한 번의 기부가 여러 번 반복되고 기부참여가 확대(금액과 정기성)되어 마침내 고액의 기부에 이르고 마지막에는 유증으로 남기도록 돕는 것이다.

(1) 기부자 분류(Segmentation, 세분화)

기부자 세분화는 인구 통계 및 관심사와 같은 유사한 특성을 바탕으로 기부자를 분류하는 것이다. 때로는 분류한 그룹 중 어느 한 그룹의 기부자에게 호소할 수 있는 표적 메시지를 보내기도 한다. 기부자의 현재 기부 수준에 따라 요구할 적절한 금액을 알고 싶어서 세분화(Segmentation)하기도 한다. 세분화는 모금가가 잠재기부자가 누구인지 파악하여 필요에 부응할 수 있게 해주며 전자 메일 마케팅에 유용하게 쓰인다. 기부자 분류 방법은 조직의 필요에 따라 다르지만, 기부자를 분류하여 기부자가 어디에 있는지 확인하기 위해 다음의 열한 가지 방법을 사용하면 도움이 된다.

① 기부자 획득 방법

기부자가 어디에서 왔는지 알아야 메시지 및 기부 요청을 진행

그림 8-3 기부자 분류

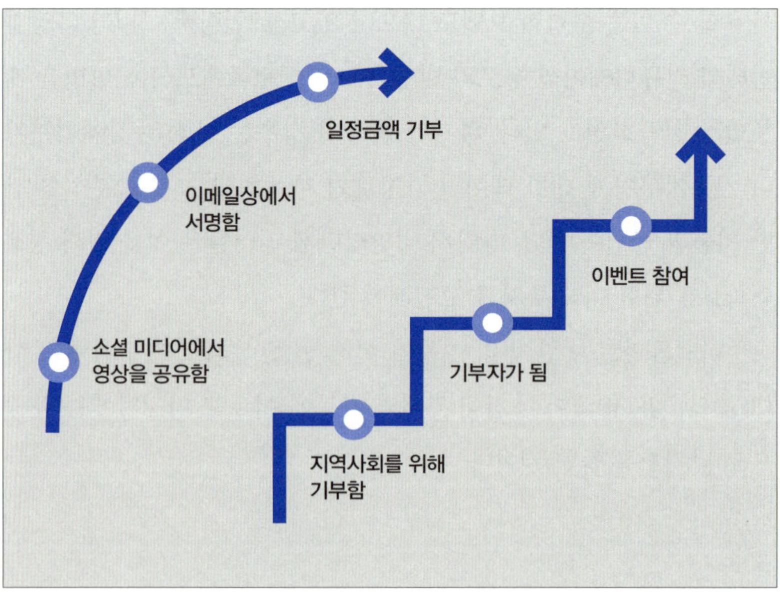

할 수 있다. 사실 기부자에게 하는 홍보 활동은 이 정보에 기반한다. 비영리단체가 기부자 정보를 얻는 몇 가지 일반적인 방법은 다음과 같다.

- 자원봉사자가 기부자로 전환
- 웹 사이트
- 소셜 미디어
- 개인 네트워킹
- 직접 서신(Direct mail)
- P2P(Peer to Peer) 모금활동

② 기부금 크기

다음번 요청액을 얼마로 결정해야 하는지 판단하기 위해 기부자가 기부했던 금액을 알아야 한다. 이 때문에 기부자를 기부금 크기로 구분한다.

③ 처음 기부자 대 반복 기부자

기부를 처음 한 기부자의 19%가 반복 기부할 확률이 63%이다. 따라서 이를 추적하기 위해 처음 기부자와 반복 기부자를 분류한다. 이는 추가 지원과 설득이 필요하기 때문이다.

④ 빈도수 파악

기부자 중 일부는 정기적으로 기부하고 어떤 기부자는 1년에 1~2회 기부할 수 있다. 적절한 시기에 적절한 메시지를 보낼 수 있도록 기부자의 기부 빈도를 파악한다.

⑤ 참여도

기부자가 기부한 후 얼마 동안 단체와 거리를 두었는지 아니면 소셜 미디어로 계속 연락하고 있었는지, 혹은 자원봉사를 하고 있거나 이메일 뉴스 레터에 참여하고 있었는지 등 조직에의 참여도에 따라 기부자를 세분화한다.

⑥ 인구 통계

각 세대는 다양한 모금 수단에 의해 동기부여가 된다. 예를 들어 베이비 붐 세대는 밀레니엄 세대보다는 직접 서신(Direct Mail)에 더 잘 반응하지만 밀레니엄 세대는 크라우드 펀딩에 더 관여할 가능성이 높다. 따라서 나이, 성별, 위치 및 소득 수준과 같은 인구 통계를 근거로 분류하여 커뮤니케이션 및 참여 기회를 맞춤 설정하면 유용하게 정보를 사용할 수 있다.

⑦ 관심도

기부자는 여러 가지 이유를 들어 관심사를 피력하며 지속적으로 지지하기를 원한다. 기부자에게 조직에 참여할 기회를 주기 위해 그들의 관심사가 무엇인지 파악하여 분류한다. 기부자의 이해관계는 종종 다음을 포함한다.

- 다른 기부자와의 네트워킹
- 코즈(Cause, 모금이유)에 대한 정보 및 교육
- 개인적 가치 지향(어린이 문제, 빈곤, 동물 복지, 환경 등)
- 자원봉사의 기회

⑧ 의견 청취 환경 설정

기부자의 의사소통 선호도는 매우 중요하다. 의사소통을 위한 환경은 기부자가 원하는 방법으로 설정하고 연락처를 분류하여 다음과 같은 수단을 이용해 전달할 수 있도록 한다.

- 이메일
- 서신
- 전화
- 소셜 미디어, 온라인 채팅 또는 메시징
- 대면

⑨ 기부자가 듣고 싶어 하는 빈도

기부자가 조직의 소식을 듣고 싶어 하는 빈도를 알 수 있는 좋은 방법은 그냥 물어보는 것이다. 분류를 위해서 요청서를 발송할 때 기부자가 단체의 소식을 받을 수 있는 정보의 몇 가지 옵션을 포함하여 빈도수를 지정한다. 예를 들어 매월 이메일 뉴스레터, 격주 캠페인 업데이트 또는 연례보고서에 관심이 있는지 물어볼 수 있다.

⑩ 기부 방식의 선호

기부자가 선호하는 기부 방식으로 요청방법을 분류한다. 이전 기부 방식을 기반으로 하거나 평소에 기관에서 설문조사를 통해 재확인할 수 있다.

- 이메일
- 웹 사이트
- Facebook '기부하기' 버튼

- 이벤트
- 크라우드 펀딩
- P2P(Peer to Peer) 방식
- 서신

⑪ 조직 내에서의 역할

일부 기부자는 계속해서 조직의 코즈에 더 많이 관여하게 된다. 다음과 같은 활동은 기부자의 지속적인 관심과 참여를 유도할 수 있다.

- 기부자
- 자원봉사자
- 이사회 멤버
- P2P(Peer to Peer) 모금캠페인
- 기타

기부자 개발을 위해서는 기부자와 관련된 데이터를 항상 최신정보로 유지하고 변경 사항에 대한 기록을 유지해야 한다. 이것이 기반이 되어야 기부자를 그룹별 또는 맞춤형으로 커뮤니케이션 할 수 있으며 참여 기회를 유도할 수 있다.

(2) 통합(Integrated Fundraising Campaign)

통합 과정은 〈그림 8-4〉와 같은 단계로 진행된다.

① 단일 채널(Single Channel)

첫 단계로는 대부분의 비영리단체는 단일 채널(Single Channel) 마케팅 방식을 통해 모금활동을 시작한다. 역사적으로 많은 단체는

그림 8-4 통합 과정

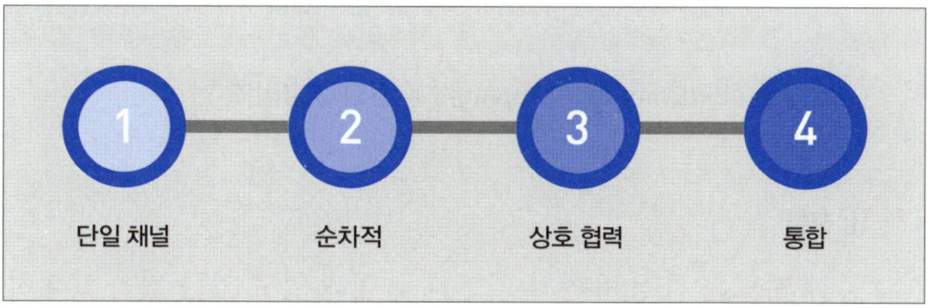

서신을 사용해 왔으며, 특히 기부자 모집 캠페인에 많이 사용했다.

② 순차적(Sequential)

두 번째 진화 단계인 순차적 마케팅 접근법은 캠페인을 기존 미디어 채널을 중심으로 한 다음에 다른 채널이 적시에 캠페인을 지원하는 방법을 찾는 경우이다. 모금행사에서 첫 전화 리스트에 포함된 중간 레벨 기부자에게 전화한 후 첫 메일로 캠페인 비디오를 보내고, 다음 전화 후에 안내서 패키지를 보내는 등의 연차적인 방법은 매우 효과적이다.

③ 상호 협력(Coordinated)

세 번째 진화 단계로는 상호 협력 마케팅(Coordinated Marketing)이다. 개발팀이 어느 정도 상호작용 및 주제별 통합을 통해 캠페인을 여러 채널을 한꺼번에 사용하여 계획하는 경우이다.

④ 통합(Integrated)

마지막 단계에서는 한 채널의 응답이 가까운 시간 안에 다른 채널의 메시지, 시기, 제안 또는 기부금에 영향을 미치도록 계획 및 시스템 통합 수준을 요구하는 진정한 통합 마케팅 캠페인 접근 방식이다.

(3) 공감 지도(Empathy Mapping) : 디자인 싱킹의 첫 단계

① 정의

공감 지도는 특정 유형의 기부자에 대해 알고 있는 것을 표현하는데 사용되는 협업 시각화이다. 기부자 편에서 공감을 돕기 위해 외부화하는 작업이다.

② 체재

전통적인 공감 지도는 기부자 또는 페르소나를 중간에 두고 4개의 사분면(Says, Thinks, Does, Feels)으로 나눈다. 공감 지도는 기부자가 전체적으로 누구인지 한눈에 볼 수 있게 해준다.

그림 8-5 공감 지도의 4사분면 (출처 : NNGROUP.COM)

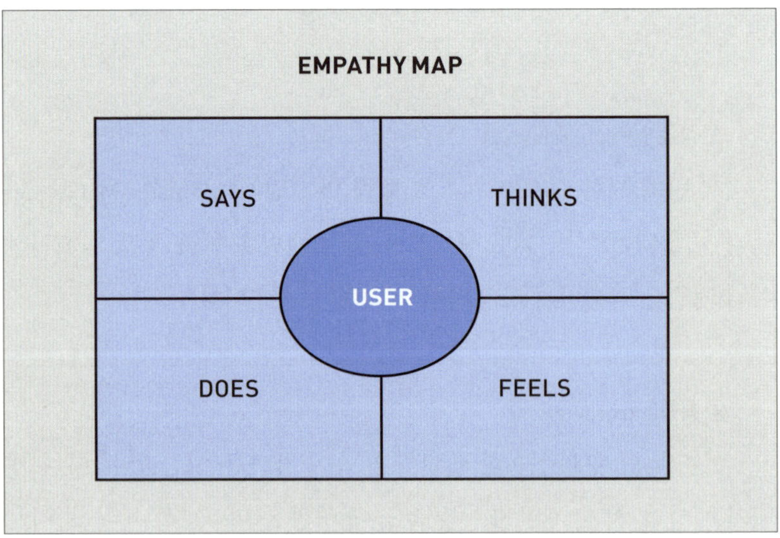

- Says 사분면 : 기부자가 말하는 내용이 포함한다.
- Thinks 사분면 : 기부자가 경험을 통해 생각하고 있는 것을 포함한다(Says와 Thinks에서 동일한 내용을 가질 수 있다).
- Does 사분면 : 기부자가 수행하는 작업을 포함한다.
- Feels 사분면 : 기부자의 감정 상태(걱정, 혼란, 흥분 등)를 포함한다.

③ 공감 지도를 사용해야 하는 이유

공감 지도 프로세스는 기부자에 대한 지식을 한 곳으로 모으고 분류하는 데 도움이 되고, 기부자의 태도와 행동을 설명할 수 있는 가장 빠른 방법이기도 하다.

④ 공감 지도 작성

- 범위와 목표를 정의 - 페르소나와 기본 목적을 정의
- 공감 지도 작성에 사용할 매체 결정 - 화이트 보드, 스티커 메모 및 마커 등
- 연구 수집 - 기부자 인터뷰, 현장 학습 등
- 각 사분면에 개별적 스티커 메모 생성
- 범주화 방식으로 수렴 및 합성 - 유사한 스티커를 동일한 사분면에 모은다.
- 다듬기와 계획 - 자세한 정보가 필요하거나 고유한 요구 사항이 있으면 추가 사분면을 포함한다.

(4) 관련성 : 모금캠페인의 전략적 소통

보통 사람들은 평생 동안 얼마나 많은 사람을 만날까? 직업에 따라 다르겠지만 대략 7만 5000명에서 10만 명 정도로 추산된다. 관계 내 상호작용의 밀도는 다양하겠지만 평생에 걸쳐 상호작용하는 사람

의 수는 작은 도시의 인구 규모이다. 그럼 모든 캠페인 내의 커뮤니케이션 상호작용을 어떻게 개선할 수 있을까? 개인 및 캠페인 주체 조직의 브랜드, 호감도, 신뢰도 등은 상호작용에 어떤 영향을 주는가?

캠페인의 커뮤니케이션 상호작용에는 전략적 5R의 접근 방법이 적용된다. 5R 커뮤니케이션 전략은 캠페인이 다른 차원임을 보여주는 간단하고 의미 있는 방법을 제공하여 이를 공식화, 재발견, 또는 발전시키는 데 도움을 준다. 또한 각각의 차원은 서로 상호 관련이 있으며, 기부자와의 상호작용을 향상시키는 데도 도움을 준다.

① **진정**(Real)

무엇이 진짜와 진정성을 만드는가? 무엇보다 근본적으로 조직 이미지의 최전방에서는 내가 상대에게 진정한 존재로 여겨져야 한다.

그림 8-6 5R 커뮤니케이션 전략

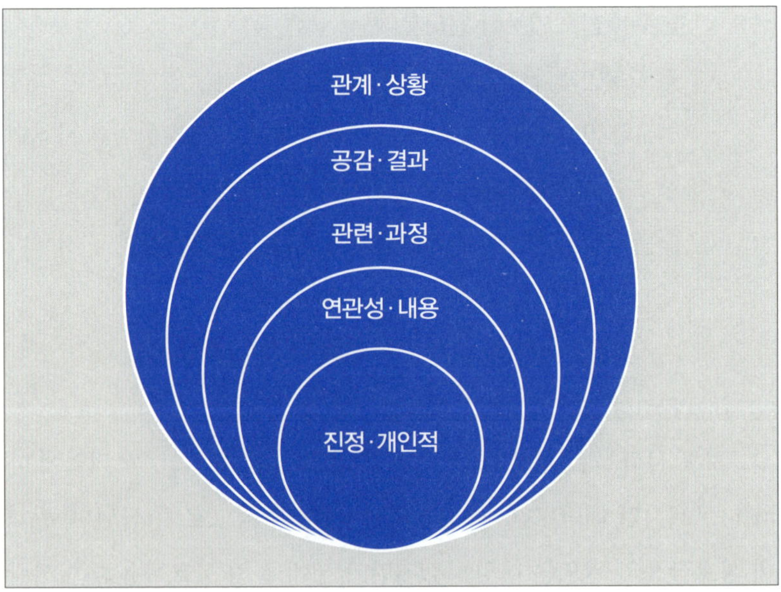

기계나 컴퓨터에서 자동으로 생성된 것이 아닌 진짜 살아 있는 사람과 소통하는 것처럼 인식되어야 한다. 공개적 접촉이 아니라 진정성을 가지고 개인적으로 눈과 눈을 맞대는 접촉을 말한다. 그래야 감정이입감이 높아져 상대가 겪고 있는 것을 오감으로 느낄 수 있다. 대화 중 우리는 즉시 상대에 대한 감각을 읽고 특별한 분위기를 만들 수 있다. 이는 실제로 상대가 우리를 진정으로 믿고 인간으로 간주하는 첫 단추이다.

② 연관성(Relevant)

말하고자 하는 내용이 상대와 연관성이 있어야 한다. 연관성으로 상대의 주목을 끌게 되어 대화할 수 있으며, 당신과 연결되어 있다고 느낄 때 그 관계를 확장할 수 있다. 이런 연관성은 상대로 하여금 본질적인 단순성을 갖게 한다. 당신은 사람들이 당신과 관련되므로 혼란이 최소화되는 것을 원한다. 당신은 친밀감을 갖게 되고 다른 사람들은 당신을 긍정적으로 생각하여 당신과 관련되기를 희망한다.

③ 관련(Relatable)

커뮤니케이션 프로세스가 자신과 관계가 있거나 어떤 이해관계가 있어야 하며 적절해야 한다. 우선 우리가 상대와 관련 있는 이유가 확실해야 한다. 관련이 있다는 것은 정치적 견해, 문화적 이해관계 또는 관심 사항과 같은 광범위한 것들을 포함할 수 있다. 다른 사람과 관련이 됨으로써 중요한 메시지를 받아들일 자세를 갖추게 된다.

④ 공감(Resonate)

내용이 감동을 주어 상대의 마음 속에 반향을 일으켜야 한다. 공감을 주는 메시지여야 한다는 것이다. 즉 누군가 당신의 메시지에 “아하!"로 화음을 넣어 의미하는 바를 알고 공감을 갖게 된다는 것은 그들과 관계를 형성할 준비가 되어 있다는 것을 뜻한다.

⑤ 관계(Relationship)

의미 있고 지속 가능한 관계이어야 한다. 궁극적으로 개인이나 단체의 브랜드로 관계를 형성해야 한다. 편하게 느끼고, 연결되어 있고, 힘을 가지고 있는 관계를 말한다. 당신 또한 관계의 맥락 안에서 특별하다고 느끼고 싶어 한다. 다른 사람과 관계를 맺음으로써 그 사람과 연결되어 평생 관계를 지속할 수 있는 것이다.

2. 상호지향 모델(Co-Orientation Model)

모금은 단체의 운영을 좌우하는 사안인 만큼 매우 중요하면서도 어려운 부분이다. 따라서 효과적인 모금을 위해서는 전술적 전략이 필요하다. 이러한 전략 중의 하나가 바로 기부자에게 동기부여를 하는 것이다. 상대방의 현재 생각이나 마음, 그리고 처한 상황을 읽어내고 그들의 마음을 움직일 때 비로소 성공적인 모금이 가능해진다.

우선 모금 상대를 찾는 단계에서 단체의 이상과 생각이 꼭 들어맞는 기부자를 찾아야 한다. 모금은 기본적으로 단체와 기부자 간에 공통분모가 있을 때에야 비로소 이루어지기 때문이다. 단체가 모금하려는 목적이 기부자가 기부하려는 이유와 같아야 한다. 따라서 효과적인 모금을 이끌어 내기 위해서는 단체의 이상과 생각을 함께 실현해 나갈 수 있는 잠재기부자를 찾아내고, 기부자가 어떠한 생각을 하고 있는지 확인해야 한다. 이것이 모두 선행되었을 때 비로소 기부요청 단계로 나아갈 수 있는 것이다. 이러한 서로의 공통분모를 찾는 방법이 바로 '상호지향 모델(Co-Orientation Model)'이다.

상호지향 모델이란 단체와 기부자 간에 서로 가지고 있는 기부에 대한 동기나 인식이 얼마나 일치하는지를 측정해 보고 실행해야 한다는 것이다. 이때 단지 단체와 기부자가 각자 가지고 있는 기부의 동기만 일치해서는 안 되며, 단체가 생각하는 기부자의 입장과 기부자가 생각하는 단체의 입장까지도 서로 고려해야 한다. 지금부터 '상호지향 모델'에 대해서 더 자세히 살펴보도록 하자.

먼저 비영리단체를 한번 살펴보자. 비영리단체가 모금을 할 때 '어떤 행사나 공익사업을 진행하는 데 드는 자금이 필요하다'는 모금이유나 동기가 반드시 있을 것이다. 비영리단체가 '모금을 하겠다'라고 마음을 먹게 되는 모금이유와 동기가 상호지향 모델의 첫 번째 요소이다. 예를 들어 어느 단체가 현재 한국 사회에는 문화 소외계층이

그림 8-7 상호지향 모델

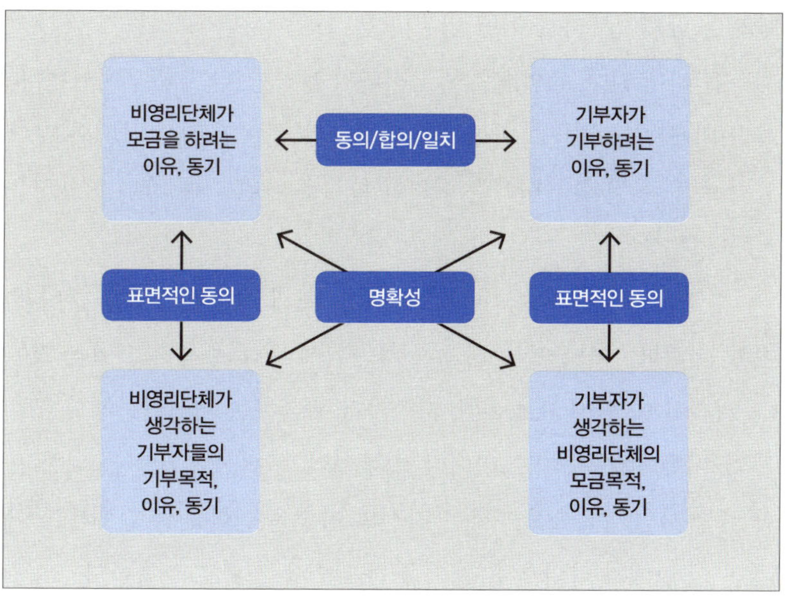

많다는 것을 인식하고 이 문제를 해결하는 데 조금이나마 도움이 되기 위해 문화 소외계층에서도 문화를 누릴 수 있도록 하는 문화행사나 사업을 추진하고자 한다고 해 보자. 단체는 이 문화사업 추진을 위한 자금을 모으기 위해 모금활동을 할 것이다. '문화 소외계층에서도 문화를 누릴 수 있도록 해야 한다'라는 것이 이 단체가 모금하려는 이유, 즉 동기가 된다.

이번에는 기부자 쪽을 살펴보자. 일반 시민들 중 누군가는 '우리 사회가 현재 문화 소외계층이 많으니 이들에게 문화적 혜택을 주는 일이 필요하다. 이러한 일을 맡아줄 비영리단체가 있으면 좋겠다'라는 생각을 하는 사람이 있을 것이다. 바로 이것이 두 번째 요소인 잠재기부자가 기부하는 이유와 동기가 된다. 이렇게 생각하는 기부자에게 앞의 단체가 요청한다면 모금의 성공 확률이 높아질 것이다.

그러나 여기에서 곧장 기부 요청 단계로 가서는 안 된다. 위의 두 가지 요소보다 더 중요한 세 번째, 네 번째 요소가 있기 때문이다. 세 번째 요소는 비영리단체가 잠재기부자의 생각을 추측하는 것이다. 단체는 잠재기부자가 어떤 이유나 동기로 기부를 하려는지 나름의 예측을 하게 된다. 표면적으로 드러나지 않지만, 단체 내부에서는 '문화 소외계층을 위한 문화행사가 필요하다'라는 목적이 단체와 같다고 추측하는 것이다. 단체는 이러한 확신을 가졌을 때 비로소 요청을 진행하는 것이다.

한편 기부자도 나름대로 그 단체가 현재 어떠한 사업을 준비 중이며, 어떠한 이상을 실현하고자 하는지에 대해 추측하고 있을 것이다. 이것이 네 번째 요소이다. 기부자가 생각하는 비영리단체의 모금 목적, 이유, 동기 등이 그것이다. 기부자가 '문화 소외계층을 위한 문화 나눔 사업이 필요하다'라는 자신의 이상을 실현해 줄 단체를 찾아내고, 이 단체가 나와 같은 생각을 하고 있을 것으로 추측한다.

바로 이 세 번째와 네 번째 요소가 첫째, 둘째 요소보다 훨씬 중요하다. 단체는 기부자가 어떠한 생각을 하고 있는지 예측한 후에 이를 바탕으로 요청을 해야 한다. 그러나 이때 기부자의 생각을 단체가 오해해서 잘못된 방향으로 접근한다면 모금이 힘들어지게 된다. 그러므로 네 가지 요소, 즉 비영리단체가 모금하려는 이유, 기부자의 동기, 비영리단체가 생각하는 기부자의 기부 목적과 이유 및 동기, 그리고 기부자가 생각하는 비영리단체의 모금 목적과 이유 및 동기가 모두 일치해야 한다.

이 상호지향 모델은 한마디로 '내가 생각하고 있는 것에 대해 당신이 생각하는 것을 내가 생각한다(I Think That You Think That I Think.)'라고 말하기도 한다. 즉 서로의 생각에 대해 서로가 생각하고 있다는 것을 뜻한다. 이것은 같은 이슈를 놓고서도 사람마다 다르게 생각하기 때문에 상대방이 이 이슈에 대해 어떻게 생각하고 있는가를 추측해 보아야 한다는 것을 의미한다.

따라서 만약 이 모델의 어느 한 부분이라도 충족되지 않은 상태에서 기부요청을 진행한다면 기부가 다음으로 미루어지거나 서로 간의 이해도가 떨어져 갈등을 빚게 될 가능성이 크다. 예를 들어 잠재 기부자에게 문화 소외계층을 대상으로 문화를 보급하는 일에 관심이 있을 것이라고 나름대로 예측하고 기금을 요청했지만 정작 기부자는 그러한 일에 관심이 없는 경우, 이 모금은 방향을 잘못 잡은 것이다. 상호지향 모델은 이 네 가지 모두가 충족될 때에 비로소 기금 요청을 해야 한다는 것을 설명하고 있다.

단체와 기부자 간의 오해나 갈등이 있어서 모금이 원만히 이루어지지 않을 경우에는 상호지향 모델에 어긋나는 측면이 없었는지를 잘 따져 본다면, 무엇이 잘못된 부분이었는지 그 원인을 쉽게 찾아낼 수 있는 장점이 있다. 실제로 이 모델을 충족하지 않은 상태로 성급히 요청하여 효과적인 모금을 이루어 내지 못한 경우가 매우 많다. 현재 모금을 계획 중이거나 단체와 기부자 간에 갈등이 있는 상황이라면 상호지향 모델에 맞는지를 살펴보아야 할 것이다.

3. 잠재기부자의 발전과정

단체에 소극적으로 참여하던 잠재기부자가 적극적으로 참여하는 모금가(Fundraiser)가 되기까지 발전하는 단계는 다음과 같다.

행사 참여자(Event Participator) → 회원(Member) → 기부자(Donor) → 모금가(Fundraiser)

단순 행사참여자로 시작된 관계가 그 단체의 회원이 되고, 회원이 기부자가 되고, 그 기부자가 단체의 사명을 위해 모금가 역할을 하는 단계까지 발전되는 것이 모금의 최종 목표이다. 기부자들은 그 사업 또는 단체의 소극적 참여자, 관찰자 및 관심자라는 의미를 내포하고 있다. 그러한 기부자들이 모금가가 된다는 것은 자신의 명성과 인격, 사회적 지위 등의 중요한 가치들을 걸고 그 사업 혹은 단체에 적극적인 참여로 진정한 단체의 '주인' 역할을 해야 할 필요가 생겼다는 의미이다.

1) Suspect

일반 대중 또는 기부 성향의 특징이 제대로 파악되지 않은 사람을 일컫는다. 이 때문에 단체에 대한 인식과 기부 의사에 대해 아직

그림 8-8 잠재기부자 발전과정

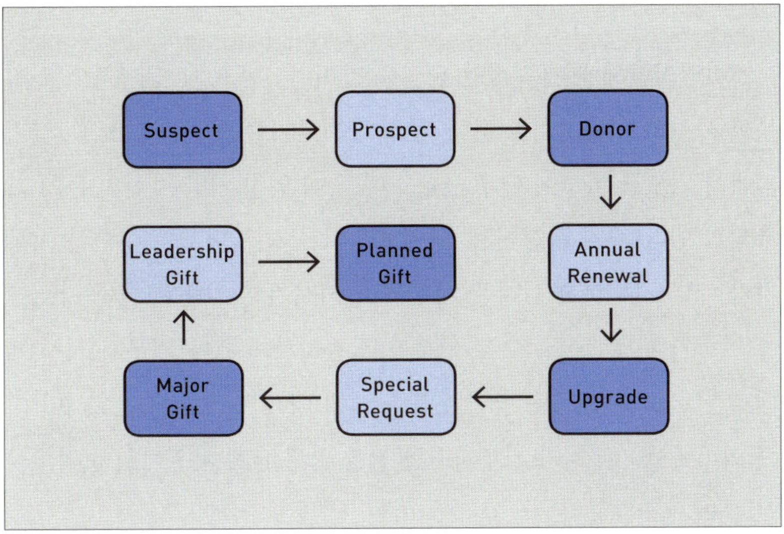

알 수 없다. 한마디로 쉽게 특징을 파악할 수 없는 매우 광범위한 집단을 가리킨다.

2) Prospect

잠재기부자를 일컫는다. 예를 들어 자녀가 대학에 다니고 있다면 그 학생의 부모님 혹은 조부모님은 잠재기부자라고 볼 수 있다. 현재는 기부하고 있지 않더라도 단체의 입장에서 상당한 비용과 노력을 들일 경우, 기부자로 발전할 가능성이 있는 사람 혹은 단체를 일컫는 개념이다. 따라서 보통의 사람인 기부 대상자(Suspect) 중 기부 가능성이 있는 사람인 잠재기부자(Prospect)를 어떻게 가려내느냐가 매우 중요하다.

3) Donor

비영리단체에 지속적인 관심을 가지며 3번 이상 정기적으로 기부한 사람을 기부자라고 한다. 한국의 기부자들을 분석해 보면, 길거리에서 기부한 비중이 매우 높아 사람들이 일정 기간 자신의 돈이 기부되고 있다는 것을 인식하기 어렵다. 이런 경우 단체는 대부분 기부자가 매달 기부하고 있다는 사실을 상기시켜 후원을 정지할 리스크를 피하기 위해 소극적으로 기부자를 관리하게 된다. 기부자 역시 제대로 된 소식과 혜택을 받지 못해 단체에 대해 무관심하다. 그러나 더 큰 의미에서 기부자가 기부자의 발전을 위해 단체 차원에서의 적극적인 관리가 필요하다.

4) Annual Renewal & Upgrade

미국은 법적으로 일 년에 한 번 기부자에게 증액을 요청하는 것이 매우 중요한 사안으로 되어 있다. 만약 어느 단체에 매달 3만 원을 기부하고 있는 기부자들이 있다면 그들을 세분화하여 분석한 후, 증액을 요청해도 될 만한 사람들을 선별하여 전화나 서신, 방문 등의 수단을 활용하여 부담이 가지 않는 선에서 증액 요청을 할 필요가 있다.

5) Special Request, Major Gift & Leadership Gift

'Major Gift'란 고액기부자를 일컫는 말이고, 'Leadership Gift'란 고액기부자들 중 가장 많은 금액을 기부하는 사람을 일컫는다. 단체가 프로젝트성 사업을 계획할 경우, 한정된 기간 내 고액기부자들을 확보해 기부를 요청할 필요가 생긴다. 이러한 경우 단체의 고위인사가 고액기부자를 직접 만나 기금의 필요성을 설명해야 한다. 모금액의 목표 달성을 위해 전체 모금액의 약 10%를 담당할 '화살촉' 역할을 할 1명의 기부자가 매우 중요하다. 그 기부자의 확보 여부에 따라 모금 목표의 달성 여부가 달라지기 때문이다. 고액기부자들에 대해 평소 단체 차원에서 어떠한 관리를 해 왔는지, 어떠한 사람이 어떻게 설득하느냐에 따라 모금사업의 성패가 갈린다고 볼 수 있다.

6) Planned Gift(Planned Giving)

유산의 일부 혹은 전부를 정해진 곳에 기부하는 유산기부는 계획된 기부의 대표적인 사례이다. 유산기부는 단체에 대한 가장 강력한 호의의 표현이자 신뢰이다. 유산기부는 자신의 죽음 이후에 유산을 맡긴 단체가 현재 가치를 가지고 꾸준히 살아남아 활동해 주길 바라는 강력한 의지가 담겨 있다.

4. 기부 피라미드 이론

얼마 전 어느 목사님이 교회 건물을 새로 짓기 위한 후원금을 모금했던 일화를 털어놓은 적이 있다. 이 목사님은 건물을 짓기 위해 1만 명의 교인을 상대로 100억 원을 모금하고자 계획했다. 그러나 모금에 대한 지식과 노하우가 전혀 없던 이 목사님은 단순히 산술적으로만 계산하여 100억 원을 1만 명으로 나누어 한 사람당 100만 원씩만 내면 될 것이라고 생각했다. 이러한 단순한 계산 끝에 1만 명이 한꺼번에 모인 자리에서 목사님은 한 사람당 100만 원씩만 헌금해 달라고 요청했다고 한다. 그러나 이 목사님은 여기서 커다란 실수를 한 것이다. 모금에서는 가장 기본적이면서도 중요한 이론이 몇 가지 있는데, 그중의 하나가 바로 '기부 피라미드(Gift Table) 이론'이다.

기부 피라미드 이론은 본래 경제 분야에서 많이 사용하는 '파레토 법칙'에서 인용된 것으로, 파레토 법칙이란 '전체 결과의 80%가 전체 원인의 20%에서 일어나는 현상'을 가리킨다. 백화점의 매출액을 살펴보면, 총고객의 20%에 해당하는 고객이 총매출액의 80%를 차지하는 현상이 바로 그것이다. 고가의 상품을 구입하는 VIP 고객 몇 명이 백화점 매출의 거의 대부분을 차지하고 있다. 반대로 이 VIP 고객을 제외한 나머지 80%나 되는 다수의 고객은 백화점 매출의 20%에 불과한 쇼핑을 한 셈이 된다. 이러한 파레토 법칙이 모금계에도 적용되어 모금의 총목표액 중에서 1명의 VIP 기부자가 전체 모금액의 10%를 차지한다는 기부 피라미드 이론이 나오게 되었다.

〈그림 8-9〉처럼 모금에 따라 각 단계별 기부자 수와 기부 금액이 변동될 가능성이 있지만 전체적으로는 피라미드형을 이루며, 그 가장 꼭대기 1명이 전체 모금액의 10%를 차지하게 된다.

이것을 표준화시켜 보면 〈그림 8-10〉이 된다. 대략 1명이 전체 모금액의 10%, 10명이 30%, 100명이 40%를 차지하며, 나머지 1000명이 넘는 다수의 사람들은 전체 모금액의 20%밖에 차지하지 않는다. 예를 들어 100억 원을 모금하는 데는 100억 원의 10%인 10억 원을 VIP 기부자 1명이 부담하고, 소액 기부자 1000명은 100억 원의 20%인 20억 원을 각각 나누어 부담하는 것이다. 결국 기부 피라미드 이론은 모금의 모든 것이 한 명의 VIP 기부자에게 달려 있다는 것을 의미한다. 만약 이 사업계획에서 최고액을 10억 원이 아닌 1억 원까지밖에 확정 짓지 못한다면, 이 모금은 100억 원이 아니라 10억 원으로 끝날 가능성이 크다. 그러나 이러한 수치는 어디까지나 이론상 기준이 되는 평균적 이야기이며, 실제로 어떤 단체는 상위 10%가 총모금액의 90%

그림 8-9 기부 피라미드(Gift Table) 1

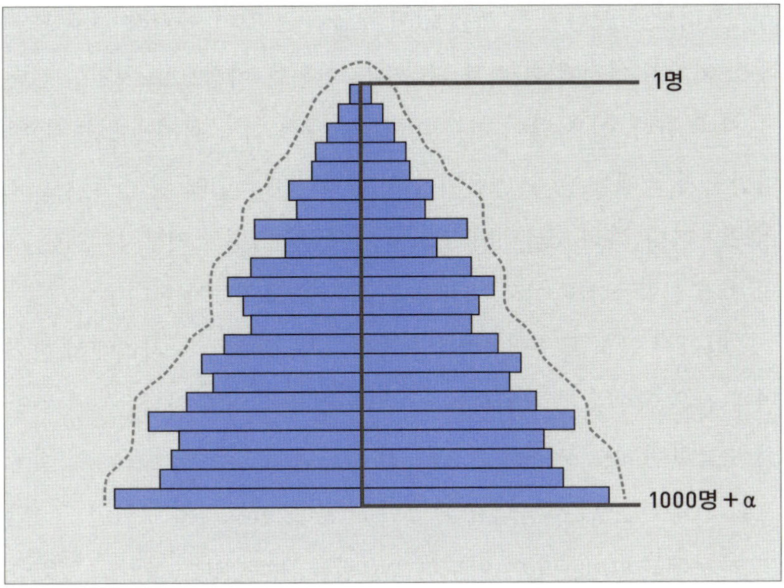

그림 8-10 기부자 수와 기부 피라미드

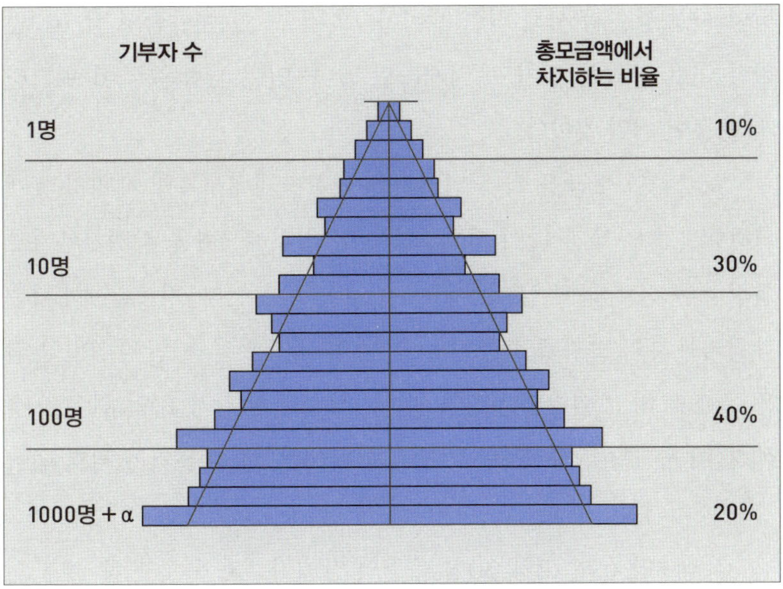

를 감당하기도 하며 심지어는 5%가 95%를 책임지는 경우도 있다.

그러므로 모금가는 계획 없이 모금하는 것이 아니라 실제 요청에 들어가기 이전에 이 기부 피라미드 이론을 바탕으로 치밀한 전략을 짜야 한다. 이 사람이 기부 피라미드에서 어느 위치에 있는지, 얼마만큼의 금액을 낼 수 있을지를 미리 파악하고 그에 맞는 금액을 요청해야 한다. 특히 모금액의 10%를 담당하는 1명의 기부자에게는 가장 먼저 심혈을 기울여서 가장 높은 금액을 요청해야 한다.

따라서 앞의 목사님처럼 1만 명을 모두 모아 놓은 자리에서 한꺼번에 같은 금액을 요청해서는 안 된다. 실제로 이 목사님은 3년 동안의 모금활동에도 불구하고 30억 원 정도밖에 모금하지 못하여 결국 교회 건축이 모두 무산되고 말았다고 한다. 한자리에 모였던 그 1만 명 가운데는 100만 원이 아니라 1억 원을 낼 수 있는 사람도 있었을 테고, 100만 원은 부담스럽지만 30만 원 정도는 낼 수 있는 사람도 있었을 것이다. 그러나 1만 명 모두에게 똑같이 100만 원씩을 요구했기 때문에 1억 원을 낼 수 있는 사람과 30만 원을 낼 수 있는 사람들 모두의 가능성을 무시해 버린 셈이다. 더 낼 수 있는 사람도 딱 100만 원만 내고 말았을 것이고, 적게라도 낼 수 있던 사람은 아예 포기하게 만들어 버린 것이다.

효과적인 모금을 하기 위해서는 기획단계에서부터 세밀하게 계획하여 〈표 8-1〉과 같이 상위 1명을 얻기 위해 3명을 잠재기부자로 설정하여 전체 목표 금액의 10%를 요청해야 한다. 기획단계에서는 잠재기부자의 숫자를 확보하는 것이 가장 중요하다. 만약 100억 원을 목표로 하고 있다면, 3명의 잠재기부자에게 각각 10억 원을 요청한다. 이 중 1명이 확정적인 기부자가 된다면, 그 다음의 순서로 넘어가는 것이다.

각각 3명, 6명, 12명, 30명 등등의 잠재기부자 수를 정해 놓고 기

표 8-1 잠재기부자 확장 원리

잠재기부자 수 (단위 : 명)	기부자 수 (단위 : 명)	1인당 기부금 (단위 : 원)	소계(기부×기부금) (단위 : 원)
3	1	1,000,000,000	1,000,000,000
6	2	500,000,000	1,000,000,000
12	4	250,000,000	1,000,000,000
30	10	100,000,000	1,000,000,000
60	20	50,000,000	1,000,000,000
120	40	25,000,000	1,000,000,000
300	100	10,000,000	1,000,000,000
600	200	5,000,000	1,000,000,000
1200	400	2,500,000	1,000,000,000
3000	1000	1,000,000	1,000,000,000
계 : 5331	1777		10,000,000,000

부 요청을 하여, 그중에서 10억 원의 VIP 기부자 1명, 5억 원의 고액기부자 2명, 2억 5000만 원의 기부자 4명 등을 차례로 확정지어 나가는 것이다.

모금이론상 가장 첫 번째 단계에서 이 잠재기부자 2~3명에게 기금을 요청하여 단 한 명의 기부자만 확정된다면 이 모금은 성공할 확률이 높다고 본다. 이렇듯 상위 1명에게 요청하는 단계가 이 모금 전체의 성패를 좌우하는 아주 중요한 작업이기 때문에 사람들이 많이 모인 장소에서가 아니라 은밀한 장소에서 일대일 대면을 통해 침착하고 확실하게 그리고 비밀스럽게 기부를 요청해야 한다.

이렇게 상위 10%의 한 명이 확정되고 나면 다음 단계로 점차 나아가는데, 30% 정도의 단계까지 가게 되면 총책임자가 직접 기부를 요청하지 않아도 모금 팀의 팀원들을 통해서 진행할 수 있다. 그러나

1명의 기부자를 확정 짓기 위해서는 반드시 모금의 총책임자가 나서야 한다. 종종 대학의 총장이나 교회의 목사님 등 모금의 총책임을 맡은 사람들은 전면에 나서지 않는 경우가 있는데, 가장 중요하고 단단한 밑받침이 되어 주는 이 1명의 기부자는 반드시 총책임자가 맡아서 성사시켜야 한다.

이러한 상위 35~65%의 기부를 성사시키는 단계를 침묵단계라고 한다. 모금을 기획할 때, 처음부터 계획 없이 '우리가 이러이러한 모금을 하겠다'라고 공식적으로 발표를 하는 것이 아니라, 내부적·암묵적으로 상위 35~65%의 모금을 확정 짓는 침묵단계가 필요하다.

〈그림 8-11〉처럼 모금의 발표 후 공식단계로 나아가기 이전에, 기획단계와 침묵단계를 내부적으로 진행해야 한다. 결국 공식적으로 모금을 하겠다는 발표를 할 때에는 이미 35~65%의 모금은 확정된 상태이다. 캠페인을 통해 모금하는 모금액은 나머지 소액 모금을 위

그림 8-11 모금 발표 단계

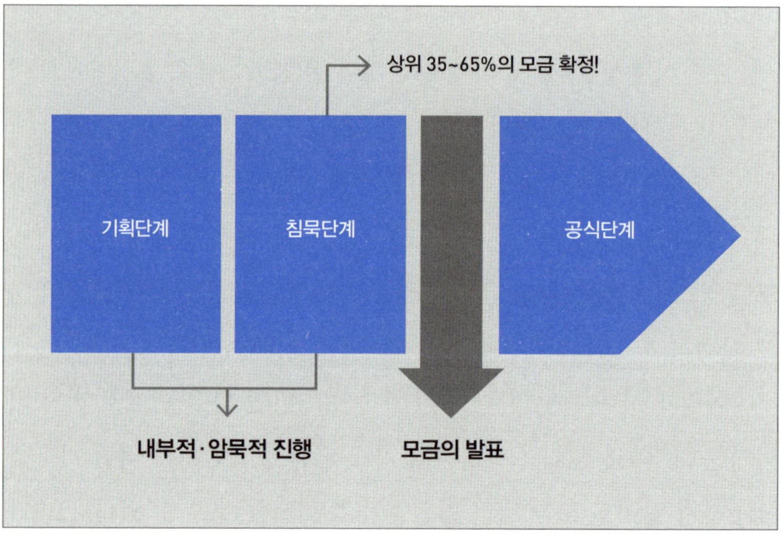

그림 8-12 모금발표 시기

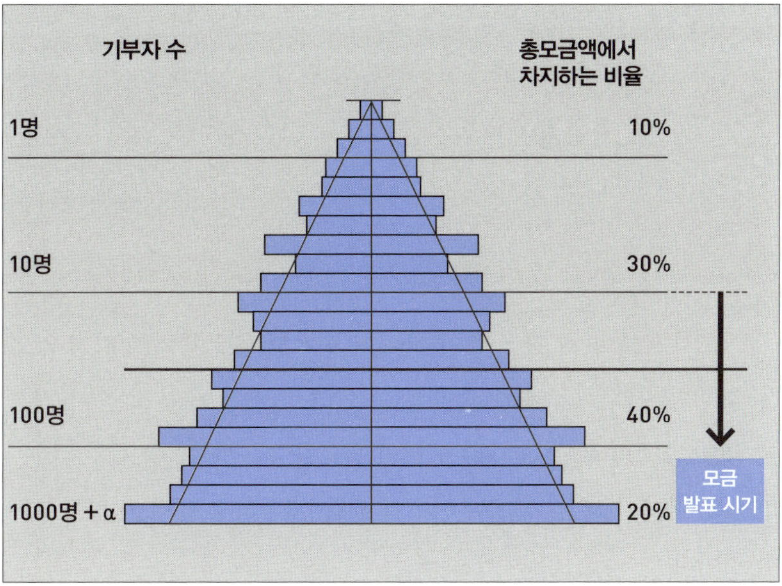

한 것에 불과하다.

기부 피라미드 이론에서 이러한 공식단계는 보통 피라미드의 아래쪽인 40% 단계로 진입을 시작하는 부분이나 또는 그 중간 부분이 된다. 〈그림 8-12〉의 피라미드상에서도 한눈에 보이듯이 모금 발표 시기는 이미 모금의 절반이나 3분의 2 이상이 모인 후가 된다. 때로는 하위 20% 시점에서 발표하는 경우도 있다. 다시 말해 공식발표 후에 이루어지는 모금은 이미 확정된 고액모금을 제외한 나머지 소액모금이라고 볼 수 있다. 실제 사례를 들자면 다음과 같다.

> 3개월 후에 있을 어떤 목적을 위해 '추진위원회'라는 성금 조성 단체가 결성되었다. 모금 목표액은 6억 원이었지만, 모금한 지 1개월이

다 되도록 300만 원밖에 모으지 못했다. 이제 2개월밖에 남지 않은 상황이라 추진위원회는 곤혹스러워 했다. 이 단체의 임원들조차 성금을 내지 않았다고 추진위원회의 한 관계자는 전했다. 결국 설정해 놓은 기간 동안 목표액을 모으지 못해 기존 계획에 차질이 생겼다. 이후 추진위원회는 계속해서 성금은 모으되 집행을 서두르지는 않기로 했다.

이 사례를 통해 모금 중인 단체가 침묵단계를 제대로 밟지 않았을 경우 발생하는 문제점을 엿볼 수 있다. 단체는 내부적·암묵적으로 목표 금액의 3분의 2가량을 미리 확보한 후 언론에 발표해야 하는 법칙을 지키지 않고, 처음부터 6억 원을 계획하고 있다는 발표부터 한 것이다.

이 단체가 300만 원밖에 모금하지 못한 것은 바로 이러한 침묵단계를 거치지 않았기 때문이다. 만약 6억 원을 목표로 정했다면, 그 3분의 2인 4억 원 정도는 이미 모금이 이루어진 뒤에 대중에게 발표해야 한다. 또한 이 기사에서는 추진위원회 임원들조차 성금을 내지 않았다고 한다. 이러한 것을 보아도 모금의 가장 중요한 단계, 즉 상위 10%의 기부자를 찾는 것부터 지키지 못했음을 알 수 있다. 모금에서는 결국 상위 10%의 '고액기부자'가 기부 피라미드를 단단히 지탱해 주는 역할을 하는 것이다.

모금이론에서는 이를 '최고에서 최저로(Top to Bottom)'라고 설명한다. 즉 상위 10%의 모금을 시작으로 점차 아래 단계로 내려가는 전략으로 모금을 해야 한다. 만약 이 상위 기부자가 먼저 확보되지 않는다면 전체 목표액에 도달하기 힘들거나 전체 목표액의 절반 정도로만 모금이 끝나 버리게 될 것이다. 따라서 피라미드를 쌓기 위한 중심 골격인 상위 기부자를 가장 먼저 구축한 후, 이 기둥을 중심으로 한 단

그림 8-13 최고에서 최저로(Top to Bottom)

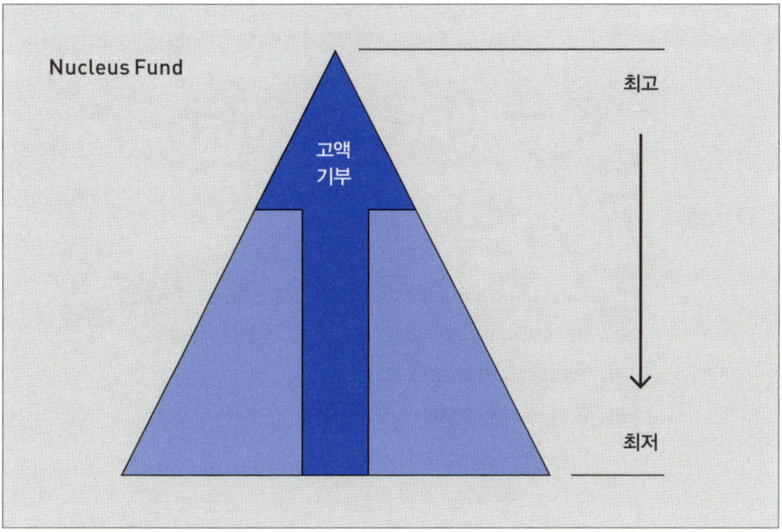

계씩 내려가며 차근차근 벽돌을 쌓아 내려가야 무너지지 않는 단단한 피라미드를 만들 수 있다.

5. 모금액 설정 이론

모금을 기획할 때에 무엇보다 우선으로 해야 할 일이 있다. 바로 총목표액을 정하는 일이다. 모금 목표액을 결정하는 방법에는 여러 가지가 있지만, 그중 '바인스타인 공식(Weinstein's Theorem)'은 이론적으로 모금 목표액을 결정하고, 이를 유추해 내는 과정을 수학 공식으로 나타낸 것이다.

이론상으로 단체가 모금할 수 있는 총목표액은 잠재기부자(n)에게 요청하는 금액(Ri)과 그 금액이 성사될 가능성(Pi)을 파악하여 곱

그림 8-14 바인스타인 공식

$$C = U + \sum_{i=1}^{n} RiPi$$

C : Total Contribution (단체가 모금할 수 있는 총금액, 총목표액)

U : Unsolicited Gifts (요청하지 않았는데 모금되는 기부금)

Ri : Requested Amount (요청할 금액)

Pi : Probability (요청이 성사될 가능성)

n : Prospect Donors (잠재기부자)

한 값을 잠재기부자의 수에 따라 각각 값을 구한 후, 이 모든 경우의 수를 더한 값(Σ)이다. 여기에 요청하지 않았는데도 모금되는 기부금(U)을 더하면 최종 단체의 목표 금액이 산출된다. 여기에서 변수는 Pi, 즉 '요청이 성사될 가능성'에 있다. 이 값은 0%부터 100% 사이에서 단체에 따라, 모금에 따라, 혹은 잠재기부자에 따라 그 값이 다르게 된다. 큰 단체이거나 인지도와 신뢰도가 높은 단체일수록 이 가능성이 크게 매겨진다. 다시 말해 큰 단체일수록 요청을 하는 금액대로 모금할 가능성이 크다. 반면 단체가 작거나 인지도가 낮을수록 이 가능성은 작아지기 마련이다. 규모가 작은 단체들은 요청한 금액보다 적은 액수를 모금하거나 아예 모금하지 못하는 경우가 많기 때문에 가능성이 작게 측정된다. 한편 기부자에 따라서도 요청한 금액에서 몇 퍼센트를 줄 수 있는지 그 가능성이 달라지며, 금액에 따라서도 큰 금액일수록 가능성이 작아지고 적은 액수일수록 요청한 대로 줄

가능성이 커진다. 경우에 따라서는 일률적인 확률을 적용하기도 한다. 따라서 단체가 모금을 하고자 할 때에는 이 가능성을 스스로 파악한 후 공식에 대입시켜야 한다.

이렇게 가능성을 짐작한 후에 잠재기부자에 따른 요청 금액과 가능성을 각각 곱해서 계산한 후에 모두 합하는 것이다. 〈표 8-2〉처럼 잠재기부자 또는 요청 금액에 따라 요청액에서 얼마만큼을 줄 것인지의 가능성이 각기 달라진다. 이것을 사전에 짐작하고 파악하여 500명까지의 경우를 모두 구한 후, 요청할 금액(Ri)과 가능성(Pi)을 곱한 C값을 모두 더한다. 여기에 종종 요청하지 않아도 모금되는 금액들(U)이 있다. 이 금액까지 합하면 총모금 목표액이 산출된다.

그러나 이것은 어디까지나 이론일 뿐이다. 실제 모금 현장에 나

표 8-2 바인스타인 공식에 의한 총모금 목표액 산출의 예

잠재 기부자	요청금액	성사금액	목표액 (요청금액×성사금액)	기부금
1	100,000	0.5	50,000	
2	200,000	0.4	80,000	
3	900,000	0.3	27,000	
4	400,000	0.6	24,000	
5	1,000,000	0.2	200,000	
6	700,000	0.8	26,000	
…	…	…	…	
…	…	…	…	
500	10,000,000	0.7	7,000,000	
합계			10,000,000,000	150,000,000

→ **총목표액(목표액+기부금) 10,150,000,000**

가 보면 항상 이 이론에 딱 맞아떨어지지 않는다. 현장에서 이 이론을 사용하기 힘든 경우, 모금가들은 그들만이 사용하는 실전 공식이 따로 있다. 어떤 단체가 모금 목표액을 정하는 데는 기본적으로 두 가지 방법이 있다. 첫 번째는 단체가 필요로 하는 그만큼의 금액을 목표액으로 정하는 경우이다. 예를 들어 어떤 건물을 짓는 데 100억 원이 필요할 때 모금의 목표액을 100억 원으로 정하는 것이다. 두 번째 경우는 모금을 진행했을 때 얼마만큼의 금액을 모금할 수 있을지 생각하여 이에 맞게 정하는 것이다. 즉 모금의 가능성과 모금 능력을 따져보는 경우이다. 건물을 새로 짓기 위한 모금활동을 하기 전, 모금활동을 진행했을 경우를 가정하여 모금팀이 얼마의 금액을 모금할 수 있는지를 파악하여 결정하는 것이다.

이 두 가지 방법은 상황에 따라, 단체에 따라, 모금의 종류에 따라 이에 맞게 목표액을 정할 때 사용하는 방법들이다. 그러나 모금에서는 이 두 가지 중에서도 두 번째 경우인, 모금을 얼마만큼 성사시킬 수 있을지 실제 모금 능력을 따져보고 총액을 결정하는 방법이 모금 성공률을 더 높일 수 있는 방법으로 본다. 대개 단체들이 어떤 공익사업을 하고자 할 때 100억 원이 필요하다면, 총목표 모금액을 100억 원으로 결정하고 모금을 시작한다. 혹은 자신들과 비슷한 단체의 모금액을 비교한 후 '우리 단체는 이 정도를 모금해야 되겠다'라고 설정하는 경우도 있다. 예를 들어 어느 병원에서 모금 목표액을 설정할 때 다른 병원이 모금했던 모금액을 보고 그대로 좇아서 금액을 결정하거나 그 병원과 비교했을 때 자기 병원의 규모가 더 크기 때문에 그 병원보다 더 높은 목표액을 설정하는 식이다. 그러나 이러한 방법들은 실제 모금에 들어갔을 때 자신의 모금 능력은 전혀 고려하지 않았다는 데에서 문제가 생기게 된다. 필요에 의해서만, 혹은 다른 단체와의 비교에 의해서만 목표액을 잡고 자신의 실제 모금 능력은 판단하지 않았다면 목표한 모금액을 달성하지 못할 가능성이 크다. 따라서 얼마의 금액이 필요해서 목표액을 정하기보다는 우리가 실제 모금할 능력이 얼마만큼 있는지를 판단하고 계산하여 목표액을 정하는 것이 더욱 효과적이다.

목표액만 크게 잡아 놓고 그 목표액을 다 채우지 못하게 되면, 그저 모금을 적게 했다는 결과로만 끝나는 것이 아니라 단체의 전체적인 이미지가 손상을 입고 신뢰를 잃어버리게 된다. 단체가 신뢰를 잃는다는 것은 단체에게 상당히 치명적인 일이 된다. 목표했던 것을 지켜내지 못하는 단체를 무엇을 믿고 계속 기부할 수 있을까? 따라서 근거 없이 목표액을 잡아서는 안 되며 그 단체의 모금 능력을 고려하여 목표액을 잡는 것이 금전적으로는 적더라도 궁극적으로는 훨씬 효과적인 방법이 된다.

그렇다면 실제 현장에서 목표액을 책정할 때 사용하는 다른 좋은 방법은 무엇일까? 목표액을 설정할 때에는 모금책임자가 이사회와 모금팀 직원 등 그 단체의 주요 인사들이 모두 한자리에 모여서 서로의 의견을 조율하여 결정해야 한다. 모금책임자는 이 회의에서 먼저 자신이 생각하는 목표액을 제시한 후 그 금액에 대한 이사회의 반응을 살펴보고 얼마만큼을 목표로 해야 할지를 판단해야 한다. 이 판단 기술은 모금에서뿐 아니라 일반적인 비즈니스에서도 사용되는 상대방의 심리를 재빠르게 판단해 내는 심리 기술의 하나이다.

첫 번째 경우는 모두가 모인 자리에서 모금책임자가 일정한 목표액을 제시했을 때, 그곳에 모인 사람들이 바로 고개를 끄덕이는 것이다. 이 경우는 그들이 생각했던 것보다 너무 적은 목표액을 부른 것이다. 만약 모금책임자가 100억 원을 불렀을 때에 재빨리 사람들이 고개를 끄덕이면 그들이 모금할 수 있는 능력보다 너무 적은 액수를 측정한 것임을 판단하고 그보다 높은 금액을 책정하는 것이 현명하다.

두 번째 경우는 모금책임자가 100억 원을 불렀을 때 아무런 반응도 없이 침묵하는 경우이다. 이러한 경우에는 반대로 너무 높은 금액을 부른 것이다. 아무런 반응 없이 침묵을 한다는 것은 마음속으로 '100억 원이라니, 우리가 그 엄청남 돈을 어떻게 모금하란 말인가? 이 사람이 제정신인가?'라고 놀라고 있다는 것을 의미한다. 이럴 때는 재빠르게 더 적은 액수로 수정해야 한다.

마지막으로 사람들이 '아-!'하고 짧은 신음을 내뱉는 경우이다. 이러한 짧은 신음 소리를 자기도 모르게 내뱉는다면 바로 이때가 적절한 금액을 부른 경우이다.

이러한 방법은 모금팀에서 목표액을 정할 때뿐 아니라 사업상 거래나 임금 협상 등 상대방과 거래를 해야 하는 상황에서 상대방이 생각하고 있는 금액을 알아보는 방법이기도 하다. 이렇게 실질적으로는 현장에서 사용하는 방법이 다르고, 경험상으로는 이론보다도 이 실전이 더욱 들어맞기 때문에 실제 현장에서는 위와 같은 방법을 사용하여 모금을 하는 것이 더욱 효과적이다.

모금을 하기 위해 제일 먼저 해야 하는 것이 모금의 목표 금액을 정하는 일인 만큼 이 작업은 매우 중요한 일이다. 따라서 단체가 얼마를 모금할 수 있을지를 내부 회의를 통하여 차근차근 맞추어 설정하는 것이 무엇보다 중요하다. 목표 금액을 달성하지 못한다는 것은 그저 모금을 하지 못했다는 것에만 그치는 것이 아니라 결국 모금의 궁극적인 의미까지 사라지게 된다. 따라서 적절한 목표 금액을 세우고 그에 맞추어 차근차근 목표 금액을 채워 나가야 한다. 모금의 목표 금액은 개인이 정해서는 안 되며, 실제 모금 실행 관련자들이 함께 모여 서로 의견을 조율하면서 결정해야 한다. 그래야만 모금의 성공률이 높아지고, 목표한 모금액을 달성하는 것을 넘어서 사람들에게 단체의 믿음을 심어 줄 수 있다.

6. 시장세분화(Segmentation Marketing) 이론

일부 금융회사의 전문 펀드매니저들은 자신의 고객자료를 관리할 때 주로 사용하는 은어 혹은 암호가 있다. 기부자의 이름 앞에 1-1-3과 같은 식으로 번호를 붙인다. 이것을 모금에 적용하면 기부자가 어떤 식으로 단체에 기부하고 있는가를 한눈에 알아 볼 수 있다. 숫자 암호를 만드는 원리는 일반 통신판매기업에서도 사용하는 RFM 방식을 바탕으로 하며, 각각의 점수는 단체의 기준에 따라 다르게 만들 수 있다.

- Recency : 언제 마지막으로 기부했는가?
  각 단체에서 적용하는 기간 단위별로 기부자의 순위를 매기는 것이다. 먼저 기부자들이 가장 최근에 기부한 시기를 기준으로 일, 주, 월 간격으로 구분한다. 이때 가장 최근에 기부한 상위 20%에 포함되는 기부자들에게는 5점, 다음 20%에는 4점을 주는 식으로 점수를 매긴다.

- Frequency : 얼마나 자주 기부하는가?
  기부자의 기부 주기 및 빈도수를 측정하여 점수를 매기는 것이다. 기부자가 기부하는 주기의 길고 짧음에 따라 주기가 짧은 그룹은 5점, 긴 그룹은 1점을 주는 식으로 구분한다.

- Monetary : 얼마만큼 기부하는가?
  기부자의 평균 기부금액을 산출하여 점수를 매긴다. 이 점수는 주기를 정해 정기적으로 업데이트하며, 점수를 산출할 때에는 가끔 전문 모금 프로그램을 사용하기도 한다.

이렇게 각 기부자의 이름 앞에 있는 세 종류의 RFM 숫자를 매겨 보면 기부자의 기부 패턴을 한눈에 알아볼 수 있게 된다. 예를 들어 5-1-3인 기부자는 최근에 보통 정도의 기부금을 냈지만 그 빈도수가 낮아서 가끔 메일 등의 접촉이 필요하며, 1-1-5는 큰 기부금을 냈지만 오래전 일이므로 직접 접촉을 통해 기부자의 현재 상황을 파악해 볼 필요가 있다. 4-4-1인 경우는 적극적으로 참여하여 충성도도 높은 기부자이다. 그러나 기부금이 크지 않으므로 이 기부자가 기부금을 높일 수 있도록 새로운 접근이나 행사, 관심 끌기 프로그램 등을 활용해야 한다. 4-1-3인 기부자의 경우에는 신용카드를 이용한 기부 방법을 새로 도입하거나 권장하여 4-5-3으로 빈도수를 높여 업그레이드할 수 있도록 유도하는 방안이 필요하다.

일부 모금가들은 전체 기부자를 125등급으로 나누어(5×5×5=125), 등급별로 메일에 쓰는 내용이나 접촉 방법에 차이를 두어 기부자에게 전략적으로 접근한다. 예를 들어 3×3×3=27, 즉 평균이 27일 경우 그 이상인 30~40등급의 기부자 데이터만을 뽑아 메일을 보내는 것이 대상 세분화(Segmentation) 없이 메일을 보내는 것보다 2~3배 더 높은 효과를 얻을 수 있었다.

이처럼 기부자들의 특성을 파악하여 기부 수준을 높이고 발전시키는 것은 새로운 기부자를 찾는 것만큼이나 중요하다. 이를 위한 접근 방법과 해석 방법은 각 단체의 성격이나 모금가들마다 조금씩 차이가 있으므로 새로 단체에 가담하게 된 모금가는 기존 단체에서 쓰이고 있던 방법과 잘 조율하여 최상의 기부자 관리 체계를 만들어야 할 것이다.

모금세계의 속성

당신이 한 단체나 모임의 모금책임자가 되었다고 가정해 보자. 이때 가장 먼저 생각해야 할 것은 '나는 모금을 하기 위해 어떤 준비가 되어 있는가?'이다. 당신이 모금가가 아니라고 해도 어떤 모임이든 간에 가장 먼저 이슈가 되는 것이 바로 '어떻게, 얼마를 모금해야 하는가?'라는 문제이며, 이 부분을 책임져야 할 입장에서는 당연한 고민이다. 당신이 속한 모임의 운영과 활동이 당신 손에 달려 있기 때문이다. 모금을 하는 입장에서는 이처럼 운영과 관리에 들어가는 다양하고 사소한 비용까지 모두 모금을 통해 마련하고는 한다.

반면에 모금의 다른 주체인 기부자의 입장에서는 자신의 기부금이 온전히 미션을 수행하는 데만 사용되길 바란다. 단체나 또는 어떤 모임의 행정이나 관리에 들어가는 비용이 자신의 기부금에서 충당되는 것을 원하지 않는다는 뜻이다. 이처럼 서로 간의 입장 차이로 갈등이 불거지고 딜레마가 생기기도 한다. 한국의 경우 이러한 딜레마가 더욱 분명하게 나타난다. 그 원인에 대해서는 좀 더 자세한 연구가 필요하겠지만 확실한 것은 한국인의 기부 성향 문제는 아니라는 것이다. 저조한 기부 참여율은 기부에 대한 인식 부족이나 참여 의지의 부족보다는 모금가의 준비 부족이 더 큰 원인이다.

기부자는 모금가가 얼마나 준비되어 있고 의욕적으로 모금을 진행하고 있는지를 단번에 알아차린다. 결국 모금캠페인이 잘 진행되고 많은 참여를 이끌어 내는가 아닌가는 모금가에게 달려 있다. 그러므로 모금가는 환경을 탓할 것이 아니라 주어진 상황에서 조건들을 어떻게 잘 활용할 것인가, 기부자의 마음을 사로잡는 방법은 무엇인가를 연구해야 한다. 또한 모금의 성과가 썩 좋지 못했다고 할지라도 모금책임자는 모금의 결과를 환경이나 기부자의 탓으로 돌리기 전에, 먼저 자신을 되돌아볼 줄 알아야 한다. 모금 계획의 시작부터 되돌아보고 잘못된 점은 없었는지, 실행하는 과정에서 실수는 없었는지 꼼꼼히 살핀 후에 같은 잘못을 반복하지 않도록 해야 한다. 특히 자신감이 부족한 상태에서 시작된 모금은 좋은 결과를 내기 어렵다. 모금 시작 단계에서부터 모금가는 자신감을 가지고 시작해야 하며, 만약 그렇지 못한 경우에는 아예 시작하지 않은 것만도 못한 결과를 가져올 수 있으므로 신중하게 판단해야 한다.

모금은 운이 아니라 얼마나 노력했는가에 따라 결과가 결정된다. 또 처음에 목표했던 금액만큼 모아졌다고 해서 성공한 것이라고 단언할 수 있는 것도 아니다. 마지못해 기부했거나 체면치레 등 마음에서 우러나오기보다는 남의 눈을 의식한 행위였을 수도 있기 때문에 성공의 샴페인을 터트리기에는 아직 시기상조이다. 두 번, 세 번 이상 기부자로부터 기부를 이끌어 내고 신뢰를 쌓아가는 과정이 반복되어야만 비로소 진정한 모금의 성공을 이루었다고 할 수 있다.

1. 모금의 본질적 언어

‘모금’이라는 언어의 본질적 의미를 통해 진정한 모금이 ‘무엇인지’ ‘어떻게’ 하는 것이 옳은 것인지, ‘왜’ 하는지에 대한 개념 정리가 필요하다. 일반적으로 한국에서는 단어의 개념과 의미를 주로 한자어의 뜻으로 해석한다. 따라서 모금을 말할 때 ‘돈을 모은다’라는 의미에서는 내적 부담을 줄 수밖에 없다. 단순히 ‘돈을 모은다’라는 해석은 모금이 지니고 있는 본질적인 가치를 고려한 것이 아니다.

모금의 영어 단어는 ‘fundraising’이다. 여기서 ‘raising’ 한다는 의미를 중심으로 모금의 언어적 본질을 찾고자 한다. 우선 ‘fund’는 기금이다. 그러나 현대에서의 ‘fund’의 개념은 단순히 돈에 대해서만이 아닌 넓은 의미로 자원봉사, 시간, 재능, 기타물품도 ‘fund’에 포함된다. ‘raising’은 ‘추수하다, 모은다’라고 해석하지만 사실은 그 뒤에 다섯 가지의 더 깊은 뜻이 있다.

① Elevate : ‘기준을 더 높인다. 앞으로 더 향상 시킨다’는 의미로, Development의 개념이 들어 있다.

② Lift : ‘든다, 올린다, 의사를 표시하다’의 의미로, 참여를 적극적으로 표현하거나 요청하는 개념이다.

③ Upright : 윤리적으로 삐닥한 것을 ‘바로 세운다’는 의미로, 사회의 변화, 공정하고 정의로운 사회로 바로 세우는 것이다.

④ Maturity : ‘성숙한 단계로 기른다’는 의미로, 마치 아이를 키우듯이 보살피고 투자하고 헌신하는 것이다.

⑤ Increase : ‘증가하다, 확대하다’의 의미로, 기부금의 증액(Upgrade)을 안내한다는 의미도 포함한다. 결국 기부금의 증가, 기부자의 확장과 성장이 이에 해당된다.

'raising'에서 'ing'는 진행형 형태로 단발성 이벤트가 아닌 지속 가능한 시스템적 프로세스이다.

그러나 궁극적으로 모금의 본질적 의미를 확인하기 위해서는 'philanthropy'에 대한 이해가 선행되어야 한다. 지금까지 'philanthropy'를 기부, 나눔, 자선이라고 번역하거나, 혼용해서 쓰기도 하지만 우리가 사용하고 있는 기부, 나눔, 자선을 'philanthropy'로 치환하여 사용하기에는 그 의미와 균형이 맞지 않다(이 내용은 제1장에 자세히 설명되어 있으니 참조하기 바란다).

2. 모금세계의 특징

1) 친구를 만드는 작업

모금가로 활동하고 있는 어느 미국인은 항상 친구들에게 기금 요청을 한다고 한다. 그러나 모금가는 보통 자신의 친구에게는 그런 부탁을 하지 않는다. 친구들 사이에서 기금 요청은 민감하게 받아들여질 수 있으며, 기금 요청을 여러 번 반복하는 것도 쉽지 않기 때문이다. 그런데도 그는 아무렇지 않게 친구들에게 기금 요청을 한다고 했다. 친구들에게 기금 요청을 하다가 더 이상 요청할 친구가 없을 때는 "누구든 처음 만나는 사이라도 친구가 될 수 있습니다"라고 했다.

이 말에 주목할 필요가 있다. 모금은 궁극적인 목표가 아니라 단지 수단에 불과하다. 모금은 돈을 주는 사람을 찾기에 급급한 것이 아니라 단체와 함께 발전해 가는 친구를 찾는 과정이다. 모금은 바로 단체의 친구를 만드는 작업이다. 모금가는 모금가로서 단체가 표방하는 미션에 따라 친구를 만들고 사귀어야 하지만, 무엇보다도 개인적인 친분을 쌓아서 관계를 형성하는 것이 더 편하고 익숙하기 때문에 자연스럽게 거쳐야 되는 수단일 뿐이다.

처음 만나는 사람과 친구가 되는 방법은 스스로가 가장 잘 알고 있을 것이다. 만약 친구를 만들고 새로운 인연을 만들어 나가는 데 능숙하지 않다면 주변을 잘 살펴보라. 처음 만난 사람도 단번에 친구로 만들어 버리는 대단한 친화력을 가진 인물이 있다면, 그 사람을 곁에 두는 방법도 하나의 요령이 될 수 있다.

2) 모금은 스포츠

모금가들은 '모금은 단체 운동과 같다'라는 말을 자주 한다. 모금이란 직접 뛰어들어 몸을 부딪치고 부대끼는 운동과 같다는 뜻이다. 실제 비영리단체의 구조를 살펴보면 사람들이 좋아하는 운동인 축구와 유사점을 발견할 수 있다. 비영리단체를 책임지는 이사회와 이사장은 구단주와 같으며, 대표와 사무총장 등은 팀의 감독과 같고, 감독을 돕는 코치진은 모금가에 비유될 수 있다. 그렇다면 비영리단체가 성공적인 모금을 해내기 위해서는 어떻게 하면 될까? 이것 역시 축구 경기에 비유해 볼 수 있다.

(1) 기본기

선수들에게 가장 중요한 것은 기본기이다. 특히 어렸을 때부터 체계적인 훈련을 받아 익숙하고 자연스럽게 공을 다루고 몸을 움직이는 것이 중요하다. 기부선진국은 어린 시절부터 직접 또는 간접적으로 모금에 참여할 수 있는 환경이 주어지며, 그것에 참여하는 것을 어색해하거나 부담스러워하지 않는다. 어린 시절부터 자연스럽게 몸에 밴 모금이 성인이 된 후까지 이어져 모금에 적극적인 참여를 가능하게 한다. 이처럼 어린 시절부터 차근차근 밟아온 모금 습관은 자연스럽고 익숙하게 몸에 배어서 탄탄한 기본기를 이루게 된다. 축구선수들이 어렸을 때부터 훈련과 학습을 거쳐 자연스럽게 기술과 전략을 몸에 익히고 기본기를 다지는 것과 같다.

모금 기법은 반복적인 실전 훈련을 통해 습득하게 된다. 말로 듣고 책을 읽어 습득하는 것이 아니라, 실제로 경험하고 터득하는 것이다. 어렸을 때부터 자연스럽게 모금을 받아들이고 참여하는 환경이 만들어진다면, 모금 기본기를 갖춘 훌륭한 모금가가 많이 생겨날 것이고 기부문화도 발전할 것이다.

(2) 팀워크

단체 운동에서 한 선수의 능력이 아무리 뛰어나고 훌륭하더라도 다른 선수들과 호흡이 맞지 않으면 소용이 없다. 특히 축구는 혼자가 아닌 11명의 선수들이 서로를 보완하고 상호작용을 하며 이끌어 가는 운동이기 때문이다. 서로를 이해하고 배려하는 마음이 없이는 아무리 실력이 뛰어난 선수라도 그 기량을 최대로 발휘하기 어렵다.

모금도 마찬가지이다. 모금에 참여하는 모든 사람의 호흡이 맞아떨어져야만 모금을 성공으로 이끌 수 있다. 미국 내에서도 비영리단체의 운영 및 모금 세계에서 일어나는 고질적인 문제 중 하나가 바로 단체 직원들과 자원봉사자들 간의 갈등에 관한 것이다. 직원들은 자원봉사자들이 자신의 영역을 침범하려 한다고 생각하고, 자원봉사자들은 직원들이 불친절하고 적절한 교육과 정보를 제공하지 않는다고 생각하여 갈등이 생겨난다. 단체 구성원 간의 이해와 배려가 없는 모금은 이가 맞지 않는 톱니바퀴처럼 삐걱거릴 수밖에 없다. 그러므로 단체의 팀워크에 문제가 발견되면 실제적인 대화와 모금 지도자의 지혜로 그때그때 적절하게 해결해야 목표에 도달할 수 있다.

(3) 관중 끌기

신문 칼럼에 미국에서는 부자들의 기부가 많은데 '한국의 부자는 왜 그렇지 못한가'라는 질타성 글이 기고된 적이 있었다. 하지만 이것은 비난의 화살이 잘못된 방향으로 날아간 것이다. 재미없는 게임에 관중이 오지 않는다고 관중을 탓할 수 있는가! 한국 축구가 이만큼 발전하게 된 것은 다양한 홍보를 통해 관중들을 끌어 모았기 때문이다. 또한 경기의 질이 높아지고 재미가 늘어나면 당연히 관중이 몰려오기 마련이다. 모금 역시 이와 같은 발전 단계를 거쳐야 한다. 참여율이 저조한 이유를 대중에게 돌려서는 안 된다. 모금가나 비영리단체가 먼저 나서서 대중의 관심을 끌고 참여를 유도해야 한다.

한국에서 고액기부가 쉽게 이루어지지 않는 것은 부의 유지와 재산을 상속하는 것에 익숙한 부자 세습 문화의 영향이 크다. 그러나 이보다 더 큰 문제는 '걷는 자', 즉 모금가가 아직 준비를 갖추지 못한 상황이기 때문이다. 기부자의 마음을 읽고 설득하여 기부를 이끌어내는 능력은 전적으로 모금가에게 달려 있다. 모금가가 제대로 준비되기 전까지는 기부문화가 정착하기 힘들다.

기부자들이 선뜻 기부를 결정하지 못하는 이유 중 하나는 자신들의 기부금이 정당하게 쓰이는가에 대한 신뢰가 충분하지 않은 점도 있다. 사회적으로 기부를 장려하고는 있지만 무엇보다도 우선시되어야 할 것은 불안감의 해소이다. 이 역시 모금가의 역할이 중요하다고 할 수 있다. 기부자에게 신뢰를 주고 기부금의 사용이 비리나 거짓 없이 깨끗하고 정당한 곳에 쓰이고 있다는 것을 인식시켜 주는 중간자의 역할을 해내야 하기 때문이다. 이처럼 인식 개선을 통한 기부의 장이 열린다면 기부문화는 자연스럽게 뿌리내리게 될 것이다.

한국은 우수한 역량을 지닌 뛰어난 선수들의 등장으로 월드컵 본선 진출이 가능할 수 있었다. 뛰어난 선수들의 탄생 배경에는 사회적으로 높은 대우를 받는 축구선수에 대한 직업적 욕구가 늘어나 뛰어난 선수를 배출할 수 있는 저변의 확대 덕분이다. 사회적 안정과 경제적인 보상, 그리고 명예 획득이라는 매력적인 요건이 사람들을 끌어 모았고, 또한 그 안에서 뛰어난 선수들이 많이 배출될 수 있었다.

모금가의 세계에도 이러한 분위기가 형성되어야 한다. 유대인 사회에서는 기부자보다 모금가를 더 우대하기도 한다. 그리고 기부자들은 모금가로부터 기부 요청을 받은 사실을 주변에 은근히 과시하며 모금을 자신의 가치와 지위를 인정해 주는 행위로 받아들인다. 이처럼 한국의 기부문화가 한층 발전하기 위해서는 모금가를 우대하는 문화가 먼저 형성되어야 한다. 모금가의 사회적 지위와 경제적 보상, 직업적 가치가 향상되면 이를 직업으로 삼고자 하는 사람들의 수가 늘어나고 뛰어난 모금가도 생겨나게 된다. 또한 모금에 참여하는 사람들이 늘어나면 그만큼 모금문화가 발전하고 선진화된다. 그러므로 한국에 모금문화를 정착시키고 발전시키기 위해서는 우선 모금가라는 직업에 대한 인식의 변화가 이루어져야 할 것이다.

(4) 외국인 감독

축구에 있어 외국인 감독이라고 하면 국민들 대다수가 거스 히딩크(Guus Hiddink)를 떠올릴 것이다. 그러나 우리나라 축구 대표팀을 맡았던 외국인 감독이 히딩크만 있었던 것은 아니다. 다만 그들은 히딩크와 같은 성공을 거두지 못했기에 사람들의 기억 속에 남아 있지 않을 뿐이다. 히딩크와 같은 특수한 경우를 제외하면 대부분의 외국인 감독들은 우리나라에서 큰 활약을 하거나 기억에 남는 경기를 펼치지 못한 채 자신들의 자리로 돌아갔다.

한국에서 모금 컨설팅을 했던 경험이 있는 미국 컨설턴트들의 이야기를 들어 보면, 제대로 된 성공을 이루지 못한 경우가 대부분이다.

이는 한국의 모금풍토에 대한 이해 부족, 비영리단체의 구조 문제, 한국 문화 전반에 대한 이해 부족 등을 원인으로 들 수 있다. 외국인 모금가가 아무리 모금 세계를 잘 알고 뛰어난 능력을 가지고 있다고 하더라도 언어와 문화가 다른 한국에서는 그 능력을 최대로 발휘하기 힘들다. 이는 무조건적인 외국 인력의 고용이 한국 모금문화 발전의 해결책이 될 수 없다는 것을 의미한다. 우리나라의 현실을 잘 이해하고 같은 문화를 공유하고 있는 모금가의 발굴이 더욱 시급한 과제이다. 함께 시행착오를 겪어 나가며 우리나라의 문화와 풍토에 맞는 모금을 펼칠 수 있는 모금가를 양성해 낸다면 모금의 성공률은 자연히 높아질 것이고 이에 따른 관심과 투자가 잇따르게 될 것이다.

3. 모금은 경험 아니면 이론?

모금 교육을 처음 받은 사람들은 희망에 찬 눈빛으로 교육장을 나선다. 마치 앞으로 하게 될 모든 모금이 성공적으로 이루어질 수 있을 것 같은 벅찬 희망이 느껴지기 때문이다. 그러나 배운 대로만 하면 못할 것이 없고 전혀 실패하지 않을 것 같은 자신만만함과 기대감은 이내 현실이라는 벽 앞에서 주눅 들고 만다. 사회적 환경과 현실은 교육장에서 배운 이론들이 그대로 원칙적으로 적용되지 않는 또 다른 변수를 제공한다. 이 때문에 환희에 찬 심정은 금방 실망감과 자괴감으로 바뀌고 만다.

모금의 속성을 표현하는 말 중에 '모금이론과 현실과의 차이가 너무 크다'라는 것이 있다. 이론적으로는 다 이해할 수 있고 공감되지만 그것을 실행으로 옮기는 과정에서는 또 다른 변수들이 생기게 마련이다. 앞에서도 말했지만 모금은 혼자 하는 것이 아니다. 팀이 함께 움직여야 하는 모금에서는 어떤 사람은 기본 개념과 이론을 확실히 이해하고 있지만 다른 사람들은 그렇지 못한 경우 모금은 삐걱거리기 시작한다.

비영리단체들이 모금 교육 후에도 순조롭게 실행으로 옮기지 못하는 이유가 바로 이 때문이다. 모금의 지도자가 교육에 적극적으로 참여하지 않아 이론을 제대로 이해하지 못한 상태에서 팀원을 이끌어 가려는 의욕만 앞설 경우 팀원들과 갈등을 빚게 된다. 또 모금의 개념은 경험과 이론을 바탕으로 체득하게 되는데, 이 중 경험만 있고 이론이나 개념을 제대로 이해하지 못한 경우에도 함께 일하는 사람들과 갈등이나 충돌이 생긴다. 이론만 알고 경험이 없거나 그 반대일 경우, 그런 지도자와 함께 일하는 자원봉사자들은 제대로 된 실전을 경험하기 어려우며 실속 없이 고생만 하게 될 것이다.

중요한 것은 모금 주체의 경험의 질이다. 경험이 많다고 해서 그것이 그대로 능력이나 실력이 되는 것은 아니다. 경험만으로 모든 것을 알 수 있는 것은 아니며, 어설프게 알거나 잘못 아는 것은 모르는 것보다 더 위험하다. 그러므로 모금가는 자신의 경험만을 맹신해서는 안 되며, 이론을 바탕으로 경험에 대한 이해가 이루어져야 더욱 완벽한 모금 결과를 낼 수 있다.

대부분의 사람이 첫 모금을 시작하기에 앞서, 모금 관련 책을 읽거나 세미나 혹은 워크숍에 참석해서 강사의 경험과 지식을 자신의 것으로 만들려고 노력한다. 실제 모금활동을 하기보다는 타인의 지식을 습득해서 자신의 지식과 경험으로 만들려고만 한다. 또한 세미나나 워크숍의 과정 중에도 종강에는 의례적으로 강사가 수강생들에게 "여러분들은 이 강의를 들었으니 지금부터는 모금가라고 할 수 있습니다"라고 축하의 말을 하기도 한다. 그러나 책을 읽거나 몇 번 강의를 들었다고 해서 바로 전문가가 되는 것은 아니다. 책과 강의를 통해 얻는 타인의 지식은 자신들이 몸으로 익혀서 자기의 것으로 소화시키기 전까지는 절대로 내 고유의 지식이 될 수 없다. 말 그대로 타인의 지식으로 남을 뿐이다.

그렇다면 경험이 많다고 해서 전문적인 모금가가 될 수 있는 것일까? 이 또한 틀리다. 어떤 사람은 벤저민 프랭클린(Benjamin Franklin)의 "경험은 하나의 진정한 선생이다"라는 말을 지나치게 맹신하여 마치 경험이 전부이며 자신은 많은 경험을 해 보았기 때문에 책이나 강의는 전혀 필요가 없다고 말하기도 한다. 그러나 이러한 자세는 잘못된 것이다. 사실 벤저민 프랭클린의 격언은 "경험은 진정한 하나의 선생이지만 미련한 사람은 그 외의 다른 곳에서는 전혀 배우려고 하지 않는다"라는 뜻이다. 여기서 '진정한'은 '귀중한'의 의미라기보다는 '값비싼'의 의미로 받아들여야 한다. 다시 말해 경험만이 귀중한 선생이 아니라 비싼 값을 치르고 배우는 강의 중 하나로만 생각해야 한다.

경험이라는 것은 모금활동과 같이 특정한 어떤 행동을 여러 번 했을 때 얻어지는 것일 뿐이며, 전문성은 이러한 경험을 토대로 자신이 하는 행동이 '전략적인 콘셉트화'가 되어 경험을 통해 지식을 소화시켰을 때에 비로소 터득되는 지혜에 가깝다. 바로 이 점이 많은 이들이 혼동하는 부분이다. 경험이 매우 중요한 것은 사실이지만 단지 많기만 한 경험이 전문성을 대체할 수는 없으며, 경험만 있다고 해서 모두 전문성을 갖추었다고 할 수도 없다.

모금의 전문성은 이론만 습득해서도 안 되고 경험만 축적해서도 안 된다. 이 두 가지 요소를 고루 익히고 반복해서 자기만의 전문화된 지식으로 체질화시켰을 때에야 비로소 갖추어지는 것이라고 할 수 있다. 수년간 모금을 경험한 사람과 이제 막 모금에 발을 들여 놓은 사람 역시 인정하는 공통적인 사실이 있다. 그것은 바로 전문성이 바탕이 된 모금활동도 항상 잘 되는 것이 아니라, 때에 따라서는 어떤 모금은 잘 되기도 하고 또 어떤 모금은 잘 안 될 때도 있다는 것이다. 여기서 중요한 것은 모금의 전문성은 단순히 모금을 많이 해 보았다거나 많은 이론을 들은 것보다도 그동안 개발해 놓은 프로세스를 스스로 좀 더 깊이 있고 분석적으로 생각하는 데 있다. 이러한 스스로의 노력이 뒷받침되어야 하며, 경험과 통찰력은 그 전문성을 좀 더 완성시키는 역할을 할 뿐이다.

4. 모금의 뺄셈 법칙(The Law of Subtraction)

일반적으로 사람들은 많은 것이 적은 것보다는 좋고, 가진 것이 가지지 못한 것보다 무조건 좋다는 관념 속에서 앞만 보고 달려 왔다. 하지만 영양실조로 인한 해로움보다 비만으로 인해 건강에 해를 주는 것이 더 많은 것처럼, 더하기가 빼기보다 못한 경우가 많다. 그래서 완벽한 디자인은 더 이상 붙일 것이 없는 것이 아니라, 더 이상 뺄 것이 없는 상태의 것이 최상의 디자인이라는 어느 디자인 대가의 말에 공감이 간다. 한편 "현명하다는 것은, 어떤 것은 일부러 슬쩍 간과(Overlook)하기도 하고 빠진 것을 넘어가고 인정하는 선을 아는 기술을 가진 것을 말한다"라는 다른 어느 대가의 말도 이해해야 한다. 시간과 공간의 경영이란 '정리'라는 한 단어로 함축되지만, 그 '정리'는 '빼기'에서 시작된다.

변화를 추구하는 과정에서 제일 먼저 해야 될 일은 지금까지 했던 행동에서 하나씩 빼는 것부터 시작하는 것이다. 그러므로 단체의 변화를 위한 모금이 성공하려면 더하는 것이 아니라, 빼기를 한다는 패러다임으로의 전환이 필요하다. 뺄셈의 법칙(Law of Subtraction)은 이같이 적은 것이 많은 것보다 낫고, 부족함이 충족에서 오는 부작용보다 낫고, 없는 것이 있는 것보다 낫다는 기본 개념이다. 이러한 개념을 다음과 같이 모금에 적용시켜 보자.

1) 한 가지만 확실하게 말하라

한꺼번에 여러 개를 말하고자 하는 유혹과 욕심을 줄이는 내공이 필요하다. 단체가 무엇을 하고 있는지를 말하고자 하는 것이 본래 열 가지가 있었다면 그것을 다섯 가지로 줄이고, 다시 다섯 가지를 세 가지로 압축하고, 결국에는 한 가지 포인트로 집중해서 말하는 것이 더 효과적이다. 특히 나쁜 소식은 한꺼번에 말하지만 좋은 소식은 여러 번으로 나누어서 말하는 것이 좋다. 듣는 상대는 한 가지만 기억을 하게 된다.

그동안 우선순위에 대해 노예가 되어 있었다면, 하고자 하는 우선순위의 수를 최소한으로 줄이도록 한다. 우선순위를 너무 많이 만들게 되면 스스로 함정에 빠질 수 있다. 또한 한꺼번에 너무 많은 모금상품을 기획하기보다는 한 가지를 집중해서 기부자에게 말하는 것이 더 도움이 된다.

2) 도움이 안 되는 기부자 명단을 잘라내라

기부자 명단에 있는 숫자가 많다고 좋은 것은 아니기 때문에, 지나친 관리(High Maintenance)가 필요하거나 장기적으로 기부를 중단한 10% 정도의 기부자는 정기적으로 명단에서 제거하여 정리를 하는 것이 더 도움이 된다. 단체가 가지고 있는 명단을 보면 지난 수십 년 동안 정리나 제거하지 못한 명단을 계속적으로 가지고 있는 경우가 대부분이다. 혹시라도 나중에 필요할 것이라는 생각 때문에 가지고 있게 되면 이로 인해 발생되는 비용과 시간 낭비가 굉장히 커진다.

3) 과도한 준비는 결국은 짐이 된다

여행할 때 가지고 간 물품을 과연 몇 퍼센트나 쓴 경험이 있는가? 나중에 필요하다고 생각해서 혹은 불안해서 준비하게 된다. 그러나 과대하게 가지고 다니는 것을 줄여라. 준비를 못 해서 후회하는 손실보다 가지고 다녀서 시간과 공간을 낭비하는 손실이 더 크다.

단체의 매몰비용(Sunk Cost)이 기회비용보다 크다면 문제가 있다. 단체도 준비는 필요하지만 과도한 모금 준비는 오히려 짐이 된다. 조금 부족하다고 느낄 때가 오히려 일이 더 잘 되기도 하고 단체를 건강하게 할 수도 있다. 자원이 부족한 나라에서 신기술이 나오기에 '필요는 발명의 어머니'라는 말이 나왔다. 부족한 정보가 오히려 사람들로 하여금 상상을 하게 하고 멋진 작품이 나오는 결과를 만들어 낸다.

4) 간단한 것이 최고다

간단한 규율이나 법이 오히려 효율과 효과를 동시에 가져다주기도 한다. 제안서도 간단한 것이 최고이고, 단체의 웹도 간단한 것이 더 세련되어 보인다. 단체 내의 윤리규정이나 정책은 간단한 규칙(Rule) 안에서 만드는 것이 좋다. 복잡하게 만들어진 내용은 사람들로 하여금 외면하게 만든다. 할 수만 있다면 간단한 조직체계나 기금 운영체계를 만드는 노력을 해야 한다. 유능한 조직은 의외로 간단한 조직으로 되어 있는 경우가 많다. 없어서 간단한 것이 아니라, 있어서 간단한 것이다. 그래서 가장 빠른 방법, 가장 간단하게 처리하는 법을 아는 사람이 유능한 모금가이다.

5) 쉬는 것이 남는 장사다

재충전을 위해서 가끔 쉬는 것이 창조와 도약을 만들어 낸다. 아무것도 하지 않는 것이 하는 것보다 나을 때가 많다는 것을 이해해야 한다. 문제 해결의 최선의 판단은 아무것도 하지 않는 것이 최선의 선택인 경우가 대부분이다. 모금이 너무 톱니바퀴처럼 바쁘게 돌아가다 보면 다들 지치고 탈진(Burnout)되기도 한다.

5. 모금의 성공요소 vs. 실패요소

1) 모금 방정식

모금 결과의 성공과 실패는 각 단체가 어떤식으로 의미를 정의하고 기준을 규정하여 평가하는가에 따라 다르다. 모금의 성공과 실패를 결정짓는 변수 항목에는 사람이 가늠할 수 없는 미스터리한 요소들이 곳곳에 숨어 있다. 그래서 단체가 세 가지에서 열 가지 미만의 함축된 변수를 설정하여 그것을 해결요소로 적용하면서 지나치게 성공을 기대하게 되는 잘못된 판단을 하게 된다.

그 이유는 각 요소의 관계가 복잡계(Complex System)의 일부로 이루어져 있고, 또한 모금의 성공과 실패는 한 공간에서 일직선상에 있는 것이 아니라 서로 다른 공간에 있기 때문이다. 성공한 모금의 뒷면에 작용했던 요인들이 인과관계가 있을 수가 있겠지만, 전혀 관계가 없을 수도 있다. 한마디로 모금의 방정식은 선형 대수학(Linear Algebra)으로서가 아니라, 미분 방정식(Differential Equation)으로나 설명이 가능하다.

그림 9-1 모금의 복잡계(Complex System)

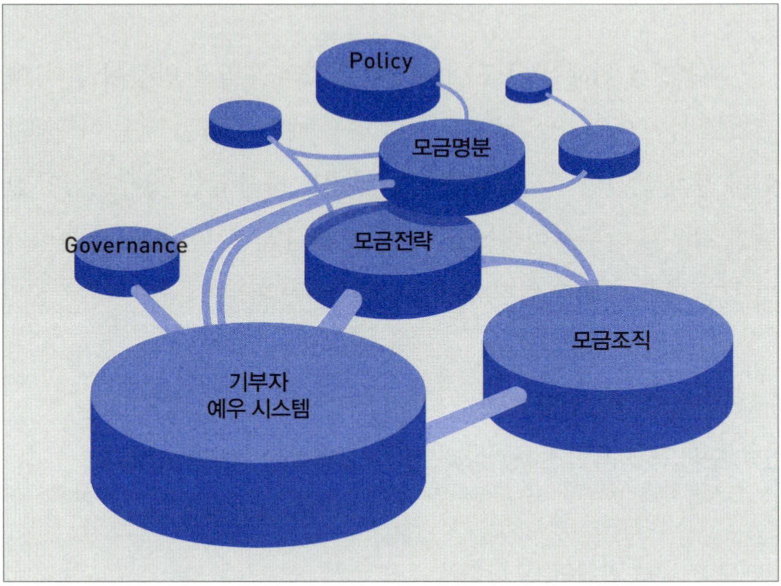

모금 방정식에는 크게 성공요소를 대입하는 성공공식과 실패요소를 대입하는 실패공식 두 가지가 있다. 모금 성공이나 실패에도 공통의 패턴이 있을 것이라는 생각에 모금 성공을 위해서 과거에 실행했던 모금의 결과분석이나 다른 단체의 성공 사례를 모방하여 벤치마킹하기도 한다. 또는 모금을 실패한 단체의 실패요소를 먼저 찾아 확인하기도 한다. 그러나 동시에 두 면을 찾아 적용하려는 단체는 드물다. 단체는 모금 뒤의 결과와 상관없이 모금의 성공을 위해서, 먼저 성공요소와 실패요소 중 하나를 선택해서 어떻게 공식에 적용할 것인가라는 갈림길에 서게 된다. 다시 말해 성공으로 이끄는 요소인 밝은 면(Bright Spot)에 중점을 두거나 또는 실패의 주요소인 맹점(Blind Spot)을 찾는데 중점을 두는 선택을 해야 한다. 하지만 어떤 단체의 밝은 면은 다른 단체에게는 오히려 맹점일 수도 있고 또 반대의 경우도 많다. 너무 한쪽 요소에 매달린 단체는 마치 아브라함 매슬로우(Abraham H. Maslow)가 "If you only have a hammer, You tend to see every problem as a nail", 즉 "망치만을 가지고 있는 사람은 모든 것이 못으로 보인다"처럼 모금 상황에서 그가 무엇을 들고 있는가의 관점에서만 볼 것이다. 성공요소만을 생각하는 사람은 실패요인을 간과하게 될 것이고, 한편 실패요소에 중점을 둔다면 그 반대의 현상이 있게 된다. 이렇게 한 가지 요인만으로 성공을 좇는 것에는 문제가 있다.

2) 성공요소와 실패요소의 적용 차이

표면적으로 성공공식에는 성공요소 중 한 가지가 부족해도 성공하게 되는 약간의 여유를 제공하는 느낌을 주고, 실패공식에는 한 가지만 부족해도 실패할 것으로 느끼게 된다. 그러나 논리상 단순히 성공할 수 있는 조건의 요소를 갖추고 있다 하더라도 반드시 성공한다고 말할 수는 없지만, 실패요소를 가지고 있으면 실패할 확률이 더 큰 것은 사실이다. 한편 문제점을 찾기보다는 성공한 단체들에게서 밝은 면을 찾는다는 의미는 매우 크기 때문에 단점을 보완하는 것보다는 장점을 활용하는 것이 더 현명한 전략이라고 전문가들은 주장한다. 그럼에도 성공요소의 가장 큰 단점은 그 요소에는 설명하기 힘든 행운(Luck)이라는 요소(Factor)가 포함되어 있다는 것을 잊게 된다. 이 행운은 다시 재연하기도 힘들며 억지로 만들기도 힘들다. 때로는 데이터의 생략이나 약간의 부풀림을 통해 거품에 노출되어 있기도 한다. 대부분 이 행운의 사건을 스토리텔링에 포함시키지 않기 때문에, 그 성공 스토리를 접한 사람들이 그것을 재연하고자 한다면 곧 실망할 수밖에 없다. 모금에 성공한 단체에서 직접 그 모금에 참가해서 느끼는 요소와 실제 발표된 요소 간에는 다소 차이가 있음을 발견하게 된다.

성공의 요소를 지키는 일은 매우 어려워서 오히려 실패의 요소를 방지하는 것이 전략상 조금 더 쉽기 때문에 어떤 전문가는 모금의 성공을 위해서 실패요소를 찾는 일에 더 애정이 간다고 말한다. 사람들은 문제점을 분석하고 그 문제를 해결하면 성공에 가까워질 것이라는 착각을 하게 된다. 모금의 경우는 성공 사례보다 실패 사례가 더 많은데, 실패 사례는 일반에게 공개하기를 꺼려해서 그대로 묻히는 경우가 많기 때문에 그것에 대한 정보를 얻기가 쉽지 않다. 같은 조건과 환경에 있는 단체는 없다. 그래서 많은 것이 생략된 데이터로 구성된 성공이나 실패 사례를 내가 속한 단체의 모금에 적용하려 한다면 다시 한 번 잘 생각해 보아야 한다.

3) 성공요소의 반대는 실패요소가 아니다

성공요소의 반대가 반드시 실패의 주요소라 할 수 없고 실패요소의 반대가 반드시 성공요소라고도 할 수 없다. 예를 들어 어느 단체의 모금캠페인이 성공을 했다고 하자. 성공의 주요소가 단체의 브랜드 명성이 높고 리더십의 열정이 굳건하고 모금자원이 충분했다고 한다면, 그 반대는 브랜드 명성이 높지 않고, 리더십이 약하고 모금자원이 충분하지 않기 때문에 실패의 주요소일 것이라는 가정은 틀렸다는 말이다. 실패의 가장 큰 이유는 모금시기, 잘못된 명분이나 계획과 같은 전혀 다른 것일 수 있는 것이다.

이것은 허즈버그(Herzberg)의 동기이론(Motivator Hygine)과 일맥상통한다. 그의 이론에 따르면 일하는 직장에 대한 만족과 불만족의 조건은 서로 반대가 아니라는 것이다. 만족의 조건이 인정을 해 주는 것, 승진, 높은 임금이라고 해도 불만족의 조건이 인정을 해 주지 않는 것, 승진 안 시켜 주는 것, 낮은 임금이 아니라 사실은 상사와의 불편한 관계, 근무환경 등 전혀 다른 것이라는 것이다. 다시 말해 직장에 대한 만족을 위해 불만족의 조건을 해결한다는 시도는 겨우 필요를 해결할 수는 있으나 직장에 대한 만족을 주는 근본적인 해결책과는 다소 거리가 있다는 뜻이다.

이와 같이 성공요소의 반대는 실패의 주요소일 필요가 없고, 실패의 주요소를 해결했다고 성공을 장담할 수 없다. 그래서 단체의 모금 성공을 위해서는 두 가지 요소를 분리해 놓고 성공요소와 실패요소가 융합된 공식에 대입해 보는 패러다임 전환의 수고가 필요하지 않을까!

6. 모금의 오류

1) 합성의 오류(Fallacy of Composition)

기부문화 활성화 및 모금증진을 모색하는 과정에서 진정 경계해야 할 것은 논리학에서 말하는 합성의 오류 혹은 구성의 오류(Fallacy of Composition)와 분류의 오류(Fallacy of Division)에 빠지지 말아야 한다는 것이다. 특히 합성의 오류는 모금전략에서 모금의 리더들이 가장 쉽게 간과하는 오류 중 하나이다.

합성의 오류란 특정 부분에 타당한 것을 전체에 적용할 때 생길 수 있는 오류로, 부분이 옳다면 전체도 옳다고 주장하는 논리적 함정을 말한다. 반대로 분류의 오류는 전체가 옳다고 부분도 옳다고 보는 오류인 것이다. "내가 극장에서 일어서서 보면 스크린이 더 잘 보이기 때문에 모든 관객이 일어서서 보면 모두 다 잘 볼 수 있다"라든지, 경제학에서 "개인이 저축을 많이 하면 미덕이기 때문에 모든 사람이 소비를 줄이고 저축을 많이 하면 국가 경제에 도움이 된다"라는 식의 논법이 이런 오류의 예로 종종 사용된다. 같은 오류가 모금세계에서도 일어난다. 비영리단체에 재능이 출중한 모금가들이 모이면 그 모금팀 역시 재능이 출중할 것이라 생각하는데 그런 사람들이 모였다고 해서 그 팀이 성과가 좋다는 보장은 없다. 반대로 그 팀의 성과가 없다고 개개인의 역량이 부족한 것이 아닐 수 있다. 또한 어떤 비영리단체가 이런저런 잘못을 저질렀기 때문에 비슷한 모든 단체를 없애야 한다거나, 또는 이번에 저소득층에 컴퓨터를 지원했더니 되레 성적이 떨어지고 수업시간에 졸고 있다고 해서 저소득층 정보화지원사업 자체를 포기한다는 주장과 같은 합성의 오류를 범할 수 있다.

만약 어떤 단체의 모금 이벤트가 성공한다면 열풍처럼 다른 단체들도 따라 하려는 경향이 있다. 모금전략의 교과서적인 해석을 전제로 했을 때 모금 이벤트적인 투자는 단체의 이익 극대화 또는 효용 극대화라는 점에서 합리적인 행동이 될 수 있다. 그러나 모든 사람이 실수요에 관계없이 같은 파이에 달려들면 결과적으로 기대치가 급등해 거품이 발생할 뿐 아니라 한꺼번에 똑같이 실행했을 때 '모금 피로증후군'이라는 부작용이 생긴다. 또한 성공하더라도 전체적인 기부문화 향상에는 오히려 부정적인 결과를 가져올 수도 있다. 한 단체가 이득을 보았다고 모든 단체 혹은 사회가 이득을 보는 것은 아니다. 이는 사회 전반에 걸쳐 모금 시스템의 교란 요인으로 작용한다. 개인이나 이익집단 입장에서는 나름대로 일리 있는 행동이라도 공익이 배제되고 동시에 이루어지면 사회 전체에 엄청난 비용이 발생될 수 있는데, 이것이 합성의 오류인 것이다. 따라서 모금의 리더라면 자신의 모금전략이 이런 오류를 범하고 있는지 한번쯤 점검해 고민해봐야 한다.

2) 새 쥐덫 오류(The Better Mousetrap Fallacy)

처음 모금을 하려는 사람들에게 꼭 필요한 말이 있다. "Build a better mousetrap and the world will beat a path to your door" 즉 "더 나은 쥐덫을 만들면 산 깊숙이 있는 당신의 집 문까지 길이 날 것이다"라는 말로 그만큼 사람들이 당신을 찾을 것이라는 뜻이다. 하지만 반대로 이 말 때문에 엄청난 고생을 한다. 아이템이 좋고 광고를 잘하면 사람들이 밀려와 그것을 살 것이라는 착각을 하게 된다.

모금상품도 마찬가지이다. 생산품 중심(Product Centered) 사고에서 시작했지만 영업 중심(Marketing Centered)에서 빠져나와 기부자 중심(Donor Centered)으로 가야 된다. 세상을 변화시킬 상품이라고 열심히 디자인해 놓고 기부자를 기다리지만 생각처럼 쉽게 기부자가 움직이지 않는다. 이는 다음 다섯 가지 경우의 수를 생각하지 못해서 발생한다.

① 시장 인식(Market Awareness) : 누구도 그런 새롭고 더 좋은 쥐덫이 있는지 알지 못한다. 아무도 찾을 만한 가치가 있는지 알지 못한다. 우리 사회에 급히 해결해야 할 코즈가 있는지 알지 못한다.

② 실제 필요(Actual Needs) : 사람들에게 쥐 문제 자체가 없다. 그러니 쥐덫 자체가 필요하지 않다. 우리 사회에 문제가 있는지 알고 있으나 그런 해결방법이 필요하다고 생각하지 않는다.

③ 필요 인식(Perceived Needs) : 집에 쥐가 있다는 사람들도 있지만 대부분 존재 자체를 알지 못하거나 쥐덫에 대해 관심이 없

다. 더욱이 '쥐는 그저 미키 마우스처럼 예쁜 애완동물'이라고 생각하는 사람에게는 팔 수도 없다. 때로는 발전을 위해 그런 사회적 문제가 필요하다고 생각한다.

④ 더 좋은 것을 정의(Definition of Better) : 쥐덫을 사는 사람들은 그 쥐덫이 더 좋다는 데 동의해야만 산다. 물론 '좋음'의 정의가 사람마다 다르다는 것을 인식해야 한다. 단지 쥐 잡는데 10% 정도 더 성능이 좋고, 디자인이 20% 더 안 좋다면 전체적으로 더 안 좋다고 생각한다. 그런 구매자에게는 좋은 쥐덫이란 단지 디자인의 색상이 다를 뿐이라고 생각한다. 사회문제를 해결하는데 성과 측정도 힘들고 한쪽에서는 좋아졌다고 사회갈등을 더 조장시킬 여지도 있어서 결과적으로 그게 그거다.

⑤ 길을 만드는 노력(The Effort of Beating The Path) : 비록 고객이 필요를 느끼고, 존재를 의식하고, 좋은 물건이라 생각하더라도 찾아가는 수고를 하지 않는다. 그들의 마지막 행동은 물건에 대한 가치의 시각에 달려 있다. 오직 1% 정도만 좋다고 여긴다면 과연 정글에서 가시덤불을 뚫고 길을 내어 우리 집으로 찾아오겠냐는 것이다. 아마도 수신자 부담 전화와 배달에서 설치까지 해준다면 그나마 다시 한 번 생각할지는 모르지만 말이다. 다 이해되고 좋은데 내가 귀찮고 힘들어 모금상품에 기부하지 않는다.

3) 이야기 짓기 오류(Narrative Fallacy)

상식처럼 널리 알려진 명제가 틀린 이유는 무엇일까? 전문가들은 사람들이 '이야기 짓기 오류(Narrative Fallacy)'에 쉽게 빠지기 때문이라고 말한다. 꺼낼 이야기가 없는데도 기부를 유도하기 위해 그럴싸한 이야기를 만들려고 한다. 이야기 짓기 오류는 복잡한 사건을 설명하기 위해 그럴듯한 이야기를 지어내고 또 그것을 믿는 인간의 특성을 말한다. 나심 니콜라스 탈레브(Nassim Nicholas Taleb)의 저서 『블랙 스완』에 등장하는 개념이기도 하다.

사실 상황을 단순화시켜 이해하는 것은 인간의 본능이다. 복잡한 세상에서 정보를 빠르게 기록하기 위해 무의식적으로 인간의 뇌가 일정한 패턴을 찾는 것이다. 덕분에 우리는 적은 용량으로 과부하를 피하며 생활할 수 있다. 이야기 짓기는 복잡한 사건을 개별적으로 기억하는 것보다 하나의 그룹으로 묶어서 이해하는 것이 훨씬 수월하기에 뇌가 즐기는 과정이다. 그러나 상황을 지나치게 단순화시키는 경향이 있고 과거와 미래에 편견을 갖게 한다는 점에서 기부할 때는 경계해야 한다. 어떤 패턴이 존재하지 않는 상황에서 패턴을 찾으려고 할 때, 혹은 자세한 분석 없이 흥미로운 테마에 현혹되어 기부하려 할 때 가장 위험하다. 모든 사건에 이야기가 있고, 기승전결이 있다는 생각도 문제이다. 인과관계를 찾으려 들면 과거의 어떤 일이 원인으로 작용하고 특정 결과를 불러오는 것처럼 보이기 때문이다. 모든 것이 운명처럼 예정되어 있고 A라는 사건이 B라는 사건으로 이어질 수밖에 없다고 생각하는 것은 위험하다. 현실세계의 사건은 매우 복잡한 요소로 만들어진다는 것에 유념해야 한다. 때로는 우연이 개입하기도 하는데 이야기 짓기 오류에 빠지면 우연의 역할을 간과하기 쉽다.

이야기 짓기 오류를 극복하기 위해서는 의식적인 노력이 필요하다. 뇌의 합리적이고 계산적인 부분을 자극해서 기존 믿음을 끊임없이 되물어야 한다. 그렇지 않으면 나심 탈레브가 '블랙 스완'이라고 부르는 예상 밖의 사건이 발생할 확률을 간과하게 된다. 근거 없는 소문

대신 실증적 연구를 추구하고 수집한 정보, 발견한 패턴, 관련 해석과 결론을 비판적으로 수용해야 한다. 반대 의견을 경청해 자신이 세운 가설을 검증하는 것도 좋다. "기부에 공짜 점심이란 없다"라는 말이 있다. 이야기 짓기 오류를 피하기 위해 항상 기억해야 할 기부 격언이다.

4) 기부자 성향 파악의 귀인(Attribution) 오류

모금가가 잠재기부자의 행동을 어떻게 이해하고, 행동의 원인을 귀인하는가에 따라 그 사람과 어떻게 상호작용할 것인지가 결정된다. 예를 들어 한 기부자가 큰 액수의 기부를 했다고 하자. 그러면 이 행동의 원인은 무엇일까? 그 결과가 상황의 특수한 요인에 의해 일어났다고 판단하는 경우 상황 귀인(Situational Attribution)을 한다고 한다(예: "그때 마침 복권에 당첨됐나 보네"). 반면 어떤 사람의 행동이 그 사람의 특성이나 능력에 의해 일어났다고 판단한다면 성향 귀인(Dispositional Attribution)을 하는 것이다(예: "기부성향이 높네"). 즉 행동을 기분, 성격, 능력 같은 내적 요인과 돈, 운, 다른 사람의 압력, 날씨 같은 외적 요인으로 귀속시킬 수 있다.

그러면 어떤 경우에 상황 귀인을 하고 어떤 경우에 성향 귀인을 할까? 심리학자 켈리(H.H. Kelly)가 제안한 공변 모형(Covariation Model)에서 귀인 과정에서 합의성·일관성·특이성이라는 세 가지 정보들이 특정한 행동과 함께 변하는 정도(이를 통계학 용어를 빌리면 공변이라고 부른다)를 고려한다고 주장했다. 합의성이란 다른 사람들도 같은 행동을 하는 정도이고, 일관성은 한 사람의 특정한 행동이 얼마나 지속적인가 하는 정도이며, 특이성은 한 사람이 한 상황에서의 특정한 행동이 다른 상황에서도 나타나는 정도이다.

그림 9-2 공변 모형

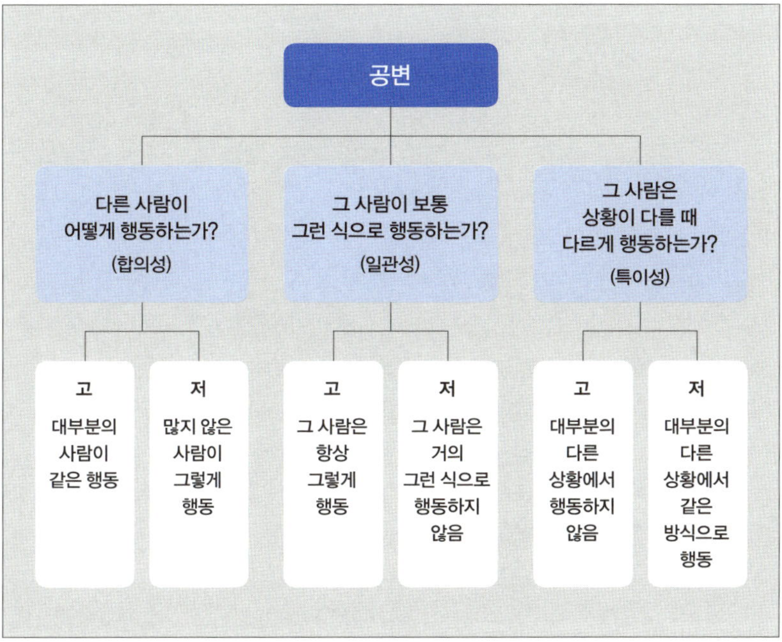

따라서 부정적인 행동을 성향 귀인하면 사회적 관계를 단절할 수도 있다. 어쩔 수 없는 상황 귀인 때문이라고 해석하여 그 상황을 함께 변화시키려고 노력해야 한다. 그러기에 사회적 측면에서 귀인 연구가 중요하다.

〈그림 9-2〉에서 보여주는 기부자의 행동 동기를 통합적(Holistic)으로 판단하여 오류를 최소화하고, 그에 걸맞은 설득전략과 예우정책을 만들어야 한다.

제10장

모금과 인간관계

1. 인간관계의 수리학적 측정

모금에 있어서 인간관계는 매우 중요하다. 따라서 관계를 통한 모금은 시대를 초월한 기초적인 모금 방법이다. 모금 불변의 법칙과 원리들은 모두 인간관계의 이해를 바탕으로 인간의 심리와 관계를 활용하여 상대방을 이해하고 설득하는 것을 기본으로 삼는다. 따라서 관계성이 우수한 사람은 훌륭한 모금가가 될 확률이 높아진다. 사람들은 누구나 자신이 상대에게 의미 있는 사람이기를 바라며 자신의 입장을 배려해 주는 사람에게 호감이 가기 마련이다. 모금가는 이런 심리와 관계 형성에 대해 잘 이해하고 활용할 줄 알아야 한다. 아무리 인터넷이나 모바일 등 테크놀로지를 이용한 모금 방법이 많이 개발되었다고 해도 이 기본 원리는 변하지 않는다. 특히 어려운 경제 상황 속에서는 이 원리가 각광받는다. 심지어 새로운 모금 방법으로 유행하는 Web 2.0, 사회적 네트워크, 멀티미디어 분야에서도 인간관계의 역학을 이해하지 못하면 그 분야에서 퇴출당하고 만다. 아무리 기술이 발전하고 새로운 방법이 등장한다 해도 그 기본 원리는 무시될 수 없기 때문이다.

인간관계의 범위는 일대일 관계, 여러 그룹 또는 팀원들과의 관계(단지 동료일 뿐인)를 떠나서 선후배, 사제, 친지, 더 나아가 자신이 속해 있는 지역사회와 자신과의 관계까지도 포함한다. 좋은 관계를 맺는다는 것은 매우 중요한 덕목이다. 그러기 위해서 우선 관계를 이해하고 서로의 다름을 인정하고 배려할 수 있는 능력을 갖는 것이 중요하며 그 능력이 바로 모금의 기초가 된다.

모금은 서로 몸을 부딪치고 움직이는 단체운동과 같아서 함께 일하는 팀원들 간의 인간관계는 매우 중요하다. 팀원끼리의 관계가 좋아야 모금이 제대로 시작될 수 있다. 기부라는 공의로운 행위는 단체의 그럴듯한 미션보다 먼저 접하게 되는 요청자의 인간적인 모습에 의해 결정되는 경우가 많다. 그러므로 좋은 기부자가 없다고 탓하기 전에 모금하는 사람부터 좋은 사람이 되어야 한다. 스스로의 가치를 높이고 능력을 키움과 동시에 관계의 질과 눈높이를 업그레이드시키면 자연히 더 좋은 기부자를 만날 확률이 높아진다. 일반적으로 서로 잘 아는 사이이며, 비슷한 위치에 있고, 상호 간에 호감을 가지고 있는 소위 '호감'에 의한 기부가 많이 이루어진다. 그러므로 모금가가 자신의 가치를 상승시키는 만큼 상대하게 되는 기부자의 수준이나 경제적 능력도 더불어 높아지게 된다.

그렇다면 어떻게 관계를 맺어야 좋은 관계인가? 눈앞의 이익을 위해 단체의 모금만을 겨냥하는 관계는 기부자로부터 외면을 당하기 쉽다. 또한 학연·지연을 통한 배경 인맥과 아는 사람을 통한 소개도 처음에는 효과를 보는 것 같지만, 궁극적인 기부자 발굴에는 역부족이라는 사실을 곧 깨닫게 된다. 도움을 받기 위한 목적으로 접근해서 관계를 맺는 것은 상대방에게 곧 탄로 날 얄팍한 속임수에 불과하다. 진실성이 떨어지면 관계라는 것은 금방 틈이 벌어지게 되고, 이는 서로에게 불쾌한 감정만을 안겨 주게 된다. 그러므로 모금가는 자신이 맺는 관계들에 의미를 부여하고 진심을 다해 상대방을 대할 수 있어야 한다.

모금 세계에서 가장 좋은 관계는 신뢰에 바탕을 둔 진정성으로 일방적으로 도움을 주거나 받는 것이 아닌 서로 도움이 되는 관계가 가장 바람직하다. 누구와 아는 사이라서 또는 친한 사이라서 기부한다는 개념이 아니라 서로를 성장시키고 서로의 기쁨을 높여 주는 관계가 가장 이상적이다. 그래서 모금가들은 기부자와 모금가의 관계가 마치 기부 투자가(Donor-Investor), 즉 기부자와 투자가의 관계 형태가 가장 적절하다고 설명한다. 모금가가 기부금을 단체의 투자금으로 생각하고 기부자를 단체의 미션을 위한 투자자로 생각한다면 어떻게 해야 그 투자자를 만족시킬 수 있는지 의무감과 책임감을 가지고 활동하게 될 것이다.

모금가를 고용할 때 모금 지식에 대한 전문성도 고려 대상이지만, 얼마나 많은 진정한 대인관계를 경험했으며 다양한 사람들과 관계를 맺을 수 있는 능력이 있는가도 따져 보아야 한다. 정말 중요한 것은 관계의 수와 질이며 앞으로 얼마나 더 많은 인맥을 형성할 수 있을 것인가이다. 그래서 고용할 때, 모금가의 과거의 인맥 형성 과정과 그 인맥의 질에 대한 인터뷰를 할 수 있도록 시간을 할애해야 한다. 그 인맥의 다양성과 모금가가 그 인맥의 중심(Hub)에 있는지, 어떤 전문성과 재정적인 능력이 있는 사람들과 관계를 맺었는지도 묻는다. 물론 소개나 추천 없이 본인 스스로 인맥을 형성해 나간 사람을 더 높이 평가하는 것은 당연한 일이다.

인맥을 형성한다는 것은 많은 사람들과 명함을 교환하는 것만으로 이루어지는 것이 아니다. 중요한 것은 내가 그를 아는가가 아니라 그가 나에 대하여 얼마나 알고 있는가이다. 또 자신의 위치나 상황이 변화함에 따라 이전에 맺었던 인맥이 현재에도 계속 유지될 수 있는가를 고려해 보아야 한다.

치열한 경쟁 속에서 전문성은 인간관계의 밀도를 높여 주는 역할을 한다. 호감을 주는 성격이나 태도 등도 중요하지만 상대방에게 도움이 될 수 있는 전문가를 소개하거나 본인이 그들이 필요로 하는 전문성을 갖추어 그들이 원하고 필요로 하는 것을 선행하는 것도 바람직하다.

일반적으로 모금 실전에서 양성(Cultivation) 전에 잠재기부자와 모금가 혹은 단체와의 관계 양성에 도움이 되도록 관계 정도를 수치로 규명하는 데 다음의 방법을 주로 사용한다.

1) 친밀도 측정(Relationship Score)

나와 타인과의 관계 정도를 보통 '친하다' 혹은 '친하지 않다'와 같은 모호한 표현을 쓰기 마련이다. 그러나 '친하다'는 표현은 상대와의 관계의 정도가 객관적이지 않다. 단순히 대화를 나누는 정도인지, 함께 밥을 먹어본 사이인지, 어려울 때 도움을 요청할 수 있는 관계인지, 여행을 가서 같은 숙소를 쓸 수 있을 정도인지 등을 '친하다'는 말로는 정확하게 알 수가 없기 때문이다. 이 때문에 단순히 사무적인 관계로 만나 서로 이름을 알고 인사를 나누며 가끔 대화를 나누는 사람을 나와 '친하다'고 소개하지만, 상대방은 '친하다'의 의미를 함께 여행을 가고, 고민이 있으면 털어놓는 사이로 오해하는 상황이 벌어지기도 한다.

그림 10-1 친밀도 측정

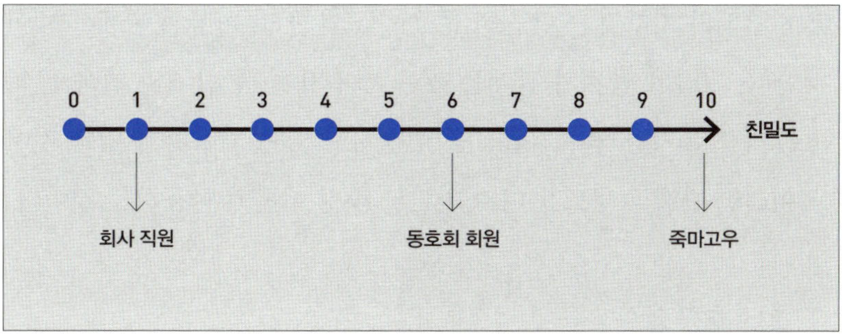

이처럼 말로 표현하기 힘든 상대방과의 친밀도나 관계의 근접성을 한눈에 이해하기 쉽도록 수치화한 것이 바로 친밀도 측정이다. 말 그대로 관계를 점수로 따져 수치화한 것으로 심리학, 경제학 등에서 널리 쓰여 왔다.

친밀도 측정이란 간단히 말해 관계의 친밀도와 근접성을 1~10까지 나누어 점수를 매기는 것이다. 점수를 매기는 기준은 개인마다 다를 수 있지만, 관계의 정도가 정확한 수치로 나타나기 때문에 서로 간의 오해를 줄이는 방법이 된다. 예를 들어 같은 회사에서 일하지만 부서가 달라서 오가며 얼굴을 익힌 정도로 가볍게 인사만 나누는 사람에게는 친밀도가 별로 높지 않으므로 1점을 매긴다. 그리고 종종 만나 함께 취미를 공유하는 동호회 활동을 함께하는 사이라면 6점을 주고, 정말 절친한 사이로 함께 여행을 가거나 개인적인 비밀 이야기도 나눌 수 있는 사이라면 최고점인 10점을 주는 방식이다.

관계의 정도에 따라 점수를 매기는 이 친밀도 측정은 모금 세계에도 적용된다. 모금가는 모금을 도와줄 자원봉사자가 잠재기부자를 안다고 말할 때, 이 친밀도 측정 기법을 사용하여 자원봉사자와 잠재기부자가 정확히 어떤 관계에 있는지를 알아내야 한다. 다만 개인 간의 관계가 아닌 단체와 기부자와의 관계로 설정된다는 점이 조금 다르다. 단체와 기부자는 단순히 돈을 주고받는 것 이상의 관계를 맺어야 한다. 그리고 단체와 관계를 맺은 기부자들 중 단체와 더욱 돈독한 관계를 유지하거나 친밀감을 형성하고 있는 기부자가 있을 것이다. 이러한 관계의 정도를 따져 친밀도 측정 이론에 적용하는 것이다.

2) 추천 점수

관계란 직접 맺는 것 외에도 주변 사람들의 추천과 소개를 통해 이루어지기도 한다. 소개나 추천의 경우 상대방의 능력이나 성격을 바로 판단하기가 쉽지 않다. 이때 쓰이는 방법이 바로 추천 점수이다. 이것은 A라는 사람을 추천받았을 때, 추천한 사람으로부터 A에 대한 정보를 듣고 그에 대한 능력치를 수치화하여 점수를 매기는 방법이다. 이는 추천인 한 사람뿐 아니라 A와 관계된 주변인들의 의견을 모두 수렴하여 종합적으로 판단하는 것으로, 친밀도 측정보다 객관적인 방법이라 할 수 있다.

평가 방법은 친밀도 측정과 비슷하다. 최고 점수를 10점으로 설정했을 때, 팀워크 및 업무 수행 능력이 뛰어나다는 주변의 평가를 받고 추천된 사람은 만점에 가까운 점수를 받을 것이고, 업무 능력은 뛰어나지만 동료와 관계가 좋지 않고 잦은 불화의 원인이 되는 사람이라면 5점 안팎의 점수밖에는 받을 수가 없게 된다. 이러한 관계 측정 방법을 단체와 기부자에게 적용하면 〈표 10-1〉과 같은 형태가 된다.

추천 사유에 따라 기부자의 점수가 다르게 매겨진다. 단순히 추천자와 친분이 있는 경우, 기부하기까지 많은 단계와 정성을 들여야 한다. 단체의 입장에서 시간과 비용이 많이 드는 경우이므로 낮은 점수를 매겨 관계의 정도를 한눈에 파악할 수 있도록 하는 것이 좋다.

표 10-1 추천에 의한 관계 측정 방법

점수	기부자 추천 유형
1점	• 추천자와 단순 친분 관계
2점	• 모금 참여, 기부 경험이 있음
⋮	⋮
8점	• 단체의 미션에 적극 동의 • 기부 능력 높음
9점	• 단체의 미션에 적극 동의 • 기부 능력 높음 • 단체 관련자와의 만남을 원함
10점	• 단체에 기부할 의사를 표명함

만약 단체의 미션에 큰 관심을 보이고 단체의 활동에 대해 좀 더 알고 싶어 하는 잠재기부자는 기부 가능성이 크므로 높은 점수를 줄 수 있으며, 기부 의사를 밝히고 단체와의 만남을 원하는 기부자는 가장 높은 점수인 10점을 줄 수 있다.

3) 포지셔닝 맵(Positioning Map)

포지셔닝 맵은 분야마다 꼭 필요한 요소들을 위치해 놓은 좌표이다. 이 좌표로 자신이 어디에 놓여 있는지, 경쟁사는 어느 위치에 있는지, 어떤 차별성과 강점이 있는지 등을 한눈에 알아볼 수 있다. 경제와 관련하여 기업들이 포지셔닝 맵을 이용하여 현황을 파악하기도 하며 여러 학문에서도 필요한 요소들을 좌표화하여 분석하는 데 사용하고 있다.

그림 10-1 포지셔닝 맵

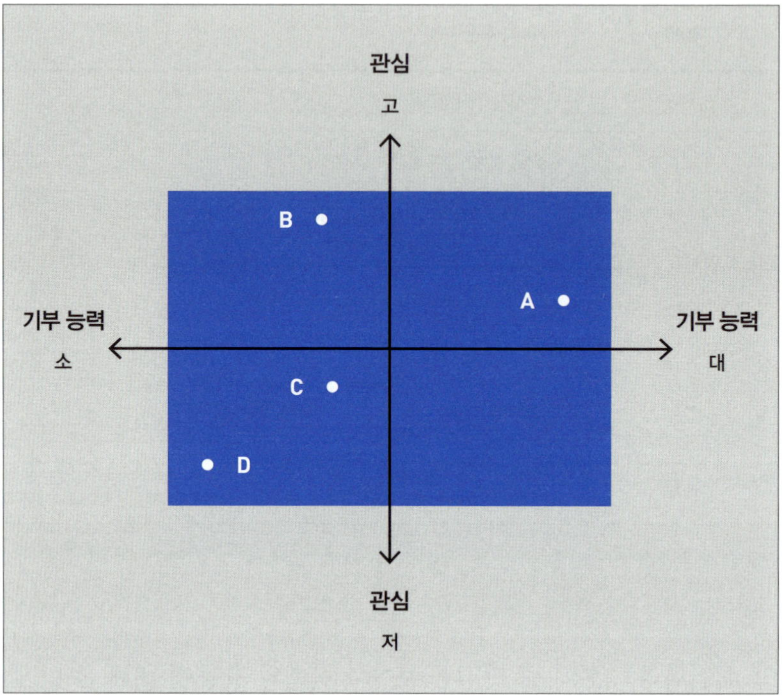

좌표화하는 과정에서 각각의 축은 반대 방향으로 향할수록 상반되는 성질을 가지며, 각각의 극점은 지향점을 향할 수도 있다.

모금에 포지셔닝 맵을 적용하면 〈그림 10-1〉의 형태가 만들어질 수 있다. 관심도와 기부 능력에 따라 축을 정하고 대상 기부자의 위치를 설정함으로써 단체와 기부자 간의 관계를 가늠해 볼 수 있다.

A라는 잠재기부자는 단체의 미션에 대한 관심도는 높지 않지만 기부 능력은 크므로 지속적인 접촉과 설득을 통해 기부를 이끌어 낼 수 있는 가능성을 가지고 있다. B는 단체의 미션에 대한 관심도는 높고 기부 능력은 중간 정도이며, C는 기부 능력도 중간이고 단체가 추구하는 미션에 대해서도 단지 인지하고 있는 정도이다. D는 기부 능

력이 낮으며 단체의 미션에 대한 관심도도 낮아 기부를 이끌어 내기 힘든 잠재기부자라는 것을 알 수 있다.

이처럼 잠재기부자의 특성에 따른 위치를 표시하여 한눈에 알아볼 수 있게 하면 단체의 기부자 관리 계획을 세우는 데 큰 도움이 되며 잠재기부자에 대한 과학적이고 체계적인 접근이 가능해진다.

4) 참여지수

단체와 기부자가 관계를 맺거나 접촉하는 경로는 다양하다. 기부자는 단체의 행사나 프로그램에 참여한 경험이 있을 수도 있고, 단지 단체에서 발간한 유인물을 접한 정도이거나 출판물을 구매하는 정도의 관계를 맺었을 수도 있다. 이러한 단체와 기부자와의 다양한 경로를 통한 관계를 일정한 점수로 표현하는 것이 참여지수이다. 이 역시 일정한 기준을 세우고 각기 다른 점수를 줌으로써 기부자의 참여 정도와 관계의 밀접성을 측정해 보는 방법이다.

예를 들어 단체에서 주최하는 세미나에 참석한 사람이라면 단체와 어느 정도 직접적인 관련을 맺고 있다고 할 수 있으므로 중간쯤 되는 5점을 준다. 단체에서 발행한 책자나 출판물을 구매한 사람은 단체와 직접적인 관계를 맺고 있지는 않으므로 그보다 적은 2점 정도를 매길 수 있다. 이러한 점수 등급에서 가장 높은 점수를 받은 사람은 단체의 모든 행사와 프로그램 등에 가장 밀접한 관련을 맺고 있으며 참여도가 가장 높은 단체의 구성원이 된다. 그중에서도 단체의 이사진은 단체의 활동에 대한 참여도가 월등하게 높고, 단체를 위한 기여도도 가장 높다고 할 수 있으므로 10점을 줄 수 있다.

2. 관계모금이론

기부자의 정서·욕구·의견을 확인하는 것은 관계의 친밀성을 갖게 해 줄 수 있으며 이를 통해 '우리'라는 정체성을 확고히 하여 자선 또는 이슈에 대해 더 높은 수준의 헌신으로 이어지게 할 수 있다. 높은 수준의 헌신은 결국 기부자의 성장·자기성취·자기실현과 관련이 있다. 다음은 기부자와 단체 간의 관계가 어떠한 내면적 변화로 인해 이루어졌는지를 관계모금이론을 통해 이해하여 관계 전략에 적용하도록 한다.

첫째, 정체성 이론(Identity Theory)이다. 기부자가 단체의 한 부분처럼 느끼게 만드는 것이다. 결국 충성도를 높이기 위함인데, 기부자가 우리 단체나 목적사업, 그리고 수혜자의 상황에 대해 유사성과 공감성을 높이는 방법이다. 따라서 기부자의 신념과 가치가 단체의 활동을 통해 경험할 수 있도록 기회를 제공하여야 한다. 예를 들어 '그린피스 지지자' 'Action Aider' '기부자 가족'이라는 활동과 네이밍으로 소속감을 들게 한다.

둘째, 자기 향상 이론(Self-Enhancement Theory)이다. 기부자로서의 정체성이 향상되도록 유지해야 한다. 경험과 참여를 통해 일치감이 높아짐에 따라 단순 기부자 이상의 욕구와 실현이 성취되도록 확장시켜야 한다.

셋째, 자기 결정 이론(Self-Determination Theory)이다. 자기 결정은 성취와 만족감을 강화시킨다. 제안과 요청에 의한 자선적 행위가 아닌 개인의 이념과 신념에 따라 선택한 자기 주도적인 삶이어야 한다.

관계모금이론은 기부자와 단체의 관계를 '교환' 관계에서 '공동'

관계로 옮기려는 궁극적인 목표를 세울 수 있다. 사회적 교환 이론(Social Exchange Theory)에 따른 교환 관계는 당사자 간의 일련의 연결, 상호 작용 및 교환이며, 그렇게 하기 위한 보상 및 보상 의무를 생성한다. 그러나 공동 관계의 파트너는 이러한 방식으로 비용과 혜택을 서로 추적하지 않는다. 공동의 관계에서 한 파트너는 다른 사람들의 요구에 관심을 갖기 시작하고 다른 사람들도 자신처럼 그러하기를 원한다. 이 단계에 도달하려면 기부자들은 그들이 지원하는 단체에서 아마도 '융합된' 정체성과 같은 공유 정체성을 개발해야 할 것이다. 기부자가 다른 사람들에 대해 이렇게 느낀다면 수혜자나 단체의 필요를 돌보는 것이 가족을 돌보는 것과 같은 감정으로 즐거움이 높아지게 된다.

3. 3G와 관계기부

1) 3G의 중요성

첫 번째 G는 바로 'Give', 보통의 사람들은 자신이 추구하고 싶은 가치가 있지만 자신의 능력으로 혼자서 할 수 없는 일을 비영리단체가 대신해 주기를 바라고 기부하는 경우가 대부분이다. 그 단체에 기부함으로써 그 단체를 후원하고, 그 단체가 자신이 지향하는 가치들을 실천하고 실현시키기를 바라는 것이며, 한편 비영리단체는 기부자에게 어떠한 혜택으로 돌려줄 수 있을 것인가에 대해 고민하라는 것이다.

두 번째 G는 'Get'이다. 단체에 관심이 있는 사람들로부터 무엇을 얼마나 얻을 것인지 고민해야 한다는 것이다. 이를 미리 고민하는 것은 사람에 대한 예의와 직결된 문제이기 때문이다. 고민 없이 제시한 금액은 잠재기부자를 모욕할 수도 있고, 부담을 줄 수도 있다. 예를 들어 큰 회사를 운영하는 잠재기부자에게 찾아가 1만 원을 기부해 달라고 요청한다면 이는 큰 실례가 된다. 반대로 평범한 직장인에게 찾아가 100만 원의 금액을 요청한다면 큰 부담을 느낄 수 있다.

마지막 G는 'Get Off'이다. 모금가라면 적절히 요청할 뿐 아니라 이 사람이 기부할 것인지 아닌지 정확하게 판단할 수 있어야 한다. 기부하지 않을 사람에게 지나치게 많은 시간과 노력, 비용을 소모하는 것은 바람직하지 않다. 보유한 정보를 바탕으로 상황을 판단하여 가능성이 없는 잠재기부자를 포기하는 시기와 방법을 아는 것도 매우 중요한 전략이다

2) 관계의 삼분법

한 사람이 3명의 친구를 사귄다고 가정해 보자. 3명 가운데 1명은 피상적인 관계가 가능하다. 적당한 관계와 안면 유지는 하지만 서로의 영역에 대한 침범은 극도로 피하는 관계이다. 또 다른 1명은 아무리 노력해도 친구가 될 수 없는 관계이다. 마지막 남은 1명은 원하는 만큼의 친밀한 관계를 맺을 수 있다. 이 3명 가운데 누가 친해질 수 없는 관계인지, 적절한 유지를 해야 하는 사람은 누구인지, 원하는 만큼의 관계를 맺을 수 있는 사람이 누구인지 아는 것은 그리 어려운 문제가 아닐 수 있다. 그러나 세상에 많은 사람을 이 세 가지 범주 안에 넣는 것은 쉬운 일이 아니다. 결국 모금은 기부를 요청할 때 그 기부에 적극적이고 호의적으로 응답하는 사람들을 발굴하여 요청하고 그 사람에게 보답을 주는 것, 그리고 기부요청에 반응하지 않는 사람들을 분별하여 재빨리 종결하는 것에서 성패가 갈린다고 해

그림 10-2 관계의 삼분법

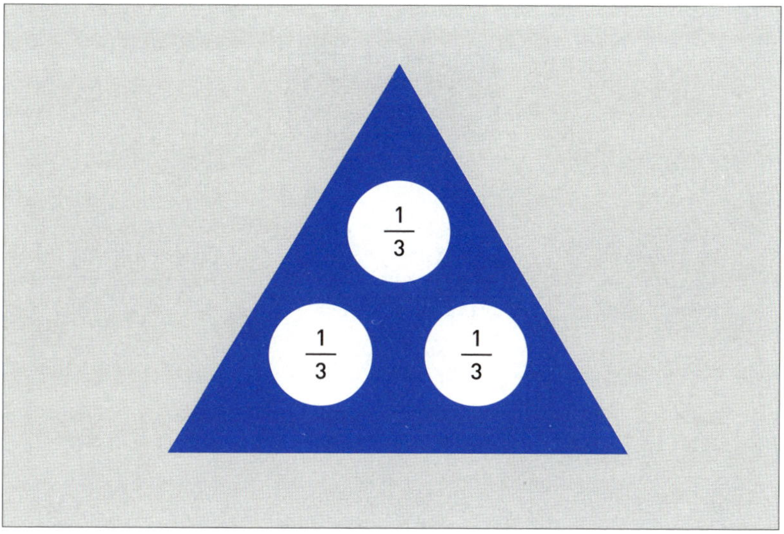

도 과언이 아니다. 소극적인 호응을 보내는 사람의 경우 꾸준히 관계를 유지는 하지만 그 우선순위에서 중요도는 상대적으로 부족하다고 할 수 있다.

3) 양성(Cultivation)의 본질

기부자 및 잠재기부자와의 관계 구축은 모금 성공의 보장을 위해 해야 하는 중요한 일 중 하나이다. 기부자 양성(Cultivation, 관계 다지기)은 일관된 활동, 개인화된 커뮤니케이션 전략에 의존한다. 기부자 양성은 단체의 잠재기부자로 식별된 시간부터 처음 요청을 할 때까지 발생하는 모든 활동에 대한 것이다. 이는 잠재기부자와의 관계를 구축하고, 그들과 소통하며 궁극적으로 기금요청을 향해 길을 가는 과정이다. 이는 비영리단체에 없어서는 안 될 필수 과정이며, 단 한

그림 10-3 기부자 양성(Cultivation)

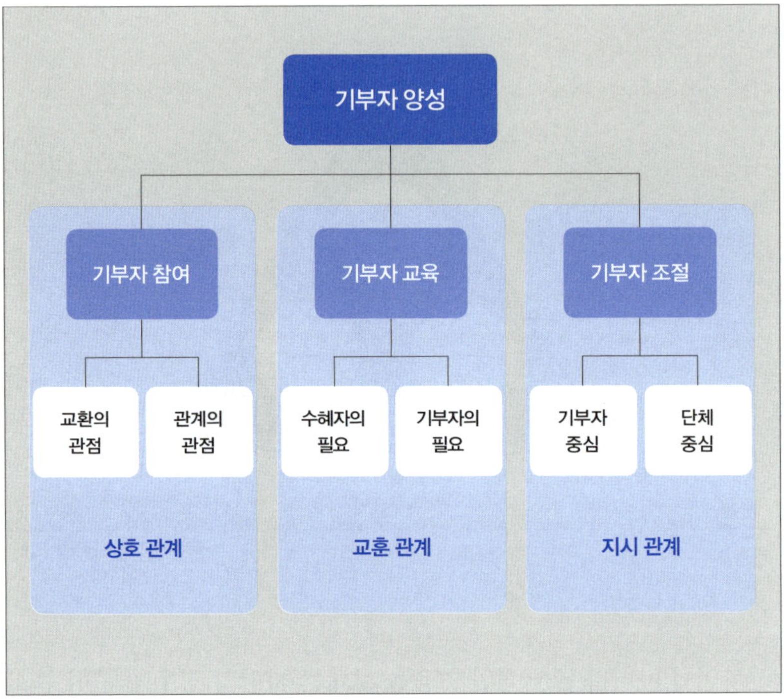

번의 기부보다 훨씬 오랫동안 지속할 기부자와의 관계를 위한 토대를 만드는 과정이다.

'기부자 양성'은 추상적인 말로서, 기부 현장에서는 해석이 분분해 왔다. 모금가가 기부자와의 관계를 능동적으로 주도하기 위해 관계를 디자인하는 것이 포인트이다. 기부자 중심이 중요하다고 너무 끌려다니거나 조직의 이익만을 기부자에게 대변하는 것이 아닌 동등한 입장에서 관계의 교환과 소통을 말하는 것이다.

기부자 양성은 기부자 참여(Engagement), 기부자 교육, 기부자 조종 등 세 부분을 포함한다. 기부자 참여는 사회적 교환과 관계의 차원에서 서로 상호 관계를 맺도록 돕는 역할이고, 기부자 교육은 수혜자와 기부자에게 숨겨져 있는 필요(Need)를 알려주는 관계의 역할이고, 기부자 조종은 기부자 중심과 단체 중심으로 나누어 균형을 맞추고 조율해 주는 관계의 역할이다.

기부자와의 관계에 따라 신규 기부자, 현 기부자, 파워 기부자(Power Donors), 이탈 기부자(Churn Donors), 복귀 기부자(Resurrected Donors) 등 다섯 가지 기부자 군으로 분류할 수 있는데, 모두 이탈할 가능성이 존재한다는 점을 중요하게 생각해야 한다. 유지(Retention) 전략은 이런 이탈 가능성을 줄이고 기부자가 단체의 미션을 지속해서 지지할 수 있게 만든다는 것을 의미한다. 이탈 기부자를 줄이기만 하면 단체의 역량은 성장할 수 있을 것이다. 따라서 기부자 군에 따라 양성전략이 달라져야 한다.

4. 심리 이론과 관계 촉진

모금이라는 것은 '돈'보다는 사람의 '마음'을 모으는 작업이라 할 수 있다. 따라서 모금은 상대방의 마음을 움직이느냐, 그렇지 못하느냐가 관건이다. 그러므로 모금에 앞서서 선행되어야 할 것은 상대방의 마음을 알아야 하며 그 마음을 움직여야 한다. 그래서 상대방의 심리를 파악하고 이를 적절히 이용한다면 기부를 성공적으로 이끌어 낼 수 있다. 기부선진국에서는 이미 심리학을 적용한 모금활동이 활발히 진행되고 있고 성공 사례도 발표되고 있다. 그렇다면 모금에 자주 적용되는 심리학에는 어떠한 것들이 있을까? 현재 진행된 연구가 많이 있지만 모금현장에서 실질적으로 가장 많이 사용하는 심리 이론을 살펴보도록 하겠다.

1) 유사성의 원리(Matching Principle)

사람들은 기본적으로 자신과 비슷한 가치관을 가진 사람을 선호한다. 가치관뿐 아니라 인종, 종교, 문화, 정치, 사회 계층, 교육 수준, 연령 등이 자신과 비슷한 사람들을 선호하는 것을 심리학에서는 '유사성의 원리'라고 한다. 사람들은 심리적으로 자신이 좋아하는 것을 함께 공유할 수 있고 취향이 비슷한 사람들을 그렇지 않은 사람보다 더 좋아한다.

모금에서는 이러한 유사성의 원리를 이용하여 모금가를 결정할 때에 기부자의 취향을 먼저 파악한 후 그 기부자와 비슷한 성향을 가진 모금가를 찾아낸다. 이렇게 기부자에게 맞추어 선별한 '맞춤 모금가'가 요청을 한다면 유사성의 원리에 의하여 기부자는 이 모금가에게 호감을 갖게 되고 자연히 그의 말과 요청에 귀를 기울이게 된다. 기부를 이야기하는 자리라 해도 모금가의 개인적인 면을 통하여 친밀감을 형성한다면 기부의 성공률까지도 높일 수 있다.

2) 떠벌림 효과(Profess Effect)

떠벌림 효과란 개인적으로 결심한 일을 스스로 지켜가는 것보다 이를 공식적으로 공표하고 많은 사람에게 떠벌린 후에 지키는 것이 성공 확률이 높다는 심리 이론이다. 이러한 떠벌림 효과에는 두 가지가 있다. 하나는 조건부 계약(유관 계약)이라는 것이다. 어떤 사람이 약속한 것을 달성하면 그에 합당한 보상을 받아 내기 위하여 목표한 것을 이루어 내려는 노력을 더 많이 하게 된다. 부모들이 자녀를 공부하도록 만들기 위해 '성적이 90점이 넘으면 휴대폰을 사 주겠다'라는 식으로 약속을 하는 것과 같이, 어떠한 조건을 내걸어 목표한 것을 달성하도록 하는 것이다.

다른 하나는 공개 표방이라는 것인데, 달성하고자 하는 목표를 주위 사람들에게 공개적으로 알림으로써 주변 사람들로부터 지원도 받고 동시에 감시를 받으며 자신이 한 말을 지키도록 만드는 것이다. 자신이 목표로 삼은 행동을 공개적으로 표방하면 자신이 한 말에 책임을 더욱 느끼게 되고 거짓말쟁이가 되지 않기 위해 약속을 더 잘 지키게 된다.

모금에서도 이와 같이 기부자로부터 얼마를 받기로 했다는 사실을 신문이나 방송 매체에 공개적으로 발표해 버리는 경우가 있다. 기부자 쪽에서 실제 지급을 망설이고 있거나 이미 성사된 거래라도 공개적인 자리에 발표가 되어 버리면, 그에 대한 책임을 지기 위해서라도 약속을 지키기 마련이다. 이것은 대중에게 많이 알려져 있거나 높은 지위에 있는 사람일수록 더욱 그렇다. 바로 떠벌림 효과를 이용한 고의적인 전략인 것이다.

3) 방관자 효과(Bystander Effect)

사람들은 일반적으로 자신 외에 다른 사람이 있으면 굳이 나서지 않고 숨으려는 심리가 있다. 누구 한 명이 나서기 전까지는 방관자로 남아 있으려는 심리이다. 위기에 처해 있는 사람을 목격했을 때도 혼자 있는 경우에는 곧바로 가서 도와준다. 이것은 그 사람을 구할 사람이 주위에 자신밖에 없다고 생각하기 때문이다. 그러나 똑같은 위기의 순간이 와도 자신 외에 다른 사람들이 있을 때는 자신 말고도 누군가가 저 사람을 도와줄 것이라는 심리가 작용하여 선뜻 나서지 않게 된다. 이러한 현상을 심리학에서는 '방관자 효과'라고 한다.

그러나 중요한 것은 아무도 나서려 하지 않는 이러한 상황에서 누군가 한 명이 나서면 사람들도 서서히 움직인다는 것이다. 그 한 예로 지하철 5호선 천호역에서 전철과 승강장 사이에 몸이 끼인 한 남자를 구하기 위해 사람들이 전철를 밀어 남자를 구했던 사건이 있었다. 이 일도 가장 먼저 열차를 밀어보자고 외친 단 한 사람이 있었기에 가능했던 일이다. 위기의 순간에 아무도 나서지 않으려는 방관적 상황에서 단 한 명이라도 먼저 움직이는 사람이 있다면 상황은 180도로 바뀐다.

모금에서도 이러한 상황 역전이 필요하다. 사람들은 이 사회에 도움이 필요한 사람들이 있다는 것을 알면서도 굳이 내가 아니어도 누군가 해결해 줄 것으로 생각하여 방관한다. 이것은 개개인의 본성이 악하거나 무관심해서가 아니다. 해야 할 일인 것을 알지만 누구에게나 나서지 않고 방관자로 남고 싶은 심리가 있기 때문이다. 그러나 누군가 솔선수범하여 기부하는 모습을 보인다면 사람들의 움직임을 이끌어 낼 수 있다.

그러므로 모금에서는 이러한 역할을 해 줄 첫 타자를 먼저 찾아내야 한다. 이러한 선동자 역할을 일반 사람들에게서 찾을 수도 있지만, 그보다는 모금활동을 하는 사람들 안에서 나와 주어야 한다. 모금의 목적과 필요성이 뚜렷하다면 누구보다도 그 모금팀 팀원들이 가장 먼저 나서야 한다. 현재 모금운동이 진행 중이라면 모금팀 팀원들은 이미 그 필요성에 동의한 것이다. 예를 들어 아프리카 난민을 돕는 문제가 중요하고 시급하다면 무턱대고 대중들의 참여를 독려하는 것보다는 그 중요성을 스스로 깨닫고 있는 모금팀 팀원부터 먼저 기부하는 모습을 보여주는 것이 일반 사람들의 참여를 더욱 잘 이끄는 방법이 된다.

4) 상위 효과(Discrepancy Effect)

일반적으로 메시지를 전달하는 전달자와 메시지를 받는 수신자의 태도 사이에 차이가 클수록 수신자를 더 잘 변화시킬 수 있을 것으로 생각하지만, 오히려 반발이 일어나 수신자의 태도가 잘 변하지 않는다. 다시 말해 전달자와 수신자의 태도 차이가 크지 않을 때 수신자의 태도를 변화시킬 수 있고, 차이가 지나칠 정도이면 태도 변화량이 감소한다. 이러한 현상을 '상위 효과'라고 하며, 여기서 상위(Discrepancy)란 전달자의 입장과 수신자의 입장 차이를 말한다.

상대방을 설득하고자 이 이론을 적용할 때, 상대방을 무조건 이해시키기보다는 상대방의 태도와 정보를 파악한 후 적당한 차이의 정보를 제시해야만 내가 원하는 방향으로 상대방을 설득할 수 있다.

모금에서도 마찬가지이다. 기부자의 상황과 태도를 가장 먼저 파악한 후 이에 맞게 요청해야 한다. 기부할 마음이 전혀 없고 필요성조차 전혀 느끼지 못하는 기부자를 찾아가 설득하는 것보다는 단체가 모금하고자 하는 목표를 어느 정도 이해하고 공감하는 기부자를 찾는 것이 훨씬 효과적이다. 혹은 기부에 전혀 관심이 없는 기부자라도 그가 관심을 보일 주제를 찾아 이에 맞게 접근한다면 기부를 성사시킬 확률이 높다. 상대방의 현재 태도를 파악하고 그에 맞는 메시지를 전달하는 것이 모금의 관건이다. 상대에 대한 파악 없이 일방적으로 설득하는 것은 시간 낭비일 뿐이다.

5) 위치 효과(Position Effect)

심리학에서는 인간의 커뮤니케이션 구조를 두 가지로 나누는데, 중앙 집중적 통신구조와 분산적 통신구조가 바로 그것이다. 중앙 집중적 통신구조란 말 그대로 한 공동체를 이루고 있는 구성원들이 중앙의 주요 인물들을 중심으로 모여 있는 형태이다. 중앙 집중적 통신구조에는 쇠사슬형, 수레바퀴형, Y형 모델이 있다.

쇠사슬형은 정보 전달이 위에서부터 아래로 이루어지는 수직적 커뮤니케이션과 단체의 중심에 위치한 구성원으로부터 주변부로 정보 전달이 이루어지는 수평적 커뮤니케이션으로 구분한다. 수레바퀴형은 단체의 중심인물이 중앙에 존재하여 정보 전달이 중심인물에게 집중되는 유형이다. Y형은 단체에서 임명된 확실한 중심인물은 없지만, 구성원 대다수가 인정하는 지도자가 존재하여 이 인물을 중심으로 자연스럽게 주변 인물과 혼합되고, 세력 집단으로서 지도자가 커뮤니케이션의 중심 역할을 맡고 비세력 또는 하위집단과 연결되는 커뮤니케이션 유형이다.

중앙 집중적 통신구조는 정보 전달이 단체의 중앙에서부터 주변의 구성원들에게 차례차례 전달된다. 이 유형은 정보 수집과 문제 해결이 비교적 느리며, 중간층에 있는 구성원을 제외한 주변 구성원들의 만족감은 비교적 낮다는 평가를 받는다. 집단의 중심에 있는 사람보다 그 주변 사람들이 의사소통에서 소외될 가능성이 크다.

이에 반해 분산적 통신구조는 집단의 구성원들이 어느 한곳을 중심으로 모여 있는 형태가 아니고 말 그대로 여기저기 분산되는 형태이기 때문에 직접 개개인에게 의사전달이 된다. 따라서 분산적 통신구조는 집단 구성원 개개인의 권한과 행동 및 주장들을 인정하기 때문에 집단 구성원들의 만족감이 높다. 이처럼 통신구조에서 차지하는 위치에 따라 집단 구성원들의 만족이 달라지는 현상을 '위치 효과'라고 한다.

모금에서는 이러한 위치 효과를 이용하여 모금팀 내에서 개개인에게 중요한 직책을 부여하는 방법을 사용한다. 모금팀에서 중앙의 모금책임자로부터 일방적으로 지시를 받는 것이 아니라, 음악회나 바자회와 같은 특별 행사를 통해 모금을 할 때 각자 한 가지의 중요 직책을 맡게 되면 책임 때문에 능력이 최대한 발휘되며, 스스로 만족감도 높아진다. 이때 각각의 직책은 서열이 아니라 개별적으로 존중하는 지도자로서 '장'이 되어야 한다. 문서나 이름상에서만 '장'으로 표시된다 하더라도 내가 어떠한 '장'을 맡고 있다는 사실 하나만으로도 큰 책임감과 만족감을 느끼게 된다. 이러한 직책을 맡김으로써 그 사람으로부터 최대한의 역량을 끌어낼 수 있다.

6) 최적 각성 수준(Optimal Level of Arousal)

사람들은 단순한 작업을 혼자서 진행하면 긴장이 풀려 일의 능률이 오르지 않는다. 반대로 복잡하고 어려운 작업을 할 때 누군가 옆에서 지켜보거나 감시를 하면 지나치게 긴장을 하게 되어 일의 능률이 오르지 않는다.

옆에서 누군가가 지켜볼 때 일을 더 잘하는 현상을 '사회적 촉진 현상'이라고 하고, 옆에서 누군가 지켜볼 때 일을 더 못하는 현상을 '사회적 억제 현상'이라고 한다. 사람들에게는 일의 능률이 가장 잘 오르는 각성 수준이 있는데, 이것을 '최적 각성 수준'이라고 한다. 다시 말해 사람들이 일을 하는 데는 그에 따른 가장 적합한 각성 수준이 있다는 의미이다(https://blog.naver.com/dovmfzkftba/150167681177).

결국 일을 능률적으로 처리하려면 과제마다 긴장하는 것이 달라져야 한다. 모금활동은 '사회적 촉진 현상'에 의해서 혼자보다는 팀을 이루어 함께 수행하는 것이 좋다. 혼자서 모금활동을 하다 보면 스스로 긴장감과 용기를 잃게 되고 모금의 의미를 상실해 버릴 수도 있다. 그러나 팀을 이루어 체계적으로 모금을 진행하면 서로 지켜보고 용기를 주면서 일의 능률을 높여 줄 수 있다. 동료로서 서로 힘이 되어 주고 때로는 서로에게 감시자 역할을 함으로써 긴장감을 잃지 않고 끝까지 효율적으로 일을 진행할 수 있다.

7) 호손 효과(Hawthorne Effect)

사람들은 누군가가 관심을 가지고 지켜보면 더 분발하려는 심리가 있다. 이러한 현상은 여러 명이 함께 일하면 생산성이 올라가는 '사회적 촉진 현상'과도 관련이 있다. 이것이 산업 현장에 적용되어 누군가 관심을 가지고 지켜볼 때 생산성이 향상되는 현상을 '호손 효과'라고 한다.

모금에서도 이처럼 팀을 이루어 모금을 할 때에 그 효과가 향상된다. 그중에서도 '집단 역학(Group Dynamic)'을 활용하면 이러한 팀의 능률을 더욱 높일 수 있다. '집단 역학'은 일반 대기업이나 교회에서도 많이 사용하는 방법으로, 단체의 구성원들이나 어느 한 팀이 모여 이른바 '파이팅'을 외치며 긍정적 생각을 불러일으키는 것이다. 다른 분야도 마찬가지지만 모금도 전체적인 팀의 분위기가 가라앉고 기운이 없으면 일이 제대로 되지 않는다. 이러한 경우 한 사람이라도 나서서 할 수 있다는 가능성을 소리 내어 외치거나 다이나믹하게 팀원들을 격려하는 작업이 필요하다. 직원들의 사기를 높여 주기 위해 어느 대기업 사원교육에서는 다 같이 큰 소리로 '할 수 있다'라는 구호를 외치게 하는 프로그램을 진행하기도 한다. 서로 독려만 하는 것보다는 활발하고 적극적으로 팀원들의 사기를 높이는 조직 역학 방법이 더욱 효과적이다.

'집단 역학'은 그저 한순간의 분위기 전환을 위한 것이 아니라 팀원 개개인의 태도를 변화시키기 위해 꼭 필요한 작업이다. 팀원 개개인이 일에 임하는 태도 자체가 긍정적이고 활동적으로 바뀌게 되면 모든 일이 긍정적이고 목표했던 방향으로 나아가게 된다.

5. 부자들과의 인간관계

많은 사람들이 부자[09]들의 생활패턴과 문화를 이야기하고 그것을 직접 VIP 마케팅에 활용하고는 한다. 하지만 부자도 여러 부류가 있으므로 그들 모두를 동일하게 대해서는 안 된다.

모금학에서는 부자들의 기부동기와 그들에게 숨어 있는 관심사를 파악하기 위한 연구에 많은 시간과 노력을 기울이고 있다. 일반인들과 달리 접촉이 제한되어 있고 조사에 잘 응하지 않기 때문에 그들에 관한 연구는 쉽지 않다. 그러나 미국에서 2008년 빌 게이츠 재단에서 50만 달러를 투자하는 등 거액의 투자가 이어지는 상황에서 그들의 모금은 결코 무시할 수 없는 모금 세계의 핵심으로 자리 잡아가고 있다. 그만큼 그들과의 관계는 매우 중요해서 어떤 모금가는 나름의 노하우를 정리해 발표하기도 하고, 은근한 자랑을 섞어 잠정 고용주에게 깊은 인상을 남기려고 노력하기도 한다.

부자들 앞에 서면 누구나 주눅이 들기 마련이다. 한국에서 단체의 이사회와 직원들 간의 갈등 중 가장 큰 것이 바로 직원과 이사회 구성원들과의 사회 경제적 지위(Sicio-Economic Status, SES) 차이에서 발생하는 갈등이다. 서로 커뮤니케이션을 하는 데 부담을 느끼고, 이사회 구성원들이 모금에 가담하고 주체가 되어야 하는 상황에서도

09 여기에서 말하는 부자의 의미는 high net worth household, 즉 순자산 가치가 높은 사람을 말한다.

직원들이 선뜻 나서서 부탁하지 못하는 경우가 생긴다. 그래서 미국에서는 재단이 단체에 기부금을 줄 때, 이사회가 사회 각층을 대표할 수 있는 사람들로 골고루 포진해 있는가를 살펴보기도 한다.

지금까지 연구된 자료를 바탕으로 부자들을 상대할 때 모금가가 주의해야 할 자세는 다음과 같다.

- 부자들은 그들이 소속되어 있는 분야에서 성공한 전문가이기 때문에 그들 앞에서 함부로 아는 척을 해서는 안 된다.
- 모금가는 그들의 말을 경청해야 할 순간을 잘 알아야 하며 수다스러운 것을 피해야 한다.
- 자기 관리에 철저하다는 인식을 주는 것이 중요하며, 따라서 단정한 외모는 필수이다.
- 자신감이 있고 당당한 모습을 보이는 것은 좋으나 도가 지나쳐 남을 무시하는 태도를 보여서는 안 되며, 다른 사람들 앞에서 아랫사람을 나무라는 등 자신의 권위를 내보이는 행위는 금물이다.

모금가로서 상대방(잠재기부자든, 같이 일하는 직원이든)과 하지 말아야 할 대화 주제가 있다. 사람들은 상대방과의 관계가 조금 가까워졌다고 느끼거나 좀 더 빠른 관계의 진전을 원할 때 자신의 약점을 드러내어 상대의 경계를 풀려고 시도한다. 하지만 이때 조심하지 않으면 이익보다는 손해가 더 많은 점을 명심해야 한다.

첫째, 건강과 관련된 주제이다. 사람들 대부분은 건강한 사람과 교제하기를 원한다. 건강이 좋지 않아 자주 치료를 받아야 하는 사람과는 거리를 두기 때문에 자신의 건강 상태를 시시콜콜 알려 줄 필요는 없다. 둘째, 단체의 기밀을 쉽게 누설해서는 안 된다. 사람들은 금방 친해지고 싶은 욕심에 자신이 속한 단체, 혹은 다른 단체의 비밀을 "당신에게만 알려 주는 것"이라며 말하는 경우가 있다. 그러나 이 같은 행위는 단체에 위기를 가져올 수 있음은 물론, 모금가 스스로가 상대방으로부터 신뢰를 잃는 가장 위험한 행동이라는 것을 알아야 한다. 셋째, 애정 행각이다. 자신의 과거나 남의 이야기는 쉽게 꺼낼 수 있는 대화 주제이지만 이는 상대방에게 불필요한 악감정을 유발할 수 있고 경솔하다는 인상을 심어 줄 수도 있다. 그리고 그 외에도 정치적 견해, 급여 정보, 종교, 학력과 배경에 대한 과시, 인종 폄하, 지역감정 등은 피해야 할 대화 주제이다.

THE INTRODUCTION OF FUNDRAISING THEORY

WISE GIVING

모금학 Ⅲ

SMART FUNDRAISING

제11장

모금과정 체계화

1. 모금의 가정분석(Assumption Analysis)
2. 모금의 종류
3. 모금 방법
4. 모금 프로세스 5단계
5. 기부자 양성체계
6. 기부자 예우 정책(Donor Recognition Policy)

모금의 실패 원인 첫 번째 순위는 모금 계획에서 찾아볼 수 있다. '잘못된 계획은 오히려 실패를 계획한다(If you fail to plan, you plan to fail)'라는 말이 있다. 계획은 완벽한데 실행에서 실패하는 경우보다 계획 자체의 오류로 실패하는 경우가 대부분을 차지한다. 그리고 계획 자체보다는 그 계획의 과정(Process)이 훨씬 더 중요하다고 하겠다. 모금 계획이 아무리 훌륭하다 할지라도 자신의 역할이 포함되어 있지 않은 계획은 협조가 잘 이루어지지 않는다.

모금 계획은 오직 돈을 모으는 단발성 계획으로 끝나서는 안 된다. 단체의 재정 계획(Financial Plan) 안에서 여러 경로를 통하여 장기적으로 기금이 들어오는 시스템이 구축되도록 해야 한다. 모금 계획을 할 때 쉽게 범할 수 있는 오류는 일곱 가지이다.

- 계획 자체가 없다는 것은 문제가 크다(Not having a plan at all) : 실

패의 주요 원인이 되는 것은 계획 없이 생각나는 대로 하는 경우이다. 깃발만 든다고 기금이 스스로 들어오는 것은 아니기 때문에 뼈를 깎는 고뇌와 함께 찾을 수 있는 모든 자원을 동원하고 100%의 힘을 쓸 수 있도록 하는 전략이 필요하다.

- 일 년 동안만 할 수 있는 계획을 한다(Creating just a one year plan) : 기금이 들어오기까지 1년이라는 시간은 충분하지 않다. 씨앗을 뿌려 겨우 새싹이 돋을 때 수확하려는 성급한 계획이다. 최소한 3년 정도의 계획서를 만들어야만 겨우 그 효과를 볼 수 있다.
- 개인들에게서 들어오는 것만 계획한다(Including only private dollars) : 오직 한 통로에서만 기금이 들어오는 기금 모델은 건강하지 못하다. 이미 비슷한 다른 단체의 모금모델을 찾아서 벤치마킹을 한다. 여러 통로의 옵션을 살펴보아야 한다.
- 모금은 단체의 전략계획과 연관성이 없다(Not connecting it to your strategic plan) : 모금은 단체의 전략계획(Strategic Plan)과 정렬이 맞아야 한다. 전혀 관계없고 연결성이 없는 모금은 '펫 프로젝트(Pet Project)'[10]로 위험이 될 수 있다.
- 단체 역량을 키우는 기금을 생각하지 못했다(Ignoring capital goals) : 단체 운영을 위한 기금만을 마련할 수는 없다. 시스템의 구축과 발전은 모금의 역량을 키우게 된다. 단체가 세운 계획이 자신들이 가지고 있는 기본 역량보다 목표를 높게 잡은 것이 문제이고, 단체가 재충전하는 일에 투자를 하지 않은 것이

10 Pet project의 뜻은 하나의 개인적인 취향으로 진행되는 프로젝트나 활동이다. 즉 비영리단체의 근본 설립목적에서 벗어나 설립자나 모금 주체그룹의 개인적인 취향에 맞는 프로젝트나 모금상품을 그 단체의 주 모금상품 가운데 끼워 넣는 것을 말한다.

다. 우선적으로 안정된 기반과 조직확장을 위한 자본(Capacity Capital)이 얼마나 필요한가를 계산하고 또한 어떻게 마련할 것인가에 대한 계획을 가져야 한다.

- 이사회에 역할을 주지 못했다(Not giving your board a role) : 이사회 구성원은 모금을 직접 하지 않더라도 많은 역할을 할 수 있다. 이사회는 감독의 기능만 하는 것이 아니라 그들 자신이 모금을 가장 우선순위에 두고 모금가를 도와줄 수 있는 시스템을 구축해야 한다. 모금 계획 안에 이사회의 역할에 대한 구체적인 내용을 포함시켜야 한다.
- 효율이 높은 큰 모금캠페인에 초점을 맞추지 못했다(Not focusing on high return activities) : 모금 후의 데이터가 필요한 이유는 비용대비 효율성이 높은 모금활동에 더 투자하기 위함이다. 이러한 전략을 깊이 생각하지 않고 모금 계획을 세웠다면 그것이 바로 실패로 가는 지름길이다.

1. 모금의 가정분석(Assumption Analysis)

최근에 모금캠페인 기획은 프로젝트 매니지먼트 분야로부터 많은 전문 지식을 도입함으로써 발전되어 왔다. 그중에서 PMBOK(Project Management Body of Knowledge)는 캠페인 매니지먼트의 교육이나 컨설팅의 기본 개념으로 많이 사용하고 있다.

먼저 캠페인 기획의 4대 요소인 범위(Scope), 시간(Time), 비용(Cost), 성과의 질(Quality), 혹은 성과(Performance)를 이해해야 한다. 그리고 기획하기 전에 인풋(Input)으로 조직의 정책(Policy), 제한 조건(Constraints), 가정(Assumption)의 서로에 대한 역학조사를 한 뒤에 실제 계획안을 만든다.

모금 기획 단계에서 기획자는 몇 가지 가정(Assumption)을 하고 결과를 기대한다. 우선 그 가정하는 것이 무엇인지 점검 목록표(Check List)를 만들고 그중에서 만약 가정에 오류가 있거나, 일률적이지 못하거나, 실패했을 때 모금캠페인이 가지고 있는 위험 부담이 무엇인지 아는 것이 무엇보다 중요하다. 그리고 그것을 기획서에 명문화한다. 이때 가정의 점검 목록표에 없었던 것이 캠페인 진행 중에 갑자기 발생된다면, 그 캠페인은 기획부터 실패를 자초한 것이다. 예를 들어 특별 모금캠페인을 진행하는데 행사 당일 날씨가 좋을 것으로 가정하고 기획을 잡았으나 기후악화로 정반대의 결과가 펼쳐진다면 무척 당황하게 될 것이다.

큰 의미로서의 모금의 가정에는 기본적으로 세 가지가 존재한다.

첫째, 기부자는 그들에게 필요(Needs)가 있어서 주는 것이며 단체가 필요해서 주는 것이 아니다.
둘째, 모금가와 기부자 사이의 관계에 있어서 계획의 주도권을 모금가가 가지고 있다.
셋째, 상대는 자신과 비슷한 환경에 있는 사람을 통해 기부하려는 경향이 있다.

이 세 가지 전제를 가정으로 모든 모금의 계획과 전략이 만들어지는 것이다. 그러나 만약 이런 가정이 맞지 않는다면 모금 결과에 어떤 영향을 미칠 것인가를 모금가는 미리 분석해 두어야 한다. 단체가 필요하다고 하면 조건 없이 주는 기부자도 있고, 관계의 주도권을 기부자 자신이 갖기를 원해서 무조건 기부자로부터 연락이 오기만 기다려야 하는 경우도 있다. 또는 같은 환경보다 오히려 전혀 다른 환경의 사람에게 기부가 이루어지는 경우도 있다. 그러한 일들이 실제로 일어난다면 '가정'이 틀리게 되므로 이것으로 인하여 전체 캠페인에 어떤 문제가 생기게 될 것인지를 파악해야 하는 것이다.

작은 의미의 예를 들면, 자원봉사자의 최소 70%가 1명당 5명의 잠재기부자에게 직접 대면하여 기부 요청을 할 것으로 가정하고 모금 계획을 만들었는데, 만약 그 가정이 틀려 자원봉사자의 반 정도만 요청에 참가하고 나머지는 전화로 요청을 한다면 어떤 결과를 초래하게 될 것인지를 파악하는 것이다. 특별행사를 위해 시장을 초대하기로 가정하고 기획을 잡았는데, 만약 시장이 다른 일로 참석 못하면 어떤 영향을 미치는가를 안다면 도움이 된다. 겉으로 들어나는 가정도 있지만 파악이 어려운 숨어 있는 가정이 있을 경우는 결과를 장담할 수 없다. 많은 프로그램이 실패로 돌아가고 결과에 실망하는 것은 대부분 이런 가정분석(Assumption Analysis)에 실패했기 때문이다. 자신의 경험과 직관을 지나치게 신뢰하지 말고 충분한 정보를 수집하고 분석할 필요가 있다.

이렇게 미리 분석을 하는 이유는, 캠페인 내에서 불확실(Uncertainty)한 분야를 미리 찾아내고 그것을 시정함으로써 위험 부담을 최소화하기 위함이다. 만약 가정 그 자체가 틀렸다면 처음부터 계획의 수정이 불가피하다. 이런 과정은 전체 캠페인 중이라도 반복해서 진행되어야 한다. 확인되지 않는 주관적인 가정이나 예측은 모금 실패의 커다란 요인이 되기 때문에 정보를 입수하고 분석하는 객관적인 과정을 통해 예측을 가능하게 해야 한다.

2. 모금의 종류

모금의 종류는 모금목적에 따라 네 가지로 나누게 된다. 이것은 목적지에 도달하기 위해 어떤 차를 타고 갈 것인가를 선택하는 방법이라고 할 수 있다(이에 해당하는 기부의 종류는 제12장에서 언급하고 있다).

1) 일반 운영을 위한 모금(Annual Campaign)

프로그램 진행, 단체 운영, 사무실 유지 등 단체가 존재하기 위해 들어가는 운영기금을 마련하기 위한 모금이며, 단체의 기존 멤버십 회비로 충당되기도 한다. 이것은 특별한 기간을 두지 않고 상시적으로 항상 모금이 진행되며 주로 편지, 전화, 혹은 웹사이트를 통해 모금운동이 이루어진다. 또한 특별한 기간에 행사를 해서 단체가 추구하는 미션과 가치를 공유하는 새로운 기부자를 찾아내는 작업을 병행하기도 한다.

초반 모금은 주로 소액으로 이루어지지만 몇 년간 이러한 기본적인 경험이 쌓이면 다음 단계인 고액 잠재기부자 발굴의 기초를 닦을 수 있게 된다. 이 때문에 전문 모금 컨설턴트들은 고액모금을 하기 전에 일반모금을 경험할 것을 강조하며 만약 일반모금 경험이 없다면 섣불리 고액모금을 시도하지 않는 것이 좋다고 조언한다.

2) 특별 기금(Special Campaign)

필요한 때마다 기금을 모금하는 것을 말하며, 특별 행사를 하는 경우가 많다. 방송 등에서 주최하는 특별 모금 방송이 여기에 속하며, 연예인이나 유명인사를 초대하여 대대적으로 홍보하고 방송하는 등 대규모로 이루어진다. 어떤 특별한 목적으로, 짧은 기간 내에 모금이 이루어져야 하는 경우에 주로 쓰이는 방법으로, 지진 참사를 빚은 아이티와 칠레를 돕기 위한 세계적 모금운동이 좋은 예이다.

3) 고액 자산증진 모금(Capital Campaign)

단체의 자산을 늘리는 것이 궁극적 목표인 모금운동이다. 병원, 대학 등에서 많이 시행하고 있으며 많은 자원봉사자와 2~3년간의 긴 시간이 필요한 모금 방법이다. 고액 자산증진 모금은 일반모금과는 모금 방법이 다르며, 미국의 모금 컨설턴트들 대부분이 이 분야에 종사하고 있다. 주로 이사회를 주축으로 일반 모금에서 단체에 꾸준한 충성도를 보였던 기부자를 대상으로 하며 재단이나 기업을 상대로 기금을 요청하기도 한다.

4) 계획 모금(Planned Gift, Planned giving)

한국은 아직 유산기부에 대한 인식이 보편적이지 않지만 일반적으로 계획 모금의 꽃이라고 하면 유산기부를 꼽는다. 유산기부는 유서나 계약서와 같은 사전 계획을 통해 기부자 사후에 재산의 전부 혹은 일부를 단체에 기부하는 것을 뜻한다. 미국 내에서는 모금 분야에서 점점 유산기부에 대한 관심이 커져가고 있다. 관련 전문가도 많이 생겨나서, 계획 모금이 실제로 진행되고 있으며 성공 사례도 많아지고 있다. 그러나 하고 싶다고 해서 모든 단체가 계획 모금을 진행하고 성공할 수 있는 것은 아니다. 성숙하지 않은 단체는 그만큼 성공 확률도 낮기 때문에 모금을 진행하기 전에 여러 가지 모금 방법을 모두 경험함으로써 충분한 훈련을 거치는 것이 바람직하다.

3. 모금 방법

1) 풀뿌리(Grass Root) 모금

이것은 가장 기본적이고 원초적인 모금 방법으로서 처음 모금을 시작하거나 아직 단체의 브랜드 네임이 알려지지 않은 단체에서 주로 사용하게 된다. 이 모금 방법을 모든 비영리단체에서 반드시 써야만 하는 것은 아니지만, 가장 기초가 되는 모금 방법이며 일반적인 형태이므로 대부분의 단체들이 이를 경험했거나 현재에도 시행 중인 경우가 많다. 이러한 중요성 때문에 미국 내에서도 주말마다 각 대학에서 소규모 모금이 필요한 자리에서 풀뿌리 모금 방법에 대한 강좌가 꾸준히 열리고 있다. 이미 자리 잡은 비영리단체들도 풀뿌리 모금 방법에 대한 연구를 게을리하지 않고 있으며, 새로 생겨나는 비영리단체들은 필수적으로 알아 두어야 할 기본 지식인 셈이다.

풀뿌리 모금은 처음 모금을 시작하는 단체에서 가장 간편하게 채택할 수 있는 모금 방법이기는 하나 이 역시도 많은 어려움이 있다. 경험이 많고 열정적인 모금가도 수많은 부정적인 반응과 무관심 속에 '아니오'라는 대답을 들을 각오를 하고 있어야 한다. 이 모금은 물건을 세일즈하는 것과 비슷하다. 따라서 현장에서는 무엇보다도 영업적 마인드가 필요하고, 사람들의 심리에 맞는 전략과 철저한 준비도 갖추어야 한다. 일반 세일즈 경험이 많은 사람들은 상대방으로부터 '아니오'라는 거절의 의사 표현을 많이 들어 왔기 때문에 아무래도 그에 대한 실수가 적고 당황하는 법도 없다. 그래서 이러한 세일즈 테크닉이 모금에 응용되기도 한다.

이 방법은 쉽게 말해서 모금가가 소속된 단체의 임무와 비전과 이미지를 일반 대중을 상대로 판매하는 것이라 할 수 있다. 이때 모금에 가담한 사람들이 먼저 생각해야 할 것은 '기부자들에게 어떤 이미지로 비춰지는가'이다.

'이미지가 전부이다'라는 말처럼 현실적으로 이미지가 모든 것을 결정하기도 한다. 사람들에게 긍정적인 이미지를 심어 놓지 못하면 모금을 시작하기도 전에 사람들로부터 외면당하고, 어렵게 시작했더라도 실패하기 십상이다. 그러므로 모금을 밖으로 들고 나오기 전에 먼저 내부 교육을 통해서, 모든 참여자가 왜 기부를 받아야 하는지 등 상식적인 물음에 대해 명쾌하게 대답할 수 있을 정도로 준비가 되어야 한다. 분명한 목적과 목표가 있으면 기부금의 사용 목적에 대한 혼란을 줄이고 확신에 찬 상태에서 모금을 이끌어 갈 수 있다.

모금 참여자들이 모금의 당위성에 대해 확신하고 열정과 자신감이 넘친다고 해도 기부자의 눈에 진정으로 보이는지는 또 다른 문제이다. 이를 알아보기 위해 제3자인 모금가가 가끔씩 객관적인 입장에서 조사를 해 보는 것이 현명하다. 이에 대해 모금 단체의 당사자들과 서로 이견을 갖는 경우가 적지 않지만 모금의 성공을 위해서는 제3자의 공정한 의견에 귀를 기울여야 한다.

풀뿌리 모금의 구체적인 형태는 가가호호 방문을 하거나 편지, 전화, 웹 등을 통해 직·간접적인 접촉을 하는 것이다. 동네 시장이나 사람들이 많이 모이는 곳에서 대중을 직접 상대하기도 한다. 또 다른 방법으로는 음식을 제공하거나, 강사를 초청하여 특별 강의를 열거나, 복권 당첨 등의 행사를 곁들이는 방법 등이 있다.

2) 대중을 대상으로 하는 모금

대부분의 모금은 광범위한 대중을 상대하기보다 한정된 회원, 한정된 지역을 벗어나지 않는 범위 내에서 이루어진다. 이 때문에 모든 대중을 대상으로 하는 모금은 단체로서는 매우 중대한 사안이며 큰 결심을 필요로 한다. 대중을 상대로 하는 모금의 경우 잘못하면 그동안 쌓아 왔던 이미지를 한꺼번에 무너뜨릴 수 있다. 대중을 상대로 하는 모금은 먼저 단체의 모든 것을 대중에게 투명하게 공개해 놓은 상태에서 이루어지기 때문에 작은 흠이나 실수도 크게 문제가 될 수 있다. 대중을 대상으로 하면 모든 것이 파헤쳐지고 과거가 드러나기도 하며 혹독한 평가를 받기도 한다. 정보의 확산 속도가 엄청나게 빨라진 만큼 나쁜 소식은 더 빨리 대중들에게 퍼지기 마련이다. 그러므로 모금가가 대중을 상대로 모금운동을 시작하기에 앞서 몇 가지 준비해야 할 사항들이 있다.

① 단체에 대한 대중의 이미지는 어떠한가?

단체에 대한 대중의 인식이 좋지 않은 경우, 무턱대고 모금을 시작하는 것보다 단체의 이미지를 개선시키는 과정이 선행되어야 한다. 단체에 대해 좋지 않은 이미지를 가진 기부자들은 쉽게 기부를 결심하지 않으므로 기부 요청이 성공할 가능성도 매우 낮다. 그러므로 단체의 이미지를 좋게 하는 것이 가장 먼저 이루어져야 할 작업이다.

② 재정 사용과 조직의 투명성이 확보되었는가?

대중을 상대로 한 모금을 영리회사에 빗대어 설명하면 주식시장에 상장하는 과정을 거치는 것과 같다. 개인회사나 유한회사로 있을 때에는 몇 사람의 이사진이 회사 경영에 대해 전적으로 책임을 진다. 이런 경우 국세청 외에는 아무도 회계장부를 내보이라는 법적 요구를 할 수 없다. 하지만 주식회사, 특히 상장기업의 경우에는 회계나 조직 운영 등 경영을 투명하게 공개해야 하며, 더구나 이에 대해 기존 투자가나 잠정 투자자로부터 비판받을 준비가 되어 있어야 한다. 단체도 마찬가지로 대중을 상대로 하는 모금을 펼치는 순간, 단체의 재정이나 경영 관리에 대해 공개할 수 있어야 하며 실수나 잘못에 대한 비판도 받아들일 수 있어야 한다.

③ 내부적인 참여가 있는가?

모금을 하기에 앞서 먼저 내부적으로 충당할 수 있는 부분을 최대한 채운 다음 나머지를 대중들의 몫으로 남겨두어야 한다. 만약 내부의 참여 또는 희생 없이 전적으로 대중에게만 의지하려 한다면 모금의 성공률은 낮아진다. 내부의 활발하고 적극적인 참여가 대중들에게 알려지면 그만큼 대중의 기부 참여도는 높아진다. 그러므로 대중에게 전적으로 의지하기에 앞서 단체 내부의 참여를 이끌어 내야 한다.

④ 윤리적이고 합법적인 모금운동인가?

조직의 미션과 부합하지 않는 비윤리적인 방법, 또는 사회적·문화적으로 옳지 않다고 여겨지는 방법으로 모금이 이루어지는 것이 아닌지 꼼꼼히 점검해야 한다. 이때에는 단체 내부와 대중의 의견은 물론 전문가의 의견도 수렴하여 단체의 모금운동이 올바른 방향성을 가지고 사회·문화적으로 가치 있고 진실한가를 깊이 생각해 보아야 한다.

4. 모금 프로세스 5단계

〈그림 11-1〉은 전체적인 모금과정을 설명하고 있다. 모금 프로세스는 다섯 가지 단계를 따른다. 여기에서 반드시 알아 두어야 할 것

그림 11-1 모금과정

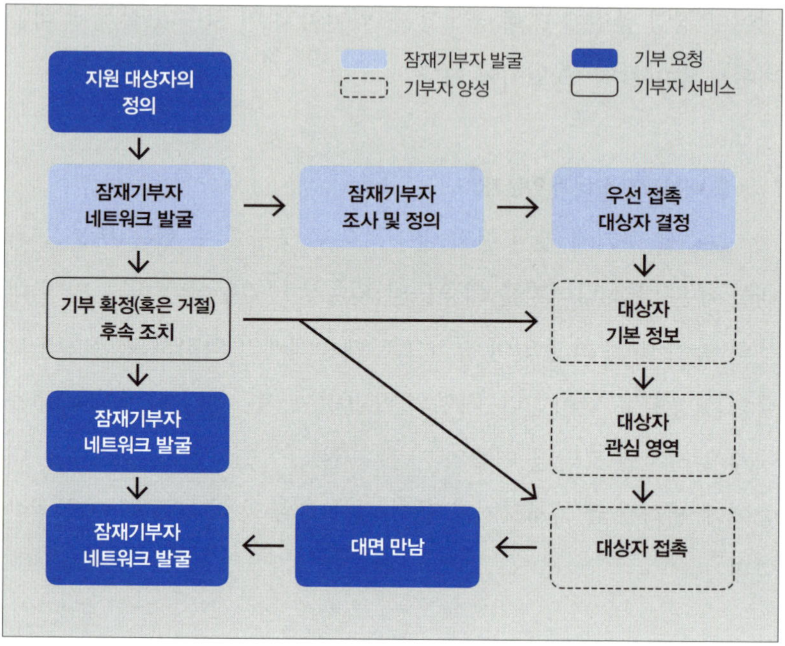

은 이들 중 오직 하나만이 실질적으로 모금을 요청하는 단계라는 것이다. 그러나 나머지 여러 단계와 과정, 자원 개발과 네트워크 구축 등은 성공적인 모금 확보를 위해 중요하고도 필수적인 요소들이며, 단체의 임무와 계획, 전략들은 항상 그 단체의 방향성과 함께 비전에 근거해서 명확하게 제시되어야 한다.

1) 1 단계 : 기획(Plan) – 전략과 업무 계획 세우기

모든 단체나 조직에서는 목표를 세우고 사업을 진행하기 전에 반드시 기획 단계를 거친다. 모금 프로그램의 기획에는 모금활동 계획을 위한 일람표의 준비, 그리고 각 분야에 필요한 책임, 자원과 방편들이 자세히 명시되어 있어야 한다. 모든 모금활동에서 가장 중요한 것은 반드시 명확한 기간 내에 계획한 일들을 수행하는 것이다. 성공적인 모금활동은 업무에 대한 노력과 훈련을 요구한다. 전문적인 직원들은 자원봉사팀과 한 몸을 이루어 좋은 결과를 이끌어 낼 수 있어야 한다.

① 모금 목표(Fundraising Goal)

금전적인 목표는 단체의 필요와 포부를 반영하고 있어야 하지만 기부자들의 실질적인 역량과 캠페인의 규모는 적합해야 한다. 기부자의 기부 성과는 이전의 실행 평가와 사례 연구를 통해 통계를 낼 수 있다. 만약 이러한 조사가 불가능하다면 '엄지의 법칙(Rule of Thumb)'을 적용한다.

엄지의 법칙은 상위 10명의 모금 금액이 전체 모금액의 40~60%를 차지한다는 이론이다. 이 법칙을 감안하여 단체의 상위 10명의 기부자의 실질적인 규모를 예측하면 단체의 누적 총계에 대한 예측이 가능해진다. 혹은 스스로가 목표로 하는 금액의 절반에 해당하는 모금 금액을 10명의 고액 후원자로부터 유치할 수 있는지 스스로의 역량에 대해 질문해 보도록 하자. 가능하다는 자신감과 결론이 서면 그 모금은 이미 성공의 길에 들어선 것이나 다름없다.

② 배후에서의 준비(Back-Office Preparation)

모금을 위한 행정 진행과정은 반드시 전문화되어 있어야 한다.

- 행정업무를 진행할 때 직원들의 업무 내용과 스케줄에 대한 확실한 이해
- 연락처 관리와 기부자를 위한 승인 절차

- 모금운동 관련 자료 제작(기관 소식지, 서약서, 초대장 등과 같은 시각적 자료)
- 온라인 모금을 위한 캠페인 웹사이트 구축

③ 소개 자료 및 명분서(Case Statement) 준비

모금활동을 하기 전에 반드시 기억해야 할 것이 있다. 단체들이 잠재기부자를 조사하고 알기를 원하듯이 잠재기부자들도 당신과 당신의 단체를 알고 싶어 한다. 깊이 있게 준비된 단체에 대한 홍보물은 그들의 욕구를 충족시키기 위한 적합한 역할을 수행하게 될 것이다.

비영리단체의 홍보물은 단체의 미션, 역사와 활동 내역들이 반드시 명확하고 간결하게 서술되어 있어야 하며, 필요한 내용이 잘 제시되어 있어야 한다. 또한 여기에는 단체의 역동적인 활동상을 보여 주어야 하며, 전략과 계획 수행에 관한 내용들은 매년 수정되도록 해야 한다. 홍보물은 단체의 모든 자원 개발, 마케팅, 커뮤니케이션의 주춧돌로서 모금과 개인 혹은 단체 파트너의 지원을 이끌 수 있도록 제작되어야 한다. 잘 만들어진 홍보물은 단체가 고유로 추구하는 사명과 도전들을 널리 알림으로써 단체의 활동이 어떠한 방식으로 사회 공익에 기여하고 있는지를 보여 주어야 한다. 이를 통해서 잠재기부자들의 참여가 단체의 활동에 얼마나 큰 시너지 효과를 발휘할 수 있는지를 제시함으로써 새로운 동기부여를 이끌어 낸다. 효과적인 홍보물은 그 단체의 신뢰성을 보여 주게 됨으로 효율적이고 믿을 만한 모금활동을 이끌어 낼 수 있다는 것을 증명하게 해 준다. 홍보물은 다음 내용을 포함한다.

- 단체의 직원과 이사진은 단체에 관해 명확하고 신뢰감을 제공하는 명분서를 함께 작성해야 한다.

- 단체가 필요로 하는 것보다는 단체가 제공할 수 있는 기회와 도전을 강조하도록 한다.

  예) "우리 단체는 폐허가 된 집을 다시 고쳐 줄 것입니다"라고 하기보다는 "우리 단체는 새로운 집의 주인들을 탄생시킬 것입니다"라는 말이 사명과 도전을 더욱 적절하고 인상적으로 표현한 말이다. 당신은 공익사업을 위한 투자자를 찾고 있는 것이며 단기적 자선 사업가를 찾고 있는 것이 아님을 기억하라.
- 잠재기부자들의 공헌을 유도하기 위해 시기에 따라 적절한 기회를 제공해야 한다.

  예) "추운 겨울철이 다가왔습니다. 당신의 관심과 도움은 한 가족을 겨울 내내 따뜻하게 지켜 줄 수 있습니다"와 같이 특정 시기에 긴급성이 강조된 말은 기부자들에게 더욱더 적극적으로 동기부여를 할 수 있다.
- 간략하고 명확한 말투와 애매모호하지 않는 직접적인 문장을 구사하도록 한다.
- 간결한 선언문을 작성한다. 6장에서 12장 정도의 분량이 가장 일반적이지만, 여기에 얽매일 필요는 없다. 또한 단체의 새로운 프로그램에 관해서는 독자들의 이해를 돕기 위해 좀 더 자세한 정보를 넣어 작성하도록 한다.
- 건설적이 되도록 해라. 긍정적인 언어를 사용함으로써 세상을 더욱더 살기 좋은 곳으로 만들기 위한 단체의 역할을 부각시키고, 이를 통해 기부자들의 도움을 이끌어 내도록 하라.
- 결과에 집중하도록 해라. 후원자들에게 그들의 기부금 사용처에 관한 수식화된 자료를 자세히 명시하고 제공하라.

  예) "당신의 도움으로 14개의 침대가 노숙 청소년들에게 제공되었습니다"라는 식으로 정확한 결과를 포함하는 보고를 제공할 수 있어야 한다.

- 잠재기부자의 언어로 말하도록 하라. 잠재기부자들은 이미 많은 요청을 받고 있기 때문에 당신은 한층 두드러지는 태도로 이들을 대해야 한다. 잠재기부자가 당신의 단체를 도움으로써 어떠한 긍정적인 효과를 창출하고, 본인 스스로가 만족할 수 있는지 설득할 수 있어야 한다.

④ 모금 행사(Campaign Events)

중요한 모금운동 행사를 위한 일정표를 만들어야 한다. 행사에는 하우스 파티, 공연, 혹은 저녁 만찬과 같은 모금 행사와 기부자의 캠페인 등이 있다.

⑤ 훈련(Training)

중요한 모금운동의 구성을 위해 전문적인 직원과 자원봉사자들 역시 스스로의 추가적인 훈련이나 외부로부터의 자문이 필요하다는 것을 항상 인식하고 있어야 한다. 이 훈련에 시간과 예산을 잘 활용하고 그 짜임새를 튼튼하게 하는 법도 포함되어야 한다.

⑥ 예산(Budget)

모금운동의 지출을 위한 부분(인건비, 자문비용, 행사비용, 우편료, 홍보자료 디자인 및 인쇄 등)을 반드시 예상해야 한다.

⑦ 모금팀과 전문 모금가

자주 강조하지만 성공적인 모금은 팀워크에서 나온다. 잘 구성된 팀워크는 헌신적으로 업무에 전념하게 하며, 전문성을 갖춘 자원봉사자들과 모금직원들 간의 시너지 효과가 발생하게 하고, 이를 통해 모금사업계획을 성공으로 이끌게 된다. 효율적인 의사소통과 공동 작업은 팀을 성공적으로 운영하게 만드는 열쇠이다. 작은 단체의 경우, 책임감이 강한 자원봉사자들에게 직원이 해야 할 일의 일정 부분을 맡기기도 한다. 이처럼 서로간의 협조와 이해가 이루어져야 모금이 성공할 수 있다.

또한 모금팀은 규정된 법칙을 반드시 준수하며 스스로에 대한 책임을 다해야 한다. 모금 총괄 책임자(Executive Director), 모금 개발 팀장(Development Director)와 모금 참여 자원봉사 리더(Campaign Lay Leadership)[11]들도 역시 명확하게 자신의 역할과 책임에 대해 이해하고 헌신해야 한다.

모금운동에서 전문 모금가의 역할은 매우 중요하다. 조직적인 업무 편성과 일정이행 여부를 확인하고 구성원들 간의 명확한 의사소통이 가능하도록 조율하는 역할을 해야 한다. 또한 자원봉사자들과 잠재기부자들을 잘 분별하고 선정하는 업무를 수행한다. 전문 모금가는 모금 개발을 위한 기술과 성공적인 모금을 위해 필요한 것들을 준비하는 능력을 갖추어야 하며, 효율적인 모금 요청을 위해 필요한 전문 지식과 정보들을 준비해 두어야 한다. 이때 모금 개발을 위한 다양한 사례 연구와 자료 확보는 필수이며 기부자를 상대하기 위한 적합한 태도와 의사소통 방법도 익혀 두는 것이 좋다. 기부자와의 대화 도중에 추가적으로 요구되는 정보를 즉각적으로 제공할 수 있는 순발력도 갖추고 있어야 하며, 함께 일하는 자원봉사자의 역량과 노력을 인지하고 최대로 끌어낼 수 있는 능력 또한 전문 모금가가 갖추어

11 평신도 리더십(Lay Leadership) : 자원봉사자들이 위원회, 이사회 또는 기타 자원봉사 그룹에 임명되어 조직이 주도권을 갖도록 도와준다. 이사회의 경우 평신도 지도자는 조직의 스텝에 대한 복지에 대한 결정을 내리는 데 핵심적이다.

야 할 덕목 중의 하나이다.

모금팀은 단체의 재정적 여유와 명성을 향상시키는 역할을 할 수 있다. 팀은 성공적인 모금을 위해 최선을 다하고 모금 지도자들과 자원봉사자 간의 열린 대화의 장을 마련하고 서로를 배려하며 신중하게 업무를 진행해야 한다.

2) 2단계 : 전망(Prospect) – 잠재기부자에 대한 정확한 파악과 권한 부여

단체와 관련된 사람들 중 누가 단체의 특정한 사업계획과 이를 위한 기금 요청에 관심을 가질 수 있을까? 단체의 사명을 지원하고자 하는 기부자가 있을까? 단체의 사명에 관심을 가지는 사람들 중 누가 고액의 기금 유치를 가능하게 하는 재정적인 자원을 가지고 있을까?

새로운 기부자를 발굴하기 위한 체계적인 프로그램은 장단기적 성장을 위해 반드시 필요하다. 잠재기부자를 계속 발굴하는 작업은 신선하고 활기찬 모금 순환의 지속과 발전을 위해 필수적이다.

이 발굴 과정(Identification Process)에 이사진들을 정기적으로 참여시켜야 하며 다른 사람의 참여를 유도하기 위해서 예리한 판단력을 지녀야 한다. 참여가능 명단은 모금직원들과 공유되어야 하고, 모금직원들은 이러한 자료와 정보를 바탕으로 향후 모금이 지속적으로 유지되도록 노력하면서 새로운 가능성과 다양한 자원을 모색해야 한다.

① 잠재기부자를 찾는 방법

- 지역 신문과 매체 활용
- 많은 사람이 몰리는 곳에 공고를 내고 소식지를 배포

- 단체의 이력 조사 : 이해관계자와 과거 기부자 검토, 단체 설립과 사업에 참여한 사람들에 대한 검토

② 잠재기부자의 자격기준(Qualifying Prospect) 설정

단체는 잠재되어 있는 기부 가능성을 찾기 위해 잠재기부자에 대한 자격 기준을 설정해야 한다. 이는 자신이 알고 있는 모든 부유한 사람에 대한 막연한 기대감을 담은 명단을 작성하는 것보다 단체에 자연스럽게 접근하는 지지자를 기다리고, 단체와 연관성을 가진 잠재기부자를 개발해야 한다는 것을 의미한다.

③ 개별 명단 작성 및 검토(Individual List Review)

핵심 자원봉사자들과 직원들은 모금 지도자에게 잠재기부자의 명단을 제출하여 정기적으로 재검토하는 시간을 가져야 한다. 이러한 명단은 동창, 친구, 과거 기부자들, 혹은 단체 안에 있는 또 다른 개인들이 포함된다. 개인 명단 확보에서 가장 핵심 문제는 '이 명단 안의 사람들 중에 누가 얼마나 기부할 수 있는가'이다.

개인 신원 분석과 관련해서 모금가는 다음과 같은 질문을 던져야 한다.

- 어떻게 단체와 관계를 맺게 되었는가?
- 그들의 관심분야는 무엇인가?
- 그들의 관심을 끌 수 있는 특별한 사업 계획은 무엇인가?
- 단체에 기부한 경험이 있는가?
- 그들의 경제적 위치는 어떠한가?
- 자원봉사자들이 이들에게 우리의 필요를 쉽게 소개할 수 있는가?

- 자원봉사자들이 잠재기부자와 관계를 맺을 수 있는 누군가를 알고 있는가?

④ 등급 책정 과정(Rating Session)

이사진과 자원봉사 리더를 포함한 모금 관련자들이 함께 모여 많은 잠재기부자의 이름을 검토하고 토론하는 과정(Rating Session)을 열고, 이 세션에서 모금 지도자는 단체의 목표와 이념을 간단히 정리한 자료를 발표한다. 참석자들은 제공한 많은 잠재기부자의 명단으로 선별 작업을 하여 누가 어떤 지역에 살고 있으며, 어떤 사람들을 등급에 올릴 수 있는지 파악해야 한다.

다음 질문에 기초해서 개별 등급을 책정한다.

- 향후 3~5년 동안 우리 단체의 안정적인 운영과 사업목표를 달성하기 위해서 그들이 어느 정도의 금액을 기부해야 하는가?
- 잠재기부자의 재정과 위탁조건을 이해할 때 우리가 유치할 수 있는 최대 단위의 기부범위는 어느 정도이며, 어떻게 약속을 받아 낼 수 있을 것인가?
- 참여자들이 잠재기부자들에게 직접 소개를 할 수 있는지, 혹은 잠재기부자를 만날 수 있는 연결고리가 있는가?
- '명단 외의 잠재기부자의 자격을 갖춘 적합한 사람이 있는가?

이러한 등급 책정 작업 후에, 실행단계를 위해 잠재기부자로 판별된 개개인에게 방문 및 연락을 시도함으로써 양성(Cultivation)과 간청(Solicitation)의 단계로 넘어가게 된다.

가끔 예측하는 과정이 동시에 발전될 수 있는 세 가지 요소가 있는데 네트워킹, 조사와 검증작업, 그리고 접근을 위한 우선순위를 정하는 것이 바로 그것이다. 네트워킹을 하며 관계영역을 넓히는 활동을 함으로써 조사는 함께 병행되고, 조사를 함과 동시에 우선순위를 정할 수 있다.

⑤ 통신망 구축(Networking)

여러 사람과 접촉하며 관계의 범위를 넓혀 가는 것은 모금가의 일상적인 일이다. 지역 주민들과 대화하는 것이나 사회행사에 참여하는 것 등 모든 것이 새로운 네트워킹을 제공하는 기회가 될 수 있다. 이러한 일상의 활동이 기금 유치를 위한 자원개발의 기회이기 때문에 항상 이 모든 기회를 놓치지 말고 최선을 다해야 한다. 모든 것은 철저히 인간관계 중심이므로 일상의 만남을 더욱 소중히 할 수 있도록 하며, 이런 기회를 통해 관계가 형성되도록 노력해야 한다. 결국 그들은 단체의 기부자가 될 사람들이기 때문이다.

단체의 이사진들은 성공적인 네트워킹과 궁극적인 자원개발을 위한 핵심 인물들이다. 이사진들은 종종 기업의 지도자와 부유한 개개인과의 연결고리를 가지고 있으므로 이를 통해 단체의 발전을 위하는 인맥을 찾고 넓힐 수 있다. 비영리단체가 처음 시작될 때 단체를 후원한 사람들은 오로지 단체의 이사진과 설립자들뿐이었다. 단체가 점점 성장해 왔다면 반드시 그 단체의 이사진은 단체의 성장과 발전을 위해 자신이 할 수 있는 모든 자원을 제공하고 동참했을 것이다. 그러므로 이사진들을 잘 활용하여 그들 스스로가 단체를 후원하고 지원하는 것뿐 아니라 그들의 네트워크를 자원으로 삼아 단체의 발전에 기여하도록 하는 것은 매우 중요한 일이다.

이사진은 법적으로 그들 단체를 관리하는 책임과 임무가 있다. 그러나 그들이 단체의 유지를 위해 금전적 지원 혹은 단체의 안전을 반드시 보장하는 역할을 해야 한다는 것은 아니다. 그러나 그들의 노력에 따라서 비영리단체의 흥망이 달려 있다고 말하는 것도 과언이 아니다. 자원을 제공하고 획득하는 두 가지 업무는 단체의 번영과 미래를 위한 필수적인 임무이다.

만일 이사진 각자가 어느 정도 수준의 지원을 하지 않는다면 후원자 혹은 잠재기부자들은 이사진과 단체와의 관련 여부에 의문을 제기할 것이다. 후원자들은 이사진의 책임과 참여를 기대한다. 이사진들이 직접 열린 대화를 제안하고 개인적으로 책임감과 공약을 제시할 때 잠재기부자들의 참여를 효과적으로 이끌어 낼 수 있는 수단이 된다.

⑥ 리서치와 검증 작업

철저한 준비작업은 모금가로서 해야 할 일이고 이를 통해 모금가에 대한 신뢰가 상승하게 된다. 잠재기부자들에게 접근하기 전에 그들에 대해 제대로 파악하고 있어야 한다. 그들이 무엇을 하는지, 기부에 대한 그들의 철학은 무엇인지, 왜 그들이 당신의 단체를 지원해야 하는지, 그리고 그들이 당신의 단체에 기부함으로써 그들이 얻게 되는 대가가 무엇인지 등등 그들에 관한 모든 질문에 대한 답을 알고 있어야 한다. 또한 그들이 당신의 단체와 당신이 요청하는 기금에 관해 궁금해하는 모든 정보를 완벽히 제공할 수 있도록 철저히 준비해야 한다.

만약 잠재기부자가 개인이라면 개인적인 네트워크를 사용해 정보를 쌓아 나가야 하는데, 이는 대부분의 사람은 단체가 아니라 사람을 보고 후원을 하기 때문이다. 미래에 관계 형성을 위해 잠재기부자에 관한 자료들을 수집하는 습관을 기르도록 해야 한다. 기업과 재단, 그리고 웹 사이트나 도서관의 자료를 통하여 자료를 수시로 확인하는 습관을 기르도록 하자.

⑦ 기본적인 질문들

아래에 제시된 질문들은 모금활동 과정에서 기본적으로 생각해 볼 수 있는 것들이다. 모금가 자신이 이 질문들에 답을 해 봄으로써 잠재기부자들에 대한 그림을 그려 나갈 수 있으며, 단체를 그들에게 가장 최적으로 표현할 수 있는 방법도 배울 수 있을 것이다.

▶ **단체의 기원과 역사**

- 어떤 상황에서 언제, 어떤 목적으로 단체를 설립하였는가?
- 어떤 종류의 단체 혹은 재단인가?
- 단체를 위한 사무실을 가지고 있는가, 어디에 있는가?
- 누가 이사 혹은 회원으로 있으며, 그들은 단체와 어떠한 연관이 있는가?

▶ **잠재기부자 개인의 역사**

- 어떠한 직업을 가지고 있는가?
- 어떠한 기부 경험을 가지고 있는가?
- 당신과 어떤 관계인가?
- 어디에 거주하는가?

▶ **관심과 우선순위**

- 무엇이 주요 관심사일까? 그들의 관심사를 토대로 흥미를 이끌어 낼 수 있는 단체의 프로그램은 무엇일까?
- 잠재기부자들은 어떤 종류의 후원을 제공할까?
  예) 자본금, 동액 보조금제도(Matching Grant : 기업 임직원이 기부금을 내는 만큼을 기업에서도 성금을 내는 제도)
- 어떤 프로그램, 활동 혹은 지리적 장소에 후원하기를 원하는가?

▶ **모금 연습과 법칙**

- 모금의 규모에 있어서 어떤 것이 가장 최하, 평균, 그리고 최상일까?
- 잠재기부자들이 기부를 하는 구체적인 분야와 특정 결정 날짜가 있는 등 일정한 주기를 가지고 있는가?
- 연말에 어디에 무엇을 기금을 배분할 것인가?
- 기부자들은 같은 사업계획 또는 같은 단체에 얼마나 오래 기부를 할 것인가?
- 일 년 동안 기금을 요청한 평균 숫자가 얼마나 되며, 얼마의 기부금을 받았는가?

▶ **모금의 지원과 재검토의 진행**

- 지원할 사업계획을 위한 지침은 무엇이며 마감일은 언제인가? 모금 지원을 위해 작성해야 할 공문 양식이 있는가?
- 제안서가 제출된 후 얼마나 오랫동안 검토 작업이 진행되는가?
- 언제 지원자에게 결과를 통보하는가?
- 통보 후 언제쯤이면 지원한 후원금을 받을 수 있을까?
- 만약 재단으로부터 후원금 유치에 탈락하였더라도 재단 측이 탈락된 지원자를 만나 상세한 이유를 제공할 것인가, 만약 재제출의 기회를 준다면 성공을 위해 어떠한 방법으로 보강을 해 나가야 할까?

▶ **기부자들의 기대**

- 잠재기부자들은 기부금 관리에 대한 요구가 있을까?
  예) 각 다른 은행 계좌에 후원금을 보관하기를 원하는 등
- 기부자들은 그들의 기부에 관한 것들이 공식적인 자리에서 발

표되는 것을 원하는가?

- 기부자들은 언제, 어떤 형태로 보고가 진행되길 원하는가?
- 단체들이 그들의 프로그램에 대한 변동 사항이 있을 때 기부자들은 그러한 사항에 대해 보고받기를 원하는가?

3) 3단계 : 양성(Cultivation) – 기부자 양성하기

기부자 스스로가 기부를 하겠다고 줄을 서는 경우는 드물다. 그렇기 때문에 단체는 반드시 예상하고 있는 기부자에게 단체의 사명에 관한 개인적인 관심을 유발하여 참여를 유도해야 한다. 기부자 양성 활동을 위해 가장 핵심이 되는 질문은 '단체의 활동이 기부자들로 하여금 참여의 필요성을 자각시키고, 그들에게 긍정적인 반응을 고취시키며, 적극적으로 참가하도록 지원하고 있는가'이다. 이 기부자 양성 단계는 기간에 관계없이 꾸준히, 지속적으로 추진되어야 한다.

양성 단계는 함께 하도록 이끄는 다양한 전략들을 소개하는 단계이기도 하다. 잠재기부자들은 단체가 진행 중인 사업계획에 참가하기도 하고 단체의 직원이나 주요 임원들과 관계를 발전시켜 나감으로써 더 큰 의미의 선행 활동에 동참하게 된다.

기부자 양성 단계에서 가장 중요한 사항은 잠재기부자들과 접촉을 시도하는 것이다. 그들과 첫 번째 모임을 잡아 만남의 자리를 가짐으로써 이전에 발견하지 못했던 그들의 관심사를 발견하고, 단체와의 관계를 굳건히 하며, 단체에 대한 조언과 충고, 평가반응을 얻어낸다. 이것은 앞으로 그들을 단체의 활동에 참여시킬 수 있는 기회를 만드는 중요한 과정이 되며 단체에 대한 관심과 친근감을 높이는 계기가 된다.

이사진과 주요 자원봉사자들이 후원자나 잠재기부자들로 하여금 어떻게 하면 단체의 여러 활동에 동참할 기회를 만들 수 있을지를 연구하고 개발하는 것은 모금의 성공에 가장 크게 기여하는 부분이라 할 수 있다. 단체의 이사회와 위원회, 자문단에 잠재기부자가 참여할 수 있도록 하는 것은 기부자 양성에 중대한 역할을 한다. 그러나 이것은 참여를 원하는 사람들에 한해야 하며, 공석이 남아 있는 범위에서만 가능하다는 것을 명심해야 한다.

① 다섯 가지 주요 단어

잠재기부자 양성을 위해 반드시 뒷받침되어야 할 것은 규칙적으로 잘 훈련된 직원들, 단체의 확실한 의식, 기부자들의 지속적인 참여이다. 기부자와 잠재기부자를 발굴할 수 있는 통찰력을 갖는 것은 기금 유치를 위한 모금가의 핵심 능력이다. 많은 이사진과 자원봉사자들은 기금 요청 시 잠재기부자의 마음을 움직여 동참을 유도하는 방법을 충분히 숙지하고 있어야 한다. 다음의 다섯 단어는 잠재기부자 양성 단계를 이야기할 때에 가장 자주 언급되는 단어이다.

검증(Identification)
정보(Information)
관심(Interest)
참여(Involvement)
투자(Investment)

이 다섯 단어는 잠재기부자들의 관심사를 파악하고 정보수집을 통한 검증작업에서부터 참여를 이끌어 내는 요청작업에 이르기까지, 기부자 양성 단계의 진행과정을 명시하고 있다.

② 잠재기부자 유치를 위한 점검사항

모금가가 잠재기부자와 적절한 관계를 유지하길 원하듯이 양성 대상자 또한 당신과 당신 단체의 정보를 얻어 단체의 활동과 제공하는 기회에 관해 본인의 관심도를 확인함으로써 참여하길 원한다. 각각의 잠재기부자들은 그 취미와 성향이 다르기 때문에 이에 따라 그들을 유치하는 방법도 서로 달라야 한다. 다음은 잠재기부자 유치와 관련되어 반드시 기억해야 할 점들이다.

- 단체가 후원을 이끌어 내기 위해서는 가장 적합한 사람을 선택해야 한다. 단체에 도움을 제공하지 못하는 사람을 유치하는 것은 일종의 시간 낭비이다.
  예) 재단의 후원을 이끌어 내기 위해 가장 적합한 사람은 재단 대표나 프로그램 담당자 등이고, 기업체로부터 후원을 이끌어 내기 위해서는 기업 담당자 혹은 홍보실 담당자 등이 적합하다.
- 누가 잠재기부자 양성을 담당할 것이며, 어떻게 그들이 내부적으로 의사소통을 할 것인가를 결정해야 한다. 단체가 목표로 하는 잠재기부자에 대한 정보를 직원들에게 제공하는 것도 더 활발한 기부자 유치를 위해 도움이 될 것이다.
- 현존하는 인맥들을 사용하며, 그들 중 이사진들이 아는 인맥이 있다면 이사진을 참여시키도록 한다. 또한 기존의 후원자들에게 단체의 기부를 이끌어 내기 위한 추천의 말과 지지하는 편지 글을 부탁한다.
- 잠재기부자들의 관심 분야와 정보를 입수하기 위해 한 번 이상의 방문은 반드시 필요하다. 그들을 방문할 때 단체에 관해 알릴 수 있는 충분한 정보 자료들도 반드시 지참해야 한다.
- 이미 확보하고 있는 홍보와 통신 전략을 사용하여 잠재기부자

의 참여를 이끌도록 하라. 잠재기부자에게 후원의 긍정적인 면을 부각시킬 수 있는 단체에 대한 기사 또는 기획하고 있는 초청장 등을 사용하는 것이 좋다.

- 현장 답사를 계획하여 잠재기부자들을 초청하도록 하라. 이것은 기부자를 배양하기 위한 가장 효과적인 방법이 될 수 있다. 그들은 현장답사를 통해 당신 단체가 가진 미래상을 더욱 구체적으로 접하게 되고, 동참하고 싶은 욕구를 강하게 느낄 수 있을 것이다.
- 잠재기부자들을 단체가 진행할 사업 계획의 자원봉사자로 요청하라.
- 모임과 식사 약속은 단체의 모금 총괄 책임자 혹은 핵심 프로그램 지도자와 잡도록 한다.
- 잠재기부자를 단체의 프로그램에 참여시킨다.
- 그들의 가치와 그들의 자선적 흥미를 이끌어 낼 수 있는 것이 무엇인지에 대해 대화를 나눈다.
- 잠재기부자들을 봉사 활동에 참여시킨다. 잠재기부자들이 단체가 하는 어떤 프로그램에 자원봉사자로 참여하게 되면 그 단체가 하려는 이상과 목적을 보다 가까이에서 체험하면서 긍정적으로 이해할 수 있는 계기가 된다. 또한 단체에 소속감을 느끼고 책임감이 생기게 되면 바로 이것이 기부자를 양성할 수 있는 밑받침이 된다.
- 잠재기부자들을 개인적으로 공연이나 특별행사에 초청한다.
- 단체의 가치와 부합하는 다른 지역의 예술, 문화교육과 체육행사에 잠재기부자를 데려간다.
- 잠재기부자의 생일, 결혼기념일 등 중요한 기념일을 챙긴다. 이는 단체가 잠재기부자를 단순히 돈을 주는 현금지급기로 취급

하는 것이 아니라 단체와 함께하는 동료, 즉 사람 대 사람으로 대하고 신경을 써 준다는 긍정적인 생각을 갖도록 할 것이다.

4) 4단계 : 요청, 간청(Solicitation) – 기부자를 향한 실질적인 기금 요청

기부자는 단체의 사명에 대한 믿음과 단체의 일원이 되고자 하는 마음에서 기부를 결정하게 된다. 실질적이고 적극적인 기금 요청은 상대에 대한 존중과 신뢰를 전제하므로 매우 중요한 단계이며, 요청을 하기 위한 사전 훈련 역시 매우 중요하다. 사람들은 그들이 원하고 믿을 수 있는 단체에 기부한다.

요청에 대한 답을 얻고 기부를 성사시키기까지는 한 달이라는 짧은 시간에서 일 년 이상의 오랜 시간이 걸리기도 하지만 이 기간 동안 단체는 지속적으로 기부자의 관심과 태도를 파악해야 하며, 강압적인 요구 없이 그들이 알고자 하는 모든 정보와 기회를 제공해야 한다.

기부자를 선별하는 가장 큰 이유는 바로 요청을 보다 효과적으로 하기 위해서이다. 보통 이사진과 발전위원회 회원들이 기금 유치를 위한 선별 단계에 직접 참여한다. 또한 모금가는 반드시 성공적인 요청에 대한 기본 원칙을 이해해야 하며, 언제 올지 모르는 기회를 위해 스스로 대응책을 마련하고 준비하고 있어야 한다.

성공적인 모금은 우연히 이루어지거나 저절로 되는 것이 아니다. 성의 없는 요청은 오히려 모금의 성과를 방해할 뿐이다. 또한 목표액을 채우는 데 급급하여 지나치게 짧은 시간을 주고 무조건적으로 몰아붙이는 태도 역시 바람직하지 않다. 직접적이고 효율적인 모금을 위한 준비는 단체의 장기간 기금 유치의 성공률을 최대로 끌어올려 준다. 모금가의 능력과 헌신은 모금운동이 신속하고 정확하게 이루어지도록 하며 긍정적인 결과를 가져오는데 중요한 역할을 한다.

최고의 모금가는 최고의 기부자 그 자체이다. 모금가가 기부하는 비율과 그 모금가의 가족이 기부에 참여하는 참여율은 일반인들에 비해 높다는 것이 입증되었다. 이것은 모금에 참여한 모든 자원봉사자가 어마어마한 기부를 해야만 한다는 뜻은 아니다. 각자의 능력과 실천 가능한 범위 안에서 자신이 가진 최고의 능력을 제공하는 것 또한 기부의 한 방법이 될 수 있다.

실질적인 요청 진행은 일반적으로 개인과의 직접적인 연락이 필수적이다. 개인적인 연락은 보통 서신 교환, 전화상의 대화로부터 시작해서 일대일로 직접 대면할 수 있는 모임으로 진전된다.

① 개인적 연락 : 모임 잡기

모금가가 잠재기부자와 직접 모임을 가지고 있다면 기부를 받아낼 확률은 더욱더 높아지는 것이라고 볼 수 있다. 그렇다면 이와 같이 기부에 직접적이고 커다란 영향을 끼치는 모임의 주선을 누가 담당할 것인가도 중요한 문제가 된다.

잠재기부자와 개인적 친분이 있는 누군가가 첫 연락을 시도하거나, 단체 내 이사회 구성원 중에서 한 명을 지정하는 것도 바람직하다. 만약 잠재기부자와 친분이 있는 이사가 편지 혹은 전화로 연락하기가 불가능한 상황이어서 대신에 다른 담당자가 연락을 시도하고자 한다면, 친분을 가진 이사의 이름을 사용해도 되는지 허가를 미리 구하도록 한다. 그 어떤 이사도 잠재기부자와 개인적 연관이 없다면 모금위원회의 대표 혹은 이사장이 직접 연결을 시도해야 한다.

그렇다면 연결을 시도하는 사람은 어떠한 정보를 가지고 연락을 취해야 할까? 연락을 취하는 것 역시도 많은 준비를 요구한다. 잠재기부자에게 단체의 비전과 사명, 단체가 조사한 정보의 요약을 제공함으로써 준비된 자세로 연락을 한다면 신뢰감을 줄 수 있다.

모임에 대해 연락한 후 즉각적인 요청으로 대화의 기회를 차단하는 것보다 모임의 목표와 잠재기부자의 참여를 원하는 사업계획에 대한 토론의 기회를 요청함으로써 실제 모임에서 더 많은 대화를 나눌 수 있도록 여지를 남겨 두는 것이 좋다.

만약 전화가 아니라 서신으로 요청하는 것이라면 동봉하는 팸플릿, 연차보고서 혹은 단체의 마케팅 인쇄 자료들은 최소화하도록 해야 하지만 단체와 사업계획을 소개할 수 있는 자료에는 최대한 노력을 들이도록 해야 한다.

이런 각각의 서신들은 인격화·개인화하도록 해야 한다. 이를 통해 친밀감이 형성되어 잠재기부자가 부담 없이 만남에 응할 수 있도록 해야 한다. 따라서 잠재기부자들에게 부담을 줄 수 있는 요구들을 서신으로 요청하지 말아야 되며, 또한 직접적으로 돈을 요구하는 내용들도 포함해서는 안 된다.

② 만남과 실질적인 요청

잠재기부자를 유치하는 과정에 있어서는 시간적 제한이 따르므로 모든 진행은 시간 낭비가 없도록 철저한 준비가 필요하다. 이러한 준비과정은 모금가의 전문성을 표출함으로써 신뢰도를 높이는 기회가 되며, 기금 요청에 관한 설명을 할 때 긴장감을 최소화하는 데 도움이 된다. 아래에 제시된 요약들을 참고하여 모금가의 잠재력과 기회를 최대치로 높일 수 있는 방법을 배우도록 하자.

▶ 모임 소집을 위한 준비사항

누가 모임에 참여할지를 결정하되 4명 이상은 넘지 않도록 한다. 요청을 위한 이상적인 구성원은 잠재기부자들과 개인적인 친분관계를 가지고 있거나 혹은 전문성으로 신뢰를 줄 수 있는 사람들로 구성하는 것이 좋다. 다음 제시된 것들은 구체적인 결정사항에 관한 것들이다.

- 모임이 있을 때 누가 처음 시작을 담당할 것인가?
- 어떤 것을 요청할 것인가?
- 프로그램의 구체적인 계획을 누가 발표할 것인가?
- 어떠한 시기가 요청을 하기에 적합하며, 누가 요청할 것이며, 결정을 내릴 사람은 누구인가?
- 후속 조치를 위한 지시는 누가 할 것인가?

요청팀이 올바른 일을 수행할 수 있도록 모임 전에 행동과 태도에 대한 교육을 하고, 가능하다면 예행연습을 해 보도록 한다. 또한 참석자의 이름과 위치를 정확히 파악하도록 한다. 그리고 참석한 잠재기부자들에게 제공할 주요 자료(연차보고서와 프로그램 혹은 단체의 안내책자 등)를 패키지로 준비하도록 한다.

▶ **모임의 시작**

- 모금팀 소개와 모임에 참석한 잠재기부자들에게 감사의 표현을 함으로써 모임을 시작한다. 준비한 주요 자료를 각 참석자들에게 나누어주고 인사하면서 안면을 익히도록 한다. 그러면서 적절하고 자연스럽게 그동안 사전 조사를 통해 알게 된 개개인에 대한 정보를 이용해서 관심을 표하도록 한다.

  예) "소녀 가장을 도와줌으로써 지역발전 공헌위원회에 위임되신 것을 축하드립니다."
- 사전 조사를 통해 알게 된 잠재기부자의 과거 기부 내역과 단체

의 관계 혹은 공익적 관심이 드러날 것이고, 이러한 사항을 그대로 인정해 주도록 하라.
예) "지역 사회의 주택 상담 프로그램 덕분에 지역 사회에 큰 발전이 있었습니다."

이렇게 하면서 앞서 있었던 후원이 어떻게 당신의 단체와 연결되고, 그들의 관심사가 당신 단체의 사업계획과 부합한다는 것을 여러 자료를 통해 알려 주도록 하라.

- 기금의 목적을 제시하라. 지역 사회의 필요와 요구를 실현할 기회를 잠재기부자들에게 제공함으로써 해결책을 실행하는 해결사라는 사실을 기억하게 하라. 이때는 제안할 상황을 단체가 필요로 하는 것보다 조금 더 과장되게 설명하도록 한다. 잠재기부자의 말을 주의 깊게 듣고 그들의 관심사를 표출할 수 있는 기회를 제공함으로써, 그들의 관심사항에 대해 충분히 생각하고 답변할 수 있도록 준비한다.
- 요청팀은 완벽한 준비가 되어 있어야 한다. 직접 기금을 요청하는 것은 매우 부담스럽고 어려운 일이지만, 이런 역할을 수행하기 위해 팀원들은 지금 존재하는 것이다. 잠재기부자들은 그들이 참석한 모임에 대한 사전 이해가 이미 있을 것이지만, 요청팀은 다시 한 번 그들에게 기금을 요청함으로써 재확인 작업을 해야 한다. 잠재기부자들의 후원과 투자로 인하여 단체가 어떠한 일을 수행하고 어떤 이로운 공익적 효과를 창조할 수 있는지를 명확히 제시해야만 한다.

"우리는 주택 상담 프로그램으로 삼천만 원을 후원받아서 소득이 낮은 백 개의 가정에 집을 제공하고자 합니다." 이제는 대답을 기다릴 시간이다. 한 번의 요청 후에는 집요하게 반복하는 설명 없이 침묵하도록 한다. 대화가 단절되는 것에 대한 두려움을 이겨내고 그들 스스로 응답하게 하고 모임은 건설적인 분위기로 마무리하도록 하라.

③ 요청을 위한 지침

▶ **요청자는 준비되어 있다.**

- 단체의 현재 상황과 필요한 것이 무엇인지 알고 있다.
- 기금의 사용 목적을 알고 있고 적용할 곳을 파악하고 있다.
- 잠재기부자의 기부 가능성을 파악하고 그들의 필요나 관심이 무엇인지 알고 있다.
- 팀원들과 건강하고 열린 관계를 맺고 있다.

▶ **요청자는 요청 방법과 요소를 알고 준비해야 한다.**

- 사전에 모금운동 참여 직원 및 위원회 위원들과 논의하여 요청 수위를 파악한다.
- "당신은 기부에 관심이 있습니까?"라는 질문을 하고 응답을 기다린다.
- 긍정적인 응답을 듣기 위해서는 시간이 필요하다는 것을 알아야 한다.
- 활동적이고 지속성을 중시한다.
- 목표를 향한 열정적인 도전과 함께 인내심 및 끈기가 필요하다.
- 들은 바를 효율적으로 해석하고 받아들이는 경청자이어야 한다.

④ 경청의 팁

모금가와 자원봉사자들은 다음의 사항을 숙지하고 당당하게 자신의 역할을 해 낼 수 있어야 한다.

▶ 숙지해야 할 사항

- 모금가는 기부를 이끌어 내는 전문가이고 자원봉사자들은 개인적인 필요로 손을 내미는 것이 아니라 타당한 동기와 이유를 들어 사회적 문제 해결을 위한 모금운동에 참여한 것임을 잊어서는 안 된다.
- 기금 요청에 가장 적합하고 성공 가능성이 큰 곳을 파악하라. 처음의 성공은 모금가에게 자신감과 열정을 심어 주며 기부자들에게는 동기부여를 위한 모델이 된다는 것을 명심하라.
- 정확하게 앞으로 돌진하며, 잠재기부자들에게 '당신에게 왜 기금을 요청하는가?'에 대한 정당한 이유를 밝히고 설득하라.
- 계획을 위한 준비단계에 착수할 때 가장 효율적이고 방해요소가 적은 방법을 찾아라. 잠재기부자와 만남을 갖는 시간과 장소는 잠재기부자의 편의를 최우선으로 생각한다.
- 긍정적인 생각과 태도로 임하라. 잠재기부자가 모금가 또는 단체에게 최고의 기부금을 제공할 것이라는 믿음을 항상 갖도록 하라.
- 모금가는 자신이 그들에 대해 알고 있다는 것을 일깨우도록 하라. 요청의 단계는 기부자 양성 단계 이후에 가능하다. 모든 정보를 그들과 공유한다면 그들도 모금가가 그들에게 관심이 있으며 그들의 의견과 생각을 존중하고 있다는 것을 알게 될 것이다.
- 항상 친절해야 하며 스스로를 통제할 수 있어야 한다. 그러나 모금가가 열정을 보여 주어야 하는 일에 있어서는 두려워 말고

적극적으로 표현해야 한다. 그들은 모금가가 그곳에 있는 이유를 알고 있으며 단체의 신뢰에 대한 공유 없이는 모든 것이 무의미하다는 것을 알고 있다.

- 모금가는 자신의 열의와 개인적 언약을 기부자와 공유하라. 당신의 모든 노력을 명료하게 보여 주며 그러한 노력과 봉사에 대한 이유 또한 공유하라. 특정 금액에 대한 공유를 반드시 해야 하는 것은 아니지만 만일 그것이 기부자와의 관계를 편안하게 만들 수 있다고 판단되면 그에 대한 언급도 가능하다.
- 잠재기부자들이 모금가에게 질문하는 것을 장려하라. 잠재기부자들의 질문은 그들의 관심사와 흥미를 파악할 수 있는 최고의 방법이다.
- 구체적인 규모의 금액, 혹은 기부액의 정도에 대해 당당히 요구하라. 잠재기부자들은 스스로 본인들의 의무를 만들며 나서지 않는다. 그러므로 모금가는 먼저 잠재기부자에게 일정 부분의 한도를 제시하고 대화를 이끌어 나갈 수 있어야 한다.
- 목표를 높게 잡아라. 잠재기부자는 자신의 기부액을 낮추고 싶어 하기도 하지만 대부분은 모금가가 제시하는 기준만큼 기부액을 높여서 잡게 된다. 결과에 개의치 않고 잠재기부자들이 단체에 중요한 기부를 할 수 있도록 끊임없이 씨앗을 뿌려라.
- 들어라. 그리고 요청하라. 대화를 할 때에는 잠재기부자의 필요(Needs)에 따르도록 하라.

▶ **모임이 진행되는 동안**

- 참석자들에게 당신의 제안을 구체적으로 설명하고 참여를 요청한다.
- 만일 잠재기부자가 당신의 제안에 동의한다면 그들이 동의한

부분을 재확인한다.

- 만약 잠재기부자가 요청에 대해 부정적인 태도를 보이면 재차 설득하고 당신의 요청에 대해 심사숙고할 수 있도록 한다.

▶ 모임의 후속 조치

모임 후 72시간 이내에 모임에 참석한 잠재기부자에게 감사 편지와 제안에 관한 동의를 구하는 글을 보내도록 한다. 이들의 연락처는 중요한 데이터베이스가 될 것이다.

▶ 제안서

이제 잠재기부자의 연락망을 만들었을 것이다. 그리고 제안서를 작성하여 왜 단체가 그들의 도움을 원하는지를 밝힌다. 그러면 그들은 도움을 제공할 방안을 구체적으로 제시할 것이다. 이때 주의해야 할 점은 그들에게 지나치게 방대한 양의 정보를 제공하는 것 때문에 제안서를 읽는 것에 부담을 느끼지 않도록 정보의 양을 조절하는 것이다.

다음은 제안서 작성 요령이다.

- 단체가 이상으로 설정한 목표는 현재의 상태보다 더 웅장해야 한다. 이러한 거대한 포부는 현실적으로 필요한 투자를 이끌어내기 위해 중요한 사항이다. 기부자들이 단체의 필요한 부분을 완벽하게 채워 줄 수 없다는 관점에서 제안서를 작성한다.
- 긴급함이 있어야 하며, 어느 정도의 압력은 필요하지만 고민하게 해서는 안 된다. 단체의 어려운 재정 상태를 언급하지 않고 투자의 동기부여를 위한 단체의 프로그램이나 활동에 초대한다.

- 성취, 완성, 수행과 성공이라는 키워드를 사용한다.
- 활동적이고 진취적인 단어를 사용하고, 가능한 현재진행형 문장을 구사하도록 한다.
- 형용사, 머리글자, 기술적인 단어의 사용은 가급적 피한다.
- 근거 없는 추측들은 피하고, 말하려는 주요 내용과 주장들은 항상 사실에 근거해야 한다.
- 단체의 소개 부분에는 첫째, 감사의 표현과 함께 단체의 비전과 철학이 명확한 인용구를 사용하여 그들의 관심을 집중시킨다. 둘째, 단체의 역사와 구조에 관한 진부한 내용은 언급하지 않는 것이 좋다.
- 문제점과 자세한 설명 없이 간략한 해결책만을 제시하는 진술은 피해야 한다.

  예) "지역 건강센터가 열악한 것은 문제입니다. 우리의 목표는 지역 건강센터를 짓는 것입니다."

5) 5단계 : 관리 및 책무(Stewardship) – 관계를 지속하고 감사를 표현하기

이 단계는 구체적으로 기부자에게 그들의 기부금이 어떻게 사용되었고 어떤 성과를 얻었는지 등의 회계 및 결과 보고, 기부자의 관심과 지원에 대한 감사 표시, 관계를 지속하기 위한 관리 및 마무리 작업을 뜻한다. 하지만 이러한 제반 활동은 단체에 대한 투명성과 신뢰성이 확보될 때 빛을 보게 된다.

장기적이고 전체적인 맥락에서 효율적이고 진솔한 끝맺음은 단순한 기부 계좌 이상의 의미를 갖는다. 단체는 기부자에게 그들의 기부가 얼마나 큰 가치가 있고 중요한지 인식시키고 이에 대한 존경을 표해야 한다. 이러한 감사 표현은 자주 이루어질수록 좋다. 또한 기부자들이 시간적 여유가 없고 단체의 세세한 일들에 대한 관심이 없을지라도 기부자들에게 단체의 활동과 진행과정은 반드시 보고되어야 한다.

모금의 규모가 크면 클수록 더 긴 '요청 주기'를 가진다. 서신을 통한 요청은 단 몇 초 만에 결정되는 요청 주기를 가지는데, 수령인이 편지 봉투를 여느냐 안여느냐에 달려 있다. 편지 봉투를 열었을 경우, 이들이 요청에 대한 답을 하느냐 마느냐 고민하는 시간에 따라 주기의 기간은 또 길어지게 된다. 1억 원, 혹은 10억 원 모금의 경우에는 통상적으로 요청과 모금 마무리 사이에는 약 1년 정도가 소요된다.

요청이 진행되면 잠재기부자들은 더 많은 정보를 원하고 그들의 배우자와 조언자에게 기부에 대한 조언을 구하거나 그들 스스로의 재정상태를 확인하는 등 다양한 상황들로 인해 선택을 최종적으로 결정하기까지 오랜 기간이 걸리게 된다. 이 기간 동안 모금가와 자원봉사자들은 손 놓고 지켜보고만 있어서는 안 되며 기금 요청에 대해 부담을 주지 않는 한도 내에서 지속적으로 기부자를 자극해야 한다. 그들의 마음이 결정될 때까지 확신을 심어 주고 계속해서 정보를 제공함으로써 항상 열린 의사소통을 시도해야 한다. 이는 잠재기부자의 마음을 결정짓는 데 많은 영향을 끼친다.

모금팀은 그동안 진행해 온 요청에 대해 깔끔하게 마무리할 수 있어야 한다. 이를 위해 새로운 정보를 제공하고 잠재기부자의 결정과정에 개입하는 등 여러 번에 걸쳐 요청은 계속된다. 잠재기부자가 요청에 대해 긍정적인 대답으로 "예"라고 했을 때 비로소 기부를 정식으로 승인하고 마무리 업무를 진행한다. 이때 기부금액, 목표와 시간, 기부방식 등이 명시된 약정카드를 준비하고 기부자의 서명을 받음으로써 마무리를 짓는다. 만약 큰 금액을 기부한다면 기부동의서를 통해 계약을 하고 기부금에 대한 구체적인 사용 계획을 설명한다. 유산 기부일 경우 기부동의서에 기부자가 사망할 경우를 대비하여 변동 사항에 대한 자세한 내용들을 명확하게 명시해야 한다. 마지막으로 기부 수령 정책(Gift Acceptance Policy)에 의거하여 기부동의서가 잘 작성되었는지 점검한다. 만약 당신이 활발한 요청 활동을 하고 있다면 항상 일정량의 약정카드와 기부 관련 양식은 준비하고 있어야 한다. 기회는 어느 순간 갑자기 찾아올지 모르기 때문이다. 이렇듯 마무리 작업은 모금에 대한 상황과 상호 간 이해와 확신을 바탕으로 진행된다.

① 책무

우선 기부 요청을 승낙 받은 후, 모금가는 기부자에게 반드시 개인적인 감사 편지뿐 아니라 단체장의 감사 편지도 함께 전달한다. 감사 편지에는 기부가 프로그램에 미칠 효과에 대한 짤막한 서술, 연차 보고서, 소식지 등 기부자의 활약과 관련된 것을 포함하여 기부자의 기부가 얼마나 가치 있고 소중한 것인지에 대해 감사를 표한다.

대부분의 단체들은 기부에 관련된 모든 것을 기록하고 기부를 증명하는 인증서와 영수증을 기부자에게 제공함으로써 명확한 회계 처리 의무를 가진다. 책무 단계는 다음의 순서를 따른다.

- 모금가는 기부자들에게 기부가 단체와 그들의 사명을 위해 어떤 영향력을 발휘하는지 알려 주어야 한다.
- 계속해서 기부자의 가치와 단체의 가치를 연결시킨다.
- 단체와 기부자와의 동반자 관계에 대한 존중을 표현한다.
- 재정적 상승과 개인적 지지를 가능하게 하는 장기적인 관계를 형성한다.

- 기부자들이 계속적으로 단체 내 활동에 참여할 수 있도록 유도하고 서로의 포부를 공유하며 장기간 서로에 대한 책임이 지속되도록 한다.

이사진과 자원봉사자들은 기부자에게 신뢰를 주고 지속적으로 관계를 유지하며 책임감 있는 모습을 보여야 한다. 이를 위해 이사진들과 자원봉사자들의 역할이 매우 중요하며, 모금에 있어 그들의 활동이 두드러져야 한다. 이러한 활동들은 기부자 양성작업과 일맥상통한다. 자원봉사자들은 기부자에게 항상 감사하고 그들의 관심사 하나하나에 대해 경청하고 집중함으로써 책임을 다하고 제 역할을 해 낼 수 있어야 한다. 모금가의 의무는 기부자의 기부에 대한 단순한 감사 표현에 머무는 것이 아니라 장래에 단체의 입지를 굳히고 더 큰 규모의 모금운동을 성공시키기 위한 발판을 마련하는 데 있다.

이 책무 단계는 모금가가 책임감을 가지고 기부금은 물론 기부자들을 세심히 관리하는 모금활동의 마지막 진행 과정이다. 기부자에게 프로그램 개발과 기부금 사용에 관한 사항들을 반드시 보고해야 한다. 기부자와 계속적인 관계 형성을 위해 기부금의 소중한 가치와 이것의 영향력을 알리고 기부자에게 그들의 기부금 사용에 대해 신뢰를 줌으로써 지속적인 기부로 이어지게 할 수 있다.

② 기부금에 관한 의무와 책임

기부금을 관리하는 몇 가지 요령은 다음과 같다.

- 어떠한 상황으로 인해 사업계획에 대한 변동 사항이 생긴다면, 기부자들에게 변경된 상황을 보고하고 새로운 계획을 제시하여 승인을 받도록 한다.

- 기부자들에게 회계와 서술적인 정보를 제공한다. 기부자들은 단체에게 그들의 기부금을 사용한 내역과 진행 상황을 보고받기를 요구할 것이다. 언제까지 기부자들이 그러한 보고를 원하는지 명확하게 하고, 어떤 형식으로 정보 혹은 보고서를 받길 원하는지 확인하도록 하라. 만약 특정한 형태의 서류양식을 요구한다면 반드시 따르도록 하라.

최소한 기부자들은 다음과 같은 정보들을 요청하거나 기대할 것이다.

- 현재까지의 지출 내역
- 현재까지의 활동과 결과물
- 예상치 못했던 결과물
- 예상치 못했던 문제들에 관한 설명서(예상대로 진행되지 못했다면 그 이유와 추가적으로 발생된 지출내역 등)

기부자 유치를 위해 최선을 다했던 것처럼 보고서 제출과 감사의 인사 등 이후의 작업 역시 최선을 다함으로써 그들이 기부에 대한 합당한 만족을 얻을 수 있게 해야 한다. 그들의 요구사항보다 더 자세한 정보를 준다면 기부자들에게 더 긍정적인 인상을 심어 줄 수 있을 것이다.

단체가 이끌어 낸 기부자의 언약은 동반자 관계를 이루는 첫 과정이지 마지막 단계가 아니다. 그들을 더 잘 알아 가기 위해 그들을 자주 방문하고 항상 인사와 소식을 전달함으로써 그들의 적극적인 참여를 유도하도록 하라. 모든 노력에는 반드시 보상이 있다.

5. 기부자 양성체계

기부자 양성체계란 단체의 후원을 이끌어 내기 위해 잠재기부자 명단을 작성하는 것을 비롯하여 그들이 최종적으로 기부를 결정하기까지의 배양 작업을 도모하는 방법과 교육을 말한다. 이 작업을 위한 체제는 다음과 같다.

- 잠재기부자 평가 도구
- 진전과 발전의 툴

이러한 도구들은 한 가지 이상의 효능들을 가진다. 예를 들어 운영의 진행 방법을 통해 어떤 잠재기부자가 단체의 기부자가 될 확률이 높은지 평가하고, 이러한 것들을 스프레드시트(Spread-Sheet, 사무업무 정보처리 프로그램)에 입력하여 그들의 행보를 추적할 수 있다. 이러한 도구들은 체계의 한 부분으로써 공동작업으로 진행한다.

1) 잠재기부자들을 조사, 판별하기

아무것도 없는 상태에서 어떻게 성공적인 모금을 이룰 수 있을까?

- 처음에는 모금가 자신이 형성하고 있는 인맥으로 시작하라. 이사진들, 매년 기부를 하는 기부자들, 이야기를 경청하여 들어줄 사람들 등 다양한 사람이 주위에 있을 것이다. 이러한 사람들은 단체를 위해 더 큰 기부금과 다양한 도움을 제공할 수 있다.
- 모금가 자신이 생각하는 잠재기부자들을 조사하여 판별하는 것으로 시작해 보자. 이웃, 적합한 후원금을 기부할 수 있는 재

력가, 공익에 대해 관심이 있는 사람 등등, 알고 있는 사람이라면 누구든지 될 수 있다. 아마 이러한 사람들의 명단을 이미 가지고 있을 것이고, 이들은 잠재기부자를 조사, 판별하는 데 있어서 가장 우선순위 대상자가 될 수 있다.

이러한 잠재기부자들 중에서 가장 많은 시간을 투자하고 가장 힘들여 만난 사람을 분류한 후에 가장 가능성이 높아 보이는 사람부터 순위를 매기도록 한다. 이러한 순위를 통해 누가 단체의 기부자가 될 준비가 가장 많이 되어 있는가를 알 수 있다. 그리고 누가 단체의 후원을 위해 준비가 가장 안 되어 있는지도 알 수 있다.

마지막으로 잠재기부자를 위해 더 많은 시간과 노력을 투자하고 더 가까운 관계를 유지하도록 한다. 또한 이웃, 기업가들, 다른 곳에 기부해 온 사람들을 찾아 직접적인 친분을 쌓도록 하라. 그들과의 관계와 후원에 관한 모임을 일대일로 해야 할지 아니면 그룹으로 해야 할지를 고민할 수도 있다. 하지만 이것은 개별적 성향에 따라 결정할 일이다. 어떤 사람들은 그들이 누구인지에 관한 정보와 생각들을 개인적으로만 제공하길 원하지만, 또 다른 사람들은 서로의 이름을 크게 소리쳐가며 스스로를 알리고 그들의 생각을 전하는 것을 즐길 수 있기 때문이다.

① 잠재기부자 발굴

진정한 잠재기부자를 찾도록 해야 한다. 아래 제시된 사항 중에서 두 가지 이상을 지니고 있는 사람을 찾도록 하라.

- 부 : 단체의 후원자가 되기 위해서는 기부금을 후원할 재력이 필요하다.

- 관심 : 단체의 공익적 이념과 유사한 관심을 가진 사람은 단체의 기부자가 될 가능성이 높다.
- 인맥 : 부유한 사람이나 공익에 대한 사명과 관심이 있는 사람이라도 당신과 아무런 관계가 없다면 적어도 당신에게는 무의미하다.
- 자선적인 목적 : 자선적인 관심을 가졌다는 증거는 다른 것들에 비해 그렇게 중요하지는 않다. 만약 위에 제시된 모든 사항을 갖춘 잠재기부자를 찾았다면 지금 당장 그들을 양성 단계에 포함시켜 기부자로 만들기 위해 시도하겠지만 반드시 그것이 성공한다는 보장은 없다.

② 부(Wealth)

미국에서는 보편적으로 부유하다고 하는 기준은 다음과 같다.

- 값비싼 주택 소유, 별장 소유
- 높은 연봉을 받는 직 혹은 전문직 종사자
- 자신의 사업체 소유
- 고급 승용차 혹은 배나 비행기를 소유
- 비행기를 조정 하거나 자동차를 수집하는 등, 귀족적 취미
- 60세 이상의 노인들(노인들은 소비해야 할 것들이 많은 젊은 층에 비해 지출할 사항들이 많이 없고 저축 등이 가능하다)
- 여행을 많이 함
- 은퇴한 후 여생을 즐기는 사람
- 일을 하지 않는 젊은 사람으로서 부유한 삶을 살고 있음
- 유산을 상속받은 사람들과 부유한 가족력을 지닌 사람들

부를 파악하기 위해서는 비공식적 조사와 공식적 조사, 두 가지의 조사 방법이 있다. 비공식적 조사법에서는 잠재기부자의 평가 자료와 재력 평가 기록 등 두 가지 수단이 사용된다. 잠재기부자의 평가 자료는 기부자의 취미와 능력을 평가할 수 있는 잣대를 제공하고, 재력 평가 기록은 모금팀에서 잠재기부자의 재력에 관해 토론할 때 더 다양하고 편리한 방법으로 이야기하도록 도와준다.

공식적인 조사법에는 개인의 부에 관한 정보를 얻기 위해 인터넷을 사용할 수 있다. 이는 장소와 시간에 구애받지 않고 무료로 정보를 찾을 수 있다는 장점이 있지만 가끔 정확도가 떨어진다는 단점도 있다. 또 다른 좋은 방법은 사회에 공개된 부동산 기록을 확인하는 것이다. 세금은 부동산의 가치에 대한 평가를 나타내기 때문에 이러한 기록은 얻고자 하는 정보를 제공해 줄 것이다. 사회에 공개된 이러한 정보들은 무료이긴 하지만 다소 오래된 정보일 수도 있고 종종 과대 측정된 경우도 있으니 주의 깊게 살펴보아야 한다.

이때 주의해야 할 점은 잠재기부자들의 재력에 대한 정보가 포함된 자료는 잠재기부자가 되기 적합한지 아닌지에 관한 답은 줄 수 있지만 정확한 기부금액에 관한 정보를 가지고 있는 것은 아니라는 것을 기억해야 한다. 개인적으로 수집한 이러한 정보들은 아직 미완성 단계이며 결론이 난 것이 아님을 항상 기억해야 한다. 그리고 얼마나 많은 금액을 잠재기부자가 제공할 것인가 하는 것은, 그들을 조사한 자료를 바탕으로 그들 개개인에게 적합한 방법으로 얼마나 잘 배양하느냐에 달려 있다.

③ 관심

잠재기부자들은 반드시 단체가 하는 일에 관심이 있어야 한다. 그러나 이러한 관심은 항상 명확히 드러나는 것은 아니며 또 다른 식으로도 표현될 수 있다. 또한 처음에는 작은 관심만을 가지고 있는 누군가도 단체가 하는 일에 대해 점차 그 관심을 키워 갈 수도 있다. 이는 배양 진행과정에 있어 가장 중요한 부분이다. 그렇다면 그들이 공익에 관심이 있는 사람들인지 아닌지 어떻게 알 수 있을까?

- 함께 어울리는 사람들
- 예술에 대한 관심
- 교육에 대한 관심
- 정치적인 활동
- 다양한 목적을 지닌 단체에서 활발히 활동하기

④ 인맥

단체에 대해 관심이 있고 후원할 만한 재력을 갖춘 사람을 어떻게 얻을 수 있을 것인가? 만약 단체의 공익에 대한 관심과 이를 후원할 재력을 가지고 있더라도 그가 모금가 자신과 어떤 인맥도 형성되어 있지 않다면 그를 설득할 수 없는 가장 큰 이유일 것이다. 기금 유치를 위해 잠재기부자와 관계를 형성해 나가야 한다. 이것이 가장 효과적이고 생산적인 기금 유치 방법이기 때문이다. 또한 그들의 인맥을 통해 더 많은 잠재기부자들을 소개받을 수도 있다.

어떻게 하면 성공적인 인맥 지도를 만들 수 있을까? 다음 제시사항은 그런 것을 측정하기 위한 정보를 제공하지만 항상 적중하는 것은 아니다. 하지만 이를 잘 활용하면 모금가 자신과 모금팀 직원들, 그리고 자원봉사자들과 함께 성공적인 인맥을 구축할 수 있다.

- 이웃
- 가족

- 직장 동료들, 의뢰인
- 친구

한 사람을 사귀는 것만으로 관계 형성이 끝났다고 생각해서는 안 된다. 이들의 인맥을 통해서 또 다른 인맥들이 형성될 수 있기 때문이다.

⑤ 자선적인 목적

공익을 위해 기부하는 사람들은 자선적 목적을 가지고 있는 것이 분명하다. 단체와 인연이 되어 모금가가 잠재기부자들을 기부자로 만드는 작업을 하고 있겠지만, 그러나 그들이 기부에 관심이 없다면 아무리 노력해도 기부자로 만들기에는 무리가 있을 것이다. 잠재기부자의 관심사에 자선적인 성격이 결여되어 있다면 노력과 시간을 너무 허비하지 않도록 해야 한다.

⑥ 위와 같은 사항들이 결여되면 어떤 일이 일어날까?

만약 누군가가 엄청나게 빈곤하다면, 모금가가 그 사람을 부자로 만들지 않는 이상 그의 후원을 유치하는 것은 불가능해 보일 것이다. 하지만 가난하다고 해서 기부하지 못하라는 법은 없다. 기금 유치를 위해 분명히 재력이 있는 사람을 찾길 원하지만, 대부분의 비영리단체들은 소수의 공인된 부자가 아니라 많은 평범한 사람으로부터 후원을 받고 있다는 사실이다. 그들이 공인된 부자가 아니라는 이유로 경솔하게 잠재기부자 명단에서 제외하는 것은 옳은 방법이 아니다.

만일 누군가가 단체의 공익에 관심을 가지고 있지만 그들과 아무런 인맥이 없다면, 모금가는 이를 꾸준히 개발시켜야 한다. 이와 관련해 빌 게이츠를 예로 든다면, 그는 물론 모두가 인정하는 세계 최고의 부자이고 공익에 대한 관심도 많지만 모금가가 개인적으로 그에게 접근할 수 있는 관계와 인맥을 가지고 있는가? 만약 그렇다면 당신은 매우 큰 행운아이다. 하지만 만약 그렇지 않다면 빌 게이츠를 모금가가 찾는 잠재기부자의 명단에 올리는 것은 적절하지 않다.

공익에 관한 관심이 없다고 생각하는 것은 그의 인생 행적에서 공익 실천에 대한 증거물이 충분하지 않다는 것을 의미한다. 만약 모금가가 그들의 공익적 관심에 관한 증거를 찾을 수 없다고 하더라도, 모금가는 여전히 그들의 관심을 개발시킬 수 있다는 것을 알아야 한다. 단체로의 견학, 단체의 대표자와의 저녁 식사 등을 통해서 새로운 공익 프로그램에 관한 이야기를 나누고 그러한 프로그램에 대해 설명함으로써 그가 이러한 공익에 관심을 갖도록 유도하는 방법을 모색해 보도록 하자.

2) 기부자 양성과 배양

이 작업은 모금가가 가지고 있는 잠재기부자 명단을 실제 기부자가 되도록 이행시켜 주는 작업이다. 가장 먼저 해야 할 일은 우선순위의 잠재기부자들을 관리그룹으로 선정하는 것이다. 두 번째는 '행동'의 단계로서 그들에게 기부자의 자질을 양성하고 기부금에 대해 요청하는 작업이다. 이를 위해 우선적으로 해야 할 일은 정기적으로 잠재기부자들을 방문하는 것이다. 모금가가 잠재기부자들을 조사하고 파악하는 방법에는 익숙하지만 후원을 위해 그들에게 접근하는 것은 익숙하지 않을 것이다. 따라서 잠재기부자들의 우선순위를 매길 수 있다면 다음과 같은 과정이 이루어지도록 한다.

- 단체 후원 유치를 위해 준비된 잠재기부자를 선택하기

- 기부자가 되기 위한 양성 작업이 필요한 사람들에게 더욱 많은 배양을 하기
- 우선순위에서 멀리 떨어진 잠재기부자들을 안전하게 지연시키기

잠재기부자의 우선순위를 정하는 것은 일을 더 효율성 있게 처리하기 위해서 필요한 작업이다. 두 번째 부분인 '행동'과 '관리' 부분은 배양으로 넘어가기 위해 필요한 단계들이다.

① 잠재기부자의 우선순위 정하기

▶ 우리를 얼마나 좋아할까?

모금가에게 가장 강한 후원의 언약을 한 잠재기부자들을 친근감의 정도에 따라 1, 2, 3의 순서로 정리해 보라.

- 1위, 그들은 모금가에 대하여 알고 단체를 후원한다.
- 2위, 그들은 모금가와 3~5번의 만남이 있었다.
- 3위, 그들은 단체를 1~2번 방문했다.

▶ 그들의 인생은 어디쯤에 있나?

- 1위, 그들은 젊고, 그들의 직업과 아이들을 키우는 부분에 있어 중간 지점에 있다.
- 2위, 그들은 최고의 직업을 가지고 있고, 유산을 상속받을 예정이다. 그들의 자녀들은 그들의 직업을 가지고 있고 가정을 꾸리기 시작했다. 부유한지에 대한 확신은 없으나, 그들의 재산을 아직까지 적정한 곳에 처분하지 못하였다.
- 3위, 그들의 자식들은 이미 성장해서 스스로를 책임질 수 있거나, 자식이 없다. 배우자는 건강하거나 노년기에 있다. 부유한

것은 확실하고 그들은 재산을 어떻게 처분할지 준비되어 있다.

▶ **점수 책정**

위에서 결정한 두 가지의 숫자를 곱하도록 하고, 이러한 점수들을 우선순위 잠재기부자 관리 활동에 기록하도록 한다.

- 9 : 최고의 잠재기부자들이다. 이들은 단체의 후원을 위해 가장 크게 기여를 하고 있으며, 재산의 처리 문제에 있어서 준비가 되어 있기 때문에 단체의 기부자가 될 준비가 되어 있다.
- 6 : 단체의 기부자가 될 가능성은 더 커지고 있으며(모금가는 이 부분에 개입하여 영향을 발휘할 수 있다), 이를 위해 좀 더 시간이 지나야 한다.
- 4 : 잠재기부자들이 모금가와 관계를 유지하여 단체에 대해 더 알도록 하고, 이들이 준비되도록 도와주어야 한다. 이들은 6~9점의 점수를 받을 확률을 가지고 있다.
- 3 : 그들은 모금가를 잘 알지만 후원할 준비는 되어 있지 않고, 혹은 후원할 준비는 되어 있어도 모금가에 대하여 잘 모를 수 있다. 전자일 경우에는 노력을 기울일 필요나 가치가 당장은 없지만 후자는 장기적 기부자 양성 명단에 포함시키도록 한다.
- 2&1 : 아마도 현재는 시간과 노력을 투자할 가치는 없지만 관계는 유지하도록 한다.

② 전략적 계획

지금 모금가는 각각의 잠재기부자들을 기부자로 만들기 위한 실행 단계에 있고, 이를 위해서는 전략적 계획이 있어야만 한다. 모금가는 잠재기부자들(9점의 잠재기부자들과 소수의 6점의 잠재기부자들)과 더 많은 시간을 보내야 하며, 적은 점수의 잠재기부자들과는 적당히 관계를 유지하도록 해야 한다.

여러 모임을 통하여 잠재기부자들이 요청의 단계를 자연스럽게 준비할 수 있도록 하고 새로운 잠재기부자들에게도 계속해서 후원 가능성을 높이기 위해 더 많은 시간 투자는 물론이고 원하는 부분을 만족시키도록 한다.

③ 몇 가지 질문들

모든 잠재기부자들에 관해 모금가 스스로 질문해 봄으로써 각각의 잠재기부자별로 계획을 세우도록 한다.

- 잠재기부자에게 요청하는 까닭은 무엇인가?
- 후원을 요청하기 위하여 어떠한 것들을 질문할 것인가?
- 얼마나 많은 금액을 투자금으로 잠재기부자들에게 요청할 것인가?
- 누구에게 물어보아야 할까?
- 다음 12달 동안 어떤 식으로 잠재기부자들을 참여시킬 것인가?

④ 격자(Grid) 사용

잠재기부자 관리 시트를 펼쳐 주목하고 있는 잠재기부자를 찾아 들어가 보도록 하자.

- 잠재기부자와의 친밀도 점수로 책정한 순위를 보도록 한다.
- 각각의 잠재기부자들에 대해 측정된 재정적 순위를 보도록 한다.
- 각각의 잠재기부자를 위해 직원과 두 명 혹은 세 명 정도의 자

원봉사자를 뽑도록 한다.

- 잠재기부자의 관심 부분에 들어가 그들이 어떠한 기부금의 요청에 관심을 기울이는지 알아보도록 한다.
- 활동 진행 상황에 들어가 각각의 잠재기부자들을 조사하도록 한다. 9점을 받은 잠재기부자들에게 최대한의 관심을 주도록 하고, 그 외의 사람들에 대해서도 점수의 크기에 따라 관심도를 배분시키도록 한다. 잠재기부자들 모두가 단체에 관심이 있는 사람들이 되어야 하고, 관계를 유지해야 한다. 이를 위해 모임과 방문 등 다양한 방법을 취하도록 한다.

3) 마무리 작업

① 요청작업

되도록 많은 잠재기부자들에게 기금 유치를 위한 요청을 해야만 계획하는 목적을 성공시킬 수 있다. 요청작업에서 거절 사례는 빈번하게 발생한다. 따라서 적절한 요청인 적절한 잠재기부자에게, 적절한 시간에, 적절한 후원으로 이끌어야 한다.

▶ 적절한 사람

잠재기부자와 누가 가장 강한 관계를 형성하고 있을까? 모금가인 당신과 동행 가능한 기업의 소유주와 이사진들, 그리고 스스로 기부하는 사람들 중에 이런 사람이 있다면 가장 이상적이다. 하지만 이는 도미노게임과 비슷한 성질을 띠고 있기 때문에, 후원을 성공적으로 유치시키면 능력을 신뢰하며 많은 사람이 모금가인 당신을 통해 기부금을 전달하고자 할 것이다.

▶ **적절한 시간**

너무 성급하거나 많은 시간이 소요되는 것은 옳지 않은 접근이다. 잠재기부자와의 관계 형성과 발전을 통해 적절한 시간을 찾을 수 있다. 잠재기부자가 단체에 대한 충분한 정보를 가지고 있다고 생각하는가? 잠재기부자가 유산상속을 받는다거나 그들이 어떠한 관심을 가지고 있는지 파악하였는가? 잠재기부자는 현재 순탄한 삶을 살아가고 있는가? 이혼, 결혼, 은퇴 등 인생에 있어 변화를 겪고 있는 잠재기부자가 있다면, 지금은 요청을 위한 좋은 시기가 아닐 것이다.

▶ **적절한 후원**

모금가 스스로 잠재기부자에게 어떤 목적과 열정으로 후원에 참여하길 원하는지 물은 적이 있는가? 대부분 단체의 지도자들은 그들의 전반적인 프로그램 수행을 위해 이들로부터 유치한 기금을 사용하지만, 잠재기부자들은 그들의 후원이 그들이 원하는 곳에 정확히 쓰이기를 원한다. 모금가는 그들의 만족도를 최대로 끌어올리기 위한 요청을 준비하고 있는가? 그들이 원하는 요구와 관심을 정확히 파악하도록 하자.

② 거절 대처방법

만약 기부를 거절당했다면 그 이유를 찾도록 노력하라. 어떠한 이유로 기부자들이 동의하지 않았는지 파악하도록 하자.

다음은 전형적인 거절이다. 그리고 거절에 대처하는 질문이다.

"저는 아닌 듯싶네요."

→ "그럼 어떠한 사람이 적합하다는 거죠?"

"지금은 아닌 듯합니다."

→ "특별히 생각하는 시기가 있으신가요?"

"당신에게 후원금을 주고 싶지 않습니다."

→ "또 다른 이유는 없나요?"

"너무 많은 금액이군요."

→ "저희의 목표와 비전은 분명히 값진 것이기 때문에 원대하게 성취해야 합니다."

6. 기부자 예우 정책(Donor Recognition Policy)

모금운동에는 몇 가지 문서를 준비해야 된다. 기부금 명문서(Case For Support), 기부금 수령 정책(Gift Acceptance Policies And Procedures), 기부자 예우 정책(Donor Recognition Policy)이다. 기부금 명분서는 모금을 하는 이유에 대한 설명이고, 기부금 수령 정책은 어떠한 경우에 어떻게 기부금을 받을 수 있는지에 대한 정책이며, 기부자 예우 정책은 기부자 예우에 관한 정책이다. 이 중에서 기부자 예우 정책은 기부금과 관련한 모든 기부자에게 어떻게 감사할 것인지 그 예우에 대한 지침을 제시하는 것이다.

1) 예우 정책의 개요

①정의

기부자 예우 정책(Donor Recognition Policy)은 기부자에게 어떻게 감사하고(Appreciation) 인식시키며(Recognition) 보상할(Reward) 것인

지에 대한 정책이다.

기부금을 받는 시점부터 정책을 통해 기부자에게 최상의 만족감을 주어 추가적인 기부가 이루어지도록 하는 것이 진정한 기부의 완성이라고 할 수 있다. 물론 예우 프로그램 때문에 기부자가 기부하는 것은 아니며, 기부자에 대한 예우가 부족해서 모금에 실패하는 것도 아니다. 그러나 예우 정책을 시스템상에서 꾸준히 실행함으로써 돈보다는 관계가 더 중요하다는 것을 보여주는 것이다. 예우 정책 실행으로 기부자 개인의 기부 역량을 높이고 새로운 기부자에게도 공정한 예우를 하게 된다.

현재 대부분의 대학이나 병원에서 예우 정책을 내놓긴 하지만, 일반 복지재단이나 문화예술 단체는 확고한 예우 정책이 부족한 실정이다. 결국은 예우 디자인이 문제가 아니고 실행의 의지와 실행 능력이 문제이다.

미국에서는 단체 내 여러 군데에서 캠페인이 동시에 실행이 될 때, 이미 입력된 모금 프로그램에 날짜와 내용이 자동으로 모니터에 뜨도록 디자인이 되어 있어서 실수를 방지하게 한다.

② 정책 수립

예우 정책으로 단체의 신뢰를 높이게 되고 기부자들과 공유함으로써 더 많은 기금을 유치할 수 있다. 하지만 이 정책이 조건부처럼 보이면 오히려 역효과가 난다. 그래서 먼저 보여주고 제안하는 것이다. '기부하면(If, Then)'이 아니라 '기부할 때(When)' 기부자 예우가 따라간다는 것을 인식시켜야 한다. 정책의 수립 절차와 내용은 다음과 같다.

- 이사회의 인가를 받아야 한다.
- 기부금과 관련한 모든 기본적인 예우 절차를 수립한다.

- 기부자 예우, 기부자 참여, 기부금 보고에 대한 관리는 전략적으로 일관성 있게 실행한다.
- 기부자가 참여하는 활동, 즉 개관식, 기공식, 환영파티, 만찬, 기부금 약정식, 기자 회견, 감사패 수여식 등에 대해 조언할 수 있다.
- 기부의 비밀 정책에 관해 기술되어야 한다.
- 언제, 어떻게 기부자에게 설명할 것인가가 기술되어야 한다.
- 기부금의 범위에 따라 인식이 다르게 표기된 테이블이 단체의 능력한도 안에서 해야 한다. 만약 축적된 기부가 있으면 따로 인식을 해 주어야 하고 테이블에 표기가 되어 있어야 한다.
- 각기 다른 기부 형태에 대해서도 특별한 조항이 있어야 한다. 예를 들어 주식, 부동산, 영구기금(Endowment) 등
- 예우 정책은 정기적으로 모니터링을 하면서 수정과 보완으로 업데이트 한다.

③ 정책 수립 시 고려해야 할 사항

단체의 개성과 창의력이 돋보이는 감사방법을 생각해야 하고 기부자가 무엇을 원하는지, 그 감사가 진정으로 전달되는지 꼼꼼히 살펴보아야 한다. 그리고 감사할 수 있는 제한된 시간을 정하는 것도 잊지 말아야 한다.

기부금 요청자와 예우를 집행하는 자의 가치가 일치하지 않으면 안 된다. 기부금을 요청할 때는 무엇이든지 들어줄 것처럼 하더니 기부 후에는 마음이 바뀐다고 기부자는 생각할 것이다. 배신감도 느낄 수 있겠지만 문제는 집행부가 책무성을 보이려는 의지가 처음부터 있는가이다. 모금가와 집행부의 생각이 일치되지 않는 단체에서는 기부 요청이 매우 힘들다. 만약 약속대로 예우 정책을 실행하지 못하면 정당한 이유를 설명하고 기부자와 정기적으로 소통하면서 이해를 구해

야 한다. 아무리 기부자 예우 정책을 잘 만들었다고 해도 집행부가 실행할 의지와 능력의 여부에 따라 그 효과는 달라진다. 다른 단체보다 예우가 부족해서 실패한 단체는 드물지만 실행을 하지 못해 법정 소송까지 가는 사례는 많다.

현재 모금가의 평가에도 문제가 있다. 전임자 때의 기부자 예우를 '뒤치다꺼리'한다고 생각을 하고 또한 자신의 평가가 절하될 것으로 생각해서 적극적이질 못하다. 단기적 평가만을 생각한다면 기부자 예우에 대한 서비스는 아무래도 소홀하게 된다.

④ 정책 실행의 효과

기부자가 예우 프로그램 때문에 기부를 하는 것은 아니고 또 예우가 부족하다고 해서 모금에 실패한 케이스는 아주 드물지만, 단체로부터 적절한 예우를 받아 자신의 기부행위에 대해 만족감을 느낀 기부자는 평균 3~4명의 사람들에게 적극적으로 단체에 대해 이야기한다. 이것은 기부의 가능성이 높은 잠재기부자를 기부자 스스로 만드는 효과가 있다. 반면 단체로부터 불만족스러운 처우를 받았다고 느끼는 기부자의 경우는 자신의 불만족스러운 경험을 9~10명의 사람들에게 이야기한다.

기부자에게 맞는 다양한 기부자 보상 방법을 제공하게 된다면 다음과 같은 효과를 기대할 수 있다.

- 단체의 신뢰도와 이미지 상승 효과로 단체와 기부자 간에 더욱 친밀한 관계를 형성하게 된다.
- 기부자 개인의 기부 역량을 높여주고 새로운 기부자를 만날 수 있는 기회를 제공한다.
- 기부자들이 적극적으로 단체의 활동에 참여하면서 기부 만족

감을 높일 수 있다.

- 기부 목적대로의 기금 사용보고, 기부자 관계발전을 위한 특별 행사, 프로젝트를 통한 스튜어드십 프로그램 등 다양한 전략을 통해 기부자의 삶 동안 지속적으로 기부에 참여할 수 있도록 한다.
- 단체가 필요로 할 때 활용 가능한 인적 자원(자원봉사자 등)을 확보할 수 있다.

⑤ 정책 실행의 부정적 사례

정부 훈·포상이 기부의 명분 아래 자주 도마 위에 오른다. 물론 모든 정부의 훈·포상이 다 문제가 된다는 말이 아니다. 비영리단체가 모금을 한다면서 수상자에게 행사 비용으로 금전 요청을 하는 케이스가 많다. 한마디로 기부가 포상의 조건이 된다는 말인데, 마치 대학 기부금의 조건으로 명예박사를 수여한다는 것과 비슷하다. 법정단체인 어느 단체총연합회가 정부의 훈·포상을 추천해 주는 대가로 회원들에게서 수백만 원에서 수천만 원을 받았다는 의혹이 제기되어 정부가 조사에 나섰다는 신문기사도 있었다. 기부자의 예우가 조건부 포상이 된 사례이다.

어느 대학의 모금 담당자의 말이다. 평소 모금캠페인에 협조를 잘했던 교수가 찾아와 난감한 사연을 전했다. "우리 학과를 졸업한 동기 동창생이고 어느 기업 회장인데, 그에게 지난번에 건축한 건물의 8층에 그의 이름을 명명(Named Gift)하기로 하고 기부금을 받았다. 그런데 아직 2년째 보수공사를 하면서 별다른 진전이 없으니 그분 볼 면목이 없고 자기만 실없는 사람이 되었다면서 다시는 협조하고 싶지 않다"라고 말했다. 이 문제는 집행부가 예우 정책을 실행하려는 의지를 보이지 않는 사례이다.

2) 예우 프로그램 디자인

① 예우 프로그램의 중심 요소

- 가장 핵심적인 내용은 기부자를 인정하고 감사하는 것이다.
- 새로운 디자인 싱킹(Design Thinking)으로 프로세스를 구성하여 효율과 효과를 얻도록 한다.
- 단체의 개성을 보여줄 수 있는 감사 방법을 창안하도록 한다.
- 법적 프레임인 김영란법에 대해 심사숙고한다.
- 모든 기부자에게 공정하게 예우하는 것이 중요하고, 더 적극적인 예우 방법을 생각해야 한다. 결국 예우는 실행의 의지와 실행 능력이 더 중요하다.
- 책임감 있는 기부자 관리 담당자 확보, 기부 이력을 확인할 수 있는 자동 프로그램 설치 등의 인적, 물질적 투자를 병행해야 한다.
- 개인별 특징과 욕구 파악에 주의를 기울여야 한다.

② 예우 프로그램 디자인

- 예우 프로그램은 주로 모금 상품을 만들 때 디자인한다.
- 예우 프로그램은 소개 자료 앞에 나오는 것이 좋다. 홈페이지나 브로슈어 등에 정기적으로 모니터링 하여 수정과 보완을 한다.
- 모금 프로그램에 입력되어 날짜와 내용이 자동 실행으로 모니터에 보이도록 디자인한다.
- 샘플로 예우표를 디자인하여 일 년 정도 시범 실행 후에 기부자 만족도를 점검하고 실행한다.
- 만약 미리 정한 예우표를 넘는 보상이 이루어지는 경우는 Quid Pro Quo의 룰에 따른 기부금에서 보상금을 뺀 값의 기

부금 영수증을 주어야 한다.

- 예우는 너무 소홀해서 기부자가 섭섭해서도 안 되고 너무 과도한 예우로 윤리적 혹은 법적 오해의 소지가 있어서도 안 된다.
- 예우를 전달하는 방법에 있어서 기부자 위주로 기부자에게 편한 방법을 모색해야 한다.
- 실무자는 의례적인 일관된 형식보다 개개인의 예우에 관해 확인할 필요가 있다.

③ 가치 피라미드 디자인

기부는 가치의 교환이므로 단체가 기부자에게 무엇을 줄 것인가 혹은 어떤 가치의 상품을 팔 것인가를 디자인하는, 즉 '가치제안'을 하는 것이다. 먼저 기존의 기부자가 어떤 이유로 혹은 가치로 단체와 관계를 유지하고 있는가를 조사할 필요가 있다. 이런 가치 조사는 고액기부나 캐피털 캠페인 등의 예우 정책의 기본 개념설계에 필요하며 예우 테이블에 반영된다. 특히 고액기부자의 기부동기는 기능적(Functional)으로 시작해서 감정적인(Emotional) 것을 지나 삶의 변화(Life Changing)로 사회적 임팩트(Social Impact)를 주는 단계로 진행된다. 그래서 기부자는 무엇 때문에 기부하고 또 재기부하며 기부금액이 증가하는가에 대한 조사로 단체만의 예우 프로그램을 디자인할 수 있다.

모금실전

1. 정기기부

1) 정기기부의 목적

정기기부 프로그램은 기부가 정기적이고 지속적으로 이루어지게 하는 데 목적이 있다. 기존 기부자들, 임직원, 단체와 친밀한 관계에 있는 사람들의 기부습관을 개발하고 육성해야 한다. 정기기부 프로그램은 다음과 같은 방법을 포함할 수 있다.

- 우편 모금
- 전화 모금
- 온라인 기부 프로그램
- 임직원 기부 캠페인

2) 정기기부 프로그램 기획

정기기부 프로그램은 매년 개발한다. 다음 회계 연도를 위한 전체적인 연간 기부금 목표, 목적, 전략과 일치해야 하며 단체의 전략적 계획과도 일치해야 한다. 프로그램 기획 시 필요한 사항은 다음과 같다.

- 정기기부 프로그램 기획은 매 회계 연도 말에 포괄적인 모금 계획에 포함되어야 한다.
- 정기기부 프로그램 시기, 대상, 기획내용, 결과 등을 매년 기록하여 관리한다. 기획 내용으로는 무엇을 위한 기금 요청인가, 기금이 필요한 이유는 무엇인가, 기금의 필요 규모, 누가 기금을 실행할 것인가를 포함한다.
- 정기기부 요청 자료는 단체의 로고와 주소가 인쇄된 자료를 사용하여 제작하고 기부자와의 응대가 용이하도록 연락처를 기재한다.
- 프로그램에 변경 사항이 있을 경우에는 변경 내용을 정보관리 시스템에 기록한다.
- 정기기부 프로그램에 참여하는 기부자, 잠재기부자 관련 데이터들은 분기별로 업데이트한다.

3) 면담보고서(Contact Report)

정기기부뿐 아니라 모든 유형의 기부에서 잠재기부자 또는 기존 기부자에 대한 방문 혹은 대화 후에는 면담보고서를 작성한다. 이 보고서는 잠재기부자와 기존 기부자의 기부 능력과 관심도 등을 파악하는 데 도움이 된다. 면담 후 이틀 안에 작성하는 것이 좋다. 각 면담

보고서에는 다음의 내용이 포함된다.

- 방문대상
- 면담 날짜
- 대화내용
- 새롭게 파악한 정보
- 주의사항
- 제공한 자료 및 내용
- 결과 : 다음 계획 또는 전략의 요약

4) 요청

우편모금, 전화모금, 온라인모금을 위한 정기기부 프로그램의 참여 요청은 단체의 포괄적인 계획을 토대로 다른 중요한 요청 프로젝트를 고려하여 조정한다.

5) 감사와 예우

단체의 기부자 예우 정책에 따른다. 감사방법의 종류는 다음과 같다.

- 뉴스레터 발송
- 행사 초대
- 연하장 발송
- 명절, 기념일 문자 발송
- 기념품 증정

6) 정기 기부자를 찾기 위한 노력

기부자 관리 시스템이 있다면 최근 기부 여부, 빈도수, 기부금액에 대한 리포트를 만든다. 그리고 최근 기부자 중에서 만원 이상 반복적으로 기부한 기부자를 찾는다. 정기기부 담당자가 얼마나 자주 기부자에게 요청을 했는지에 따라 기부 횟수가 달라진다. 1년에 두 번 요청한다면 기부자는 최대 두 번 기부할 기회만 생기는 것이다. 담당자들은 기부자에게 요청의 횟수가 많아지면 부담이 될 것이라고 느끼지만 실제로는 오히려 요청과 기부 횟수에는 비례관계를 갖는다. 만약에 앞서 만든 리포트에서 기부자(최근에 만 원 이상 반복적으로 기부한 기부자)가 없다면 지난 2년 동안 기부한 기부자로 기간을 넓힌다. 기간을 넓혔으면 마지막 기부금액, 마지막 기부날짜, 기부수단으로 분류한다. 이때 다음 사항을 주목하라.

- 신용카드로 기부한 기부자를 선별해 낸다. 신용 카드로 기부하는 기부자들이 정기적으로 기부할 확률이 높다.
- 전년도에 한 번 이상(10만 원 이하) 기부한 기부자를 찾는다.
- 이메일로 요청할 경우, 가장 상위 기부자에 대한 분류를 먼저하고 요청한다면 성공할 확률이 높다.
- 아직 분류하지 못했다면 모든 사람에게 정기기부 안내서를 보낸다. 손해보다 이익이 더 크기 때문이다.

담당자는 정기 기부자들에게 편안한 방법을 제시하라. 담당자는 단체의 기부자들을 이미 알고 있다. 담당자는 기부자가 빠져나가거나 액수를 줄이는 것을 원치 않을 것이다. 그래서 담당자는 10만 원을 기준으로 판단하는 것이 좋다. 한 번에 최고 30만 원을 기부하는 기부자에게는 작은 정기 기부보다 50만 원 또는 100만 원에 대해 요청하는 것이 효과적이고, 만약 5만 원이나 10만 원을 낸 적이 있는 기부자는 정기기부로 1만 원이나 3만 원을 요청했을 때 오히려 받아들이기가 쉽다.

7) 기부금액 선택방법

최저 정기기부 금액을 결정할 때는 평균 기부 금액의 3분의 1을 넘지 않는 것이 일반적이다. 단체별로 정기기부 금액의 평균을 알아보고 결정하는 것도 하나의 방법이 될 수 있다. 무엇보다 가입시키는 것이 우선적으로 필요하고 점차 액수를 늘릴 수 있도록 인도한다.

8) 정기기부 프로그램 평가

매년 말 기부금액 증감, 기부자 수 증감, 1인 평균 기부금액, 기부 유지율, 재기부율, 모금 비용 등을 평가하여 모금활동 개선 전략을 수립한다. 프로그램 성과평가에 있어 기부자 만족, 이해관계자 만족, 장기 임팩트 등 효과성에 대한 질적 평가도 포함한다.

2. 고액기부

1) 고액기부 정의와 종류

고액기부는 영어로 'Major Gift' 또는 'Mega Gift'이고, 고액기금을 전문으로 하는 모금가를 'Major Gift Officer(MGO)'라고 한다. 요즘은 Major Gift라는 말 자체로 기부자가 갖는 부담감과 부정적인 이미지 때문에 명함에 'Donor Service Officer' 'Donor Engagement Officer'라는 순화된 직명을 사용하기도 한다. 직책 명칭에 대한 고민은 오래전부터 조직 안에서 종종 논쟁의 대상이 되었다. 2016년 Russell James의 연구보고서[12]에 따르면 모금가의 직책 명칭은 대부분 단체나 기관중심으로 설정되어 기부금이나 기부자의 단어가 삽입(예 : Major Gifts, Donor Advising 등)되어 사용하고 있다고 조사되었다. 조사 설문은 3188명을 대상으로 기부자의 자선활동 관점을 중심으로 이와 관련한 유증, 주식, 부동산, 기부연금등의 키워드를 기반으로 63개의 직책명을 테스트하였는데 결과는 단체 중심의 모금활동의 관점이 아닌 기부자의 자선활동과 관련한 advancement, institutional advancement, development가 삽입된 직책명을 사용할 경우 기부자가 느끼는 불편함과 부담감이 감소할 것이라는 결론을 도출했다.

고액기부는 다음과 같이 구분하는데, 잠재기부자의 잠재적인 기부 능력과 현재까지의 단체의 역량을 가늠해 볼 수 있는 척도가 되기도 한다.

① Named Gift

기부자의 이름 또는 기부자가 지명한 사람의 이름을 건물, 장학금, 전시회, 특별기금(Special Fund) 등에 명명하는 기부이다.

② Legacy Gift

기부자가 비영리단체에 영구기금(Endowment) 형태로 기부한 것

12 Testing the Effectiveness of Fundraiser Job Titles In Charitable Bequest and Complex Gift Planning

중 가장 큰 기부금액일 경우를 말한다. 이것은 잠재기부자를 만나기 전에 조사를 통해 알아내는 것이 매우 중요하고 가능하면 첫 대면 시에 대화를 통해 자연스럽게 알아내도록 한다.

③ Threshold Gift

지금까지 그 비영리단체에서 가장 크게 기부받은 금액을 말한다. 이 정보는 그 단체의 이력을 이해하는 데 도움이 되고 기부자나 단체에 도전이 될 수 있다.

④ Transformational Gift

가장 결정적인 리드(Lead, 제일 먼저 기부한 큰 금액) 기부금으로 금액의 크기가 단체를 변화시킬 수 있는 기부금이다.

2) 고액기부 모금가(Major Gift Officer, MGO)

(1) 고액기부 모금가의 자세

모금가는 VIP 마케팅의 원리를 이해해야 한다. 여기에 많이 쓰이는 이론은 부르디외(Pierre Bourdieu)의 아비투스(Habitus)이론이다. 이 이론에 따르면 주로 자본을 소유하고 있는 사람들은 기존 질서를 자명하게 받아들이고 보존하려 하며, 다른 언어를 특별한 환경에서 상용하여 지배 엘리트의 언어적 상장 자본이 되고 분류체계와 위계질서가 그 사회 내에 상징적 자본형태를 갖는다고 한다. 그들이 살아온 생활조건이 아비투스를 생산하고 그것의 실천은 차별적 격차체계의 형태로 생활권 내에서 객관적으로 각인된다. 예를 들어 예술품을 평가하는 것이나 기부에 대한 평가가 달라지는 것은 개인의 아비투스가 각각의 성향의 차이에 따라 분류하여 실천들을 발생시키는 원리인 것이다. 그래서 그들의 기부동기를 이해하여 어떤 보상 정책을 디자인할 것인지는 매우 중요하다. 고액기부 모금가는 그들과 소통하기 위해 그들의 취향과 행동을 좀 더 면밀히 알도록 준비해야 한다.

모금가는 모든 대화의 중심을 상대방에게 맞추어야 한다. 사람들은 자신만의 언어로 말을 하기 때문에 기부자들의 언어에 집중하고 여러 가지 다른 소통의 툴과 레벨을 정해 관계 안에서 귀를 기울이면 그것을 이해하게 된다. 진정한 설득이란 기부자의 감정과 그 안에 깊이 숨어 있는 무의식이 기부 결정의 순간에 도달할 수 있는가에 달려 있다. 미국의 고액기부 모금가의 경우 이처럼 어려운 관계를 위해 1년에 보통 25명 이내로 업무를 제한하고 있고 자원봉사자는 5명 정도로 배정한다. 많은 수의 인맥이 오히려 관계를 약화시킬 수 있기 때문이다.

(2) 모금 방법에 대한 부정적 자세

첫째, 단체가 고액기부를 담당할 모금가를 고용하여 모금가가 기존에 가지고 있던 인맥을 이용한 모금 방법을 소진될 때까지 사용하다가 다른 사람으로 교체하고는 한다. 이런 경우 성공한 케이스는 매우 드물다. 문제는 모금가마다 가지고 있는 인맥의 성향과 질이 다르다는 데 있다. 그 인맥은 그 모금가가 떠나면 같이 떠나는 경향이 있어서 결코 장기적 측면에서 단체에게 도움이 되지 않는다.

둘째, 모금가가 단체의 브랜드 명성을 믿고 찾아오는 사람들을 대상으로 단체 내부 시스템을 개발해서 하는 경우이다. 매우 소극적이긴 하지만 때로는 100억 원 자산가가 오기도 하고, 때로는 아무도 찾아오지 않을 때도 있다. 이것은 마치 비에만 의존하는 농사법과 같은 셈이다.

셋째, 단체의 기부자를 선별해 적극적으로 그들과 관계를 맺으면서 모금하는 경우이다. 가장 이상적이지만 리더십이 모금가를 믿지 못해 그들이 나서서 활동하는 것을 오히려 꺼려하는 경향이 있다.

(3) 고액기부 모금가에게 필요한 3가지 스킬

단체가 고액기부 담당자를 투입하거나 또는 현 직원이 고액기부 업무 기술을 연마하려면, 효과적인 모금활동을 이해하는 것이 우선시되어야 한다. 당연히 분명한 의사소통 기술, 관계 형성 능력, 대의에 대한 열정 등이 필요하다. Philanthropy Leadership Council[13]의 연구에 따르면 담당자는 추가적으로 세 가지의 능력을 더 갖추어야 한다. 고액기부 프로그램에서 성공하려면 무엇이 필요한가?

Philanthropy Leadership Council은 40개 단체에서 132명의 고액기부 모금가를 대상으로 그들의 활동과 성과를 조사했다. 조직의 규모와 수익, 고액기부 모금가의 포트폴리오 및 잠재기부자의 작업 방식과 관련된 결과에 대한 것이었다. 이 연구는 비영리단체가 현 마켓상황을 고려해서 고액기부 프로그램을 바른 방법으로 벤치마킹할 수 있도록 설계되었다.

설문 조사에 따르면 기부금 총액 기준으로 고액기부 모금가 중 상위 25%는 개별 목표의 175%를, 하위 25%는 52%를 각각 달성한 것으로 나타났다. 이런 결과는 조직의 규모 또는 연간 수익과는 상관관계가 거의 없었으며, 또한 현재의 조직 또는 고액기부 프로그램에 대한 경험이 있는 모금가의 임기와 성과 사이의 인과관계를 찾지 못했다. 경험, 성격 및 동기부여 등 단체에서 일반적으로 고용하는 방법으로는 직원을 최고 사분위수로 끌어올리기에 충분하지 않다. 그러

13 https://www.advisory.com/research/philanthropy-leadership-council

나 이 연구는 모금가의 수익률과 포트폴리오 관리 방법 사이에 강력한 연관성이 있다는 것을 밝혀냈다. 특히 가장 성공적인 모금활동에는 더 많은 기부자를 참여시키고, 새로운 잠재기부자와 더 많은 시간을 보내고, 현장에서 시간을 더 잘 활용하는 등 다른 사람들에게는 없는 세 가지 기술이 있었다.

① 최고 고액기부 모금가는 더 많은 잠재기부자와 소통한다.

흥미롭게도 최고의 수익을 창출하는 고액기부 모금가는 평균 포트폴리오 면에서는 더 작았지만 상대하는 잠재기부자의 비율이 훨씬 높았다. 설문 조사에 따르면 상위 고액기부 모금가는 포트폴리오에 평균 103명의 기부자를 보유하고 있으며, 최저 성과 고액기부 모금가는 121명을 보유하고 있다. 그러나 상위 고액기부 모금가들은 그들이 보유하고 있는 기부자 규모의 80%와 상호 작용했고 하위는 60%로만 연결되었다.

② 최고 고액기부 모금가는 새로운 잠재기부자와 더 많은 시간을 보냈다.

기존에는 새로운 잠재기부자와 시간을 보내는 것보다 기꺼이 기부할 의지와 능력을 보여준 현 기부자와의 관계를 유지하는 것이 더 중요한 것으로 여겨왔다. 그러나 연구 데이터에서는 새로운 잠재기부자와 그들의 48%의 시간을 보낸 고액기부 담당자들에게서 가장 효과적인 성과를 보였고, 낮은 성과의 사람들은 그들의 38%의 시간을 투자한 것으로 나타났다.

③ 최고 고액기부 모금가는 기부 가능성이 가장 높은 사람과 시간을 보낸다.

설문 조사에 따르면 성과가 높은 고액기부 담당자들은 동일 현장의 다른 동료보다 더 많은 일을 하는 것으로 나타났다. 성과가 낮은 담당자들은 평균 101명의 잠재기부자를 만난 반면, 성과가 높은 담당자들은 평균 125명을 만난 것으로 나타났다. 성과가 낮은 담당자들은 기부를 받기까지 평균 17.8회를 방문하였지만, 성과가 높은 담당자는 평균 8.9회를 방문한 것으로 나타났다. 성과가 높은 담당자는 이와 같은 결과를 얻기 위해 더 많이 일을 한 것으로 조사되었다.

(4) 고액기부 모금가가 모금에 성공할 수 있도록 어떻게 도울 수 있을까?

팀이 개별 목표를 달성하지 못하면 세 가지 업무 기술을 개발하여 변화를 이끌어 낼 방법을 찾는다. 특히 자금 조달 지능과 기술을 통합하여 예측을 줄이고 포트폴리오 관리의 효율성을 높인다. 할 수 있다면 모금정보는 기계학습 또는 인공지능(AI)을 사용하여 잠재기부자 데이터를 분석하고 가능한 기부자를 식별한다. 그런 다음 각 기부자가 할 수 있는 기부금액과 시기를 예측한다. AI의 통찰력을 통해 고액기부 모금가는 성공적인 모금행사의 특징을 쉽게 알게 되어 수익을 창출할 수 있다. 그러면 관리 업무가 줄어들고 모금가는 더 많은 잠재기부자를 참여시킬 수 있다.

- 고액기부 모금가는 주말과 공휴일을 고려하여 한 달에 평균 18일 동안 잠재기부자와 교류한다. 기금모금 인텔리전스를 사용하여 데이터를 탐색하여 고액을 기부할 가능성이 가장 높은 잠재기부자를 파악하고, 이를 기반으로 빠른 시간 안에 우선순위를 정한다. 그런 다음 약속을 위해 메모를 보내고 직접 대면하여 시간을 보내도록 한다.
- AI가 데이터베이스를 정기적으로 평가하기 때문에 기금모금 인텔리전스를 사용하면 각 잠재기부자에 대한 정보를 업데이트하고 포트폴리오 크기를 줄일 수 있다. 고액기부 모금가들은 더

많은 잠재기부자와 연결 기회를 갖게 되어 기부금을 받을 가능성이 더 높아진다.

- 유망한 새로운 잠재기부자를 확보하려면 모금 정보 시스템에 가능한 많은 데이터를 제공한다. 예를 들어 모든 기부자에 대해 이벤트 참석, 자원봉사 활동, 전자메일 열기, 웹 사이트 클릭, 소셜 미디어 게시물, 전화 접속, 편지 등으로 단체와의 상호 작용을 추적한다. 이러한 세부 사항은 AI 예측을 강화하고 모금 효과를 더욱 높인다.

우수한 고액기부 모금가는 현장에서 시간을 낭비하지 않는다. 첫 만남에서 빠르게 기부로 이어지게 하려면 기부자의 관심을 끌 수 있는 최선의 방법을 이해하고 기부동기를 부여해야 한다. 모금가는 기금모금 정보를 통해 누가, 언제, 어느 수준에서 기부할 가능성이 가장 높은지를 알고 있다. 따라서 가까운 장래에 기부할 가능성이 높은 사람들을 우선순위에 두고 모금행사를 계획할 수 있다. 모금가는 기부금의 규모와 잠재기부자의 개인적인 관심사를 파악하여 기부동기와 능력에 맞는 캠페인 또는 조직 목표에 대한 대화를 진행할 수 있다. 대화가 잠재기부자의 목표와 일치할 때 그 대화는 보다 생산적이며 기여는 더 빨라진다.

Philanthropy Leadership Council에서 발표한 바와 같이 고액기부 프로그램을 운영하려면 적극적인 성격과 강력한 포트폴리오 관리 기술이 필요하다. 다행스럽게도 기금모금 인텔리전스는 포트폴리오 개발에서 예측과 혼란을 제거하여 팀이 능력을 구축하고 시장을 주도하는 성과를 거둘 수 있는 길을 열어주고 있다.

(5) 고액기부 모금가가 금해야 할 6가지 표현

모금가는 세일즈맨십(Salesmanship)과 구별된 펀드레이징십(Fundraisingship)을 가져야 한다. 세일즈맨십은 고객이 물건이나 서비스를 구매할 때 방해되는 요소를 설득으로 제거하는 기술이고, 펀드레이징십은 기부자가 꿈꾸는 비전을 돕고 용기를 주는 기술이라는 점에서 차이가 있다. 최근에 세일즈 업계나 재정전문가들이 고액모금에 많이 영입되기 때문에 그들의 세일즈식 표현들이 여과 없이 현장에서 사용되는 경우를 보게 된다. 하지만 고액기부자가 자신이 세일즈 대상이라고 느껴지면 혐오감이 들기 때문에 고액기부 모금가는 단어 하나하나를 신중하게 표현해야 한다.

재무설계(CFP) 마케팅 저서인 『How to Build a Successful 21st Century Financial Practice: Attracting, Servicing & Retaining Affluent Clients』의 저자 매트 오츠슬리(Matt Oechsli)는 웰스매니지먼트닷컴의 한 칼럼(blog.naver.com/kdustyle, 장은실 번역)에서 재무설계사가 한마디 말의 실수로 세일즈맨으로 잘못 비춰질 수 있음을 지적했다. 사실 재무설계사보다 고액기부 모금가가 세일즈맨으로 더 오해받기 쉽다. 그러므로 모금가가 주의해야 할 표현을 소개하자면 다음과 같다.

① "저는 ABC 단체의 모금가입니다"

한국에서는 모금가에 대한 인식이 '자선 수금원' 정도로 여기는 경향이 있다. 특히 모금가란 말과 단체 이름을 함께 사용할 때 세일즈맨이란 인상을 더 주기 쉽다. 기부자들이 그렇게 느끼기 때문에 첫 만남에서 소속, 직함, 단체 이름으로 자기소개를 하기보다는 "개인의 기부를 조언하고 안내해 주는 일을 하고 있습니다"와 같이 자신을 설명하는 방식이 훨씬 부드럽다.

② "상담 수수료는 없습니다"

기부자라면 자신이 낸 기부금에서 몇 퍼센트의 수수료가 모금가에게 갈 것인지를 생각하는 사람이 의외로 많다. 확실한 잠재기부자도 아닌데 수수료 등을 묻는다면 "수수료는 원칙적으로 기부자가 부담하지 않습니다만, 지금은 이야기할 단계가 아닌 것 같습니다. 우선 모금가가 무엇이고 어떤 서비스가 포함되어 있는지 차분히 이야기기하는 것이 좋을 것 같습니다" 등과 같이 말하는 것이 좋다.

③ "제가 상대하는 기부자들은 모두 선생님처럼 부유한(사회적으로 성공한) 편입니다"

웰스매니지먼트닷컴의 조사에 따르면 부유층 고객들의 92%가 자수성가한 것으로 나타났고 상당수가 자신이 부유하다고 생각하지 않는다. 그런 상황에서 위와 같은 말을 던지면 곧바로 세일즈맨으로 오해할 수 있다. 차라리 "기부자들 다수가 선생님처럼 바쁜 전문직 종사자들입니다"와 같은 말이 무리가 없는 표현이다.

④ "제가 만나볼 만한 다른 잠재기부자 분은 없을까요?"

기부자를 소개받을 수 있는 단도직입적인 표현이긴 하다. 그러나 어딘가 품격이 떨어지고 기부자에게 모든 일을 맡겨버리는 모양새가 된다. 이런 경우 소개받고자 하는 사람의 이름 정도는 파악해 가는 것이 좋다. 편안하게 개인적으로 한번 만나보고 싶다고 소개를 의뢰하는 것이다.

⑤ "기부자나 가족을 소개받는 것이 저에겐 가장 큰 칭찬입니다"

웰스매니지먼트닷컴의 조사에 따르면 부유층 고객의 83%가 재무설계전문가의 소개 요청을 싫어하는 것으로 나타났는데, 기부자의 경우는 더 그렇다. 그러나 매우 드문 일이지만 모금가를 좋아하고 신뢰하고 존경하는 마음이 있다면 핵심 인물을 소개할 것이다. 위와 같은 표현을 이메일이나 편지 아래에 적는 방식은 피하는 것이 좋다.

⑥ "기부자님의 기부 포트폴리오를 제가 한번 검토해드리고 싶은데요"

신입 모금가들이 보통 이런 방식으로 접근한다. 텔레마케팅에도 활용되는 표현이다. 그러나 부유층 기부자들은 이런 접근방식을 일종의 세일즈 꼼수로 이해한다. 이런 표현보다는 스트레스 테스트, 위험분석 등으로 대화를 시작하거나 긍정적인 부분을 찾아주는 방식 등 접근을 달리할 필요가 있다.

3) 고액모금 프로세스

(1) 기획

모든 모금의 전략과 같이 활동계획을 위한 명료한 일람표를 만들어 계획한 일들을 수행한다.

① 목표액 설정

소속 단체의 기부자 중 잠재 고액기부자 조사를 통해 수집된 상위 10위권 기부자의 누적 총계로 목표액 규모를 예측할 수 있다. 또는 단체가 목표로 정한 모금액의 절반에 해당하는 금액을 10명의 잠재 고액기부자로부터 유치할 역량이 단체에 있는가를 판단하여 예측할 수 있다.

② 모금 팀 구축

- 모금 팀은 단체의 재정적 여유와 명성을 향상시키는 역할을 할 수 있다. 전문적인 스텝과 자원봉사자가 팀을 이루어 일정에 맞

취 계획한 것을 실행하기 위해 의사 소통은 공동 작업을 이루는 중요한 요소이다. 작은 단체의 경우, 책임감 강한 자원봉사자들에 의해 스텝이 해야 할 일정 부분의 역할을 대체하기도 한다.

- 잠재 고액기부자를 조사하고, 수집된 리스트는 정기적으로 재검토한다.
- 모금 요청을 위해 필요한 전문 지식과 정보를 준비한다.
- 고액기부자를 위한 적합한 수단과 의사소통 방법을 확보한다.
- 예산을 책정한다.

(2) 잠재 고액기부자 조사

잠재 고액기부자 대상과 관련된 핵심활동은 가치 있는 리스트를 확보하여 이들을 다양한 차원에서 분류하고, 추후 기부요청을 위한 관계 개발, 정보축적, 관리하는 것이다. 이 조사에 가능하다면 정기적으로 이사회 멤버를 포함시키도록 한다. 잠재 고액기부자 조사와 관련된 활동은 크게 세 가지로 나뉜다.

- 잠재 고액기부자 군에 대한 수집
- 잠재 고액기부자 군의 분류(Segmentation)
- 등급 책정(Rating)

(3) 잠재 고액기부자의 범위

주요 판단 기준은 기부가능액, 관심사, 단체와의 관계 형성이다.

- 단체에 연간 일정 수준의 기부를 하는 사람
- 단체 내외부 관련자와 네트워크가 있는 사람

- 단체에서 특정 타겟화 할 만한 사람
- 단체의 재정과 관련해서 관계가 있는 사람
- 단체와 관계를 형성해 온 기간이 일정 수준 되는 사람-친밀도의 정도에 따라 단체에서 투자할 시간과 자원의 수준을 결정함
- 단체의 사업 또는 행사, 프로그램에 참여했던 사람, 회원가입 신청서 작성한 사람, 서명운동에 연락처를 남긴 사람, 자원봉사자, 과거 기부요청을 받았거나 기부했던 사람, 단체 관계자의 지인, 위원회 등
- 성공한 사업가, 자산가, 유산상속자, 재단, 기업 등
- 동문, 이사회, 교수, 학부모, 조부모, 직원 등

(4) 잠재 고액기부자 리스트 수집

잠재 고액기부자 리스트는 소액기부자 대상의 리스트를 수집하는 것과는 다른 방법으로 접근한다. 잠재 소액기부자 리스트는 이벤트 초청, 전화, 각종 프로그램 활동을 통해서 수집되며 단체와 관계가 없는 일반적인 대상을 리스트화 할 수 있는 반면, 잠재 고액기부자 리스트는 새로운 리스트를 발굴해서 접근하기보다는 우선적으로 기존에 보유한 데이터베이스 중에 관계가 이미 형성되어 있는 대상자, 그리고 관계를 발전시켜 최종적으로 고액을 요청할 수 있는 대상자를 수집하고 선별하여 정리한다.

개인 위주로 수집하고 목록화하는 것이 좋다. 기업과 재단의 목록은 단체의 사업과 매칭해서 기부금 획득 중심으로 조사한다. 단, 병원 및 학교의 경우 전체가 가지고 있는 통합 데이터베이스를 탐색할 뿐 아니라 각 단위기관, 부속기관, 부서에서 보유하고 있는 데이터베이스와 정보를 수집한다.

① 조직 내부 데이터

- 기존 기부자 데이터베이스 중 고액기부자 액수별 순위 조사
- 소액기부자 대상 중 직업, 자산, 관계 등 잠재 고액기부자로 전환이 가능한 리스트
- 연간 총 기부금액 중 상위 10%이상 기부자
- 상당 수준의 지속적 연례 기부자
- 각 사업의 프로그램 참가자 리스트
- 전 현직 이사회, 후원회, 각종 소위원회 위원 리스트
- 영향력 있는 자원봉사자의 리스트
- 내부 구성원(리더십, 직원, 활동가 등)

② 그 외의 데이터

- 조직 내외부 관계자의 지인에 대한 조사를 통한 명단 목록
  - 단체 구성원의 지인 및 관계가 있는 자
  - 전 현직 직원, 거래처 구성원, 이해관계자
- 각종 인명록, CD 조사를 통한 명단 목록
- 신문, 각종 매체의 정보를 정기적으로 스크리닝을 통한 명단 목록
  - 기업 운영자, 재단 운영자
  - 정부관료
  - 지역 내의 부자 또는 지역 기업인
  - 전문직종(의사, 변호사 등) 종사자
  - 유명인
- 기업
  - 기존 후원 기업
  - 단체의 시설 관련 거래처(기업)
  - 매출 상위 1000대기업

- CRM/CSR 활동기업
- 지역 상공회의소, 전경련 사회공헌백서 조사

- 재단 : 사업 방향과 관련성이 있는 재단을 조사
- 정부 단체 : 목적사업과 적합성이 있는 곳
- 각종 Giving Club : 로터리 클럽, 라이온스 클럽 등
- 종교단체

(5) 잠재 고액기부자 분류(Segmentation)

잠재 고액기부자 리스트를 분류하는 가장 큰 목적은 각 대상자에게 적당한 금액의 기부를 요청하기 위한 것이며, 나아가 요청 시기, 방법, 요청할 사업의 내용, 요청자 결정 등 다양한 이슈 및 과정들을 해결하기 위함이다. 분류는 다음과 같은 기준으로 할 수 있다.

① 인구 통계학적 특성

- 연령, 성별, 학력, 국적, 인종, 거주지역, 사회적 지위, 직업

② 기부자 고유한 행동 양식

- 기부경력 : 누적기부금액, 기부 빈도수, 선호도(단체, 모금상품), 기부요청 수단
- 생활양식 : 가족 라이프 스타일, 취미생활, 자원봉사, 레저생활, 문화생활, 스포츠, 예술활동, 문화재
- 성격(감정) : 의사결정역할(양식), 가치관, 감정상태, 성격유형
- 인적관계 : 가족 친지, 친구관계, 인맥, 동호회

③ 경제력

- 개인

- 부동산, 주식, 예금, 채권, 상속 가능성, 연봉, 유동자산

- 기업
  - 대기업, 중소기업
  - 기업순위
  - 기업의 비전과 경영철학
  - 기업의 사회공헌 활동 예산 및 사업 방향
  - 기부에 대한 핵심 의사결정자 : 오너, 전문경영인, 주주, 부서장, 실무직원
  - 기부 역사 : 기부금액, 기부대상, 기부했던 사업 내용
  - 기업 내에 단체와 관계 있는 사람의 네트워크

④ 관계 형성 정도

- 단체와 관계 형성을 해온 기간
- 처음 관계 맺은 계기
- 관계 있는 기관(기업, 재단)

(6) 등급 책정(Rating)

리스트를 분류한 후에는 어떤 리스트를 단체가 집중해서 접촉하고, 관계를 배양하며, 기부를 요청할 만한지를 평가하여 순위를 매기는 작업이 필요하다. 등급이 책정된 리스트는 관계를 배양하고 접촉을 시도하는 과정에서 각 리스트마다 정보를 업그레이드하고 관리해야만 한다. 이것은 적절한 기부자에게 적절한 금액(기부자의 가능성 보다 현저히 떨어지는 금액 또는 터무니없이 높은 금액이 아닌)의 기부를 요청하고, 기부자의 만족도를 높이는 방법으로 관계를 형성하기 위해 반드시 필요하다. 리스트 이외에도 잠재 고액기부자의 자격을 갖춘 적합한 사람이 있을지도 생각해 본다.

4) 양성 및 요청 전략

양성 단계에서 가장 핵심 전략은 그들과 접촉을 시도하는 것이다. 미팅을 제안하고 초대하여 그전에는 알지 못했던 그들의 관심사를 발견하여 단체와의 연결성을 개발한다면 그들의 참여를 유도할 수 있게 된다.

(1) 양성 및 요청 전략

① 전략 1

잠재 고액기부자는 일반 기부자와 차별되는 접근 전략이 필요하다. 이를 위해 과학적이진 않지만 현장에서 사용할 수 있는 세 가지 지혜를 소개하고자 한다.

첫째는 단체의 사무실로 초대해서 찾아오게 하는 기부자와 찾아가야만 하는 기부자가 있다. 고액 기부자는 스스로 단체의 문을 열고 들어오는 경우는 매우 드물다. 모금가에게 직접 대상자를 찾아 약속을 잡고 만나서 그의 이야기를 들으라고 하지만 실제로는 쉽지 않은 일이다. 모금가가 가장 스트레스 받는 것은 기부요청이 아니라 미팅 약속을 잡는 일이다. 이 과정이 힘들어 중간에 포기하지만 그 과정을 통해서 배울 점이 많고 자신의 역량을 키우는 데는 매우 중요한 과정이다. 만약 모금가 스스로 하기 힘들다면 할 수 있는 사람을 찾아 요청에 함께 참여하는 것이다.

둘째는 설득해서 되는 기부자와 경청을 해야 하는 기부자가 있다. 주로 고액기부자는 설득으로 기부를 유도하기는 매우 힘들다. 달변은 푼돈의 지갑을 열게 하지만 경청은 목돈의 통장을 열게 한다. 특히 유산기부는 잘 듣지 않으면 거의 불가능하다. 그래서 고액기부 모금가를 고용할 때 경청 능력을 우선으로 한다. 고액기부자가 원하는 것이 무엇이고 우리 단체와의 공통분모는 무엇인지 찾아 낼 수 있어야 한다.

셋째는 기부자로부터 식사를 대접받는 것과 반드시 모금가가 비용을 지불해야 하는 사람이 있다. 보통 관계 양성을 할 때 모금가가 고액기부자와의 식사 비용을 지불하는 것이 원칙이다. 소액기부의 경우 기부자가 비용을 지불하는 것은 허용되지만 고액기부는 모금가가 반드시 지불해야 한다. 고액기부자들의 일반적인 성향은 상대가 낸 음료 비용 마저도 갚으려는 심리가 있기에 고액기부 결정에 큰 도움이 된다. 그래서 미국의 경우 고액기부 모금가는 카드 사용 한도액이 다른 일반 모금가보다 높게 책정되어 있다. 이런 이유로 고액기부 모금가의 능력은 카드 사용 금액과 비례한다는 우스갯소리도 한다.

② 전략 2

잠재 고액기부자를 만나 좋은 질문을 하고 그의 이야기에 귀 기울이는 것이다. 기부를 요청하는 것이 먼저가 아니라 질문으로 관심을 표명하는 것이 우선이다. 잠재기부자가 스스로 스토리텔링을 할 수 있도록 물꼬를 트려면 좋은 질문을 해야 한다. 유능한 모금가란 달변가가 아니라 잠재기부자에게 맞는 적절한 질문과 경청을 잘 한다는 것이다. 질문이 없다면 상대와의 관계보다 지갑에만 관심이 있다는 오해를 받을 수도 있기 때문이다. 잠재기부자의 스토리를 기반으로 우리 단체가 파트너로 그의 비전을 이루도록 도와줄 것이 무엇인지 탐험을 시작하는 것이다. 잠재기부자를 설득하려는 의도를 가지고 단체의 필요를 언급해야 된다는 압박감보다 그가 하는 답변을 기반으로 대화의 방향을 결정할 수 있어야 한다.

좋은 질문이란 사람이나 상황마다 다를 수도 있다. 예를 들어 왜 기부하게 되었는지 단순히 그 동기의 뿌리에 대해 묻거나, 그들이 가지고 있는 철학을 식별해 "시민과 지역 사회에 어떤 역할을 하셨습니까?" 또는 "부모님으로부터 어떤 가치를 이어받았습니까?" "당신은 젊은 시절에 돈에 대해 어떤 가치를 가지고 있었습니까?" "밤 늦게까지 일하는 열정을 유지하는 이유가 무엇입니까?" "기부 동기 중에 무엇이 우선순위입니까?" "그것은 환경, 지역 사회, 청소년입니까?" 등이 될 수도 있다. 그들의 마음에 어떤 문제가 우선순위로 자리 잡고 있는지, 어떤 단체가 그들에게 무엇을 요구하고 있는지 등의 질문은 잠재기부자를 곤란하게 하지 않는 질문이다. 질문 후 모금가의 경청은 세 가지를 동시에 만족해야 한다. 첫째는 좋은 질문을 통해 상대로 하여금 스토리텔링를 하게 하고, 둘째는 스토리텔링 중간에 그저 듣는 것이 아니라 적극적으로 경청하고 있다는 표현을 하면서 스토리의 질을 높게 하고, 셋째는 경청 후 그 스토리에 함축된 정보를 바탕으로 면담보고서(Contact Report)를 작성하여 다음 만남에 적극적으로 활용하는 것까지 포함한다.

③ 전략 3

유통 업계는 매장에서 가장 잘 팔리는 20%의 상품이 매출의 80%를 차지한다고 생각한다. 경영자 입장에서는 잘 팔리는 20%만 진열하여 판매하면 되지 않을까 라고 생각할 수 있다. 그렇다면 매장이 클 필요도 없고 재고 관리로 신경 쓸 일도 없을 것이다. 실제 이런 콘셉트로 대히트를 친 상품이 있다지만, 만약 모든 홍보 및 비용을 이에 집중하다가 한두 가지 물건에 하자가 있다든가 유행이 바뀌면 전체 매출액에 큰 영향을 미칠 것이다. 은행에서 상위 5%의 고객이 전 은행 매출액의 80~90%를 차지하여 80%의 고객보다 5%의 상위 고객에게 더 신경을 쓴다는 것이 소위 VIP 경영기법이라 한다. 그러나 만약 그 5%의 고객이 다른 은행으로 옮긴다면 은행 전체 매출에 큰 영향을 미칠 것이다.

모금세계에도 이와 비슷한 고민을 한다. 모금의 중요한 기본 원리 중 하나인 20%의 기부자가 낸 기부금이 총기부금의 80%를 차지한다는 파레토 법칙 80/20이다. 요즘은 90/10 혹은 95/5로 끝나는 경우도 종종 발생한다. 그러나 모금의 목적은 기금 마련에 있다. 좀 더 근본적인 목적은 사람들로부터 코즈(Cause)와 단체의 미션(Mission)이 관심을 받고 동의를 얻어 동참하게 만드는 데 있다. 모금은 문제해결(Solution)을 위해 필요한 하나의 툴(Tool)로, 소액이라도 많은 수가 참여한 모금운동은 많은 이의 관심과 동의를 얻은 것이므로 소액기부자라도 신경을 써야 하며 각 계층에 균형 있는 투자가 필요하다. 그러나 모금운동이 현실에서 약 10%의 기부자가 낸 기부금이 전체 기부금의 80~90%라는 결과로 나타났다면 이에 맞는 여러 가지 현명한 관리가 필요하다.

개인의 고액기부가 많은 미국과 달리 한국은 기업의 고액기부가 많기 때문에, 한국의 모금가들은 개인 고액기부에 대한 경험이 부족하다. 개인의 고액기부는 편지나 전화로 이루어지는 경우보다는 많은 시간을 할애해야 하는 직접대면(Face to Face) 방식의 관계 속에서 이루어지는 경우가 많다. 그래서 잠재기부자가 상류층일 경우가 많아 그들의 세계와 환경 및 기부동기에 대한 이해가 필요하다.

④ 전략 4

모금가들이 심리전문가를 통해 연구 조사한 바에 따르면 고액기부자가 기부하기 바로 직전에 기부 후에 발생할 유익과 비용을 저울질한다고 한다. 물론 가져올 유익을 먼저 생각하지만 기부하기 바로 직전에는 비용을 치러야 할 것을 부정적으로 생각하게 된다. 사람마다 조금씩 다르지만 시간이 가까울수록 대부분 네 가지 부정적인 생각이 동시에 든다고 한다.

첫째, 다른 더 중요한 곳에 비용을 써야 하는데 기회를 놓치는 것은 아닌지 걱정한다.
둘째, 기부 후에 만인에게 알려져 다른 단체로부터 기부요청이 밀려올 것이라는 두려움을 가진다
셋째, 이 기부금이 잘못 사용되거나 큰 가치 없이 사용될까 걱정한다.
넷째, 큰 금액일 경우 향후 가족에게 응급상황이 발생하여 큰돈이 필요하게 될 것을 걱정한다.

여기서 치러야 할 비용이 유익보다 더 크면 마지막 단계에서 기부를 미루거나 거부하게 된다. 모금가는 유익을 강조함과 동시에 때로는 한 번에 큰 금액 대신 분할하는 방법으로 기부자의 마음을 움직여야 한다.

(2) 마무리

큰 규모의 모금일수록 더욱 긴 주기(Cycle)를 갖게 되며, 경우에 따라서는 요청에서 마무리까지 일 년 이상이 소요되기도 한다. 요청을 받은 잠재기부자는 많은 정보를 알아보기도 하고 주위에 조언을 구하거나 자신의 재정 상태를 확인하는 등 다양한 사항을 고려하기 때문에, 그들의 결정은 지연될 수밖에 없다. 모금가와 주요 자원봉사자들은 이 시기 동안 계속해서 정보를 제공함으로써 기부에 관해 새롭게 인지시키고 마음에 확신을 주는 소통을 시도하도록 한다. 종결작업은 모금에 대한 상황과 상호 간 기대치에 대한 이해와 확신에 의해 시작되는 것이다. 기부자가 요청에 대한 답을 결정하면 단체는 동의서 내지 계약서를 준비해야 한다. 단체가 보유한 기부 수령 정책(Gift Acceptance Policy)에는 이 모든 정책이 명시되어 있어야 한다.

- 기부금액, 목적, 기부시기가 명시된 서약서의 서명이 필요하다.
- 큰 금액의 기부금은 계약상으로 동의해야 하며 기부금 사용 목적에 대한 구체적인 사항이 기재되어야 한다.
- 유산 기증 시, 기부 동의서는 상세할 뿐 아니라 기부자가 사망 시 개조를 방지하고자 정확하고 상세한 조항을 만들어야 한다.

이후에는 요청자와 단체장이 기부자의 기부 가치를 명시한 감사 편지를 보낸다. 단체는 기부자에게 지속적 관계를 유지하고 신뢰를 주기 위해 책무를 다해야 한다. 책무는 단순한 감사 표현의 방법을 넘어 장래에 단체의 입지를 굳히고 더 큰 모금을 위한 역할을 담당할 것이다. 효과적으로 책무를 이행하기 위해 다음 사항을 실행할 수 있다.

- 그들의 기부금이 어떻게 영향력을 발휘하였는지 알려준다.
- 계속해서 기부자의 가치와 단체의 가치를 연결시켜 포부를 공유하도록 한다.
- 기부자와 단체의 파트너쉽에 대한 존중감을 표현한다.
- 재정적 상승과 개인적 옹호를 가능하게하는 장기적인 관계를 형성한다.

3. 캐피털 캠페인

1) 캐피털 캠페인(Capital Campaign, 고액자산 증진모금)의 정의 및 목적

비영리단체에서 거액의 자산증진을 목표로 하는 모금캠페인이다. 즉 집중적인 자산 모금활동과 잘 준비된 모금 계획을 기반으로 건축, 증축 등과 같은 특별 프로젝트에 대한 목표를 가지고 보통 2~3년 정도의 기간 안에 거액의 기금을 모으는 것이다. 주로 병원이나 대학 등에서 많이 시행하고 있으며, 철저한 계획 아래 다수의 헌신적인 자원봉사자가 필요하다. 모금 방법이 일반적인 모금과는 다르며, 주로 이사회를 주축으로 하여 충성도가 높은 기부자, 재단, 기업 등을 상대로 기부 요청을 할 수 있다.

2) 효과

캐피털 캠페인 실행으로 얻을 수 있는 효과는 다음과 같다.

- 모금활동 영역이 한층 더 넓어진다.
- 중대한 프로젝트를 위한 확실한 자금이 마련된다.
- 고액기부자 기반을 굳건히 세울 수 있다.
- 조직의 이미지와 신뢰를 높일 수 있는 장이 된다.
- 정기기부금을 한 차원 더 올릴 수 있는 계기가 된다.
- 모금팀의 스킬을 한층 발전시킬 수 있다.
- 일회성 기부자를 정기기부자로 전환시키는 계기가 된다.

3) 시작 결정 요소

캐피털 캠페인 실행의 시작은 다음 요소들이 잘 충족될 수 있는지를 판단하여 결정한다.

- 매력(Desirability) : 기부자들은 무엇을 원하는가? 이 캠페인에 대한 후원자들의 긍정적이고 즉각적인 반응을 이끌어 낼 수 있는가?

- 구현가능성(Feasibility) : 조직은 이 프로젝트를 실행할 수 있는 기술과 인프라를 보유하고 있는가?
- 지속성(Viability) : 장기적이고 경제적인 모금모델로 성장할 가능성이 있는가?

캐피털 캠페인만이 가지고 있는 여러 장점 덕분에 매력적인 모금 방법으로 보이지만 이 캠페인이 성공하려면 철저한 계획과 노력이 투자되어야 한다. 특히 캠페인 시작 전에 실패 가능성을 절대로 배제해서는 안 된다. 가치 차이에 의한 기대치를 조사하고, 제한 조건을 고려한 여러 가정을 생각해야 하며, 이로 인한 확률로 본 결과 또한 예측할 수 있어야 한다.

4) 조직 구조

캠페인 조직은 캠페인 위원장(Campaign Chair)을 중심으로 스텝 및 컨설턴트, 재무 및 행정담당, 자원봉사자로 구성되어 있다. 캠페인 위원장 임명은 매우 중요하므로 캠페인 전의 조사(Campaign Feasibility Study, 캠페인 타당성 조사)를 실행한 후에 지역에서 존경받고 영향력 있는 사람으로 정하는 것이 통상적이다. 기부금 종류에 따른 팀장이 있고, 팀장은 보통 5명 정도의 잠재기부자를 대상으로 한다.

5) 캠페인 직전의 내부감사 및 타당성 조사

일반적으로 캐피털 캠페인에 대한 계획, 예산과 행정, 전략, 리더십 등의 내부 감사로 조직의 여러 부분을 재검토를 한다. 이후에 어느 부분을 강화해야 되는지 파악하면 전략을 세우기에 유리하다. 내부감사 팀을 만들거나 캠페인 준비를 위한 워킹 그룹(Precampaign Study-Work Group)을 만들어 운영하는 것도 좋은 방법이다. 이 그룹에 이사진과 지역의 리더들을 포함하여 캠페인을 객관적으로 분석하여 좋은 의견을 낼 수 있는 사람들로 구성하는 것이 바람직하다. 잠재기부자와 이사회를 포함한 조직의 리더십과 자원봉사자의 리더십, 그리고 캠페인 명분서에 대한 타당성도 함께 조사한다.

6) 기부 요청금액 결정

Gift Range Table은 캠페인 목표액을 달성하기 위한 잠재 기부금을 금액에 따라 분류하여 이에 필요한 기부자 수를 표기한 표이다.

표 12-1 Gift Range Table 예시

기부금액	잠재기부자 수	기부자 수	소계	누적액	누적률
5,000,000,000	4	1	5,000,000,000	5,000,000,000	10%
2,500,000,000	8	2	5,000,000,000	10,000,000,000	20%
1,250,000,000	20	5	6,250,000,000	16,250,000,000	33%
500,000,000	40	10	5,000,000,000	21,250,000,000	43%
250,000,000	80	20	5,000,000,000	26,250,000,000	54%
125,000,000	160	40	5,000,000,000	31,250,000,000	63%
50,000,000	240	60	3,000,000,000	34,250,000,000	69%
25,000,000	400	100	2,500,000,000	36,750,000,000	74%
15,000,000	480	120	1,800,000,000	38,550,000,000	77%
15,000,000 이하	6,106	1,526	11,450,000,000	50,000,000,000	100%
합계	7,536	1,884	50,000,000,000		

이 표를 근거로 각 수준별 책정된 기부금액에 몇 명의 기부자를 채웠는지 체크하면서 요청을 진행할 수 있다. 캠페인의 성공 여부를 가늠하는 요소 중 하나는 기부 요청금액 결정을 잘 하는 것이다. 먼저 잠재기부자에게 최고로 요청할 수 있는 금액이 얼마인지 정하고, 그리고 조직과의 연관 정도, 평소 기부를 잘 하는 사람인지, 이 프로젝트에 얼마나 관심이 있는지 분석한 후 요청금액을 조정한다.

보통 기부자 한 사람이 1년에 100만 원을 기부했다면 이것의 5배인 500만 원도 낼 수 있다는 결론이 나온다. 그 잠재기부자가 비록 많은 돈을 벌고 있는 부자가 아닐지라도 낼 수 있는 액수를 적게 판단하지 말아야 한다. 표면적으로 드러나지 않은 자산이나 유산이 있을 수도 있기 때문이다. 이렇게 해서 1년에 100만 원을 기부한 사람의 최고 기부 요청금액을 500만 원으로 결정했다면, 이를 3년에서 5년 동안 기부한다고 가정했을 때 1500만 원에서 2500만 원까지 기부할 수 있는 능력이 되는 것이다. 잠재기부자가 조직과 평소 잘 연결이 되었던 사람이라면, 작은 액수를 요청하는 것보다 언제나 최고의 액수를 먼저 물어보는 것이 원칙이다.

7) 캐피털 캠페인 프로세스

(1) 계획 단계

이 단계에서 필요한 요소는 다음과 같다. 이 요소 내에서 구체적인 캠페인 정책과 계획안을 만든다. 캠페인 자원봉사자들도 계획안 작성에 참여하여 캠페인 정책과 계획안을 잘 파악할 수 있도록 한다.

- 명분서
- 캠페인 타당성 조사 실시

- 캠페인 계획안 작성 : 캠페인 위원회 구성, 전략, 예산, 캠페인 기간, 캠페인 시간표 등
- 캠페인 리더십 모집 및 확정

(2) 기부자 양성 단계

조직이 지금까지 잠재기부자들과 어떤 관계를 유지해 왔는지에 따라 캠페인의 승패가 달려 있다고 해도 과언이 아니다. 기부금 요청 전에 잠재기부자들과 지속적으로 관계를 양성하는 속에서 고액을 기부할 수 있는 기부자를 발견할 수도 있다. 특히 이들의 흥미를 유발할 수 있도록 만들어진 캠페인의 명분서는 매우 중요하다. 잠재기부자 양성은 계획단계에서부터 시작할 수 있으며, 요청단계로 넘어갈 때까지 이끌 수 있다. 보통 양성과 요청단계는 최소 18개월부터 길게는 수년에 걸쳐 진행된다.

(3) 요청 단계

잠재기부자들은 주로 개인이 되겠지만 재단이나 기업도 포함될 수 있다. 요청은 다음 과정으로 진행한다.

① 소수의 고액기부자들에게 조용히 기부금을 요청하는 'Quiet Solicitation Phase'이다.

캐피털 캠페인이 다른 모금 형식과 다른 점이 있다면, 공식적으로 캠페인 홍보를 시작하기 전에 먼저 몇 명의 고액기부자들에게 요청을 시작하는 것이다. 주로 이사회, 조직 내 스텝, 자원봉사자, 그리고 한두 명의 잠재 고액기부자에게 먼저 시작한다. 이 기간에 기부금 목표액의 거의 절반 정도를 요청 승낙으로 채워야 하며, 이를 위해 이사회 전원이 참여해야 한다.

② 이 외의 잠재기부자들에게 요청한다.

캠페인 계획안에 있는 Gift Range Table에서 보여주는 고액기부자, 중간기부자, 그 외 기부자 등의 순서대로 요청을 진행한다. 이 기간에는 정확한 캠페인 시간표대로 요청을 해야 하고, 자원봉사자 한 명당 잠재기부자 5명 정도를 책정하여 요청한다.

③ 대중에게 캠페인 홍보

일반 대중에게 캠페인에 대해 홍보를 시작하고 적극적으로 사람들에게 기부를 요청한다.

(4) 요청 수락 및 실행 단계

기부자는 요청 수락 후 보통 3년에서 5년 정도의 기간에 걸쳐 기부금을 낼 수 있다. 캠페인 기부금 목표가 달성되면 캠페인 성공을 위한 행사를 기획할 수 있고, 이 행사에서 기부자를 포함하여 수고한 자원봉사자들에게 고마움을 표한다. 그리고 기부자에게 예우정책에 따른 예우를 실행하도록 한다.

(5) 월간 경과 보고서

캐피털 캠페인에서 계획만큼 중요한 것이 매달 실시하는 경과 보고서이다. 주로 사무실에 전시하고, 주요 인물과의 정기적 만남을 보고하기도 한다. 문제를 미리 파악하는데 중요할 뿐 아니라 진행상황을 점검하기 위해서도 중요하다. 보고서는 단순한 정보의 이전을 넘어 쌍방 커뮤니케이션의 도구이고 분석에 대한 실제적인 결과 측정이다. 그 시간에 충분한 논의를 거쳐 새로운 열정을 갖는 기회이기도 하다. 결국 캠페인 전에 만들어 놓은 계획에 대해 실제 경험과 결과치를 점검해보는 것이다. 자원봉사자나 기부자가 자신의 헌신을 확인하는 순간이기도 하다. 전체적인 진행의 통계 자료를 포함하는데, 다음과 같은 내용이 들어간다.

- 목표
- 달성된 목표율
- 캠페인 일정 및 캠페인의 위치
- 총 요청자 수
- 총 기부자 수
- 총 기부금
- 참여율(기부 결정 수)
- 평균 기부금액
- 대기 중인 총 요청 수
- 계획에 있었던 방법이 실제 진행에 잘 적용되었는지 여부
- 기대 대비 결과

가능하다면 다음과 같은 좀 더 자세한 내용을 첨가할 수 있다.

- 주요 캠페인 활동을 포함하여 지금까지의 캠페인 진행 상황에 대한 전반적인 평가
- 현재까지 캠페인의 통계적 진척에 대한 구체적인 평가
- 진행 중인 모든 단계의 활동이 각 단계의 목표와 관련이 있고, 그 단계가 캠페인의 전반적인 목표 및 향후 단계의 활동과 관련될 때 결과를 구체적으로 평가
- 발생한 문제 혹은 캠페인에 대치되는 사안에 대해 논의
- 캠페인의 다음 단계를 위해 진행중인 계획에 대한 논의
- 다음 보고서를 위해 수행할 작업

- 현재까지의 예산 및 지출에 관한 보고서
- 주의 또는 행동이 필요한 문제들 강조, 비용 또는 예산에 대한 문제들 논의, 일정 계획과 향후 계획 및 목적 등 전반적인 진행 상황에 대한 요약

8) 자원봉사자 활용

캠페인의 성공 여부를 가늠하는 또 다른 요소는 잘 조직된 자원봉사자 모집과 관리 및 훈련으로 캠페인 진행을 효과적으로 이끄는 것이다. 캠페인 사전조사 이후 자원봉사자를 모집할 때에는 해당 조사에 관심을 보였던 사람, 고액기부자들, 평소 조직과 매우 가깝게 연결되어 온 사람들 중에서 모집하는 것이 좋다. 자원봉사자들을 모집한 후에는 캠페인 계획 시 함께 참여하도록 하는 것이 좋으며, 적절한 자원봉사자 훈련을 마련하고, 봉사자들이 함께 캠페인을 위해 단결할 수 있는 이벤트를 진행하는 것이 바람직하다. 언제든지 자원봉사 관리팀은 자원봉사자가 필요로 하는 일에 도움을 줄 수 있어야 한다.

9) 홍보와 미디어의 역할

비공개적으로 캠페인 목표액의 절반 정도를 달성했을 때 미디어로 공개적인 캠페인 홍보를 할 수 있다. 더 넓은 잠재기부자들을 대상으로 홍보물과 영상을 제작하는데, 홍보물에는 캠페인에 대한 짧고 감동적인 소개, 캠페인 자원봉사자 팀 사진, 지역 리더들로부터 캠페인에 관한 지지 내용, 이미 약정한 고액기부자들에 대한 내용 등을 담아서 제작할 수 있다. 그리고 캠페인에 대한 부정적인 시각과 반대의견이 나오면 잘 대응할 수 있는 방법도 대비한다.

4. 유산기부

1) 유산기부[14]의 정의

계획기부의 대표적 사례인 유산기부는 유서나 계약서와 같은 사전 계획을 통해 기부자 사후에 재산의 전부 혹은 일부를 단체에 기부하는 것을 뜻한다. 유산기부는 모금 프로그램 중 가장 복잡하고 관련 지식이 많이 요구된다. 아직 국내에서는 유산기부가 활성화되어 있지 않지만 자녀가 없는 가정이나 1인 가구의 증가 등의 여러 측면에서 유산기부는 증가할 것이다. 유산기부는 보통 기부자의 생전에 기부가 약정되어 사망 후에 자산이 양도된다. 미래에 기부자의 죽음과 같은 예정된 기간의 종료가 있을 때까지 단체에 이익이 발생하지 않는 기부의 한 형태이다.

2) 유산기부 형태

① 유증

가장 대표적인 유산기부 형태로서, 피상속인(사망한 자)의 유언 등에 의해 기부 의사를 밝히는 것이다.

- 유언에 의한 기부 절차

14 유산기부는 영어로 Deferred giving(연기된 기부), planned giving(계획된 기부), 그리고 gift planning(기부계획)으로 부르지만 전문 모금가 사이에서 쓰이는 것 외에는 거의 의미가 없는 용어이다. 일반 사람이 이해할 수 있는 용어는 Legacy Giving(레거시 기부)라고 부른다(동사 : 자선 단체에 미래의 기부금을 만들어 자신의 가치를 전달, 명사 : 좋아하는 이슈를 강화하기 위한 예견된 행동).

유언서 작성 → 유언 집행자 지정 → 피상속인의 사망 → 유언서 개봉 및 검인 → 유언집행 → 이전 등기

- 유언의 종류
  - 자필증서 유언
  - 녹음
  - 공정증서
  - 비밀증서
  - 구수증서(口授證書)
- 유언장의 요건 : 유언은 법정요식주의를 따르므로 민법 1060조에 정한 방식에 의하지 않으면 무효가 된다. 유언장에는 아래 형식이 반드시 포함되어야 한다.
  - 유언서 전문
  - 연월일
  - 주소 및 성명 자필서명
  - 날인
- 유증의 철회 : 유언자는 언제든지 유언 또는 생전 행위로써 유언의 전부나 일부를 철회할 수 있다.

② 상속인이 상속받은 재산을 기부하는 경우

유언장에는 기록되어 있지 않으나 상속인이 피상속인의 유지를 기려 상속받은 재산을 기부하고자 하는 경우이다.

- 상속세 과세 표준신고 기한(6개월) 이내 출연을 이행해야 한다.
- 상속인들 간의 합의가 있어야 한다.
- 상속인들과 출연 받는 공익법인의 이사진과 관련이 없어야 한다.

③ 유언대용신탁

유언대용신탁은 별도의 유언서 작성 없이 위탁자(기부자)와 금융단체가 신탁계약을 체결해 현금, 부동산, 유가증권 등 기부자의 자산을 관리해 주다가 계약자의 사망 시 지정한 단체 등의 수익자에게 계약내용대로 자산의 원금 또는 수익이 승계되도록 약정하는 신탁이다. 살아 있을 때 돈을 맡기기 때문에 생전신탁으로도 불리며, 유언을 대체하는 효과가 있다.

3) 유산기부 진행 절차

유증 및 유언대용신탁을 통한 유산기부의 전반적인 처리 절차는 아래와 같다.

① 상담 : 기부 자산(부동산, 현금, 유가증권 등) 확인과 기금희망용도 등 기부자 의사 확인
② 기부 자산의 평가 및 소유권 이전 절차 자문
③ 기부협약서 및 유언장 작성
④ 유언장 공증 및 유산기부 약정 행사
⑤ 사후 집행
⑥ 용도대로 기금 설정 또는 사용 및 유가족 예우

4) 유산기부 프로그램에 대한 오해

한국은 아직 기부선진국에 비해 유산기부가 활성화되지 못했지만 점점 비영리단체에서도 유산기부 프로그램에 대해 관심이 많아지고 있다. 모든 단체가 유산기부 프로그램을 반드시 실행해야 하는 것

은 아니지만, 장치 실행을 위해 몇 가지 가지고 있는 오해에 대해 짚고 넘어가는 것이 필요하다.

① 오해 1 : 계획기부(유산기부)는 매우 어렵다.

유산기부는 때때로 매우 복잡하다고 생각하여 실질적인 도전을 주저하지만 대부분의 경우 생각보다 간단하다.

기부금을 확보할 방법을 알고 있다면 이미 유산기부를 확보하는 길을 가고 있는 것이다. 다시 말해 다른 모든 유형의 기금모금과 같다. 잠재기부자를 식별하고, 육성하고, 요청하는 과정인 것이다. 유산기부의 대부분은 세 가지 범주인 요청, 자선 기부 연금 및 주식 기부 중 하나에 해당되기 때문에 모든 단체가 어떤 형태의 기부 프로그램이든 참여하지 못할 이유는 없다.

단체 중 일부는 단순히 모금을 홍보하는 것 외에 다른 방법을 강구하지 않지만, 다른 한편에서는 더 정교한 기부 옵션이 포함된 프로그램으로 시간이 경과하면서 확장되기도 한다. 그러나 모든 단체는 유산기부를 장려하기 위해 무언가 할 수 있다는 사실이다.

② 오해 2 : 유산기부 프로그램에 참여할 전문가가 반드시 있어야 한다.

전문가가 될 필요는 없다. 그러나 적절한 지식이 필요하다. 다행히도 대부분의 유산기부는 간단한 요청, 자선 기부 연금 및 주식 기부이다. 복잡한 형태의 계획기부(자선 리드 트러스트, 자선 잔여 연금 트러스트, 상속 등)의 작은 형태이다. 보다 복잡한 거래의 경우 이 거래에 대해 알고 있는 도움을 요청할 만한 사람이 필요한 정도이다.

③ 오해 3 : 계획된 모든 기부는 연기된 기부이다.

계획된 모든 기부가 실현(현금화)되기까지 수십 년이 걸리는 연기된(Deferred) 기부라고 믿고 있어서 계획 기부에 필요한 자원을 투입하는 것을 망설인다. 예상 기대치가 낮은 지연된 기부인 것은 사실이지만, 그러나 수십 년 동안 지연되는 것은 아니다. 규모와 나이에 따라 다르지만 일부는 기본 보험 계리적 예측에 근거하여 3~5년의 약속 기간 내에 실현될 수 있으며 때로는 더 빠르게 결과가 나타나기도 한다. 기부 연금과 같은 유형의 계획기부는 즉시 예약 가능한 자산을 나타내고, 주식 기부는 즉시 예약 가능한 기부금으로 나타난다. 따라서 계획기부 마케팅에 자원을 투입하는 단체는 매우 합리적인 시간에 투자 수익을 볼 수 있다.

④ 오해 4 : 계획기부 마케팅은 수동적이어야 한다.

많은 단체에서는 주요 기부자를 찾는 일을 제외하면 상대적으로 계획기부 마케팅이 수동적이어야 한다고 생각한다. 다시 말해 계획기부 기부자는 기부를 요청받기 전에 자신의 관심을 스스로 식별해야 한다는 말이다. 예를 들어 전화로 정기기부를 요구하지 않는 단체가 기부연금을 요구하기 위해 전화하지 않는다는 것이다. 결국 누군가 계획기부에 관심이 있다면 뉴스 레터의 광고에 스스로 반응해야 한다.

실제로 마케팅에 적극적으로 참여하는 단체가 더 큰 성공을 거두고 있다. 계획된 기부는 모금의 일종이기에 동일한 기본 원칙이 적용된다. 미국의 유산기부 전문가들은 88.7%의 기부자는 비영리단체가 Legacy Gift를 요구하는 것이 적절하다고 생각한다고 했다. 수치는 다르지만 한국도 별반 차이는 없을 것이다.

비영리단체가 계획기부에 참여하는데 더 좋은 시간이 따로 있는 것은 아니다. 우리는 세계사에서 가장 큰 세대 간 부의 이전을 앞두고 있다. 그리고 현재의 경제 상황은 계획기부를 만드는 데 더 유리하다. 따라서 모든 비영리단체는 계획된 유형의 기부 마케팅에 참여해야 한다. 하지만 유산기부를 원하면 요청해야 한다는 것을 기억해야 한다.

5. 영구기금(영속기금, Endowment Fund)

1) 영구기금의 정의 및 목적

기부자가 특정 목적사업을 위해 기부한 현금, 주식, 부동산 등 으로 조성된 기금으로, 그 기부금의 원금은 영구히 보존하고 원금에서 발생하는 이자와 수익금을 이용하여 목적사업을 수행하는 기금을 말한다.

2) 영구기금 설립

기금 설립을 위해서는 기부자와 단체 간 공식적인 영구기금 협약서를 통해 체결한다. 단체는 영구기금 설립 협약서에 대한 구체적인 내용을 검토하고, 체결 전에 법적 검토가 필요하다. 공식적인 영구기금 협약서에는 기부자 또는 기부자의 대리인, 단체장의 서명이 있어야 한다.

3) 협약서의 내용

영구기금 협약서는 법적 구속력을 지닌 계약서로 간주되며, 협약서에는 다음 내용이 포함되어야 한다.

- 기금총액(유증의 경우 실현될 기부 가치에 대한 추정액)
- 기금의 목적, 제한 및 선호사항
- 투자 관리 구조 및 전반적 운영방식
- 기금의 원래 목적이행이 불법화되거나 비현실적 또는 불가능해질 경우, 혹은 단체의 프로그램에 부합하지 않게 될 경우를 대비한 수정 조항

4) 영구기금 설립 시 고려사항

- 기부금을 통한 이자수익이 최소 1억 원 이상이어야 한다.
- 기금의 이름은 기부자의 기금 설립 의도와 명명 희망에 따라 협의하여 결정한다. 세부적인 절차는 단체 내 책정된 기부자 예우 정책에 따른다.
- 부합하지 않게 될 경우를 대비한 수정 조항이 필요하다.

5) 영구기금의 운영

- 영구기금의 설립과 운영은 단체에서 관리한다. 기금의 효과적인 투자 결정과 실행을 위해 관련 부서를 따로 선정할 수 있다.
- 영구기금은 수익창출을 위해 투자될 수 있다. 단체는 원금의 보존 및 증가를 통한 기금의 실질 가치 유지와 목적사업 실행을 위한 수익창출을 위해 최선을 다해야 한다.
- 영구기금의 운영을 위해 부동산, 주식, 현물의 현금화가 필요한 경우 단체가 책정한 기부금 수령 정책에 근거하여 처리한다. 단, 필요한 경우는 별도로 기부자와 협약할 수 있다.
- 영구기금의 투자에 관해서는 기부자와의 협약에 따라 별도의

위원회를 구성하여 결정할 수 있다. 그 외의 경우에는 단체가 책정한 부서에서 결정한다.

- 영구기금 협약서 작성 시, 협약서 내용에 기금의 원금에서 발생한 이자와 수익금을 목적사업에 집행하는 시기와 방법을 명기할 수 있다.

6) 영구기금의 보고

- 영구기금의 사용에 관한 보고는 기부자와 협약한 내용을 따른다.
- 별도로 협약한 내용이 없는 경우에는 단체의 기부자 보고 절차를 따른다.

6. 크라우드펀딩

크라우드펀딩(Crowdfunding)은 Merriam Webster에는 "일반적으로 인터넷을 통해 많은 사람으로부터 소액의 돈을 모금하여 캠페인이나 벤처 자금을 조달하는 관행"으로 정의되었다. 데빈 트로프(Devin D. Thorpe)는 Forbes의 「Crowdfunding」이란 제목의 기사에서 "비영리 부문에서 크라우드펀딩은 종종 온라인 모금, 소셜 미디어 모금 또는 피어 투 피어 모금활동으로 정의된다"라고 설명한다.

크라우드펀딩은 기부 유형 중 가장 빠르게 성장하고 있는 종목이다. Blackbaud, Goldman Sachs 및 The World Bank에 따르면 개인 기반의 크라우드펀딩의 기부금은 2020년까지 약 80억 달러에 달할 것으로 예측했다. 특히 다음 추가 데이터는 이런 예측을 뒷받침한다.

- "Donate Your Birthday"를 통해 Facebook에 3억 달러가 모금

되었다.

- 크라우드펀딩 캠페인에서 기부자의 62%가 크라우드펀딩을 처음 접했다고 한다.
- Just Giving은 영국에서 두 번째로 많이 방문한 웹 사이트이다(Facebook은 1위).
- 밀레니엄 세대 중 70%는 전통적 기관에 의존하지 않고 직간접으로 코즈에 영향을 받을 수 있다고 생각한다.

인기 있는 비영리 부문의 크라우드펀딩에는 전통적인 달리기, 걷기, 자전거 타기 이벤트와 자본 캠페인 및 찬사와 같은 새로운 카테고리가 포함된다. 많은 의료기관이 기존 기금모금 프로그램에 크라우드펀딩 전략을 추가할 가능성을 모색하기 시작했다. 크라우드펀딩 전략을 시작하면 얻을 수 있는 주요 이점으로는 유연성과 포트폴리오 탄력성이 있다(크라우드펀딩은 주요 기부자, 기업 파트너 및 RWR(Run, Walk, Ride) 이벤트에 대한 의존도를 낮추는 데 도움이 됨). 추가적으로는 기부자 획득 및 주요 기부자에 속하지 않지만 감사하는 환자를 관리할 기회가 주어진다. 조직에서 크라우드펀딩 전략 시도를 생각한다면 구성 데이터베이스에 대해 생각하고 크라우드펀딩에 대한 수용성을 평가한다. 그리고 자신들에게 물어본다.

- 감사하는 환자 프로그램을 활용하여 사람들을 대신해 모금활동을 할 수 있는가?
- 귀하를 대신하여 기금모금을 원하는 기업 파트너 또는 직원이 있는가?
- 의사 또는 임상의가 모금을 하는가?
- 귀하를 대신하여 이벤트를 운영할 제3자가 있는가?

다음으로는 기존 기술을 평가하고 다음 질문을 고려한다.

- 모바일 장치에서 기부 기술을 사용하려고 시도한적이 있는가? 모바일 반응이 있었는가?
- 귀하의 기술이 다른 기부자 관리 도구와 통합되어 있는가?
- 확장 가능한 기술, 직관적인 기술, 유연하고 안전한 기술인가?

전문가는 성인의 62%가 모바일 장치를 절대로 사용하지 않는다고 조언한다. 조직이 위의 질문들을 고려한 후에 다음 단계는 조직에 적합한 크라우드펀딩 캠페인의 유형에 대해 생각하는 것이다. 대부분의 모금캠페인은 다음과 같은 세 가지 범주에 포함된다.

1) 캠페인 기반 모금캠페인

캠페인 기반의 모금캠페인은 기관의 특정 캠페인에 자금을 지원할 수 있다. 긴급감을 유발하는 데 도움이 되는 특정 시간대로 제한되며 제한된 기부 품목을 제시한다. 캠페인 기반 크라우드펀딩 캠페인의 예는 다음과 같다.

- 캐피털 캠페인
- 이사회 호소
- 임상 연구 자금 지원

2) DIY(Do It Yourself) 모금활동(a.k.a : 제3자 모금활동)

크라우드펀딩 기술의 발전에 따라 점점 더 많은 사람이 기금모금을 할 수 있게 되었다. DIY 캠페인은 비영리조직이 개인이나 지역 사회 파트너에게 모금활동에 필요한 기술을 제공할 것이다. DIY 모금캠페인은 일반적으로 제한 없는 기금을 마련할 수 있는 지속 가능한 캠페인으로 설정된다. DIY 크라우드펀딩 캠페인의 예는 다음과 같다.

- 축하 캠페인이나 기념탑
- 제3자 이벤트
- 나만의 이벤트 만들기 (예 : 게임 마라톤)

3) 이벤트 기반 모금캠페인

많은 조직에서 RWR 이벤트에 가상 또는 크라우드펀딩 구성 요소를 추가하고 있다. 이러한 유형의 이벤트는 웨어러블 기술의 가용성 증가로 가능해졌다. 다른 조직들은 크라우드펀딩 기술을 활용하여 댄스 경연 대회, 인센티브 기반 기금모금 도전 또는 일과 같은 재미있는 활동을 통해 지역 사회에 활기를 불어넣고 있다. 이벤트 기반 크라우드펀딩 캠페인의 예는 다음과 같다.

- 가상 5K 또는 경주
- #GivingTuesday
- Dance-a-thon 또는 무엇이든 - a-thon

  전문가의 팁 : 피트니스 장비를 기금모금 페이지에 연결한 개인 이벤트

위의 모든 고려 사항은 비영리조직이 크라우드펀딩 이벤트를 지원할 수 있도록 하기 위해 중요하다. 첫 번째 캠페인을 시작하기 전에

다음 사항도 중요하다.

- 사용자 여행 및 경험 : 크라우드펀딩 캠페인이 모금캠페인과 어떻게 상호 작용하는지 생각해 본다. 조직은 모든 캠페인을 함께 묶거나 각 캠페인 옵션을 독립적으로 배포하는 단일 허브를 만들 수 있다.
- 마케팅 : 크라우드펀딩 캠페인에 사람들을 몰입시키기 위한 마케팅 및 활성화 계획을 수립하는 것이 중요하다. 뉴스 레터, 소셜 미디어, 지역 뉴스 스테이션 또는 신문 및 전자 메일 프로그램과 같은 리소스를 활용한다.
- 데이터 흐름 : 기부자 데이터를 포착하고 CRM 또는 기부자 관리 시스템으로 원활하게 이동하는 계획을 세우는 것이 중요하다.

크라우드펀딩 퍼즐의 모든 조각이 맞춰지면 비영리조직은 이 전략에서 생성된 기부금의 흐름으로부터 혜택을 받기 시작할 수 있는 지위를 충분히 갖추게 된다. 가장 중요한 것은 현대 기부자가 가지고 있는 일련의 기대치와 전략을 조화시키는 것이다. 개인이 갈수록 더 많은 영향력을 행사하는 변화의 요원이 되고 있는 오늘날, 의료 조직은 개인의 기대, 선호도 및 요구에 어떻게 대응할 것인지 생각하기 시작해야 한다. 크라우드펀딩 전략은 조직을 지원하려는 개별 모금활동가의 권한, 영향력 및 기금을 확보하기 위한 주요 전략이다.

제13장

요청, 화룡점정의 순간

1. 요청(Asking), 결정적 순간
2. 요청의 기술
3. 태도 변화를 위한 레윈 이론의 적용
4. 대화 방법
5. 만족의 삼각형
6. 협상과 설득
7. 잠재기부자의 내면 욕구 파악

충분한 준비와 역량을 지닌 팀원들의 노력에도 불구하고 만족할 만한 모금결과를 얻지 못한 실패 사례들이 종종 있다. 이러한 사례의 주된 원인을 분석해 본 결과, 요청(Asking)의 실패가 결국 모금의 실패로 이어졌다는 사실을 알 수 있었다. 그중에서도 일부는 요청을 시도조차 하지 않았던 것으로 나타났다. 결국 모금의 성패를 좌우하는 것은 다름 아닌 요청에 달려 있음을 알 수 있다.

2011년 Jammes Addreoni 연구팀에서는 요청과 관련된 실험[15]을 하였다. 구세군에서 진행하는 연례 캠페인 기간중에 실시한 것으로 슈퍼마켓 두 개의 출입구에 서로 다른 요청실험 상황을 설정하였다. 한쪽은 적극적으로 언어와 몸짓을 통해 요청하였고, 다른 한쪽은

15 Avoiding The Ask : A Field Experiment on Altruism, Empathy, and Charitable Giving

단지 모금함만을 둔 상태였다. 결과는 눈을 마주치며 적극적으로 요청한 실험집단의 모금의 성과가 60% 더 높았다. 이 연구를 통해 적극적인 언어와 행동의 주고받음이 기부 행동을 촉발하게 한다는 것을 알 수 있다.

모금의 규모가 제법 큰 경우에는 한 단체를 대표하는 모금 지도자(대학일 경우에는 총장, 비영리단체의 경우는 대표나 사무총장)의 직접적인 주관 아래 요청작업이 이루어진다. 실질적인 요청작업은 요청자와 잠재기부자와의 직접적인 만남을 통한 관계 형성으로 성립되며 이러한 요청작업을 통해 결실을 볼 수 있을지 혹은 없을지에 관한 확인이 이루어진다.

그런데 이처럼 중요한 작업임에도 불구하고 요청이 서투르게 진행되는 경우가 많다. 기부자들은 요청자가 준비과정 없이 성급한 요청을 해서 그들을 당황스럽게 만든다고 불평한다. 또한 요청자들은 그들 나름대로 잠재기부자의 반응을 예측할 수 없고, 요청에 대한 경험이나 교육을 받은 적이 거의 없어서 막상 요청의 순간이 오면 말문이 막혀 엉뚱한 방향으로 일이 진행되어 나중에 후회된다고 고백한다. 요청은 실질적인 지식을 바탕으로 하는 작업이기도 하지만 인간의 심리 파악을 전략적으로 요구하는 다소 복잡한 과정이기도 하다.

1. 요청(Asking), 결정적 순간

가장 적당한 요청의 시간은 25분 정도이다. 이 짧은 시간 동안 요청자는 신뢰성으로 무장하고 가장 최선의 결과를 이루어야 한다. 올바른 요청 방법으로 단체의 분명한 사명과 기부자의 공통된 가치를 공유할 때 요청자는 성공적으로 기금 유치를 위한 열쇠를 쥐게 될 것이다.

1) 요청의 정의

요청은 다음 6 Rights의 여섯 사항이 일치할 때 최고의 효과를 발휘할 수 있다. 이런 상황은 가장 이상적이기 때문에 늘 준비된 자세로 최선의 기회를 포착할 수 있는 안목을 갖추고 기회가 왔을 때 실행에 옮길 수 있도록 훈련해야 한다.

- 적절한 사람(Right Person)
- 적절한 이유(Right Reason)
- 적절한 시간(Right Time)
- 적절한 방법(Right Way)
- 적절한 금액(Right Amount)
- 적절한 요청(Right Ask)

잠재기부자를 만나서 본격적인 요청에 들어가게 되면 정확하고 확실한 후원 요청과 금액 제시, 요청한 후원금의 사용 계획 설명 등과 함께 즉각적인 후원 동의를 받는 일이 반드시 이루어져야 한다.

이것이 바로 모금활동에 있어서 요청의 정의이며 요청과정에서 수행해야 할 요소이다. 만약 요청금액을 "적당히 알아서 주십시오" "좋은 일에 쓰기 위해 기금을 요청하는 것입니다", 또는 "지금이 아니라도 나중에 생각해 보시고 가능할 때 기부해 주시기 바랍니다"라는 모호하고 긴급성 없는 요청을 했다면, 엄밀히 말해 단지 요청의 전 단계를 시행했을 뿐이다. 따라서 각 요소에 대한 준비와 훈련은 모금가에게 필수이다.

요청할 사업계획에 관한 사전지식과 사전작업이 없다면 모금의 목표를 성취시키키는 것은 거의 불가능하다. 요청은 사람과 사람 사이에서 발생하는 인간 중심의 행위이기 때문에 이론적 기술과 지식 이상으로 사람의 심리를 이해하고 파악할 수 있는 감각을 요구하기도 한다.

그러면 잠재기부자들에게 요청할 수 있는 정확한 시점을 어떻게 알 수 있는가? 물론 상황에 따라서 또는 잠재기부자가 어떠한 사람이냐에 따라서 답은 달라질 수 있다. 잠재기부자들이 당신의 단체를 '당신의 단체'에서 '우리 단체'로 부르기 시작했을 때, 지도력과 책임감으로 기부를 수락했을 때, 대화 중에 여러 번 암시적으로 기부할 의사를 내비쳤을 때가 바로 '그때'라고 해석할 수 있다.

하지만 반드시 알아야 할 것이 있다. 요청작업이란 단체가 잠재기부자에게 갑자기 후원을 요구하는 일방적인 작업이 아니라 서로에게 마음의 준비가 되어 있어야 실행이 가능한 일이다. 만약 전혀 예상하지 못한 상태에서 긴급성으로만 치장된 요청을 받았다면, 잠재기부자는 당혹스러움을 느낄 것이며 단체에 대한 긍정적인 이미지도 바뀌게 될 것이다.

2) 요청자[16] 스스로 자신을 평가하기

기부 요청이 계속해서 실패할 때 또는 요청이 두렵거나 싫을 때 잠재기부자에게서 이유를 찾기보다는 모금가 스스로를 먼저 고찰해야 한다. 실질적인 요청을 경험하기 전까지 요청자는 어떤 생각과 태도로 요청작업을 진행할지 잘 알지 못한다.

과거 미국에서 모범 사례가 되는 요청의 진행과정에 대해 조사

16 13장에서 지칭하는 요청자에는 요청에 참여하는 모금 리더십, 전문 모금가, 자원봉사자, 외 사람을 말하며 모든 요청자는 모금가이기도 하다.

와 연구를 할 때는 잠재기부자에게 초점을 맞추었고 또한 연구하는 주제들은 기부 동기에서 파악되는 그들의 환경적인 요소였다. 따라서 기부자 각자의 다른 기부환경이나 성향에 따라 요청의 준비과정들도 철저히 달랐다. 그러나 최근에는 요청자의 환경과 인격 등에 초점을 맞춘 요청 준비작업이 더욱 일반화되고 있다.

아무리 상대방의 관점과 눈높이로 바라보려고 노력해도 상대방을 전적으로 이해하고 동의하는 것은 힘든 일이다. 객관적이어야 할 일에도 결국 어느 정도의 주관적인 판단이 적용된다는 것이다. 예를 들어 나라의 경제가 매우 어려운 상황이라고 가정해 보자. 요청자 주위에 도움을 받아야 하는 사람 혹은 경제적 어려움으로 문제를 겪고 있는 사람들이 가득하다면, 요청 하기에 앞서 '이렇게 살기 힘든 상황인데 기부를 받아 내는 것이 과연 가능하기나 할까? 기부를 받아 내는 것은 무리일 거야'라고 생각하기 쉽다. 즉 요청자와는 차원이 다른 경제적 여유가 있는 사람들의 눈으로 경제 상황을 이해하기보다는 자신의 주관이 먼저 개입되기 쉽다는 말이다. 실질적인 요청이 이루어지기 전부터 부정적인 편견이 이미 자리하고 있어서 소극적인 태도가 되고 요청이 두려워진다.

여기에서 두려움의 원천을 찾아보자. 잘 알지 못하는 잠재기부자와 그들로부터 받을지도 모르는 거절이라는 것은 요청자 누구나 가질 수 있는 부담이다. 그래서 요청자는 가장 성공 가능성이 큰 요청 방법이 무엇일까 고민하게 된다. 그러나 요청 방법에 매달리는 것이 근본적인 해결책은 아니다. 그보다는 잠재기부자의 정체를 파악하는 것이 더 우선이다. 잠재기부자가 첫 사업의 투자금을 어떻게 마련했으며, 어떻게 사업을 해서 돈을 벌었는지, 또 돈을 어떻게 써 왔는지, 어떠한 가정환경에서 자라 왔으며, 돈에 관한 습관과 철학이 무엇인지 등을 알아보아야 한다. 만일 요청자 스스로가 돈을 어렵게 벌었기에 돈을 쓰는 데 있어 매우 인색하다면 반드시 다른 사람의 금전에 관한 철학도 그러할 것이다. 그리고 이는 거절이라는 답을 스스로 입력시킴으로써 잠재기부자에게 최상의 상태로 요청하는 일에 어려움을 겪게 한다. 요청자는 스스로 되돌아보고 자신의 습관이나 삶의 태도로부터 형성해 온 주관적인 편견을 제거해야만 한다.

현실 속에서 모금은 사람과 사람이 중심이 되는 행위이기 때문에 이론처럼 간단하지 않으며, 매 순간 명확한 답이 있는 것은 더욱 아니다. 그래서 이론적인 지식과 경험을 토대로 상대방을 더 잘 파악하기 위해서 스스로 훈련을 반복해야 한다. 상대방의 관점에서 현상을 바라보고 스스로 모금에 대한 인식이나 습관을 익혀서 긍정적이고 자신 있는 태도로 요청한다면 잠재기부자에게 좋은 인상을 줄 수 있을 것이다.

현장의 모금가는 부족한 여건 속에서도 현실에 맞게 모금을 실행에 옮길 수 있어야 한다. 정리하면 첫째로 요청하기 전의 준비단계를 배우고, 둘째로 요청 전 단계에서 과연 기부자가 요청을 받아들일 준비가 되어 있는지 상태를 파악하며, 셋째로 요청 시에 반드시 해야 할 내용과 피해야 할 내용을 훈련하고, 넷째로 만약에 거절하는 대답을 듣는 경우 어떻게 대처할지를 생각하고, 다섯째로 요청 후에 마지막으로 어떤 단계로 나아갈지를 파악하는 것이다.

만약 자신이 요청하기에 부담이 있거나 효과적이지 않다고 생각한다면 반드시 해야 하는 것은 아니다. 물론 요청의 두려움은 훈련을 통해서 어느 정도 해소될 수 있다. 이 훈련이 결코 감정을 유도하고 박제된 얄팍한 상술로 포장된다고 생각하면 큰 오산이다.

3) 두려움의 극복

어느 문화를 막론하고 돈을 요청하는 자체가 그렇게 반가운 일만은 아니다. 특히 한국적 정서에서 요청하는 것은 약자임을 드러내는 것이고 무엇인가 스스로 할 수 있는 역량이 부족해서 구걸한다는 부정적 인식이 있어서 모금현장에서 자원봉사자들을 요청에 참여시키는 것이 쉬운 일이 아니다. 이러한 문제로 인해 요청을 계획할 때 자원하는 사람이 많지 않다. 친할수록 돈 이야기를 하기가 거북하다는 이유가 요청의 두려움을 자극하는 대상의 일 순위이다. 비록 모금을 위한 요청이 본인의 필요가 아닌 단체의 사명을 위한 투자이며, '행복의 전달자'라는 의미 있는 동기에서 하는 일이라 하더라도 요청의 순간에 요청자와 경험이 많은 모금가들도 막연한 두려움, 긴장감, 부족함을 느끼고는 한다.

따라서 요청작업 진행 전에 담당자들의 인식 전환이 필요하다. 많은 단체와 모금가들은 모금 훈련의 과정으로 단체의 비전과 역할, 관계성 강화 훈련 등 조직 심리(Organizational Psychology)를 이용하여 환경적 변화를 이루어 내고는 한다. 이는 개개인의 행동과 업무에 대한 태도를 역동적이고 자신감이 들도록 변화시키기 때문이다. 그중에서도 이론과 조직 심리학의 대가인 레윈(K. Lewin)의 행동 변화 이론은 오늘날 모금학에서 중요한 위치를 차지한다(이 이론은 뒤에 언급되어 있음).

요청은 개인적으로 진행하기보다 경험이 풍부한 요청자가 함께 참여하여 진행하면 더 성공적인 결과를 만들어 낼 수 있다. 미국의 경우, 보통 두 사람이 한 조가 되어 함께 요청작업을 한다. 그는 비영리단체의 CEO가 될 수도 있고 이사장, 이사 혹은 잠재기부자의 친구인 자원봉사자가 될 수도 있다. 어느 기업 회장의 기부에 대한 고백을 보면 이해가 될 것이다.

> "나는 두 가지 경우에 대해서만 기부를 한다. 하나는 내 인생과 그 단체의 사명이 어떤 특별한 연관 관계가 있을 경우이고, 두 번째는 나에게 중요한 사람이 요청을 해 올 경우이다."

어떤 모금가는 사랑과 청혼을 고백하는 프로포즈의 순간을 요청의 순간에 비유하기도 한다.

사람과 사람 간의 사회적 교환이라는 의미에서 요청이라는 것은 상호 간의 존중과 설득으로 이루어져야 하는 행위이다. 요청이라는 단어 자체로 인한 압박 때문에 무조건 강요하기보다는 잠재기부자의 생각과 그들이 말하고자 하는 이야기를 진지하게 들어주는 친구가 되는 것이다. 이것이 인간과 인간 사이에서 이루어지는 진정한 의미의 요청을 잘 이해하고 실행하는 방법이다. 무엇보다 스스로 요청을 즐기는 것은 잠재기부자에게 편안한 분위기를 만들어 주고 자연스럽게 기부로 이끄는 최고의 방법인 것이다.

2. 요청의 기술

1) 요청을 위한 언어 사용법

요청은 사람이 중심이 되어 이끌어 가는 것이다. 따라서 잠재기부자에게 요청자의 이미지를 되도록 긍정적이고 인상 깊게 표출하는 것이 중요하다. 언어와 언어 사용법(대화)은 한 사람의 인상과 이미지 인식에 있어서 매우 중요한 역할을 한다. 잠재기부자에게 최소한의 부담을 주고, 최대한의 편안한 분위기를 제공하며, 긍정적인 의미와 유익한 동기부여를 자극하는 언어를 사용해 보도록 하자.

- '저' 또는 '저의 단체'라는 말보다 '우리' 또는 '우리 단체'라는 단어를 쓰자.
  '저' 또는 '저의 단체'라는 개인의 호칭은 잠재기부자에게 무의식적으로 거리감을 표현하는 말이다. 참여를 이끄는 요청 단계에서는 이러한 거리감을 연상시키는 표현은 적절하지 않다. '우리'라는 단어를 계속 사용하여 잠재기부자에게 무의식적으로 참여 의식을 자극하고 책임의식을 주도록 하자. 이것은 또한 요청자가 단체 소속의 직원이 아닌 경우 요청자 개인과 단체 사이에 있을 이질감도 줄이고, 공동의 목표와 사명을 공유하여 요청을 이끌어가기 위해 서로의 신뢰성과 동질감을 상승시켜 주는 방법이 된다.

- '공헌' 또는 '기부'라는 말 대신 '협력' '투자'라는 말을 사용하도록 하자.
  이것은 잠재기부자가 일방적으로 요구받는 느낌을 줄여 주고, 기부 혹은 후원이 자신에게 유익이 발생하는 일이라는 인식을 줄 수 있다. 물론 모금이 공공의 이익을 위해 가치 있고 보람 있는 일이긴 하지만, 사람들은 본인에게 이익이 되지 않는 일에 대해서는 후하지 않다.
  기금을 요청할 때 기부자의 공헌으로 더 나은 사회가 될 것이라는 막연한 설득보다는 기부를 통해 그가 소망했던 사회 공익의 실현은 물론이고 사회가 요구하는 지도자로 거듭날 수 있다는 사회적 이익 효과를 인지시켜야 한다. 그래서 기부는 이것을 위한 투자의 과정이라는 것을 말한다면 기부자들은 마음을 열어 당신의 이야기를 경청할 것이다.

- "세상의 필요를 채워 주세요"가 아닌 "세상에 더 많은 기회와 발전을 이끌어 가요"라는 식의 건설적이고 동기부여가 되는 언어를 사용하자. 필요와 도움만을 요구하는 것은 기부자에게 부담감으로 다가올 수 있다. 분명 기부자도 도움을 제공해야 한다는 것을 알고 있지만 어려움과 필요에 초점을 맞추면 다소 부정적이고 침울한 분위기가 형성될 수 있다. 긍정적이고 건설적인 요청으로 동기부여가 되도록 해야 한다.

2) 요청의 꽃, 상대방을 경청하기

경청은 잠재기부자가 관심 있는 분야와 필요를 잘 파악하게 함으로써 서로가 추구하는 사명의 가장 적합한 부분을 찾아내고 서로가 윈윈(Win Win)할 수 있게 하는 중요한 수단이다. 모금에 있어서 경청은 다음과 같은 역할을 한다.

- 잠재기부자에 관한 정보 습득
- 잠재기부자에 대한 이해
- 경청과 커뮤니케이션을 통한 즐거움 제공
- 배움과 교훈

경청의 역할은 단순한 정보 제공을 뛰어넘어 요청의 시간을 좀 더 편하고 의미 있게 만들어 준다. 다음에 제시되는 경청의 지침을 통해 그 중요성과 방법을 확인해 보자.

- 당신은 지원을 이끌어 내는 전문 요청자이지 구걸하는 자가 당신과 당신의 자원봉사자들은 타당한 동기와 이유가 있어서 모금에 참여한 것임을 잊지 말고 이러한 입장에서 상대방의 의견을 경청하자.
- 경청을 통해 잠재기부자를 후원으로 이끄는 가장 적합하고 우선권을 가진 가능성을 파악하라.
- 잠재기부자의 말을 경청하고, 필요한 부분에 대한 답을 제공할 때 최고의 기금을 제공할 것이라는 믿음을 갖도록 하라.
- 경청하는 동안 당신이 그들에 대해 알고 있다는 것을 일깨워 줌으로써 친근감을 주도록 하라.
- 항상 친절해야 하며 스스로 절제해야 한다. 하지만 당신의 열정을 보여 주는 것을 두려워할 필요는 없다. 그들은 당신이 그곳에 있는 이유를 알며, 단체의 신뢰에 대한 공유 없이는 모든 것이 무의미하다는 것도 알고 있다.
- 단순한 경청이 아니라 서로의 열정과 감정적인 부분도 공유할 수 있는 대화를 이끌어 내도록 하라. 또한 당신은 그들이 열정을 가지고 공헌할 부분들을 명료하게 제시하며 약속을 받도록 하라.
- 잠재기부자로부터 질문을 유도하면 그들의 흥미와 관심사 모두를 더 구체적으로 알 수 있을 것이다.
- 구체적인 규모의 기부금액 혹은 기부자 조사로 책정한 등급의 수준에 맞는 금액을 요구하라. 잠재기부자들이 스스로 본인들의 의무를 만들며 나서지는 않는다.
- 목표를 높게 하라. 잠재기부자는 기부금액을 낮추길 원하겠지만 잠재기부자 대부분은 당신의 기대에 따라 추켜세워질 것이다. 결과를 개의치 말고 잠재기부자에게 단체의 중요한 열매를 맺기 위한 씨앗을 끊임없이 뿌려라.

- 들어라. 그리고 요청하라. 의사소통 시에 잠재기부자의 필요를 따르도록 하라.

3) 요청자의 마음가짐

요청은 단순한 이론적 지식과 기술로 좋은 결과를 기대하기는 무리가 있다. 사람과의 의사소통과 신뢰가 절대적으로 중요하기 때문에 요청자들은 좀 더 열린 마음과 진취적인 사고방식과 긍정적인 태도로 요청을 이끌어 나가야 한다. 물론 현실적인 것을 직시하는 것도 중요하지만 상황적인 이유로 섣부르게 포기하기보다 긍정적인 태도와 행동으로 상황을 헤쳐 나가는 태도를 가져 보도록 하자.

다음은 새로운 시각으로 같은 상황을 바라볼 수 있는 마음가짐과 태도이다.

① 잠재기부자는 후원하는 것을 원하지 않을 수도 있어.

→ 이것은 하나의 기회이고, 잠재기부자도 이러한 기회에 참여하도록 요청하면 즐거워할 거야.

② 그들은 얼마 전에 후원을 했어. 그렇기에 이렇게 다시 요청하는 것은 옳지 않아.

→ 요청을 제안하는 것은 잠재기부자에게 그들에게 보람 있고 흥미로운 기회를 제안하는 거야. 마지막 기부 이후, 다소 섣부른 요청이라 할지 몰라도 그들에게 계속 새로운 기회를 제안해 보는 거야.

③ 그들은 아직 요청받을 준비가 되어 있지 않아.

→ 우리 모금팀은 잠재기부자에 관한 철저한 사전조사와 배양작업을 해 왔기 때문에 누구보다 그들에게 요청을 제안할 준비가 되어 있어. 모임을 잡은 후에 그들에게 요청을 제안하고 함께 대화를 나누며 그들의 생각을 더 자세히 파악하도록 해 보자.

④ 잠재기부자들은 모임에 참여할 수 없을 거야. 그들은 너무 바빠.

→ 그들은 좋은 친구들이야. 특별한 행사를 열어서 여러 사람을 초대하여 서로 관심 있는 다양한 사람들을 만날 수 있도록 해 보는 것은 어떨까? 즐거운 요청은 그들도 기뻐할 테니까.

⑤ 잠재기부자가 시간을 낼 것 같지 않은데, 편지로 대신 요청을 하도록 해야지.

→ 직접 서면으로 요청하는 것이 우리를 위해 가장 효율적이고 이득이 많이 되는 것이라고 설명하면 잠재기부자도 그 의미와 중요성을 알게 될 거야. 무엇보다 우리는 그동안 좋은 친구가 되었으니까.

⑥ 요청하면서 실수를 할지도 몰라. 걱정이 되네.

→ 대화를 이끌어가는 것은 쉬운 일은 아니지만 실질적인 요청의 상황에서는 분명히 더 잘 할 수 있어. 다른 사람들과 대화하며 연습하고 더 익숙해지도록 하자.

⑦ 요청할 금액은 도저히 불가능해 보이는 금액이야.

→ 지금 요청할 금액이 반드시 필요하고 적합한 금액이라는 것을 알아. 요청에 앞서서 지금까지 대상자들에 대해 적절

하고 충분한 조사와 배양작업을 했는지 검토해 보자. 만약에 그렇게 했다면 이제 요청할 준비는 되었어. 내가 직접 후원한 금액은 비록 이것보다 적었지만, 이를 통해 목표로 하는 사업계획에 도움을 주고 있다는 것을 인식시켜 동기부여를 제공해 보자.

⑧ 나는 잠재기부자에게 요청하기 적합한 사람이 아닐지도 몰라.

→ 나는 내가 요청자로서 적합하다고 생각해. 요청이 얼마나 중요한지에 대한 이해했어. 만약 잠재기부자가 나를 요청자라 느낀다면 난 그들을 위해 훌륭한 요청자가 될 수 있어.

4) 잠재기부자의 흥미, 욕구, 필요, 기대 이끌기

목적이 있는 대화는 즉흥적이고 순간적으로 진행되는 것이 아니라 계획적이고 단계적으로 이루어져야 한다. 전달하고자 하는 바를 상대방이 정확히 파악하고 받아들일 수 있도록 하고자 하는 말 한마디도 신경 써서 준비하고 다듬어야 한다.

대화를 계획할 때에는 반드시 염두에 두어야 할 것이 있다. 바로 상대방의 관심(Interests)을 유발하고, 욕구(Desires)를 찾아내어, 필요(Needs)를 인식시키고, 기대(Expectations)를 강조하는 것이다. 이 네 가지 요소들은 대화를 통해 상대방이 자연스럽게 원하는 바를 인식하고 깨닫게 하는 것이다.

① 1단계 : 관심(Interests)

대화의 시작은 상대방의 관심을 유발하는 것에서부터 시작된다. 만약 상대방이 미술과 관련된 일을 하고 있거나 그 분야에 관심이 많은 사람이라면 미술을 주제로 대화를 시작하는 것이 좋다. 공통된 관심사를 가지고 있다고 생각되면 상대방은 쉽게 마음을 열고 대화에 집중하게 된다.

예) 이번 전시회 보셨죠?

② 2단계 : 욕구(Desires)

일단 상대방의 관심사를 시작으로 대화의 포문을 열었다면 다음으로는 상대방이 원하는 것, 즉 욕구를 파악하고 정확히 짚어 내야 한다.

예) 좀 더 많은 사람이 이런 좋은 전시회를 즐기고 참여할 수 있었으면 좋겠다고 생각하지 않으십니까?

③ 3단계 : 필요(Needs)

상대방의 욕구 해결을 위해 필요한 것을 제시하는 단계이다. 욕구를 간파당한 상태에서 그 욕구를 충족할 방법이나 수단을 알게 되면 상대방은 대화에 흥미를 느껴 당신의 말에 더욱 귀 기울이게 된다.

예) 외국의 유명한 작품들이 전시된다면 더 많은 사람들이 전시회에 대해 알게 되고, 관심을 보이는 사람들도 많아지겠지요?

④ 4단계 : 기대(Expectations)

예상되는 결과를 제시함으로써 상대방의 기대감을 이끌어 내는 단계로, 필요한 요소를 충족시키고 난 후에 얻어질 긍정적인 효과를 상대방에게 알리고 인식의 변화를 이끌어 내는 대화의 마무리 단계이다.

예) 많은 사람이 관심을 보이면 귀하와 우리 단체가 추구하는 문화 향유 계층의 확산이라는 사명에 큰 도움이 될 것 같지 않으십니까?

5) 요청을 위한 적합한 환경

적합한 장소의 선택은 요청에 있어서 반드시 필요한 부분이다. 요청을 위한 가장 적합한 장소로는 잠재기부자의 집중력과 사적인 대화를 보호하면서 외부의 영향력이 최소화된 조용한 장소를 선택해야 한다. 예를 들어 잠재기부자의 집무실, 회의실, 조용한 서재 등은 요청자와 잠재기부자 모두 방해받지 않고 편하게 대화할 수 있는 장소가 될 수 있다.

6) 방문 요청

잠재기부자는 당신의 단체가 아닌 개인적인 관계를 구축해 온 당신을 보고 돈을 주는 것을 결정할 수도 있다. 그래서 당신의 방문 요청은 잠재기부자의 마음을 움직이고자 하는 당신의 모든 노력이 성공적으로 결실을 보는 최후의 방법이 될 수도 있다. 전화상으로 또는 한 장의 정성스러운 편지로는 잠재기부자 눈앞에서 열정으로 요청을 표하는 당신의 모습을 보여 주기는 불가능하고, 또한 요청자 역시도 잠재기부자의 표정이나 마음을 읽을 수 없어서 개인적인 감정 교류나 차원 높은 의사소통에는 상당히 제한적일 수밖에 없다. 그리고 전화나 이메일을 통한 요구는 잠재기부자에게 곧장 전달되지 않거나 보고되지 않을 수도 있으며 또한 자의적으로 피할 수도 있다는 것을 알아야 한다.

7) 긍정 답변의 마무리 기술

긍정 답변 마무리(Yes-Set Close) 기술은 잠재기부자 조사로 밝혀진 그들의 관심 분야와 성향에 관해 이해하는 것을 시작으로 한다. 이 정보를 가지고 마지막 요청의 순간에 잠재기부자로부터 "예"라는 긍정적인 답변을 이끌 수 있는 질문을 준비한다. 질문의 시작은 잠재기부자들의 관심 분야에 대한 부담 없고 광범위한 질문으로 시작해서 후원까지 직결될 수 있도록 범위를 점점 좁혀 나간다.

〈그림 13-1〉은 잠재기부자로부터 긍정적인 답변을 얻기 위해 자연스럽게 요청 단계로 이끄는 질문의 예시이다.

그림 13-1 긍정 답변 마무리 기술의 예

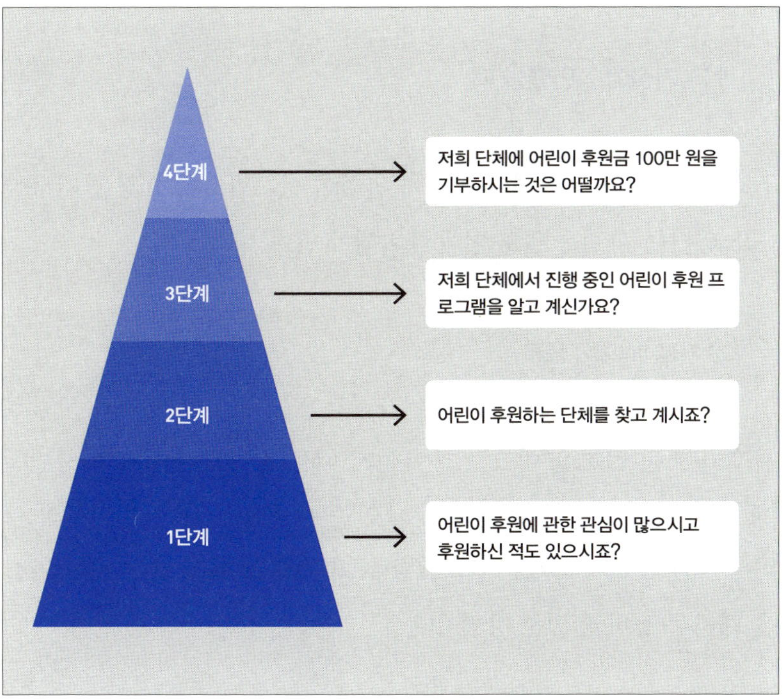

8) 요청과 기부금액

자세한 기부 금액은 요청할 때 반드시 언급해야 할 항목이며, 금액에 관하여 명심해야 할 두 가지 사항이 있다.

- 요청금액은 실제 필요한 금액보다 더 많은 금액을 제시한다.
  사람은 부담을 절감하고자 하는 심리가 있다. 원하는 금액의 기금을 유치하고 싶다면 예상액보다 큰 액수를 제시해야 한다.

- 기부금액에 대한 협상은 금지한다.
  기부금액마다 변동이 생긴다면 목표하는 총모금액 역시 영향을 받게 되고, 이로 인해 모금전략과 예산의 계획에 차질이 생겨 비효율성을 초래한다.

9) 거절에 직면했을 때

잠재기부자가 단체의 미래에 관심이 있으면서도 요청을 거부할 수도 있다는 사실을 알고 이에 대비해야 한다.

① 거절(아니오)의 종류

요청은 철저한 이론과 답을 가지고 있는 분야가 아니라 사람의 관계가 모든 현상을 이끄는 분야이기 때문에 완벽한 긍정의 답변인 "예"와 완벽한 거절의 답변인 "아니오"는 존재하지 않는다. 거절의 의미를 실패로 해석하기보다는 그 이유와 종류를 파악하는 것이 거절을 대하는 올바른 접근 방법이다.

- 오해 (Misunderstanding)

  이는 요청과정에서 오해로 인해 일어나는 거절의 경우이다. 요청자는 이러한 오해를 방지하기 위해 잠재기부자의 말을 경청해야 하고, 그들에게 전하고자 하는 뜻을 반복해서 이해시키고 확인해야 한다.

- 무관심 (Indifference)

  잠재기부자는 요청과정을 통해 자신이 가지고 있는 관심과 부합되는 부분을 발견하지 못했기 때문에 당신의 요청에 무관심해질 수 있다. 항상 일방적인 요청이 아닌 상대의 관심과 사명에 관한 생각들을 읽음으로써 그들의 흥미와 관심을 유발할 수 있도록 해야 한다.

- 의심 (Skeptism)

  잠재기부자가 아직 당신과 단체에 관한 전반적인 신뢰가 형성되어 있지 않을 때는 후원금을 전달하는 데 회의적이고 의심이 생겨 거절할 수밖에 없을지도 모른다. 이런 경우에는 법정 증인 혹은 감정인이 참석하여 모든 과정을 기록하고 증거를 남겨서 잠재기부자의 의심을 최소화하도록 한다.

② 잠재기부자의 부정적인 답변 대처 방안

잠재기부자로부터 거절 의사를 통보받았다고 요청을 섣불리 마무리하는 것은 옳지 않다. 그들의 거절 의사에 관한 분명한 이유와 근거들을 꼼꼼히 새겨보도록 하라.

잠재기부자의 거절 이유에 대하여 가능한 대안을 제시해 보도록 하자. 상황적인 요소들로 인해 거절 의사를 표시했다면 상황적 갈등을 최소화하고, 잠재기부자가 후원할 최대한의 방법을 제안하면서

표 13-1 잠재기부자의 부정적 답변에 대한 대처법 예시

잠재기부자의 거부 표현	재요청을 위한 대처 방안
• 글쎄요, 잘 모르겠는데요?	• 어떤 부분이 이해가 되지 않으시고 어떤 부분이 후원의 선택을 곤란하게 합니까?
• 글쎄요, 결정할 수가 없네요.	• 결정을 내리기에 부족하거나 혹은 확실하지 못한 부분이 어디입니까?
• 아직은 후원할 준비가 안 되어 있네요.	• 후원을 하시기에 적합한 시기가 언제입니까?
• 너무 많은 금액입니다.	• 어느 정도 많다고 생각하십니까?
• 돕고 싶네요. 하지만 제 능력을 넘어섭니다.	• 후원을 위해 지출 가능한 금액이 대략 어느 정도이십니까?
• 지금 여유가 없습니다. 곧 은퇴도 계획하고 있습니다.	• 만약 저희가 여유 있는 범위에서 후원을 요청하면 어떨까요?
• 부인은 아직 모르고 있어서 무리가 있습니다.	• 부인과 함께 만남을 가진 후에 요청할 수 있는 기회를 갖는 것이 좋을 것 같습니다. 부인께서는 언제쯤 시간이 가능하실까요?
• 부인의 돈이기에 제가 결정을 내릴 수 없습니다.	• 만약 저희 단체에서 부인께 관심과 비전과 부합하는 사업계획을 통해 후원금을 요청하는 것은 어떨까요?
• 후원금 전액을 지금 드리는 것은 무리일 듯 싶습니다. 언약카드(Pledge Card)를 통한 후원도 원하지 않습니다.	• 다양한 방법으로 기부하실 수 있습니다. 일정액을 나누어 매달 저희에게 후원하실 수도 있습니다. 어떤 식의 후원이 가장 적합할 것 같습니까?

재요청을 시도하도록 한다.

다음 〈표 13-1〉의 예시를 통해서 기부자의 부정적인 답변을 대처하는 방법과 기술들을 확인해 보도록 하자.

③ 진정 '아니오'라는 거부 의사로 판단이 된다면?

잠재기부자들은 기금 요청을 거절할 수도 있다. 하지만 그들은 당신의 요청을 거절한 것일 뿐 당신을 거절한 것이 아니므로 감정이

상할 필요는 없다. 요청에 대한 거부의 대답을 경험하는 것도 요청자가 경험해야 할 필수 과정인 것이다. 더욱 긍정적인 접근과 생각으로 모금의 기회를 만들어 간다면 "아니오"라는 대답은 언젠가 "예"가 되어 돌아올 것이다. 당신의 요청을 받아들이고 귀 기울여 준 잠재기부자들에게 항상 감사하는 마음을 가진다면 기회는 당연히 열릴 것이다. 하지만 당신의 요청을 거절하는 것에 대한 명확한 이유를 묻고, 이것을 받아들이고 보완함으로써 다음에 있을 요청을 성공으로 이끌 수 있도록 노력해야 한다.

다음은 거절의 이유와 관련된 항목이므로 세심하게 살펴보고 실수나 문제점 파악을 위해 재검토 후 보완하여 향상되도록 해야 한다.

- 정보 (Information)

  잠재기부자들은 요청자가 제공하는 정보에 대해 부족함을 느낄 수도 있다. 다시 한 번 그들이 기부함으로써 단체가 사명을 다하는데 얼마만큼 큰 도움이 되며 중요한 역할을 하는 것인지 상기시켜라. 그 후 그들이 원하고 필요로 하는 정보가 어떤 것이든지 그들에게 기꺼이 제공할 것이라는 확신을 주도록 한다.

- 기관 또는 단체 (Institution)

  당신의 잠재기부자는 단체와 그 산하 조직에 대한 정보를 공유하길 원할 것이다. 그러므로 요청하기 전에 잠재부자가 단체 혹은 기관에 관해 알고 싶은 부분을 명확하게 제시할 수 있어야 한다. 잠재기부자가 단체에 대해 좋지 않은 경험이 있는 사람의 지인일 수도 있고, 단체의 정책에 부분적으로 동의하지 못할 수도 있다. 먼저 잠재기부자의 이해를 돕고 그들의 참여로 미래에 어떻게 변화할 수 있는지를 언급하며 재치 있게 요청하도록 한다.

- **요청시간, 요청금액, 요청목적**

  잠재기부자는 아마도 "지금은 조건을 받아들일 수 있는 때가 아닌 것 같다" 혹은 "요청한 내용이 내 능력 밖의 것이다" "관심사가 아니다"라고 말하며 요청을 거절하기도 한다. 이러한 대답들은 요청에 관한 거절이라고 보기는 어렵다. 당신이 제시했던 금액을 단 한 번이 아닌 여러 번에 나누어 지급하거나 금액 자체를 낮추는 것, 혹은 기부목적의 방향을 변경하는 등의 협상을 통해 다시 한 번 긍정적인 대답을 기대해 볼 필요가 있다. 요청자는 주위 사람들과 다양한 대화 연습을 통해 경청하는 기술, 거절 혹은 의견의 불일치에 직면했을 때 그것을 극복하고 해결해 나가는 타협의 기술을 익혀야 한다.

10) 기금 요청에 묵묵부답, 그 대처 방법

기금 요청은 기부 대상자와 이에 따른 요청자를 결정하고 연락을 취하는 것에서부터 최종 기부를 성사시키는 것까지 하나하나 중요한 과정을 거친다. 그러나 모금활동에서 하이라이트는 요청자가 잠재기부자를 대상으로 요청하는 단계일 것이다. 이 단계에서 모금이 이루어질 것인지 아니면 다음 단계로 갈 것인지가 결정된다.

큰 금액을 요청하는 경우에는 상대방이 어떤 사람인지에 대한 조사가 어느 정도 이루어진 상태이다. 상대방에 대한 파악이 어느 정도 된 후에 요청자는 잠재기부자가 기부할 것이라는 확신이 생긴다. 이러한 확신을 바탕으로 기부자의 집이나 사무실에서 만나 '기금을 요청하는 단계'로 진입하게 된다면 그 상황에서 발생할 수 있는 시나리오 또한 어느 정도 예상할 수 있다.

그러나 요청금액이 크지 않을 경우에는 직접적인 만남보다는 편지나 전화 혹은 이메일을 통한 요청이 진행된다. 혹여 잠재기부자를 직접 만난다 하더라도 사전에 잠재기부자에 대한 조사가 충분치 않았기 때문에 어떤 반응이 나올지 미리 파악할 수가 없다. 따라서 이러한 경우는 상대방이 기부할 것이라는 확신도 없을 뿐 아니라 대부분 '아니오'라는 대답이 돌아오거나 오히려 묵묵부답인 경우가 많다.

전문가들은 이때 '아니오'라는 대답보다 오히려 더 힘든 경우가 바로 묵묵부답이라고 말들 한다. '아니오'라는 대답은 이유를 물어보고 잘못된 점을 고치는 등 방법에 따라 '예'로 대답을 바꿀 가능성이 있다. 그러나 상대방으로부터 어떠한 대답이나 반응이 없는 경우에는 어떻게 대처해야 할지 난감한 경우가 많다.

상대방이 묵묵부답일 때 가장 난처한 점은 대답하지 않는 이유가 무엇인지 그 속마음을 알 수 없다는 점이다. 그렇다면 과연 이러한 기부자들의 속마음은 무엇일까? 다음의 유형들을 살펴보고 어떻게 대처해야 하는지 알아보도록 하자.

① 요청의 이유보다 자신의 문제에 더 마음이 쓰여 있는 상태로서 요청 자체에 귀를 기울이지 않는 경우이다.

이럴 때는 기금 요청에 관심을 가지도록 '책임감'을 심어주는 것이 중요하다. 주의를 환기시키고 다른 시간으로 약속을 바꾸거나 그가 현재 신경 쓰고 있는 일에 대해 질문을 하는 등 상대방이 약간의 책임감을 느끼게 되면 기부에 대한 본론설명을 위해 다음 약속을 잡는 것이 좋다.

② 내성적인 성격의 사람인 경우이다.

이런 사람은 요청자가 강하게 밀어붙이면 오히려 움츠러들어서 선뜻 결정을 내리지 못한다. 따라서 전문가는 '예'인지 '아니오'인지의 대답을 요구하는 단도직입적인 요청 방식보다는 개인적 질문이나 사회적 이슈와 같은 일반적인 질문들을 몇 개씩 던지는 것이 좋다고 한다. 이러한 대화를 통해 준비작업을 한 후에 조금씩 본론에 가까워지도록 하는 것이 좋다.

③ 성격상 남의 일에 관심을 두지 않는 유형이다.

이런 유형의 사람들은 자신과 직접적인 연관이 없으면 적극적인 반응이 일어나지 않는다. 따라서 그 사람과의 접촉점을 찾는 것이 관건이다. 이러한 사람은 반대로 자신과 연관된 일이라면 매우 적극적이기 때문에 그 사람이 무엇을 원하는지를 재빠르게 파악하여 공통점을 찾아 연결시킨다면 성공할 가능성이 크다.

④ 잠재기부자가 이미 다른 일이나 다른 사람 때문에 화가 나 있는 경우이다.

이런 경우에는 가벼운 유머나 다른 여러 방법으로 마음을 풀어주도록 한다. 그리고 시간을 조금 느긋하게 가지고 기다림으로써 잠재기부자 스스로 자신의 마음을 다스릴 수 있는 시간을 주어야 한다.

⑤ 꼼꼼하고 신중한 사람들은 모든 결정에 시간이 많이 필요하고 완벽한 조사가 이루어진 뒤에야 결정을 내린다.

이런 경우에는 먼저 말을 걸지 말고 기다려야 한다. 이런 사람은 무엇인가 결정이 섰을 때, 비로소 말을 한다. 따라서 성급히 질문하지 말고 느긋하게 기다리다 보면 오히려 확실한 대답을 들을 수 있다.

⑥ 기부 자체가 처음이거나 돈을 무척 아끼는 사람인 경우는 망설이다가 아무런 대답도 하지 못하는 경우가 있다.

이런 경우에는 기부자에게 투자의 확신을 심어주는 것이 필요하다. 모금목적과 기부금의 용도, 공익성 등에 대해 잘 설명하여 확실히 마음을 정할 수 있도록 이끌어 주는 것이 좋다. 또 하나 중요한 점은 요청한 금액에 대해 흥정을 해서는 안 된다는 것이다. 처음 정했던 금액을 끝까지 밀고 나가는 것은 확신을 주는 또 하나의 방법이다.

⑦ 어떤 경우에는 두려움이 원인이 되기도 한다.

요청자가 상대방의 성향을 모른 채 너무 강하게 밀어붙여서 그 상대방이 만약 자신이 어떤 반응을 보이게 되면 요청자로부터 원치 않는 반응이 나올까 오히려 두려워하는 경우이다. 이럴 때는 너무 강하게 밀어붙이지 말고 한 발자국 뒤로 물러나 가벼운 질문으로 유도하면서 상대의 두려움을 해소하도록 노력해야 한다. 만약 상대방이 아직 준비되지 않은 상태라면 나중에 다시 이야기하기 위해 약속을 잡도록 하고 다른 기부자의 추천서를 제시하거나 증인을 세워서 믿음을 사는 것이 좋다.

⑧ 시간의 압박을 받거나 약속을 잘못 잡은 경우에도 대답이 돌아오지 않는 경우가 많다.

이런 경우에는 너무 재촉하지 말고 시간적 여유가 있음을 알리고 상대방이 편한 시간으로 다시 약속을 잡도록 한다.

이처럼 기부자가 아무런 반응을 보이지 않는 데는 다양한 이유가 있다. 만약 상대방이 '예'나 '아니오'의 어떠한 반응과 대답도 없이 묵묵부답인 상태라면 상대가 어떠한 성격이고, 현재 어떠한 상황에 있는지 파악하고 그에 맞는 적절한 태도를 취하도록 하자. 이러한 상황을 올바르게 대처한다면 이를 기회로 삼아 오히려 '예'라는 대답으로까지 이끌어 낼 수 있을 것이다.

3. 태도 변화를 위한 레윈 이론의 적용

커트 Z. 레윈(Kurt Zadak Lewin)은 널리 알려진 사회심리학자이다. '집단 역학과 조직 개발(Group Dynamics and Organizational Development)'과 관련된 탁월한 그의 저서와 연구 성과는 현대 모금 활동에서도 많이 활용되고 있다. 특히 기부자에게 요청하는 과정에서 생기는 요청자의 두려움과 심리적 부담감을 줄여 주기 위한 훈련으로 레윈의 이론과 훈련 방법을 많이 활용하고 있다.

그는 태도 변화를 위해서는 먼저 현재의 태도와 사물을 보는 관점을 '녹이는(Unfreezing)' 작업이 이루어져야 한다고 말한다. 그 후 옛 행동을 '버리는(Move)' 기회를 줌으로써 그룹의 협조와 격려로 변화된 행동을 확고히 '다져야(Refrozen)' 한다고 주장한다.

녹임(Unfreezing) - 버림(Move) - 다짐(Refrozen)의 3단계에 걸친 훈련 과정은 다음과 같이 구체화될 수 있다.

먼저 요청에 대해 두려움을 가지고 있거나 부담감을 느끼는 자원봉사자들에게 '왜 사람들은 기부하지 않는가?'에 대한 생각을 적어 보도록 한다. 각자가 생각하는 이유를 적은 후에는 이것을 토대로 요청하는 데 두려움을 느끼게 하는 원천이 무엇인가를 파악한다. 상대방이 부담을 느끼고 거부 의사를 표현하거나 기부 자체에 부정적 인식이 있는 경우들이 도출되면 요청자가 느끼는 두려움의 원인을 알 수 있기 때문이다. 이렇게 얻어진 두려움의 원인을 그대로 남겨두는 것이 아니라 표출(Ventilate)할 수 있도록 유도한다. 이렇게 얻어진 결과는 발표를 거쳐 서로의 공통된 두려움의 원천을 나누고 공감을 통해 개인적인 차원의 두려움을 공동의 차원에서 해소하는 과정을 거친다. 마지막 다짐의 단계에서는 주로 롤플레잉과 같은 상황극, 역할극이 많이 활용된다. 서로 역할을 나누어 실제 요청 상황에 대해 연습을 하는 두려움을 느끼는 상대가 되어 보기도 하고, 두려움을 느끼는 다양한 상황을 직접 체험하고 부딪쳐 봄으로써 두려움을 조금씩 해소해 나가게 된다. 이러한 훈련 과정을 거친 후에 직접 요청과정에 참여하도록 해야 한다. 모든 훈련은 궁극적으로는 요청과정을 두려움 없이 적극적으로 임할 수 있도록 하는 것이 목적이기 때문이다. 훈련 과정을 통해 자신의 두려움의 원천을 알고 그 두려움을 극복하는 방안을 스스로가 찾아 해결하면서 두려움이 서서히 해소된다는 것이 바로 레윈의 3단계 이론이다.

이 훈련 방법은 요청에 대해 두려움과 부담감을 가진 자원봉사자뿐 아니라 단체 내의 이사진과 모금 관련자들 모두에게 꼭 필요한 것이라고 할 수 있다. 이러한 훈련을 통해 요청을 하기에 앞서 자신이 가진 두려움을 없애고 요청을 성공으로 이끌 수 있는 자신감을 얻는 것이 중요하다. 실전에 먼저 뛰어들어 난관에 부딪히기보다는 훈련을 통한 경험과 접촉, 연습을 통해 두려움을 극복한다면, 모금의 효율성과 성공률은 이러한 훈련을 받지 않았을 때보다 훨씬 높아질 것이다.

4. 대화 방법

1) 7-38-55 법칙

상대방과의 일대일 대화나 많은 사람을 대상으로 하는 대중연설 등 인간관계에서의 모든 의사소통의 기본 법칙을 보통 7-38-55의 법칙이라고 한다. 7-38-55 법칙은 어떤 대화에서든 전달자가 전하는 말의 내용에서 의미가 전달되는 것은 7%이고, 전달자의 음성의 질이나 음색(Tone)에서 38%, 몸짓(Gesture)이나 몸짓언어(Body Language)에서 55%가 전달된다는 것이다. 사람이 말을 할 때에는 그 내용적 측면보다도 음성의 질, 음색, 몸짓언어가 의미 전달에 더 욱 기여한다는 것이다. 이 이론은 본래 1970년대 초에 미국 캘리포니아 주립대학(UCLA)의 알버트 메라비안(Albert Mehrabian) 교수팀이 실험을 통해 발표한 뒤로 학자나 실제 현장의 커뮤니케이션 교육에서 항상 다루어 온 이론으로 모금 교육에서도 절대적으로 신봉해 왔다.

최근에는 이 법칙에서 각 요소의 배분 문제, 특히 말의 내용의 중요성을 너무 과소평가하는 것이 아닌지에 관한 논쟁이 있기는 하지만, 말의 내용보다 말의 음색과 몸짓언어가 더 중요하게 작용한다는 점에는 모두 동의하고 있다. 그리고 내용, 음색, 몸짓언어 등 이 세 가지가 함께 잘 어우러지고 일치하게 되면 더욱 효과적인 의사전달과 설득력을 발휘할 수 있다.

모금에서도 마찬가지로 이러한 법칙이 적용된다. 잠재기부자에

그림 13-2 7-38-55 법칙

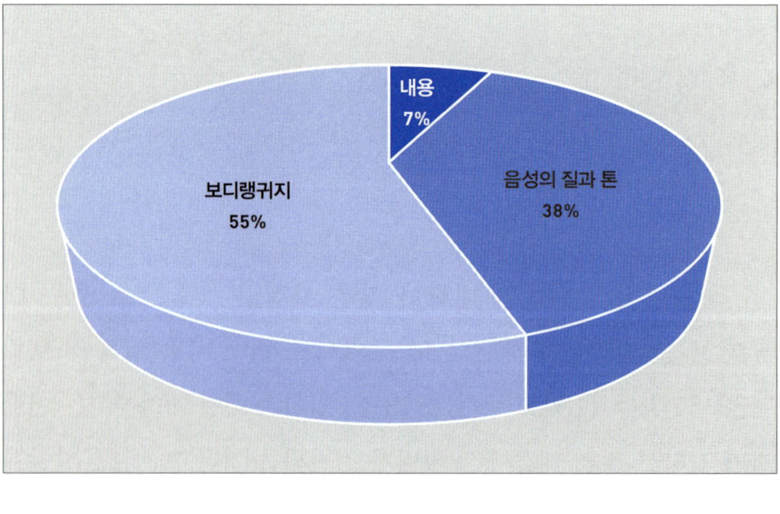

게 기금을 요청할 때, 말의 내용은 기금의 필요성을 적절히 이야기하는 것이더라도 말하는 음색이나 몸짓이 어색하면 상대방에게 부정적인 인상을 주게 되고, 잠재기부자는 정작 말의 내용보다는 다른 것에 신경이 쓰여 효과적인 의사전달이 되지 않는다.

요청자의 요청하는 목소리에 짜증이 섞여 있다거나 신경질적이거나 조소 섞인 요소가 있어서는 안 되며, 열정이 담겨 있고 상대방에게 좋은 감정을 유도할 수 있는 음색이어야 한다. 그리고 말보다 눈에 먼저 띄는 몸짓언어도 눈에 거슬리지 않고 겸손과 존중이 보이도록 해야 한다. 눈 맞춤의 위치와 손의 위치, 앉아 있는 자세 등이 자연스럽게 말의 내용을 도와주고 일치되도록 해야 한다. 그러나 이 모든 것은 습관처럼 사람의 몸에 배어 있어서 본인은 어떤 점이 잘못된 것인지 잘 알지 못하거나, 안다고 하더라도 한 번에 잘 고쳐지지 않는다. 따라서 다른 사람의 관찰이 필요하며 실제 요청에 들어가기 전에 전문가와 여러 번의 훈련을 하는 것이 필요하다.

2) 배려는 관계의 시작이다

누구든지 자신이 남에게 의미 있는 사람이 되기를 바란다. 만약 잠재기부자가 한 번 받았던 메일을 또 받거나 이름의 철자가 틀린 편지를 받는다면 자신이 의미 있는 사람이 아니라 그저 돈을 지급하는 현금지급기로 여겨지는 것 같아 기분이 무척 나쁠 것이다. 이런 의미에서 상대방이 미혼이라면 배우자에 관해서 물어서는 안 되고 자식이 없는 사람 앞에서 자식을 자랑해서는 안 된다.

사소한 실수를 저지르지 않기 위해서는 미리 상대방에 대해 알 필요가 있다. 이것은 상대의 뒷조사를 하는 것이 아니라 존중하고 배려하는 마음에서 기본적인 정보를 알기 위한 것이다. 기부자 입장에서도 단체가 자신을 미리 조사할 정도로 관심을 보이는 것은 그렇게 기분 나쁜 것만은 아닐 것이다. 그러므로 첫 만남의 자리에서 그냥 인사만 하는 것이 아니라 상대방에게 질문을 많이 해서 정보를 얻었다면 기억해 두는 것이 좋다.

사람들은 대화할 때 주로 자신을 알리는 데만 집중하는 경우가 있다. 그러나 모금에서는 자신을 알리는 것보다 상대를 아는 것이 우선이다. 이를 위해 모금가에게 가장 필요한 덕목은 남을 배려하는 마음이다. 배려하는 자세가 몸에 배어 습관화되는 것이 매우 중요하다. 배려하는 자세를 가지려면 상대의 눈을 통해 사물을 보는 능력과 상황파악 능력이 필요하다. 기부자들과 대화하는 기술, 예절, 의사소통 방법 등 인간관계의 기본 원리가 모두 남을 배려하는 자세에 있다.

배려 문화가 발달한 나라의 모금가들은 기부자는 물론이고 수혜자까지도 배려하는 것을 볼 수 있다. 현재 미국 내 비영리단체에서 사용하는 관계행동규범은 그 기본 틀을 배려 문화에 맞추기 위해 고민한 흔적을 느낄 수 있다. 모금의 원리를 기술한 대부분의 책의 기본 철학은 배려에 대한 것이다. 평소 남을 배려하는 사람일수록 모금에 참여해도 어색하지 않고 모금의 결과도 좋다.

3) 관점에 따른 두 가지 요청전략

요청전략은 크게 공급자 중심 기부(Supply Side of Philanthropy)와 수요자 중심 기부(Demand Side of Philanthropy)로 나누어 설명할 수 있다. 공급자 중심(Supply Side)형의 요청은 단체의 필요에 변화를 주기보다 기부자의 기부환경을 변화시켜서 기금을 요청하는 기부자 중심 방식이고, 수요자 중심(Demand Side)형은 그 반대로 기부자가 기부할 수 있는 충분한 여력이 있는 상태에서 단체의 모금이유(Cause)에 맞춰 요청하는 수혜자 혹은 단체 중심의 설득방법이다. 정리하자면 공급자 중심형은 공급을 먼저 함으로써 필요를 찾는 것이고, 수요자 중심형은 필요에 따라 공급자를 찾는 전통적인 방식이다.

두 가지 방법 모두 의미가 있으나 단체의 크기 혹은 상황에 따라 얼마든지 다른 전략을 사용할 수 있다. 보스턴 대학의 폴 쉐비시(Paul Schervish) 교수는 공급자 중심 방식이 더 큰 규모의 기금을 마련할 수 있어서 큰 단체에 더 적절하다고 주장했다.

이 방식은 'Stop-Think-Feel'의 순서로 진행된다. 잠재기부자를 정지시키고 천천히 그들의 비전에 대해 경청하고 그들의 필요를 이해하고 기부자 스스로 기부하는 느낌이 들도록 하는 것이다. 서양의 경우 공급자 중심 방식의 요청이 하나의 흐름이 되고 있다. 특히 고액기부자의 경우 이러한 심정적 공감을 통한 기부요청이 이루어져야 성공 확률이 높다. 이 때문에 새로운 모금이론서나 고액모금의 경우 공급자 중심 방식의 요청을 권장하지만 한국에서는 대부분의 단체가 아직 수요자 중심 방식을 고수하고 있다.

그러나 대학과 병원에서는 대부분 공급자 중심 방식을 채택하고 있다. 여기에는 '모금은 돈을 모으는 것이 아니라 사람의 관계를 만들어 가는 사업'이라는 철학이 담겨 있다. 공급자 중심 방식은 인생의 목적과 뜻이 있는 사람들의 감동적인 삶의 이야기를 통해서 기부자를 설득한다. 그래야만 요청이 모금상품을 파는 행위가 아니라 기부로 인해 진정으로 사회에 영향력(Impact)을 미친다고 느끼는 행위가 되는 것이다. 이러한 맥락에서 요청자가 수요자 중심 방식을 사용할 경우 고액모금이 힘들 뿐 아니라 소액모금과 장기적인 기부자 관계 형성에도 어려움이 있다고 판단된다. 모든 기부자가 수요자 중심 방식의 요청을 불편해하고 거부하는 것은 아니지만 자수성가하거나 뚜렷한 기부관이 있는 사람들은 수요자 중심 방식을 꺼려한다.

수요자 중심 방식은 소규모 혹은 중간급 단체에서 주로 사용하고 있으며 기부자에게 죄책감과 의무감을 느끼게 하는 경우가 자주 발생한다. 이러한 방식은 기부자 개인적 용도로 사용하고자 했던 돈이 기부자 개인이 느끼는 한순간의 불쾌한 감정에서 벗어나고자 일회성으로 기부하게 될 가능성이 커진다. 이런 경우 단체가 기금을 확보하는 데는 더 효율적일 수 있다.

그래서 공급자 중심 방식 요청 혹은 수요자 중심 방식 요청 중에 어느 쪽이 더 좋다는 판단은 내릴 수 없다. 그러므로 요청자는 단체와 기부자의 상황과 문제들을 고려해서 이 두 방식을 적절히 혼합하여 사용해야 한다.

4) 요청의 눈높이 법칙

요청자와 기부자 사이에 금액을 제외한 다른 조건들이 모두 충족한다고 할 때, 요청자와 기부자의 눈높이가 서로 비슷해야 원하는 금액만큼 요청할 수 있다. 요청금액은 요청자의 눈높이에 따라 충분히 달라질 수 있다. 이때 눈높이라는 것은 엄밀히 말해서 사람의 지위라고 할 수 있다. 단체의 인턴사원이 요청하는 것과 단체의 대표가 직접 요청하는 것과는 다른 것이다.

실제 요청 가능한 요청금액은 요청자의 지위에 비례한다. 요청자의 지위가 올라가면 금액도 올라가고 지위가 내려가면 금액도 내려간다. 요청에 앞서 요청자는 자신의 눈높이와 요청 대상자의 눈높이를 정확히 알아야 한다. 눈높이는 사회 경제적 지위(Social Economic Status, SES), 나이, 재산, 지위 등 분야별로 차이가 있을 수 있다. 더 중요한 것은 요청 대상자가 요청자의 눈높이에 대해 어떻게 생각하고 있는가이다. 물론 요청자 스스로가 평가하는 자신의 눈높이와 상대가 생각하는 눈높이가 차이가 없다면 다행이지만, 문제는 대다수 요청자가 자신의 눈높이를 과대평가한다는 데 있다. 그래서 요청자는 자신의 눈높이를 객관적으로 파악하여 요청자와 요청 대상자 사이에 눈높이의 차이를 최대한 줄이는 방향으로 노력해야 한다.

5. 만족의 삼각형

사람들은 요청을 받으면 그에 대한 대답을 하기에 앞서 다음의 세 가지를 고려한다. 이를 만족의 삼각형 이론(The Satisfaction Triangle)이라고 한다. 크리스 무어(Chris Moore)의 화해·조정·협상 이론에서 나온 것이지만 일반적인 요청의 경우에도 의사결정 프로세스는 거의 유사하다.

〈그림 13-3〉의 만족의 삼각형에서 첫 번째 부분은 절차적 필요

그림 13-3 만족의 삼각형

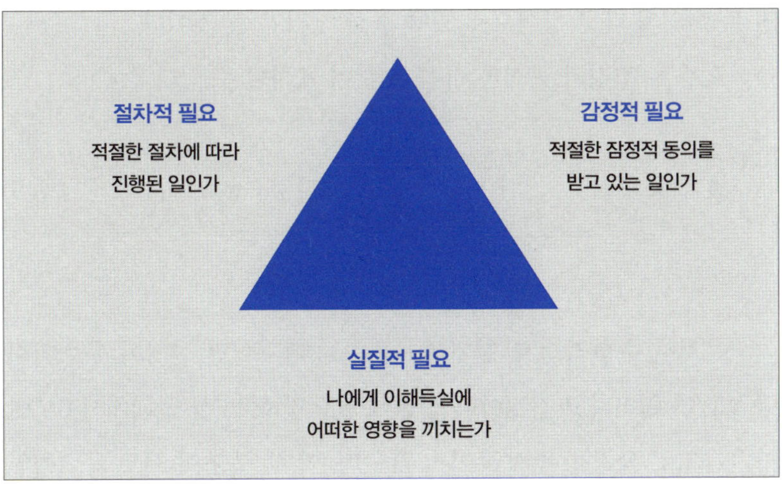

(Procedural Needs)이다. 요청한 사람에게 절차상의 문제는 없는지, 무턱대고 한 번 만나자마자 부탁을 한 것인지, 직접 요청하지 않고 다른 사람을 통해서 온 것인지, 아니면 여러 단계를 거쳐야 하는데 절차를 무시한 것인지, 자신의 의견도 묻지 않고 온 것인지 등을 먼저 생각하게 된다. 가능한 질문으로는 요청이 그 사람을 위해 최선인지, 다른 방법을 고려할 수 있는 것인지, 왜 자신이 요청받을 사람으로 적임자라고 생각하는지, 요청을 증명할 데이터는 있는지 등이 있을 수 있다.

두 번째 부분은 감정적 필요(Emotional Needs)이다. 요청자의 개인적·관계적 감정과 요청의 주제에 대한 감정, 그리고 요청하는 중간에서 받는 느낌에 영향을 준다. 너무 고자세이거나 거만하게 요청을 하거나 나쁜 감정의 경험을 상기시키거나 껄끄러운 주제를 이야기하는 것은 결정하는 데 부정적 영향을 미친다. 정직하고 신뢰를 주는 요청을 하는 것인지, 평소에 평판과 존경을 받는 사람이 요청하는지 등이다.

세 번째 부분은 실질적인 필요(Substantive Needs)이다. 요청하는 주제나 이슈에 대한 것이다. 평소에 친구에게 돈을 빌려주면 돈도 잃고 친구도 잃는다고 믿고 있는 사람에게 돈을 빌려달라는 요청을 하면 돈 이외의 다른 방법으로 도움을 줄 생각을 할 것이다.

요청 후 결정의 공식은 다음과 같이 표시할 수 있다

결정(Decision) = 절차(Procedural) × 감정(Emotional) × 실제필요(Substantive)

여기서 수학적으로 절차(Procedural)가 0이면 결정이 유보되거나 'No'가 일어나고 감정이나 실질적 필요가 어느 한 군데에서 0이면 마찬가지로 요청을 받아들이지 않는다. 이 세 부분이 서로 독립적인 것이 아니라 서로 영향을 주어 유기적으로 작용한다. 요청자는 요청 전, 요청 중, 요청 후를 종합적으로 고려하여 균형 있고 적절하게 요청을 해야 한다.

6. 협상과 설득

요청자가 기부자와 협상을 한다면, 기부금을 받는 것도 감지덕지한 일인데 무슨 협상을 하느냐고 말할 것이다. 그러나 주는 것을 받기만 하면 된다는 소극적인 생각과 태도는 모금의 원리, 나아가서는 인간의 심리를 제대로 이해하지 못한 것이다. 어려운 상황일수록 상대방의 심리를 잘 파악하고 더욱 적극적으로 접근해야 한다.

MBA를 졸업했거나 기업체에서 경영에 참여했던 사람들이 비영리단체에서 일하는 경우가 부쩍 늘고 있다. 그들의 유입은 비영리단체의 경영방식에도 새로운 변화를 가져다주고 있다. 그리고 협상과 설득의 기술은 이미 오래전부터 대학을 중심으로 연구되어 왔으며, 기업의 업무 협상 사례는 하버드 경영대학원 경영자 과정 등에서 매우 중요한 과목으로 인정받고 있다. 이 과정을 수강하던 일부 모금 지도자들은 자신의 실전 경험을 바탕으로 비영리단체의 기부자 관리에 관한 연구결과와 논문 등을 발표하기도 했다.

기부 협상에 이론을 적용하기 전에 주의해야 할 사항이 있다. 협상은 잠재기부자의 기부 의사가 확실히 정해졌는가를 먼저 살펴본 연후에 진행해야 한다. 모금가는 기금을 요청함과 동시에 잠재기부자의 기부 의중을 파악해서는 안 된다. 모금가가 논의해야 할 것은 잠재기부자의 기부 여부가 아니라 그들의 '기부의 금액과 그에 따른 조건'이다.

그림 13-4 협상재량권(Zone of Possible Agreement)

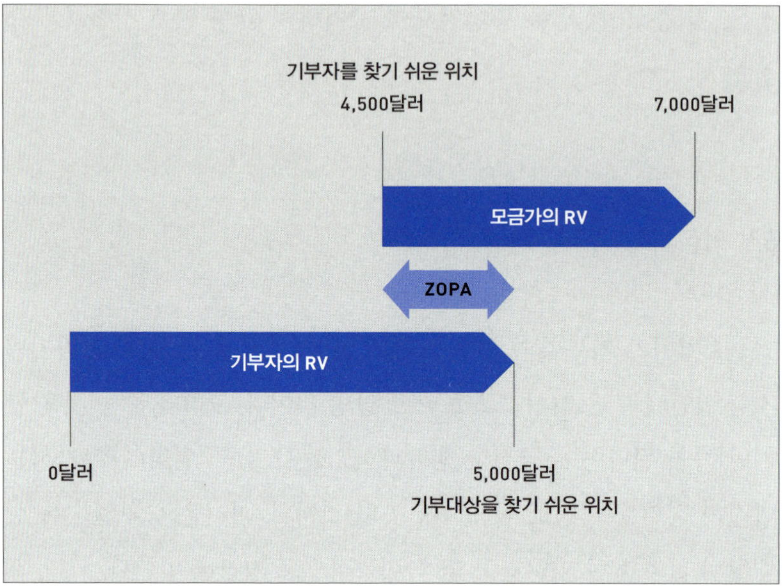

협상가들이 경험했던 준비과정과 실수, 실패담 등을 살펴보면 배울 점이 많다. 협상이 원하는 대로 진행된다면 더할 나위 없겠지만, 앞선 협상가들의 경험을 통해 알 수 있는 사실은 결코 협상이란 원하는 대로 진행되지 않는다는 것이다. 그렇기 때문에 협상가는 언제나 차선책인 마지노선, 즉 최종타협점(Best Alternative to Negotiated Agreement, BATNA)을 염두에 두어야 한다.

협상의 실패란 기금 요청에 있어서 기부자가 주는 대로 받거나, 또는 눈앞의 기부자는 포기한 채 다른 기부자를 물색하는 경우를 말한다.

요청자의 기부 예상 액수(Reservation Value, RV)는 기부자에 대한 사전 조사를 통해 정해 놓은 요청금액이다. 기부자의 RV는 보통 요청자의 RV금액이나 기부금액보다 적은 것이 보통인데, 그 사이의 격차가 적을수록 협상이 쉬워진다. 그 간격을 협상재량권(Zone of Possible Agreement, ZOPA)이라 부른다. 협상재량권이 없으면 협상이 이루어지기 어려우므로 서로의 최종타협점를 주장하게 될 뿐이다.

기본 용어를 이해하고 조사한 뒤에는 바로 요청과 협상 과정으로 들어갈 수 있다. 이때 범하는 실수는 영리기업에서 비즈니스상의 협상을 진행할 때 범하는 실수와 유사하다. 실수의 유형은 다음과 같다.

① 금액을 제시하는 순서가 잘못 되었다.

당신이 유리한 입장이 아니라면 금액을 먼저 요청하지 않는 것이 일반적인 상식이다. 즉, 상대가 먼저 의견을 제시하게 하여 일정한 금액을 정하고 시작하는 것이 정석이다. 일반인들은 모금 세계에서 요청자는 기부자보다 결코 유리한 입장이 아니라고 생각한다. 요청자 역시 기부자에게 "얼마를 기부하실 수 있습니까?"라고 먼저 묻는 것이 몸에 밴 상태이다. 그러나 모금이론에 따르면 잠재기부자를 만나 기금 요청을 할 때 무조건 요청자가 먼저 금액을 제시하라고 가르친다. 그러나 한국을 비롯한 동양 문화권에서는 먼저 금액을 제시하는 것이 실례로 여겨지며 고유의 정서에 위배되어 기부자의 감정을 상하게 한다고 여기기 때문에 먼저 금액을 제시하는 것은 여전히 불편하게 받아들인다.

그러나 누가 먼저 제안하는가는 상황에 따라 달라진다. 요청자가 불리한 입장이 아닌 당당한 입장에서 기부자를 모으는 상황이라면 굳이 그들에게 먼저 제안을 할 필요는 없다. 그러나 요청자는 기부자의 기부 능력를 미리 파악해 놓은 상태이지만 기부자는 단체의 요청금액의 규모를 모르는 상황이라면 요청자가 먼저 기부금액을 제안하는 것은 당연한 일이다. 만약 기부자가 먼저 기부 의사를 밝히고 기부금액과 조건을 염두에 두고 있는 상태라면 기부자가 먼저 제안을 하도록 권유하는 것도 좋은 방법이다.

② 처음 금액을 제시할 때 충분히 적극적으로 하지 않는다.

모금이란 기부자가 본인의 현재 경제상황에서 자신의 전체 부에 큰 지장을 주지 않는 범위 내에서 이루어진다. 예를 들어 십만 원과 천만 원의 사이에서 기부가 이루어진다고 가정하면, 기부자는 적은 금액을 통해 큰 효과를 보고 싶어 할 것이고 요청자는 그 범위 내에서 가장 큰 금액인 천만 원을 제안하여 최대한 그에 가까운 기부금액을 성공시키고자 할 것이다. 이때 기부자가 먼저 기부 가능한 금액을 이야기하는 경우는 드물다. 사전 조사를 통해 기부자의 의중을 파악한 이후에 협상을 시작하는 것이 좋다.

기부선진국의 모금은 바로 이러한 사전조사가 과학적이고 체계화되어 있어서 목표 대상에 최대한 근접하게 다가갈 수 있다. 이러한 사전조사를 바탕으로 협상에 들어갈 때 일반적으로 기부자의 기부 가능 금액 규모 대비 120% 정도를 미리 제시하는 것이 통례이다. 여기에서 기부자와 요청자는 협상 과정을 거쳐 기부자가 기부 가능한 최대의 금액을 조율하게 된다.

③ 듣기보다 말하기에 열중한다.

이것은 현장에서 가장 많이 하는 실수이며 바로잡기도 가장 어려운 문제이다. 이러한 문제점을 알고도 훈련이 잘되어 있지 않으면 바로잡기가 매우 어렵기 때문에 모금 지도자는 듣기 훈련이 충분히 되어 있지 않은 사람을 협상 테이블에 내보내지 말아야 한다.

협상은 보통 요청자 쪽에서 두 사람 정도가 나서는데 이때 한 사람은 듣기에 집중하며 그들의 대화를 모니터링해야 한다. 이를 통해 기부자가 생각하고 있는 기부목적과 관심도, 우선순위 등을 파악해야 한다. 그러나 일부 요청자 중에는 기부자와의 대화에서 주도권을 가지려고 하고, 또 기부자의 이야기는 들으려 하지 않은 채 자신의 이야기만을 관철시키기 위해 부단히 노력하는 등의 실수를 범하기도 한다.

대화에 능하다는 것은 말을 잘하는 것보다 말을 잘 들어주는 것을 의미한다. 잘 들어주는 사람이 결국 말을 잘하는 사람이다. 이것은 말로써 기부자의 마음을 움직이려고 하기 전에 먼저 잘 듣고 기부자의 마음을 이해하고 파악할 수 있어야 한다는 뜻이다. 일반적으로 전체 대화 시간의 30% 정도를 제외하고는 상대방의 말을 들어주는 데 시간을 투자하는 것이 좋다.

④ 확인 작업을 하지 않는다.

이미 조사한 기부자의 모든 조건을 대화를 통해 다시 한 번 확인하는 작업을 하지 않는 것은 잘못된 협상 방식이다. 가정은 가정일 뿐이다. 기부자에 대한 확인은 그와의 대화를 통해 확실히 해 두어야 한다. 대화를 통해 가정을 확인하는 과정에서 기부자의 기부 예상 금액이나 협상재량권에 대한 가정이 잘못되었음이 확인되면 재빨리 궤도를 수정해야 한다. 계획의 수정이 적절하고 신속하게 이루어질수록 기부 성공률은 높아진다. 그러므로 가정에 대한 확인 작업은 반드시 이루어져야 하며 예상치 못한 변수에 대한 대처 방안도 생각해 두어야 한다.

대처 방안으로는 조건부 제시를 들 수 있다. 예를 들어 "저희가 먼저 천만 원을 기부할 기부자를 찾으면 그에 상응하는 기부를 하시겠습니까?"

모금에 있어서 협상은 타협이 아니다. 협상의 진정한 목적은 기부자와 단체의 윈-윈(Win-Win)이며 서로에게 가장 최선의 조건을 찾고 동의를 구하는 것만이 아닌 둘의 가치를 최대한 극대화하는 데 있다.

7. 잠재기부자의 내면 욕구 파악

아직 기부자가 되기 전의 잠재기부자와의 대면에서 꼭 알아 두어야 할 전략이 있다. 우선 상대가 말을 하도록 유도하여 숨겨진 의도를 듣고 파악하는 것이다. 잠재기부자의 요구 자체는 크게 중요하지 않을 수도 있다. 중요한 것은 잠재기부자의 심리를 파악하고 설득의 기반으로 삼는 것이다. 잠재기부자는 종종 자신이 처한 이해관계에 대해 직접 표현하지 못할 수도 있으며 대화를 통해 요구사항을 간접적으로 드러내기도 한다.

많은 사람들이 실수하는 부분은 바로 기부자는 자신이 원하는 것만을 내세우고 모금가 역시 기부자로부터 원하는 바를 이끌어 내려고 애쓸 뿐 서로의 입장을 좁히려는 시도를 하지 않는다는 것이다. 이러한 방식은 팽팽하게 평행선을 그으며 길어질 뿐이다.

중요한 것은 무엇을 원하는가가 아니라 왜 그것을 원하는가에 대화의 초점을 맞추고 잠재기부자의 이야기를 주의 깊게 귀 기울여 들으면 상대방의 마음을 알게 되고 그 이후의 단계는 좀 더 쉽게 풀리게 된다는 것이다. 혹시 상대가 어떤 강한 요구를 할 경우, 예를 들어 건물에 자신의 이름을 붙이기를 원하거나 계획에 없었던 새로운 프로그램을 설치하기를 원한다면 그 내면에 담긴 의미가 무엇인지 파악할 수 있어야 한다. 건물 이름에 자신의 이름을 넣는 것을 원한다는 것은 후세에 자신의 이름을 남기고 싶다는 의지가 반영된 요구이고,

새로운 프로그램을 제안하는 것은 자신이 아는 누군가를 프로그램에 참여시키거나 추천하고 싶은 의도가 숨어 있다고 할 수 있다. 이때 '왜?'라는 질문으로 숨은 의도를 파악할 수 있다면 단체가 기부자를 위해 할 수 있는 방법들 중 최선의 선택을 할 수 있을 것이다.

기부자의 요구에 대해 무조건 '예' 혹은 '아니오'라는 대답을 하기보다는 왜 그런 요구를 하게 되었는가를 묻고, 이에 대한 대책을 긍정적인 자세로 임하여 찾는 것이 중요하다. 기부자가 모금가의 기대와 달리 확연한 입장 차이를 보인다고 해서 실망하고 포기하기에는 아직 이르다. 모금가는 단체와 기부자를 동시에 만족시킬 수 있는 포괄적이고 창의적인 방안을 찾기 위해 노력해야 한다.

제14장

모금평가

1. 모금 효과 측정을 돕는 3가지 지표
2. 성과평가
   1) 거시적 성과평가 | 2) 미시적 성과평가
3. 모금직원 역량 평가 : 모금 담당자의 관리와 평가
4. 자선기부지표(Philanthropic Giving Index)

목표한 모금 성과를 거두기 위해서는 실무자의 최근 실적 및 업무성과 등을 평가해야 한다.

1. 모금 효과 측정을 돕는 3가지 지표

대다수의 비영리단체는 모금 효과를 전략적으로 측정하지 못하고 있으며, 또 그들은 많은 비용이 발생하는 모금은 실패한 모금이라는 잘못된 인식을 가지고 있다. 그렇다면 단체는 프로그램 및 미션 관련 활동 등에 모금한 돈을 유용해서는 안 되는 것인가?

실제 사례를 자세히 살펴보자. 어느 교회는 해외 선교에 전념하겠다는 목표를 가지고 1년 예산의 50%를 비용으로 책정했다. 좋은 목표처럼 들리지 않는가? 그러나 교회가 성장하면서 이 계획이 점점

어려워졌다. 선교 사업을 지원하기 위해 직원을 추가로 고용하거나 교회 성장에 필요한 행정 인력과 이 외의 필요 사항을 추가할 수 없기 때문에 결국 목표로 삼았던 해외 선교에는 더 적은 자금을 제공할 수밖에 없었다.

- 사실 : 50% 목표는 성장을 제한하는 것이었다. 이 사실을 깨닫고 나면, 총예산에서 낮은 비율로 책정했더라면 오히려 해외 선교에 더 많은 돈을 보낼 수 있었다는 생각을 하게 된다. 측정 항목을 변경하면 영향이 훨씬 커지게 된다. 비영리단체도 마찬가지이다. 목표(또는 모금 비용을 최소로 유지)가 성장을 방해하고 있는가?

BoardSource[17]에서 발표한 보고서는 모금활동의 효과를 측정하는 새로운 방법을 제시한다. 이 보고서는 비영리단체가 모금 비용의 비율에 대해 지나치게 우려하고 있다면서 적절한 수준의 책임과 효율적인 운영을 위한 방법을 제안한다. '모금 효과의 가장 중요한 세 가지 척도'를 강조하고 있다. 이 측정 기준을 종합하면 단체의 모금 효과에 대한 전체적인 관점을 제공한다. 다음은 보고서에서 제안한 모금 효과를 측정하는 데 도움이 되는 항목이다.

(1) **총 순 모금** : 현재와 미래의 사명을 위해 충분한 자금을 모으고 있는가? 이것은 '모금 성공의 핵심 측정'에 대한 것이다.

- 제기된 총금액 - 총모금비용

---

17 National Source for Nonprofit Boards였던 BoardSource는 비영리 거버넌스와 이사회 및 직원의 리더십을 지원하기 위해 1988년에 설립된 미국의 비영리단체이다.

(2) **의존성 지수** : 소수의 대규모 기부금에 어느 정도 의존하고 있는가? 이것은 위험 측정에 관한 것이다.

- 최대 기부금 5명 / 조직의 총지출액

(3) **모금 비용** : 우리는 얼마나 효과적으로 자금을 모으고 있으며, 전체적인 노력으로 높은 투자 수익을 달성하고 있는가? 이것은 수익을 얻는 데 드는 비용 측정에 관한 것이다.

- 총모금비용 / 총순모금

BoardSource에서는 계산을 할 때 고려해야 할 응용 프로그램으로 다음 항목을 제시한다.

- **낮은 의존성 지수 / 높은 모금 비용** : 다양한 그룹에 자금을 제공하는 기금모금 프로그램에 많은 투자를 하고 있을 가능성이 있지만, 이를 실현하기 위해 많은 비용을 지불하고 있다. 고액기부금을 받을 기회가 없는가?
- **높은 의존성 지수 / 낮은 모금 비용** : 소수의 기부자로부터 고액기부금을 받을 가능성이 있지만, 한 명의 기부자를 잃으면 위험에 처할 수 있다. 당신의 목적사업을 위해 계속해서 자금을 지원할 안전망이 있는가?
- **높은 의존성 지수 / 높은 모금 비용** : 다양한 전략에 많은 투자를 하고 있지만, 여전히 몇 가지 자금원에 크게 의존하고 있다. 이는 매년 한 번의 큰 이벤트로 대부분의 자금을 마련하는 단체가 가지는 공통 현상이다.
- **낮은 의존성 지수 / 낮은 모금 비용** : 좋은 일을 계속하고 있다. 이상적인 시나리오이다.

이러한 측정 기준의 실제 사례를 살펴보자. 만약 우리 단체가 너무 적은 자금 출처(높은 의존성 지수 / 낮은 모금 비용)에 지나치게 의존하여 어려움을 겪고 있다면, 다음과 같은 성공 사례를 보고 희망을 찾을 수 있다. 다음은 모금 지속가능성의 전환을 가진 사례이다.

이 비영리단체의 예산은 소수의 대규모 보조금으로 구성되었다. 2년 후 큰 보조금이 갱신되지 않아 새 예산이 줄어들었고 직원 4명이 퇴사했다. 이 비영리단체는 데이터를 이해하고 강력한 비즈니스 관계를 형성할 줄 아는 우수한 배경을 가진 새로운 사무총장을 고용했다. 그는 초기에 이 비영리단체에서 많은 수의 소규모 기부자를 유치하여 지속가능성을 높이는 데 어려움을 겪었지만 불과 몇 년 만에 상당한 전환을 이끌어냈다. 비록 시간은 걸렸지만 되돌아 짚어보고 상황을 변경시켰다는 것은 놀라운 일이다.

핵심은 더 많은 수의 추가 기부자를 확보하는 것이었다(5000달러 미만의 기부금). 이 기부금은 전체 예산에 영향을 줄 만큼 크지 않지만, 다음해에 1~2개월 안에 기부금이 갱신되지 않아도 프로그래밍을 중단할 필요가 없을 정도의 금액이다. 결과는 다음과 같았다. 2012년(재정 상태가 나빴던 해와 새로운 사무총장이 고용된 시기) — 예산의 1.5%만이 5000달러 미만의 주요 기부금에서 나왔다. 나머지 예산은 매우 큰 보조금으로 구성되었다.

2013년 - 5000달러 미만의 주요 기부금이 예산의 6%

2014년 - 5000달러 미만의 주요 기부금이 예산의 10%

2015년 - 5000달러 미만의 주요 기부금이 예산의 14%

새로 영입한 사무총장이 이러한 전환을 가능하게 하기 위해 2012년에 한 주요 투자는 다음과 같다. 아마도 한두 가지 상황은 당신 단체에 적합할 수 있다.

- 개인 및 기업 기부자를 육성하는 데 전담 모금개발 디렉터를 고용했다. 물론 그들은 다른 일과 겸직을 했지만, 일반적으로 일의 부담이 큰 소규모 모금개발 디렉터만큼은 아니었다.
- 지역의 제안서 작성 컨설턴트에게 외주로 제안서 작성을 의뢰했다. 그들은 우리보다 더 전문가이므로 잘 작성했으며, 우리는 기간이 긴 보조금 신청 및 진행 보고서 대신 개별 기부자에게 그 시간과 에너지를 투자하였다.
- 기존 데이터베이스를 참여(Engagement) 순위로 기부자와 잠재 기부자를 식별하는 데 도움이 되는 데이터베이스로 업데이트하여 시간의 우선순위를 정했다. 소개를 하거나 질문을 할 수 있는 오래되고 능력 있는 자원봉사자를 찾는 데 도움이 되는 프로그래밍 직원이 참여했다.

이 짧은 이야기는 현재 너무 적은 기금에 의존하고 있는 단체에게 희망이 될 것이다. 하룻밤 사이에 더 큰 기부를 받을 수는 없지만 몇 가지 중요한 변화만으로도 달라질 수 있다. 예산과 프로그래밍이 보다 건강하게 유지될 뿐 아니라 비영리단체의 훌륭한 사명이 보호받을 것이다. 이 처리를 주도한 사무총장은 몇 년 만에 비영리단체의 지속가능성을 높이고 프로그램 수를 두 배로 늘렸다.

2. 성과평가

1) 거시적 성과평가

다음 제시된 방법들을 사용하여 단체의 전반적인 모금의 효율성을 평가할 수 있다.

① 도달 목표의 퍼센티지

매년 세운 목표를 얼마나 달성했는지를 가장 먼저 주목해야 한다. 모든 단체는 목표를 최소한 달성하거나 그 이상의 성과를 거두기를 원한다. 그러나 이런 성과 지향적 자세는 오히려 목표를 낮게 잡고자 하는 유혹에 빠질 수도 있다. 종종 단체의 지도자들은 부담이 가지 않는 적당하거나 약간 낮은 목표를 선호한다. 하지만 더욱더 열심히 일하게 하기 위해 높은 목표를 설정하기도 한다.

② 모금의 구성

모금활동의 구성 요소들을 분석하고 조사하여야 한다.

모금 = 후원자의 수 × 평균 후원금의 규모

③ 기부자의 수

매년 더욱더 많은 기부자들을 유치하기 위하여 다양한 활동을 해야 하고, 잠재기부자의 숫자를 항상 예의 주시하며 깊은 관심을 가져야 한다. 많은 단체들이 정보와 데이터를 분석하고 해석하는 일이 익숙하지 않음으로 인하여 현상 유지에 급급하게 되어 목표 도달에 실패하고는 한다. 예를 들어 어느 대학교가 동창회의 29%로부터 후원금을 유치했다면 나머지 71%의 동창회원들은 어떠한 이유로 기부하지 않는가라는 질문이 자연스럽게 제기되어야 한다. 그리고 모금 지도자는 기부하지 않았던 71%의 동창회원을 대상으로 샘플 인터뷰를 진행하여 그 이유를 밝히는 데 노력해야 한다.

"대학에서의 학창 시절은 즐겁지 않았습니다."
"우리 대학의 학교 발전 계획이 마음에 들지 않아요."
"내가 졸업한 과의 방침이 마음에 들지 않습니다."
"그러한 제의를 받은 적이 없습니다."

모금 지도자는 인터뷰를 통해 위와 같은 다양한 답변들을 얻을 수 있을 것이다. 이러한 다양한 이유를 분석하여 어떻게 하면 기부에 참여하지 않은 71%의 회원들의 관심을 끌어모아 후원을 받을 수 있을지를 고민하여 다음 모금 계획에 반영하고 모금전략을 보완해야 한다. 이와 같은 노력은 모금 성과를 더욱 향상시켜 줄 것이다.

④ 평균 기부금의 규모

단체의 중요한 목표 중 하나는 기부자의 평균 기부 금액의 규모를 더욱더 확장시키는 것이다. 이를 위하여 기부금 규모와 기부 건수에 관해 조사하고 현재의 모금 금액과 비교, 분석한 결과를 가지고 다음 분기에 목표를 더욱 확대시키기 위한 방안을 고민해 보아야 한다.

⑤ 경쟁자들과의 비교

자신의 단체를 다른 단체와 비교하는 것은 업무를 훌륭하게 수행하고 있는 중인지 숙고할 좋은 기회를 제공해 준다. 예를 들어 미드웨스턴 대학(Midwestern University)은 그들의 모금 결과를 몇몇 경쟁

학교와 비교했고, 그 결과 동문회의 후원 숫자와 정부 보조금이 경쟁 대학보다 뒤처진다는 것을 알 수 있었다. 또 다른 예로 시카고폐협회(Chicago Lung Association)는 매년 향상된 모금액을 기록하고 있었지만 단체의 순위는 3위에서 8위로 떨어지고 있다는 것을 발견했다. 이것은 지역사회와 함께하는 '마음 나누기' 프로젝트가 다른 단체에 비해 무엇인가 부족하다는 의미이기 때문에 다른 대안이 필요하다는 것을 깨닫게 해 준다.

⑥ 지출·공헌 비율

기부자들이 관심 있게 보는 것은 단체의 총모금액 중 지출 대 공헌 비율이 어떻게 되는가 하는 것이다. 예를 들어 미국신장재단(American Kidney Fund)이 77만 9434달러의 모금을 위해 74만 달러를 지출한 적이 있었다. 이때 이에 관한 많은 추문과 악평들이 있었다. 사회에 공헌하는 기금 마련에 있어 지출의 비율은 일반적으로 10~20%이다. 그리고 공공에서는 이 정도의 비율만을 허용한다. 기업을 포함한 많은 주요 기부자는 이러한 지출·공헌 비율을 살펴보고 그들이 이 단체를 후원할지 그만둘지를 결정하게 되므로 이는 매우 중요한 기준이 된다. 기부자의 대다수는 단체들의 사회공헌을 위한 비율이 전체 모금액의 60~70% 선을 넘지 않는다고 생각하기 때문에 이보다 더 많은 공헌 비율은 돋보이는 마케팅 수단이 될 수 있다.

2) 미시적 성과평가

모금 효과를 평가하기 위해서는 담당자 개개인의 업무성과도 평가되어야 한다. 그러나 아직은 마땅한 업무 평가 기준이 없는 실정이다. 직원들이 유치하는 모금에 관한 전반적인 계획과 평가를 위한 큰 틀은 있지만, 그에 따른 구체적인 평가 지침이나 아이디어는 마련되어 있지 않다.

많은 기부는 모금팀 내 구성원들의 협동과 노력의 결과물이다. 모금팀의 누군가는 잠재기부자들을 조사하고, 또 다른 누군가는 진정한 기부자들이 되도록 양성작업을 하는 등 각자의 역할을 열심히 수행했을 것이다. 이러한 팀워크와 개개인의 열정으로 모금이 진행되기 마련이지만 더 효율적이고 성공적인 모금이 되기 위해서 성과 평가를 하고 이를 토대로 모금팀 멤버 개개인을 더욱더 전문인이 되도록 훈련시키거나 효율성이 없는 팀을 해산시키는 것은 굉장한 의미가 있고 중요한 일이다. 따라서 이를 실시할 때는 신중해야 한다. 〈표 14-1〉은 미국의 어느 대학에서 모금팀 직원들을 평가한 평가표이다.

표 14-1 모금팀 직원 평가표

재안서 가능한 건수	30
쓰여진 제안서의 숫자	20
제안서의 평균 요청금액	40,000달러
완성된 제안서의 숫자	10
완성된 제안서의 퍼센티지	50퍼센트
받은 금액의 평균	39,000달러
완성된 제안서 개당의 평균 경비	6,000달러
1달러를 모금하기 위한 경비	0.15달러

3. 모금직원 역량 평가 : 모금 담당자의 관리와 평가

1) 배경(Background)

모금 관련 직원을 평가하는 주된 목적은 개인이나 팀의 역량 향상이 곧 모금 향상으로 이어질 뿐 아니라, 결국 기부자의 기대를 충족시켜 줌으로써 단체의 미션 완성이라는 기부의 선순환 구조로 이어지기 때문이다.

모금 전담팀조차 없는 작은 비영리단체라도 모금 담당자들에 대한 보상과 승진, 또한 그들의 발전을 위한 관리 평가는 인력자원관리(Human Resources Management) 차원에서 매우 중요한 일이다. '평가를 위한 측정(Measurement) 없이는 관리(Management)도 없다'라는 말은 여전히 힘을 발휘하는 중요한 말이다. 지금까지는 모금을 위해 기부자와의 관계에만 집중해 온 나머지, 모금직원을 어떻게 관리하고 평가할 것인지에 대한 논의는 없어 왔다.

모금과 기부는 결국 사람 간의 관계로 이루어지는 일이기 때문에 모금직원의 동기가 제대로 정렬과 정립(Alignment)되어야 한다 것은 아무리 강조해도 모자람이 없다. 여기에 어설픈 평가는 오히려 부정적인 동기를 유발하고 갈등의 요인이 된다. 모금 분야의 인력 문제는 외부적인 요인보다 내부적인 요인이 더 크게 작용하므로 문제 해결의 첫걸음은 제대로 된 인력평가에 있다. 특히 주관적인 평가로 인한 편파적이고 정확하지 않은 판단 때문에 누구든지 쉽게 시도하지 못한다.

모금 관련 직원을 평가하는 것은 성과관리(Performance Management)의 일환으로 단체의 모금 장르마다 다르다고 할 수 있다. 한국에서는 아직 표준평가 기준이 정해져 있지 않고, 그나마 평가가 쉬운 고액기부 모금가(Major Gift Officer)에 대해서는 몇 가지 있긴 하지만 일반 모금 관련 직원에 대한 것은 없다. 누가 평가를 할 것이며 또 누구를 대상으로 할 것인지 깊이 있게 생각해야 하고, 윤리적인 문제도 함께 고민해야 한다.

평가하기 전에 평가자와 평가받는 자가 상호 간의 동의 아래 문서로 남겨야 한다. 이것은 상호 간의 신뢰에 기반을 두지 않으면 문제가 발생하여 평가의 목적을 달성할 수 없기 때문이다.

2) 그렇다면 지금까지 어떻게 해 오고 있나?

모금 사무실 내에서의 평가 방법에는 크게 세 가지 형식이 있다.

첫째, 절대평가로서 개인이 다른 사람과 비교하는 것이 아니고 자신의 활동에 대한 전년도와 금년도의 차이점을 보는 것이다.
둘째, 비교 평가로서 다른 직원과 비교해 보는 것이다.
셋째, 모금에서 가장 많이 쓰는 목표 세팅(Goal Setting) 평가 방법으로서 서로 동의 아래 정해 놓은 목표점을 기준으로 얼마만큼 목표점에 도달했는가를 보는 것이다.

또한 이 외에도 몇 명을 방문했고, 몇 번의 제안서를 보냈는지 등의 논쟁의 여지가 없는 객관적인 데이터와 더불어 소통 능력, 위기대처 능력 등 평가자의 관찰을 통해 얻은 주관적인 데이터를 활용해 평가해 왔다.

모금가를 평가할 때에는 협동, 창의성, 적극적 태도 등 모금가의 덕목을 각각 5등급으로 나누어 평가하거나, 우수한 성과와 만족스럽지 못한 결과가 무엇인지 자세히 정해 놓은 카테고리에서 점수를 매기는 BARS(Behavioral - Anchored Rating Scale) 방법으로 평가하기도 한다. 모금 분야에서 가장 많이 활용되는 MBO(Management by Objectives)는 계획대로 목표를 달성해 나아가는지 각 단계마다 체크하는 방법으로, 이는 목표 달성을 위해 무리한 방법으로 모금하는 것을 방지하기는 효과가 있다. 그 외에도 많이 활용되지는 않지만 에세이 형식으로 평가한다든지 또는 그때마다 잘한 일과 못한 일을 적는(Critical Incidents) 방법을 활용하기도 한다. 이는 평가자가 늘 곁에서 관찰해야 한다는 단점이 있다.

최근에는 모금이 팀 단위로 움직이기 때문에 평가방법이 새롭게 개선되고 있다. 개인적인 평가를 넘어서 팀 인센티브 제도를 도입하고 있는데, 예를 들어 개인을 벌하지 않고 단체의 프로세스의 질을 향상시킬 목적으로 총품질관리(Total Quality Management, TQM)라든지, 적절하게 향상된 성과로 얻은 이익에 대한 인센티브 플랜인 수익나누기(Gain Sharing), 또는 외부의 모금환경 변화로 인해 목표 설정이 바뀌거나 장기적 효과로 인한 이익에 대해 목표 나누기(Goal Sharing) 방법으로 해결하고, 경제적인 관점을 넘어서 여러 각도에서 성과를 분석하고 측정하는 균형득점표(Balanced Scorecard,BSC)를 대체 방법으로 쓰기도 한다.

3) 모금직원 역량 평가는 당근인가, 채찍인가?

모금직원 역량 평가는 그 의도와는 다르게 부작용을 초래할 수도 있다. 역량 평가는 양날의 검과 같아서 그 평가가 동기부여, 경력개발, 연봉 결정, 승진, 교육, 성과향상, 목표달성 등에 영향을 미친다면 이는 오히려 팀워크를 저해하고 심지어는 단체가 총체적으로 '사일로 현상(Silo's Effect)'[18]이나 '부서 간 장벽(Departmental Fortresses)'이라는 부작용에 직면할 수도 있다.

평가의 책임자는 직원의 명예욕과 보상심리를 자극하는 평가에 따른 인센티브가 가져올 효율성에 대해 고민해 보아야 한다. 그리고 관리자는 평가라는 시스템으로 직원을 컨트롤하려는 것이 아닌지 생각해 보아야 한다. 평가 후 승진에 관한 것도 문제가 있다. 보통 모금을 잘 하는 사람을 승진시켜 관리자가 되면 과연 조직의 모금역량이 전체적으로 증가했는가? 이에 대한 대답도 확실한 것은 아니다. 모금을 잘하는 것과 관리자의 역할은 별개이다. 이미 다른 분야에서도 증명되었지만, 모금능력을 인정받아 관리자의 자리에 오른 사람보다 모금과는 무관하던 사람이 관리자로 발탁된 후 더욱 좋은 성과를 내는 경우도 많이 있다.

미국도 단체의 직원평가에 대한 만족도는 그리 높은 편은 아니고, 평가 방법에 대한 불만도 불만이지만 조금 더 근본적이고 철학적인 관점에 의한 평가 자체가 실현되기는 어렵다고 보는 견해가 지배적이다. 비영리단체 내에서의 인사 관리에 대한 평가도 마찬가지지만, 특히 모금팀원은 원하는 목적을 이루기가 힘들다는 것이 전문가들의 통념이다. 우선 근본적으로 잘못된 가정 아래에서 평가한다는 것이다.

첫째, 한 개인의 모금 성과에 대해 상을 주게 되면 전체 조직이 성과를 높일 수 있는가?
둘째, 인간은 객관적 평가 자체가 불가능한가?

18 '사일로'는 곡식 및 사료를 저장해 두는 굴뚝 모양의 창고를 가리키는 말로 조직 내 부서들이 다른 부서와 소통하지 않고 내부 이익만을 추구하는 부서 간 이기주의를 의미한다.

셋째, 측정의 필요를 위해 정량적인 평가를 한다고 하면서 가짓수가 얼마만큼 늘어나야 정확한 것인가?

넷째, 잘 평가했다고 가정한다면, 과연 모금직원은 언제까지 열심히 잘 할 수 있겠는가?

이 같은 질문에 대해 시원한 대답은 없다.

4) 그렇다면, 우리는 어떻게 평가를 해야 할까?

모금 목표액 도달이나 증가가 평가의 한 기준이라면, 직원의 역량이 모금 금액과 연관성(Cause Effect)이 있어야 한다. 직원의 사무분장(Job Description)이 아니라 기부자의 기대가 직원의 일에 대한 기대치를 생산해 낸다. 모금 관련 평가는 측정 가능한 항목을 정하는 것으로 원칙을 세워야 한다. 그러나 불행히도 측정할 수 있는 것이라고 해서 반드시 적절한 측정은 아닐 것이다. 너무 주관적이거나 추상적이면 평가하는 사람마다 다르기 때문에 미리 평가 점수에 대한 세밀한 예와 설명이 필요하다. 만약 만족하지 못한 부분이 있다면 어떻게 향상을 할 수 있는지 평가지 안에 설명이 되어 있어야 한다. 더욱이 평가자는 충분한 훈련을 통해 직원의 향상을 위해 자문할 수 있어야 한다.

훈련된 평가자는 일과 관련된 행동과 태도를 분별해야 하고, 성과기준을 개발하고, 어떻게 평가의 정확도와 계속성을 유지하는지 알아야 하고, 또한 어떻게 건설적인 피드백을 주는지 알아야 한다. 또한 평가 결과가 당사자의 승진, 해고, 월급인상 등에 영향을 미친다면 반드시 평가목적과 평가방법에 대해 동의를 얻고 문서화해서 남겨 놓아야 한다. 보통 모금가의 보상은 성과에 의해 결정되는 성과금과 책임, 혹은 일의 범위에 따라서 주는 방법이 있는데, 각기 개인의 성과에 의해 주게 되어 경쟁을 유발시키기도 한다. 개인이 인센티브를 받든가 아니면 팀별로 받을 것인지를 결정해야 한다. 처음 시작하는 단체는 처음부터 크게 하는 것보다 작게 파일럿 스터디(Pilot Study)로 하면서 점차 확대하는 것이 바람직하다. 단체가 보유하고 있는 기술적인 시스템이나 소프트웨어 프로그램을 생각해서 카테고리를 만들어야 하고 너무 인간의 관계나 기억에 의존해서는 안 된다.

기부자의 기대와 관리자가 계획한 목표 사이에는 반드시 차이가 존재한다. 성과의 수치만을 논하는 것은 때때로 일의 본질을 잊게 만든다. 목표 달성을 위해 정해진 일정량(Numerical Quotas)이 리더십의 대체제가 되어서는 안 된다. 이는 경쟁심을 유발시켜 동료 간의 정보 공유를 저해하거나, 일의 양을 감당할 수 있는 일부 최정상급 직원만을 돋보이게 하게 등의 부작용을 초래할 수도 있다.

모금은 긍지와 더불어 장인정신을 가지고 임해야 한다. 그리고 단체는 이런 마음가짐을 인정하고 받아드려야 한다. 이보다 더 훌륭하게 비용을 절감하면서 모금의 질을 향상시키는 방법은 없다. 모금의 목표 설정은 중요하지만 단체 내부의 시스템이 불안정하면 오히려 방해 요소로 작용한다. 어떻게 도달하는지 방법이 뒷받침이 안 되면 직원들에게 두려움이 생기게 된다. 운영진에서는 막연한 포스터나 슬로건보다 어떻게 생산성을 향상해야 하는지 구체적인 방법을 제시하고 동의를 구해야 한다. 본인이 안전하다고 생각하는 것이 일의 결과에 최상의 영향을 준다.

자유롭게 자신의 아이디어를 표현도 하고 질문을 할 수 있는 분위기를 사무실 안에 만들어야 한다. 직원들은 비록 보상은 적을지라도 불확실보다 확실한 게임의 법칙 안에서 열심히 하기를 원한다. '상황이 어려워졌으니 허리끈 졸라매고 열심히 뛰어 보자'라는 구호는 너무 진부해서 직원을 감화시키지 못한다. 단체의 가치보다 개인의 가치를 더 중요하게 생각하는 시대의 흐름 때문에 강압적인 지시나 할당은 '먹히지' 않는다. 평가에 대한 보상은 직원과의 충분한 논의를 거친 후 권한과 책무에 따라 주어져야 한다. 문제의 발단은 늘 권한과 책임이 일관되지 않고 균형을 잃는 데 있다.

외적인 인센티브 시스템은 단순 반복적인 업무에 효율적일 수 있으나 창의력이 필요하면서도 복잡한 모금 업무에는 비효율적일 수 있다. 진정한 보상 시스템이 작동되려면 우선 직원에게 내적인 동기부여가 있어야 한다. 이것은 자기 주도적인 욕구와 자기가 중요하다고 생각했던 것을 해결하려는 욕구가 어떤 외적인 동기보다 더 중요하기 때문이다.

우선 무엇보다도 평가자나 평가를 받는 직원들이 훈련을 받아야 한다. 훈련을 받지 않으면 자주 일어나는 평가의 오류에 빠지기 쉽다. 일종의 논리 오류인데, 예를 들어 결근과 지각을 한 적이 없어 신뢰성(Dependability)을 가지게 된 직원이라면, 이 사람은 결코 단체의 물건을 사적으로 유용하지 않을 것이라는 성실성(Integrity)마저 가지고 있을 것이라는 착각, 즉 한 분야에서 우수하면 다른 분야에서도 우수할 것이라고 생각하게 만드는 후광 효과(Halo Effect)의 오류에 빠진다든지, 현재의 평가 기간 동안의 행동이나 성과와는 무관하게 과거 행적의 영향을 받기도 한다. 또는 직원이 평가자 자신의 생각과 다르게 행동한다는 이유만으로 불이익을 주거나 자신의 생각과 비슷하다는 이유만으로 이익을 줄 수도 있다. 가장 범하기 쉬운 오류는 평가자가 매너리즘에 빠진 나머지 평가를 엄격하게 해야 함에도 불구하고 일괄적으로 중간 점수(Central Tendency)를 부여하는 일이다.

모금가의 경우는 실제 모금액도 중요하지만 이미 정해 놓은 목표액을 향한 행동, 예를 들어 몇 번의 전화를 걸고 미팅을 하고 이메일과 제안서를 보냈는지, 시간 안에 면담보고서(Contact Report)를 작성했는지 등을 평가할 수 있어야 한다. 논리적이고 완벽한 평가 기준을 만드는 것도 중요하지만 더 중요한 것은 실행자가 서로 동의해서 평소에 업무평가를 위한 기록과 기준을 만들고 객관적으로 실행하고 있는가이다.

비영리단체는 영리 기업과 달리 경제적인 면만 측정해서는 안 된다. 측정하기 어렵더라도 기부자의 만족도와 모금 직원의 만족도 또한 함께 측정해야 한다. 평가자나 평가 대상자가 이에 대해 불만을 가질 수도 있지만, 모금가의 평가는 기부문화 향상과 단체의 역량 강화를 위해 반드시 필요하다.

4. 자선기부지표(Philanthropic Giving Index)

인디아나 대학 사회봉사센터(The Center On Philanthropy At Indiana University)에서 1998년에 최초로 소비자 신뢰지표(Consumer Confidence Index, CCI)[19]를 본떠서 데이터를 수집해 만든 '자선기부지표(Philanthropic Giving Index, PGI)'가 모금 세계에 소개되면서부터 그 활용이 서서히 확산되었다.

자선기부지표는 소비자 신뢰지표와 마찬가지로 현재의 기부 환경을 알려 주는 현재상황지표(Present Situation Index)와 향후 6개월 뒤 기부 기대치를 알아보는 기대지표(Expectation Index)의 평균값으로 정해진다. 아직 전 세계적으로 기준이 되는 지표는 없고 자선기부지표를 정하는 방법이나 그 수치의 적용도 나라마다 다를 수 있다.

19 1967년부터 데이터를 수집하여 1985=100 기준으로 매월 5000여 가구의 미국 가정이 조사되고 있음.

자선기부지표의 산출 방법은 소비자 신뢰지표와 비슷하다. 물론 일반 경제 상황이 주로 영향을 미치겠지만 기부자의 심리에 영향을 줄 수 있는 기부자의 세율 문제 혹은 거국적인 모금 스캔들 등도 이 지표에 큰 영향을 미칠 수 있다.

현재 미국의 지표는 64.8(스케일 100을 기준으로 100보다 높으면 기준년보다 기부 환경이 좋다는 의미이고, 100보다 낮으면 기준년보다 좋지 않은 것이다)이며, 지난 10년 중 가장 낮은 지표를 기록하였다(72.3, 2003년). 또한 전년도 같은 때와 비교하였을 때 28% 정도가 더 악화된 상황이다. 특히 공익사업 중에서 일반 자선사업, 환경문제, 국제 기아문제에 있어서의 자선기부지표가 매우 낮아졌고, 그나마 보건문제는 조금 나은 상황이었다. 또한 고액기부(Major Gift)는 줄어들고 그 대신 유산기부가 늘어나는 추세라고 발표되었다.

모금가는 이 자선기부지표에 민감할 수밖에 없다. 물론 자선기부지표가 단체의 모금 대상에 따라 영향력을 미치는 수준이 다를 수 있지만, 일반적으로 자선기부지표는 그 달이나 그 해의 총모금액에 영향을 준다. 또한 단체의 예산 편성 및 모금 계획과 수치에 따라 모금전략이 달라질 수 있는 단체의 체감지수를 미리 비교할 수 있어 그에 맞게 대비할 수 있다. 만약 자선기부지표가 20~30% 낮아지면 모금 목표액도 그와 상응되는 수준으로 낮추는 것이 좋고, 그에 대한 기대치 또한 낮게 잡는 것이 좋다. 반대로 자선기부지표가 높아지면 목표 금액과 기대치가 저절로 높아지게 될 것이다.

이렇게 각 단체의 모금 목표액과 기대치를 예측할 수 있도록 도와주는 자선기부지표와 같은 지표가 한국에서도 만들어지고 널리 사용되도록 하는 것이 필요하다. 자선기부지표와 똑같지는 않더라도 지금부터라도 기부자 조사를 통해 기준 연도를 정하고 그 데이터를 차곡차곡 모으는 것이 시급하다.

데이터 공학

1. 모금의 데이터 분석(Data Analysis)

비영리단체 모금가는 매일 데이터(Data) 분석 보고서가 범람하는 데이터 홍수 시대에 살고 있다. 데이터란 관심 없는 사람에게는 그저 무의미한 것에 불과하지만, 이를 수집하기 위해 인력과 장비를 동원하고 대시보드(Dashboard), 분석장비 등에 투자하는 사람에게는 매우 귀중하고 자산이다.

비유해서 말하자면 데이터는 원유이고 데이터 분석은 석유가공

제품이라고 볼 수 있다. 데이터 분석을 통해 알게된 정보(Information)는 부가가치를 창출해 내다. 데이터의 가치는 수집하고자 하는 사람의 의지, 인내, 분석력, 통찰력을 통해 진가를 발휘한다. 사회적 현상과 인간의 모든 움직임을 정보화하는 것이 디자인, 혁신, 전략의 기본 선행 작업이다. 리더는 선행작업의 대상인 데이터를 고르고 투자하는 안목이 있어야 한다. 그래야 데이터를 통해 패턴을 분석하고 미래를 예측할 수 있는 것이다.

데이터는 조직의 자산이자 경쟁력이다. 모금프로세스 시스템을 만드는 데는 데이터 수집능력과 분석능력을 필요로 한다. 프로그램 결과의 원인을 따질 때 눈에 보이는 직관(Intuition)적인 이유와 데이터를 기반으로 분석된 이유는 판이하게 다를 수 있다. 객관적이고 정확한 이유를 알고 싶다면 수학적인 공식으로 계산되어지는 패턴을 통해 분석하고자 노력할 것이다.

비영리단체 모금가는 많은 데이터에서 패턴을 찾아내고, 그 패턴 속에서 원리(Principle)를 발견하여 지혜로운 결정(Practical Wisdom)을 내려야 한다. 여러 판단 기준 중에서 데이터를 근거로 삼은 판단이 가장 신빙성이 높기 때문이다. 단체의 리더로서 모금이 활성화되길 원한다면, 관련 데이터를 수집하고 분석한 후 이를 새로운 가치를 창조하는 과정에 반영해야 한다.

특히 비영리단체 모금은 다른 분야와 달리 데이터의 중요성에 대한 공감대가 충분히 형성되어 있다. 그러나 문제는 비영리단체가 과연 데이터를 만들어 낼 능력이 있는가, 많은 데이터 중에 어떤 것을 찾아낼 수 있는가, 어떻게 분석할 것인가, 장기간 동안 데이터를 수집하는 인내심이 비영리단체 내 문화로 자리 잡고 있는가, 그리고 가장 중요한 것은 결정권자가 데이터를 얼마나 신뢰하고 중대한 결정을 하는 데 사용하는가이다.

혁신을 원하는 비영리단체는 데이터를 머리(Mind)와 가슴(Heart) 그리고 배짱(Gut)과 함께 적극 활용해야 한다. 그리고 이와 더불어 보유하고 있는 데이터를 사회를 위한 나눔의 의미로 지역사회와 관련 비영리단체, 그리고 국가와 공유하는 등의 '데이터 기부'로 이어져야 한다. 그러면 자연히 다른 데이터와 비교하고 서로 다른 차이점을 발견할 수 있게 되고, 데이터들에 숨어 있는 메시지를 이해하므로써 데이터의 질은 높아지게 된다. 이런 데이터들이 모여 기부의 메가트렌드를 감지하고, 제대로 된 정책을 통해 국가적 손실을 예방할 수 있게 된다.

비영리단체의 모금능력은 데이터를 정보화하는 분석능력과 직결된다. 비영리단체의 모금캠페인의 디자인과 기획은 기존 캠페인의 데이터를 근거로 해야 한다. 즉 캠페인이 기획될 때 실행 플랜에 데이터 수집 기능이 반드시 포함되어야 한다. 좋은 컴퓨터 프로그램을 사용하는 것은 운영 관리의 편리함도 있지만 수많은 데이터를 수집 가능하게 하고 분석도 가능하게 한다. 좋은 의료 장비는 수백 명을 살리지만 좋은 모금장비와 시스템은 수천수만 명을 살린다는 철학을 가지고 데이터를 분석하는 데 돈과 노력을 아끼지 않아야 한다.

그러나 한편에선 데이터 만능주의로 생각하는 사람들에게 경고를 보내는 학자들도 존재한다. 데이터의 중요성을 이야기하는 사람 중 대부분은 데이터 분석을 업으로 삼는 사람이거나 이해관계가 있는 사람이다. 그래서 때로는 사심을 가지고 억지 패턴을 만들어 내어 넘지 말아야 할 선을 넘어 피해자가 발생하기도 한다.

데이터 문제는 기본적으로 세 가지 질문에 정확히 답할 수 있어야 한다. 데이터가 정확한가? 그리고 분석이 정확한가? 원인과 결과를 결정하는 다른 여러 복합 요소가 있지 않은가? 비영리단체의 경우 세 가지 물음에 윤리적 혹은 가치적 문제가 함께 더해지면 복합적인 어려움을 겪게 된다. 현실적으로 많은 비영리단체의 리더들이 데이터에만 의존하여 결정하는 것은 아니기 때문이다. 그래서 데이터 홍수에 빠지다 보면 누군가 반드시 익사(Drowning in Data)하는 사람이 있다는 말까지 나왔다. 데이터는 곁에 두어야 할 좋은 친구이지만 사회적 문제(Social Problem)는 단순히 몇 가지 데이터만으로 설명하기 어렵기 때문에 100% 신뢰할 수 없다. 그래서 비영리단체 내 모금 데이터를 보는 관점으로 균형 있게 판단하는 리더십이 필요하다. 데이터의 중요성을 이해함과 동시에 맹종하지 않는 중용의 미를 아는 사람이 좋은 모금의 리더일 것이다.

데이터 분석은 데이터를 통해 정보를 얻거나 의사 결정을 하기 위한 과정이다. 데이터 사용자가 특정 목적에 따라 분석을 쉽게 하기 위해서는 분석 툴이 사용된다. 분석 툴을 선택하기 위해서는 분석접근법에 대한 이해가 필요한데 〈그림 15-1〉과 같이 크게 BI(Business Intelligence)와 고급분석(Advanced Analytics)으로 나눌 수 있다.

그림 15-1 데이터 분석 틀

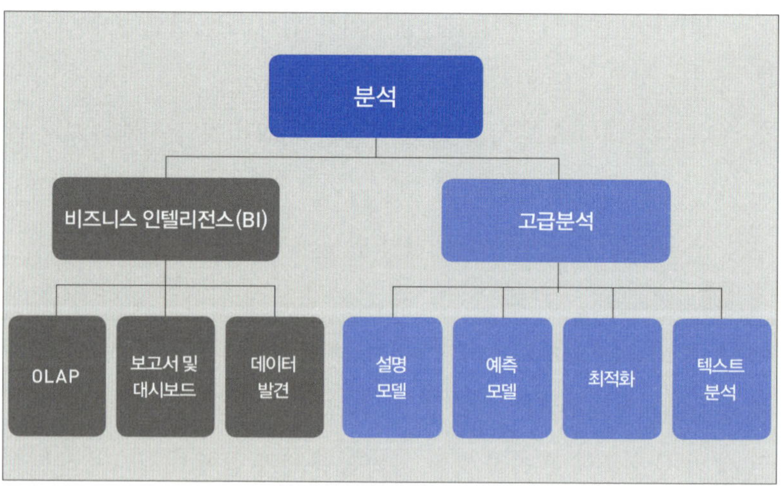

그림 15-2 BI와 고급분석 비교

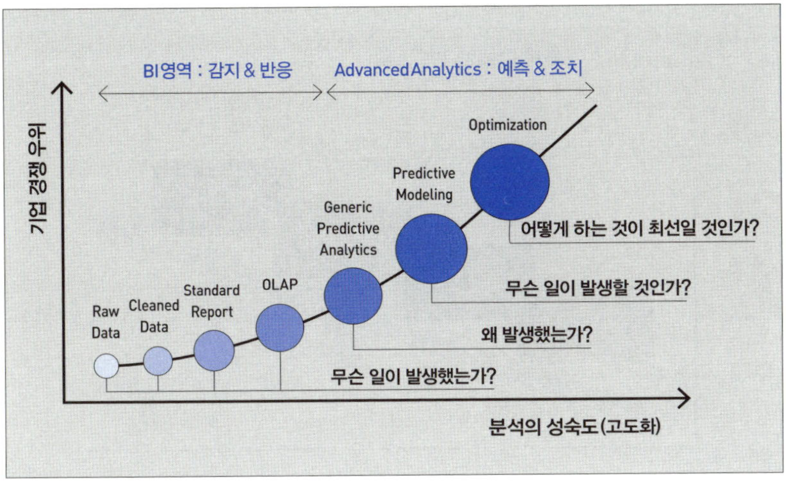

BI와 고급 분석의 가장 큰 차이는 '현황과 예측'으로 구분할 수 있는데, BI는 과거 데이터의 현상과 현황을 파악(Descriptive)하는 것이라면, 분석은 현상과 현황을 통해 향후를 예측(Predictive)하고 더 나아가서는 최선의 대책(Prescriptive)이 되는 모델을 제공하는 것이다. 〈그림 15-2〉와 같이 BI는 주로 무슨 일이 발생하였는가에 초점을, 고급 분석은 '왜', 향후에는 '어떻게'라는 질문에 초점을 가지게 되며 향후 발생한 일에 대한 대응을 잘한 조직이 경쟁에서도 우위를 확보할 수 있을 것이다.

고급 분석의 예측 모델 등을 생성하기 위해서는 BI에서 이루어지는 과거 데이터에 대한 현황을 파악하는 부분을 포함하고 있으나, 그 목적이 BI와 같이 축적된 데이터에 대해 잘 표현하는 기능과는 차이가 있다. 혹자는 BI 도구를 통해 과거 데이터의 추세 그래프로부터 예측 가능하다고 생각할 수도 있지만, BI 도구를 통해서는 다양한 알고리즘의 적용 및 예측의 확률적 정확성, 오차의 크기, 신뢰성 등의

그림 15-3 데이터 분석 유형

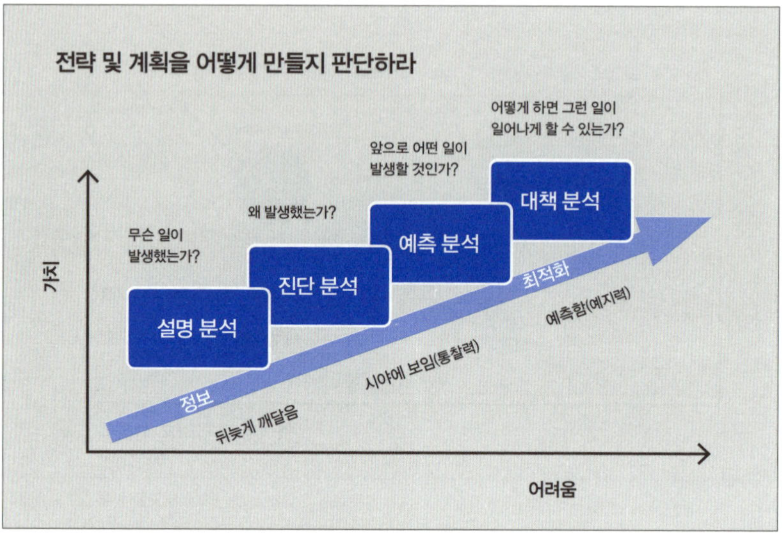

모델 정보를 얻을 수 없다.[20]

데이터 분석은 유용한 정보를 찾고, 결론을 제시하고, 의사 결정을 지원하기 위해 데이터를 검사, 정리, 변환 및 모델링하는 프로세스를 국내 및 국제적으로 포괄하는 중요한 경제 원동력이다. 데이터 분석은 여러 단계에서 많은 양의 데이터가 처리되는데 분석유형의 요구사항에 따라 설명, 진단, 예측, 규범 및 인지 분석의 다섯 가지 유형으로 나눌 수 있다.

① 설명 분석(Descriptive Analytics)

분석가 또는 비즈니스 소유자로서 질문에 대한 답변을 찾을 때

20 엔코아 리포트(http://www.dator.co.kr/bmonthly/1879742) 자료를 인용.

— 내 비즈니스는 어떻게 되는 것인가? — 설명 분석이 시작될 때이다. 일반적으로 대시보드와 같은 효과적인 시각화 도구를 사용하여 실시간으로 들어오는 데이터를 분석하고 과거의 행동에서 배우고 미래의 결과에 어떤 영향을 미칠지에 대한 아이디어를 제공하는 가장 일반적이고 널리 사용되는 분석이다.

그러나 모든 것이 비즈니스에서 잘 진행되고 있는지 아닌지에 대한 통찰력을 제공하지만 그 근본 원인을 설명하지는 못했다. 이러한 이유로 데이터 중심의 비즈니스는 설명 분석과 다른 유형의 데이터 분석을 결합하여 완벽한 솔루션을 찾는다. 설명 분석을 이해하기 위한 예로 Google 웹 로그 분석 도구와 기타 웹 및 소셜 분석 도구를 생각할 수 있다.

② 진단 분석(Diagnostic Analytics)

설명 분석을 사용하여 비즈니스에서 발생하는 상황을 이미 알고 있고 비즈니스에서 발생하는 이유 또는 일반적으로 그 원인을 알고자 하는 경우 진단 분석이 수행되는 위치 분석가 또는 데이터 과학자가 데이터 내부를 드릴 다운하여 답을 찾을 수 있도록 도와준다. 일반적으로 비즈니스에서 BI 대시보드는 계층 구조를 사용하여 드릴 다운하거나 비즈니스에 영향을 미치는 이유 또는 요인을 찾기 위해 빠른 비교를 수행할 수 있다.

③ 예측 분석(Predictive Analytics)

예측 분석은 설명 및 진단 분석에서 얻은 내용을 기반으로 하며 이전 추세 및 패턴을 기반으로 미래에 발생할 가능성에 대한 질문에 대한 답변을 찾는 데 사용된다. 일반적으로 예측에 관한 것이다. 예측 분석(Predictive Analytics)은 다양한 통계 및 머신 러닝 알고리즘을 사용하여 권장 사항을 제공하고 향후 발생할 수 있는 문제와 관련된 질문에 대한 답변을 제공한다. 그러나 본질적으로 확률적이므로 가능한 미래의 결과를 예측할 수 있다. 물론 정확도는 100 %가 아니다. 데이터 품질, 결측값에 대한 교육된 추측 방법 및 최적화 수행 방법에 따라 달라지기 때문이다. 예를 들어 건강 관리에서 예측 모델은 일반적으로 연령, 과거 치료 또는 질병 병력, BMI, 콜레스테롤과 같은 다양한 변수 데이터를 사용하여 사람이 심장 마비에 취약한 지 여부를 예측한다.

④ 대책 분석(Prescriptive Analytics)

설명, 진단 및 예측 분석에서 결과, 발생 원인 및 향후 발생 가능한 근본 원인과 같은 결과를 얻을 수 있는 경우, 대책 분석은 이러한 답변을 활용하여 우회 또는 제거를 선택하는 최선의 행동 과정을 결정하는 데 도움을 준다. 미래의 문제. 규범적 분석을 사용하여 가능한 결과와 주요 비즈니스 지표를 최대화하기 위해 해야 할 일에 대해 사용자에게 조언할 수 있다. 가장 좋은 예는 거리, 교통 및 속도를 고려하여 가장 좋은 경로를 선택하는 데 도움이 되는 Google지도이다.

⑤ 인지 분석(Cognitive Analytics)

인지 분석은 인간과 같은 지능을 특정 작업에 적용하고 시맨틱, 인공 지능 알고리즘, 딥 러닝 및 기계 학습을 포함한 여러 지능형 기술을 통합한다. 이러한 기술을 적용하면 인지 응용 프로그램은 데이터 및 인간과의 상호 작용을 통해 시간이 지남에 따라 더 똑똑하고 효과적 일 수 있다. 경쟁 우위 창출을 위해 대량의 정보를 검색하고 상황을 이해하고 가장 가능성이 높은 답변을 계산할 수 있는 기능으로 실시간 답변을 제공 할 수 있다. 인지 분석은 인공 지능, 기계 학습 알고리즘, 딥 러닝 등과 같은 많은 지능 기술을 결합하여 인간의 두뇌와 같은 지능을 적용하여 특정 작업을 수행한다. 기본적으로 이 유형의 분석은 인간의 두뇌가 정보를 처리하고 결론을 도출하며 본능과 경험을 텍스트로 표현하는 단어뿐 아니라 작성되거나 말하는 내용의 전체 컨텍스트를 이해하는 것과 같은 학습에 어떻게 영향을 미치는지에 영향을 받는다. 이러한 모든 지능형 기술은 데이터 및 인간과의 상호 작용을 통해 시간이 지남에 따라 인지 응용 프로그램을 더욱 스마트하고 효과적으로 만든다.

2. 메타 데이터(Meta Data)[21]와 모금분석학(Fundraising Analytics)

메타 데이터는 보통 '데이터 안에 데이터'로서 데이터가 어떻게 형성이 되었는지 보여 주는 데이터이며 해당 데이터를 설명하거나 정의한다. 주로 방법, 목적, 시간과 날짜, 만든 사람, 컴퓨터 네트워크 등 어떤 스탠더드(Standard)를 사용했는지를 기입하는 것이다. 데이터를 접하는 사람이 좀 더 효과적으로 활용할 수 있게 한다.

현재 한국의 기부와 모금 현장에는 메타 데이터가 너무 부족하다. 앞으로 기부문화를 이끌어 갈 사람들이 보고 배울 메타 데이터가 없다면 누군가 시행착오를 거쳐 중복의 투자로 불필요한 손해를 볼 것이고 결국 기부문화는 더디게 발전할 것이다.

사진은 누가 찍었는지 언제 찍었는지에 대한 정보가 없으면 신빙성이 떨어진다. 필름 카메라로 촬영된 사진 한 장 한 장에는 원래

---

21 Meta Data는 데이터에 대한 의미나 설명이 있는 데이터로 어떤 목적을 가지고 만들어진 데이터라고 정의하기도 한다(출처 : 위키백과).

촬영시간, 카메라 기종, 렌즈, 셔터 속도 등의 촬영 정보인 '메타 데이터'가 함께 기록된다. 디지털은 픽처 사이즈, 컬러 깊이, 이미지 해상도, 언제 이미지가 만들어졌는지 등의 데이터가 첨부된다. 문서화된 텍스트는 문서의 길이, 저자, 언제 쓰였는지 그리고 요약이 있어야 한다.

기부와 모금도 이와 같은 요약이 필요하다. 모금액만 나오는 것이 아니라 이것을 설명할 수 있어야 한다. 보통 '누가, 언제, 어디서, 무엇을, 어떻게, 왜'의 육하원칙(六河原則)으로 설명하는데 여기에 '누구에게'가 더 추가된 칠하원칙(七何原則)적인 메타 데이터가 필요하다.

칠하원칙(七何原則)
누가, 누구에게, 언제, 어디서, 무엇을, 어떻게, 왜

모금의 메타 데이터(Meta Data)

요즘 모금의 큰 화두는 전부터 대량의 데이터에서 유용한 정보를 추출해 내는 데이터 마이닝(Data Mining)적 모금분석학(Fundraising Analytics)이다. 분석학은 양면의 동전과 같다. 한쪽은 데이터를 분석해서 얻은 가치 있는 지식이나 정보를 설명이나 예측 모델(Descriptive And Predictive Models)에 사용하기 위한 것으로, 즉 데이터 분석용이다. 다른 한 쪽은 적절한 행동지침을 주거나 운영적 판단을 내리는 통찰력(Insight)을 얻기 위한 커뮤니케이션의 역할인 것이다. 좀 더 간단하게 정리하면 모금분석학이란 '모금행위에서 일어나는 모든 데이터의 의미 있는 패턴 발견과 커뮤니케이션'이다. 때때로 커뮤니케이션을 효과적으로 하기 위해 데이터 시각화(Infographic)의

툴을 쓰기도 한다. 패턴 발견을 위해 컴퓨터 공학, 통계, 수학을 써서 만든 소프트웨어와 알고리즘으로 방대한 계산이 필요한데, 바로 이때 빅데이터(Big Data)의 사용이 필요할 수 있다. 그러나 '빅데이터'라는 새로운 용어에 흥미를 느끼고 어설프게 접근하는 것이 아니라 비영리단체 스스로가 수집한 데이터를 바탕으로 하는 통계정보가 우선되어야 한다.

3. 비영리조직 경영을 위한 5가지 데이터

비영리 데이터를 수집, 추적, 관리하는 것은 조직이 커뮤니티에서 수행하는 작업을 측정하고 정량화하는 중요한 방법이다. 데이터를 추적하면 조직의 서비스가 프로그램 참여자 또는 구성 요소에 미치는 영향을 이해할 수 있다. 또한 데이터 처리 시 프로그램에 대해 조직이 해야 할 다음 단계에 대해 교육적이고 전략적인 결정을 내릴 수 있다.

거시적 차원에서 추적해야 할 데이터는 출력, 결과 및 전반적인 영향이다. 출력은 이미 가장 오랫동안 추적해 온 데이터 포인트이다. 결과의 예를 들자면, 방과 후 프로그램에 참석한 학생 수 또는 학교 시스템에 제공된 학용품 수이다. 결과는 생성한 출력에서 가져온 변경 사항이다. 따라서 교육 프로그램의 예에서 방과 후 프로그램에 정기적으로 참석하는 학생들의 많은 비율이 전반적인 출석률을 향상시켰거나 기증된 학용품을 활용하는 수업이 더 높은 시험 점수를 얻는 결과가 될 것이다. 그렇다면 영향은 결과와 결과를 통해 체계적이고 지속적인 변화를 만드는 방법에 관한 것이다. 이 예에서 영향 측정은 시간이 지남에 따라 졸업, 대학 진학 및 성공적인 경력이 측정 가능한 개선을 통해 학교 전체의 학생 출석, 복지 및 학업 성과 개선이다. 영향은 본질적으로 '문제 해결'에 얼마나 가까워졌는가이다.

그러나 이 세 가지 범주 내에서도 측정할 수 있는 데이터가 너무 많다. 추적할 대상의 우선순위를 어떻게 정하는가? 비영리 데이터 수집, 추적 및 분석을 통해 다음 단계로 안내하는 다섯 가지는 다음과 같다.

1) 더 많은 기금을 조달할 수 있는 데이터 추적

추적한 데이터로 더 많은 기금을 확보해야 한다. 정부 또는 지방정부, 민간 재단의 기금은 비영리단체 운영의 중추이다. 결국 백업 비용을 지불하지 않으면 서비스 제공이 불가능하다. 반복적이고 광범위한 기금을 조달 받기 위한 핵심은 기금 제공자가 보고싶어 하는 데이터를 수집하고 보고하는 것이다. 그들은 단지 결과물에만 관심이 있는 것은 아니며 결과와 관련된 진행상황을 보고 싶어한다. 결과를 보고 진행상황과 변화에 대한 그림을 만들기 위해 데이터 포인트를 함께 짜는 방법을 결정한다. 이를 뒷받침할 조직의 프로그램으로 지역사회를 위해 일을 잘하고 있음을 증명하는 데이터를 찾는다.

2) 영향을 입증할 데이터 추적

영향을 정량화하기 어려울 수 있다. 마치 은하계를 측정하려는 느낌이 들 수 있다. 예를 들어 금연 사례의 경우, 목표는 고객이 더 이상 금연에 관한 서비스가 필요하지 않아서 과정을 그만두거나 졸업하는 것이다. 따라서 조직은 프로그램에 참여한 사람들이 다시 담배를 피우지 않기 위해 무엇을 하고 있으며, 지역사회에서는 문제를 해결하기 위한 방법으로 프로그램을 어떻게 보고 있는가? 일시적인 문제를 해결할 뿐 아니라 서비스로 인해 지역사회가 지속적인 변화를 보이고 있음을 보여주는 데이터를 찾는다. 조직이 제공하는 서비스로 지역사회가 어떻게 바뀌고 있으며 지금까지 어떻게 변화했는지에 대한 질문들과 그에 답하기 위해 추적해야 할 데이터 유형에 대해 생각해야 한다.

3) 지역사회 스토리를 알려주는 데이터 추적

지역사회의 문제를 해결하기 위해 프로그램 참가자를 지원하는 것이 비영리단체가 시작된 이유이다. 서비스가 필요한 이유, 단기적인 서비스 지원 방법, 장기적으로 사람들의 삶을 개선하는 방법 등을 추적한 데이터를 보여주는 것이 합리적이다. 대부분의 데이터는 정량적이어야 하지만 스토리텔링 유형도 가치가 있다. 고객은 실제 사람이므로 프로그램에 참여하는 동안 서비스가 어떻게 자신의 삶을 변화시켰는지 보여줄 수 있도록 실제 이야기를 공유하는 것이 중요하다.

4) 장애를 이해하는 데 도움이 되는 데이터 추적

비영리단체는 지속적인 변화로 영향을 미치는데 있어서 도전에 직면하기도 한다. 예상대로 진행이 되지 않는 시기도 생긴다. 이 기간 동안 데이터를 추적하여 이런 문제점에 어떤 영향을 미치는지 확인하여 향후 이런 경우를 피하기 위해 무엇을 해야 되는지 파악해야 한다. 계획에 차질이 생긴 것을 문서화하는 것을 두려워하지 말아야 한다.

5) 조직 전체를 볼 수 있는 데이터 추적

조직은 프로그램 참가자가 참여한 시작부터 종료될 때까지의 전체 여정에 대한 관점으로 작업을 볼 수 있어야 한다. 또한 실행 중인 각 프로그램의 모든 내부 작업, 고객에게 서비스를 제공한 방법 및 조직 전체를 볼 수 있어야 한다. 이 데이터를 추적하는 이유는 시간이 지남에 따라 진행되는 작업, 개선할 수 있는 작업 및 좋은 작업을 확장할 수 있는 방법을 진정으로 이해할 수 있는 유일한 방법이기 때문이다. 이러한 유형이 조직에서 추적할 수 있는 유일한 데이터는 아니지만 더 많은 기금을 조달하기 위해 필요한 사항을 추적하고 있는지 확인할 때 좋은 자료가 된다.

4. 필란트로피 데이터 과학(Philanthropic Data Science)의 필요성

비영리단체의 지속가능성을 유지하기 위해 더이상 강력한 사명이나 기부자와의 연결에만 의존할 수는 없다. 오히려 비영리단체는 필요한 자선 파이 조각을 목표로 자원과 전략을 적절히 조정해야 한다. 복잡한 데이터 분석은 사실상 모든 소비자 및 고객 상호 작용에서 사용 및 수집되어 궁극적으로 비즈니스 의사 결정을 활용하여 매출 성장을 달성하고 비용을 절감하며 혁신을 주도하려는 영리 목적의 통화였다. 그러나 기부자가 단순한 고객 이상으로 이해되는 비영리의 모금 세계에서는 데이터 수집 및 분석이 종종 어려운 과제이다. 이런 비영리단체가 데이터를 효과적으로 활용하기 위해 다음 사항을 적용시킬 필요가 있다.

- 최고의 기부자를 찾아 적절하게 참여시킨다.
- 모금활동에 직원의 동기를 부여한다.
- 현 기부자와 관계 개선을 이룬다.

1) 데이터로 최고의 기부자를 찾아 적절하게 참여시킨다.

비영리단체는 기부에 참여할 최고의 잠재기부자를 결정할 수 있다. 기부자 통계 및 조직과의 상호 작용을 조사하여 잠재기부자의 향후 행동을 예측하는데 데이터를 사용할 수 있다. 그런 다음 자산 심사를 하여 공개적으로 사용 가능한 데이터를 분석하고 상당한 재정능력이 있는 개개인을 식별한다. 종합적인 전망에 대한 연구를 위해 자산 선별을 세분화하고 우선순위를 정한다. 활성화 및 참여를 위한 강력한 후보자에게 집중된 포트폴리오를 제공한다.

2) 데이터는 모금 직원의 성과와 효율성에 동기를 부여한다.

비영리단체는 효율적인 모금활동 및 직원의 생산성을 지원하기 위해 데이터를 사용할 수도 있다. 기부자 방문, 요청, 기부금 및 새로운 전망을 포함한 기본활동 지표는 기부자의 다양한 성향과 욕구를 예측 가능하게 한다.

기부자 개발의 각 단계에 있는 잠재기부자 수, 첫 접촉과 기부금 사이의 시간, 기부금과 요청된 금액 사이의 연관관계는 보다 복잡한 메트릭의 결과에 기반하여 생산성을 향상시킬 수 있다. 데이터 지원 성과 평가를 통해 조직은 진행 상황을 추적하고 목표를 설정하고 책임을 구축하여 전문적인 성장 기회를 육성할 수 있다.

3) 데이터는 기존 기부자 관계의 개선을 돕는다.

데이터를 사용하면 기부자가 적절하게 기부했는지 확인할 수 있어서 기부자 관계를 강화할 수 있다. 모금 컨설팅 회사 CCS가 실시한 1만 건 이상의 기부자 인터뷰에 따르면 '기부 후의 영향력'은 기부자가 기부하는 가장 큰 동기라고 조사되었다. 대부분의 조직은 개인적인 이야기를 통해 영향력을 전달한다. 그러나 정보에 더 많이 접근하면서 개인의 스토리와 양적인 영향력 데이터를 모두 사용하여 필란트로피적 '투자'에 대한 이익을 보여주는 것에 새로운 기대를 한다. 조직은 데이터 측정을 우선적으로 해야되고 데이터가 효과적으로 전달될 수 있는 다양한 방법을 이해해야 한다.

데이터 중심 기금모금은 자선 성공에 큰 영향을 줄 수 있지만 무

그림 15-4 데이터 과학(Data Science)

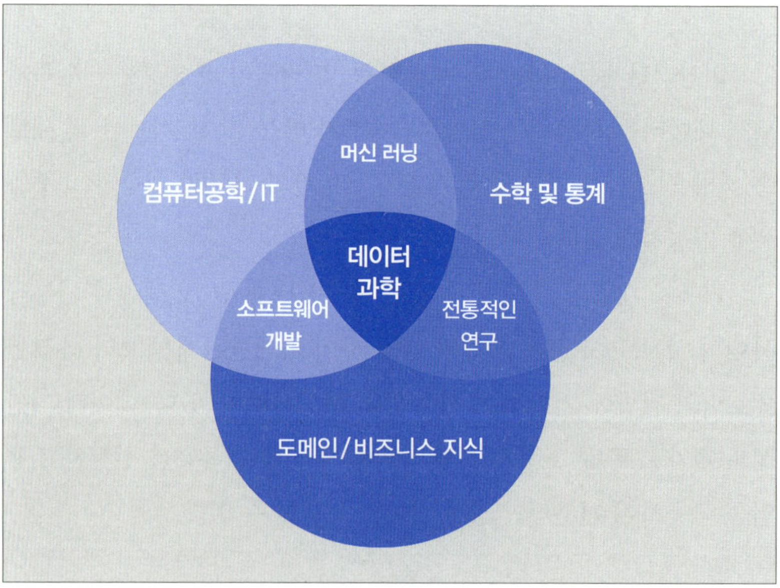

엇보다 추적 및 분석에 전념해야 한다. 상세 분석에 익숙하지 않은 조직은 시간이 지남에 따른 측정 및 측정 단계의 데이터를 신중하게 선택하고 우선순위를 지정해야 한다. 조직에서는 실행 가능한 데이터 구현을 위한 최상의 기회를 고려해야 한다.

전문 인력을 채용하거나 공급 업체에게 아웃소싱하여 데이터를 활용하면 최상의 잠재기부자를 찾거나 기부자와의 관계 강화를 모색할 수 있어 모금성과를 개선할 수 있다.

5. 데이터 분석법[22]

일반적인 데이터 분석법은 예를 들어 '광고가 매출에 영향을 미쳤는가?' '어떤 캠페인이 정말로 긍정적인 효과를 냈는가?'와 같은 인과관계를 설명하는데 초점을 둔다. 요즘은 인과관계 분석에 따라 전략을 세우는 일이 단체의 일상적인 업무가 되어가고 있다. 그런데 인과관계 분석이 중요한 이유는 이를 통해 효과가 좋으리라고 생각했던 전략이 저조한 결과를 가져왔거나, 거꾸로 효과가 적을 것으로 생각했던 전략이 실제로는 큰 효과를 가져왔다는 사실을 밝힐 수 있기 때문이다. 인과관계 분석 방법 중 확실한 방법은 다음 네 가지이다.

① 의학이나 경제학 등 학술 분야의 무작위비교시행(Randomized Controlled Trial, RCT) : 비즈니스 분야의 AB테스트이다. 의학

22 데이터 분석법은 Ito koichiro, 2014 "Do Consumers respond to marginal or Average Price Evidence from Nonlinear Electricity pricing" American Economic Review와 '데이터 분석의 힘'(2018, 이토 고이치로 · 전선영 역, 인플루엔셜)을 기반으로 정리된 것이다.

분야에서는 오래전에 도입되었지만 경제학이나 비즈니스 분야에서는 최근 들어 많이 쓰이기 시작한 최신 기법이다.

② 희귀불연속설계법(Regression Discontinuity Design) : 각종 '경계선'을 활용하여 실험 없이도 마치 실험을 실시한 듯한 상태를 찾아내 인과관계를 도출하는 방법이다.

③ 집군분석(Bunch ing Analysis) : 이것은 최근 경제학 연구에 도입되었다. 예를 들어 누진세, 급료 체계, 정부 규제, 기업의 가격 설정 방식 등 임금이나 가격이 계단식으로 변화하는 경우가 많다. 이런 계단식 변화를 영리하게 이용함으로써 무작위비교시행(RCT) 실험을 대체할 수 있다.

④ 패널 데이터 분석(Panel Data Method) : 여러 기간에 걸쳐 데이터를 입수할 수 있을 경우 사용된다. 예를 들어 광고비, 매출, 노동시간, 학업성적 등은 매월 또는 매년 등 여러 기간에 걸쳐 모을 수 있는 데이터이다. 이러한 분석 기법이 이미 영리 분야에서 활발히 진행되고 있고 점차 비영리 분야로 확산되고 있다.

하지만 데이터 분석에는 크게 다섯 가지의 태생적인 결점이 있다.

① 데이터 자체에 문제가 있으면 아무리 뛰어난 분석 기법을 써도 신뢰성 있는 결과를 내기 어렵다. 다음과 같은 경우 데이터에 문제가 있는 것으로 판단할 수 있다.
   - 데이터 측정에 문제가 있고 수치도 여러 이유로 바르게 기재되어 있지 않다.
   - 관측치(Observed Value, 관측을 통해 얻은 값)에 대량의 결측치(Missing Value, 데이터 수집 과정에서 누락되거나 실험이 잘못되어 얻지 못한 값)가 있다.

- 데이터를 모든 세대가 아닌 편중된 표본에서만 확보했다.

② 분석 결과의 외적 타당성이라는 문제가 있다. 무작위비교시행(RCT)이나 자연 실험으로 발견한 인과관계가 표본 이외의 다른 대상에도 적용되는지에 대해 신중할 필요가 있다. 비록 내적 타당성(Internal Validity)이 확보되었더라도 완전 다른 문제일 수도 있다.

③ 외적 타당성과 연관해서 출판 편향(Publication Bias)과 협력 관계 편향이라는 것이 있다. 출판 편향은 다음과 같은 상황에서 나타난다. 어느 연구자가 'X가 Y에 미친 영향'이라는 인과관계를 검증했다고 하자. 분석 결과 영향은 0이었다. 즉 인과관계는 전혀 없었다. 원래는 이 결과 자체가 유용한 과학적 발견임에도 불구하고 의도나 기대에 어긋나는 결과를 발표하기 꺼리는 풍조는 쓰는 쪽이나 평가하는 쪽에서도 완전히 사라지지 않았다.

④ 개입에 파급효과(Spillover Effect)가 존재할 때 주의할 점이 있다. 예를 들어 50명으로 구성된 학급에서 30명을 개입집단에 배정하고 나머지 20명을 비교집단에 배정했다고 하자. 만약 노트북을 받은 30명이 나머지 20명에게 노트북을 쓰게 하면 어떤 일이 벌어질까? 본래는 비교집단이었던 20명도 노트북에서 편익을 얻게 된다. 이런 현상을 '개입의 파급효과'라 부른다. 이 말은 개입집단에만 편익이 발생하리라는 예상을 깨고 비교집단도 어떤 형태로든 영향을 받는 현상을 가리킨다. 개입의 파급효과가 존재하는 경우 비교집단은 순수한 의미의 비교집단이 아니게 된다. 그렇기 때문에 개입집단과 비교집단의 결과 차이를 비교해도 개입 효과를 올바로 추정할 수 없게 된다.

⑤ 일반 균형적 효과가 존재할 때 주의할 점이 있다. 예산의 제약 등으로 무작위비교시행(RCT)을 비교적 소규모로 실시될 때가

많다. 실제 정책으로 광범위하게 개입이 이루어지면 예상치 못했던 변수도 영향을 받는다. 경제학에서는 이런 현상을 '일반균형적 효과'가 존재한다고 말한다. 하지만 소규모로 이루어진 실험의 결과가 대규모로 이루어지는 실제 정책 개입과 같은 결과를 낳을지는 신중한 검토가 필요하다.

6. 모금 마케팅에 사용되는 데이터의 종류

데이터베이스 마케팅은 보통 데이터 분석을 통해 대상을 파악하여 맞춤형 채널과 커뮤니케이션 활동을 수립하는 것을 의미한다. 주로 세 가지 종류의 데이터를 사용하는데 묘사적인 데이터(Descriptive Data), 행동에 관한 데이터(Behavioral Data), 태도에 관한 데이터(Attitudinal Data)로 나누어 볼 수 있다. 세 종류의 데이터 중 두 가지만 잘 분석해도 기부자 성향을 성공적으로 파악할 수 있으나 다른 종류의 데이터가 합쳐진다면 예측은 더욱 증폭된다.

1) 묘사적인 데이터(Descriptive Data)

대상에 대해 묘사하는 데이터들로 기부자 개인이나 가족의 수입, 거주지역, 집의 규모와 가격, 가족사항(나이, 성별, 결혼 및 자녀 여부), 교육수준, 직업, 취미, 사회적 취향 등이 포함된다.

2) 행동에 관한 데이터(Behavioral Data)

대상이 어떠한 행동을 했는가에 대한 데이터로 묘사적인 데이터에 비해 수집이 어렵고 분석함에 있어 다른 데이터와 함께 사용해야 한다는 단점이 있다. 이 데이터에는 왜 기부했는가, 어떤 이슈에 관심을 가지고 있는가를 예측할 수 있는데 주로 기부이력이나 설문조사, 인터뷰기록을 보고 알 수 있다. 즉 언제, 어디서, 어떤 코즈에 어떤 기부를 했는가에 관한 것이 주를 이루고, 때로는 설문에 의존하기도 한다. 이를 통해 향후 기부시기와 기부액을 예측가능하게 한다.

3) 태도에 관한 데이터(Attitudinal Data)

사람들의 성향이나 태도에 관한 데이터로, 구하기 어려운 데이터이기도 하다. 그러나 빅 데이터 시대가 도래되면서 각종 SNS를 통해 많은 정보가 분석되어 생산되고 있다. 이전에 설문조사나 전문가 그룹 조사 등 직접조사로 확인할 수 있었던 정보와 동향이 이런 빅데이터를 통해 잠재기부자 군의 성향 파악이나 선호 채널, 태도까지 예측가능할 정도이다. 그러나 이 데이터의 단점은 매우 거시적이고 제한적이라는 것이다. 따라서 미래를 예측하기 위해서는 앞서 제시한 두 가지의 데이터와 통합하여 분석해야 하며, 데이터 분석 마케팅에 비영리단체의 투자와 연구가 매우 필요하다.

7. 비영리 CRM(Customer Relationship Management)의 기능

효과적인 CRM은 비영리단체에 참여하는 모든 회원과 기부자와의 원활하고 효율적인 의사 소통을 가능하게 하고 마케팅 및 모금캠페인의 효과를 높인다. 일반적인 비영리 CRM 시스템은 다음과 같은 특징이 있다.

1) 접촉관리(Contact Management)

기부자 및 회원 유형이 많은 경우, 보다 체계적으로 관리할 수 있는 시스템이다. 이 시스템을 통해 소통과 맞춤형 커뮤니케이션을 전략화 할 수 있는 토대가 된다.

2) 활동 및 이벤트 관리(Activity and Event Management)

사업이나 프로젝트 등 기부자와 회원이 활동할 수 있는 영역을 안내하고 소통할 수 있는 방법을 계획할 수 있다. 이를 통해 기존 참여한 활동에 대한 이력을 기반으로 참여를 촉진할 수 있으며 현물기부나 재능기부와 같은 것도 예측할 수 있다.

3) 캠페인 관리(Campaign Management)

모든 종류의 캠페인과 연계시켜 참여, 촉진, 홍보 활동을 측정 기록하는데 이를 통해 캠페인의 전반적인 운영과 연관된 기획을 계산할 수 있다.

4) 측정 항목 및 보고서(Metrics and Reports)

핵심성과지표(KPI)는 캠페인 성공률, 후원자 행동 패턴으로 측정할 수 있으며 보고기능은 잠재기부자나 잠재회원을 파악하는데 도움이 되기도 한다.

8. 빅데이터

모금가가 해석하는 '데이터 신호'는 기계적인 기부자 수치가 아니라 심리학·윤리학·인류학의 시그널로 읽어야 한다. 그리고 미래를 예측하고 대비하기 위해서는 시그널을 알아야 한다. 데이터는 계속 시그널을 보내고 있기에 임계가 넘어가면 변화에 대응할 골든 타임을 놓치게 된다.

1) 필란트로피와 빅데이터

의사 결정에 활용되는 빅데이터는 세계에서 가장 어려운 사회문제조차 해결할 수 있는 거대한 잠재력을 가지고 있다. 이를 위해서는 먼저 데이터 수집, 저장 및 분석과 관련된 문제를 해결해야 한다. 빅데이터는 기존의 데이터베이스로는 관리 및 처리하기에 너무 크고 복잡한 데이터 세트에 사용하는데, 즉 소셜 미디어, 엔터프라이즈 콘텐츠, 센서 및 모바일 장치와 같은 정보까지 포괄하고 있어 그 종류와 범위가 크고 복잡하다.

전문가들이 이야기하는 빅데이터는 여러 차원이 있는데 이를 일곱 가지로 정리해 보면 다음과 같다.

- 볼륨(Volume) : 생성 및 수집되는 데이터의 양을 고려하는 것.
- 속도(Velocity) : 데이터가 분석되는 속도를 나타내는 것.
- 다양성(Variety) : 수집되는 데이터 유형의 다양성을 나타내는 것.
- 시각성(Visualization) : 데이터 시각화를 통해 의미전달 효과를 측정하는 것.
- 변동(Variability) : 예측할 수 없는 흐름 및 유형 비율을 측정하

는 것.

- 정확성(Veracity) : 데이터 세트의 편향, 잡음, 이상 및 신뢰성을 측정하는 것.
- 휘발성(Volatility) : 데이터의 유효 기간 및 저장 기간을 나타내는 것.

7개의 'V'는 모두 증가하고 있지만 동일하지는 않다. 전 세계의 데이터를 수집한 결과 18개월마다 두 배로 볼륨이 늘어나고 있다. 공공 및 민간 부문에 새로운 통찰력을 제시할 정보를 제공한다. 데이터의 양이 증가함에 따라 동일한 데이터의 인스턴스(Instance)를 다양한 장치에 저장하는 경향이 있으므로 이에 걸맞게 과학적 검색 기능이 발전해야 한다.

조직에서 가장 어려운 V는 다양성이다. 조직은 특정 범주의 데이터 요소를 다루기 위해 정보 시스템을 구축한다. 많은 조직이 당면한 과제는 데이터 세트를 통합하는 경제적인 방법을 찾아 새로운 데이터 소스(원본 및 유형)를 기존 시스템에 통합할 수 있도록 하는 것이다. 수집된 데이터가 충분히 진실성을 유지하는지 확인하는 것도 중요하다. 오늘날 소셜 네트워크와 소셜 미디어가 확산됨에 따라 데이터를 쉽게 조작할 수 있기 때문에 의사 결정 전에 수집된 데이터 대부분을 철저히 분석해야 한다.

다음 네 가지 사항은 증거에 기반한 의사 결정에 유용한 데이터베이스를 만들 수 있는 잠재력에 관한 내용이다.

- 시민과학 활용 : 점점 개방형 데이터 플랫폼이 확산됨에 따라 시민들은 '시민과학(Citizen Science)'으로 알려진 새로운 아이디어와 제품을 창출하고 있다. 다수의 시민이 어떤 주제를 직접 조

사하고 연구 활동에 참여하는 것을 '시민과학활동'이라고 한다. 시민과학이라는 개념이 처음 등장했을 때만 해도 전문가가 아닌 일반 시민이 측정한 자료의 신뢰성에 문제가 있다고 생각해서 별다른 관심을 받지 못했다. 하지만 시민과학의 방법이 점차 개선되고 사례들이 쌓여가면서 최근에는 전통적인 과학 분야에서도 시민과학의 중요성을 인정하고 있다. 다수의 국지적인 지역에 대한 정보를 확인할 수 있고, 무엇보다 시민이 직접 참여하는 과정에서 특정 주제에 대해 시민들 스스로가 보다 높은 수준의 안목을 갖게 된다는 장점이 있다.

- 데이터 큐레이터 및 분석 전문가 구축 : 오늘날 우리는 사회문제를 해결할 수 있는 데이터 큐레이터와 분석가가 부족할 뿐 아니라 기존 직원이 필요한 교육을 받고 역량을 구축할 수 있는 길을 제한해 왔다. 사회 과학은 종종 학생들에게 단순한 통계의 기초만을 강조해 왔다. 빅데이터를 활용하려면 이 접근 방식을 사용할 수 없다. 분석가는 대규모 데이터 세트를 생성하기 위해 데이터를 선별하는 데 필요한 기술을 갖추어야 한다. 이러한 기술은 정보 과학 분야의 프로그램과 전통 정보 및 도서관 과학 분야에서 종종 발견된다. 이 프로그램에서 학생들은 데이터 구성, 보존, 시각화, 검색 및 검색 사용에 대해 학습한다. 이는 단순히 웹에서 정보를 검색하는 것 이상의 가치 있는 기술이다. 이러한 기술 외에도 분석가가 데이터로 가능한 것에 대해 생각할 수 있는 능력을 높이는 것이 중요하다. 데이터 집합 간의 네트워크 관계에 대해 생각하고 데이터 집합의 잠재 패턴을 밝혀내는 방법을 개발할 역량을 갖추어야 한다.
- 가상 실험 플랫폼 추진 : 사회적 문제를 해결하기 위해 빅데이터를 사용하는 방법에 대한 이해를 높이려면 더 많은 실험을 추진

해야 한다. 개인은 아이디어를 공유하고 다른 사람들의 아이디어와 상호 작용하며 문제에 대한 해결책을 찾거나, 기회를 활용할 수 있는 가상 실험 플랫폼을 사용하여 이해관계자가 함께 빅데이터 세트를 만들고 혁신적인 알고리즘 개발로 데이터를 분석 및 시각화할 수 있다. 이로 인해 새로운 지식을 개발할 수 있다.

- **중요한 문제에 대한 글로벌 데이터 뱅크 구축** : 국제 사회는 인신매매, 세계 기아 및 빈곤과 같은 복잡한 문제에 대해 대규모 데이터 뱅크를 창출해야 한다. 데이터 뱅크는 데이터 세트를 설명하는 메타 데이터와 함께 여러 다른 데이터 유형을 보유할 수 있는 용량을 갖게 된다. 이러한 일이 일어나기 위해서는 주제별 문제에 대한 데이터 공유를 촉진하는 멀티 섹터 제휴가 필요하다.

(출처: https://ssir.org/articles/entry/big_data_for_social_innovation)

현재 미국의 모금기관에서는 빅데이터를 활용하기 위해 데이터 분석 전문가를 고용해 모금팀에 참여시키는 추세이다. 모금업무에 요구되는 기술을 보면 어떤 방법으로 모금을 하고 있는가를 엿볼 수 있다.

▶ **소프트웨어 관련 기술**

- PC 및 네트워킹, 데이터베이스 관리, 모뎀 경험, 데이터 전송, 시스템 백업 등
- Microsoft Windows 네트워크 탐색이 가능.
- Microsoft SQL 데이터베이스 및 도구에 대한 지식과 경험.
- OLAP[23] 보고 도구 활용

23 On-line Analytical Processing, 분석프로그램의 일종

- 잠금 상자 처리 및 배치 작업에 대한 지식과 경험.
- 엔터프라이즈급 기증자를 관리 한 경험이 최소 8년 이상.
- 컴퓨터 장비 능력과 관리 소프트웨어 시스템 기술 필요.
- Word, Excel, PowerPoint 및 Microsoft Office 응용 프로그램에 대한 MS Office 응용 프로그램의 숙련도
- Office 365 및 IBM Lotus Notes 등

2) 기부산업과 빅데이터

아마존이 인간 편집자의 추천 목록에 따른 판매량과 컴퓨터 생성 콘텐츠가 만든 추천 목록에 따른 판매량을 비교해 보니 후자가 훨씬 높았다. 데이터에서 나온 추천 목록의 책들이 훨씬 더 잘 팔렸다는 것이다. 컴퓨터는 어니스트 헤밍웨이의 작품을 읽은 고객이 왜 스콧 피츠제럴드의 작품도 구매하는지 그 이유를 이해는 못하지만 그건 중요하지 않았다. 이 시스템은 아마존 매출의 3분의 1을 차지하였고, 결국 아마존의 보물이라 불리던 편집팀은 해체되었다.

이처럼 빅데이터를 통해 많은 산업이 재편되고 있다. 아마존의 빅데이터 기술로 많은 경쟁자가 문을 닫았다. 대형 서점과 음반 판매점에 이어 이른바 '사람 냄새'가 나는 만큼 자신들은 변화의 바람에서 안전하리라고 믿었던 동네 서점들까지 밀려났다. 온라인 영화 대여 회사인 넷플릭스는 신규 주문의 4분의 3이 추천 목록에서 만들어진다. 아마존에 이어 인터넷 사이트 수천 곳이 고객들에게 상품, 콘텐츠, 친구, 집단을 추천할 수 있게 되었다. 왜 그 목록이 개개인의 취향에 맞는지는 해당 사이트 운영자는 물론, 목록을 만드는 컴퓨터 프로그래머조차 알지 못한다. 이렇게 영리의 빅데이터 바람이 비영리, 특히 기부산업에도 불어오고 있다.

기부선진국에서 빅데이터에 주목하는 이유는 단체의 리더들이 매 순간 의사 결정을 내리는 데 도움을 주기 때문이다. 과거의 CEO들은 '직관(Instinct)'에 기반을 둔 결정을 내렸다. 그 직관이 맞을 경우 성공하고 틀리면 큰 실패를 겪기도 한다. 언론에 많이 오르내리는 성공한 CEO는 그 직관이 맞았고 성공했기 때문에 이런 결정 방식에 큰 문제가 없는 것 같았지만, 단순히 감에 의존하는 조직은 실패할 확률이 높다. 실패 사례는 무수히 많고 단지 실패한 CEO는 주목을 받지 않기 때문에 대중에게 알려지지 않은 것뿐이다. 과거의 단체들이 어떻게 프로그램을 해왔고 어떤 결정을 내렸을 때 어떤 결과를 낳았는지 등 데이터를 기반으로 결정을 내린다면 누구든지 성공할 확률을 크게 높일 수 있다.

앞으로 많은 조직이 빅데이터가 경쟁 우위의 원천이 되면서 전체 기부산업의 구조가 재편될 것이다. 또 그 혜택은 불공평하게 누적될 것이며, 작은 단체들을 밀어낸 큰 단체들이 승자가 될 것이다. 단언하지만, 앞으로 데이터의 가치를 모르는 조직은 경쟁에서 밀려나 문을 닫게 될 것이다. 모든 CEO는 지금이라도 데이터에 대한 전략을 짜야 하고 자신의 조직만이 생성할 수 있는 데이터가 무엇이며, 어떤 가치를 가질지, 그리고 이 데이터를 기반으로 어떤 비즈니스 모델을 구현하여 기금을 만들 수 있을지 등에 대해 고민해야 한다.

빅토르 마이어 쇤베르거(Viktor Mayer Schonberger)[24] 옥스퍼드대 인터넷 규제학과 교수는 "빅데이터는 새로운 시각으로 세상을 보게 해 주는 안경"이라고 말했다. 그는 앞으로 경제는 빅데이터를 중심으

24 Viktor Mayer-Schönberger (2014) Big Data: A Revolution That Will Transform How We Live, Work, and Think https://www.youtube.com/watch?v=bYS_4CWu3y8 강연 요약

로 발전하며 데이터가 기업 재무제표에 표시되는 것도 시간문제라고 강조했다. 또한 데이터는 기업의 중요 자산이자 경제의 필수 원천 및 새로운 비즈니스 모델의 기반이 되고 있다고 하면서 정보 경제의 석유가 된 것이라고 강조했다.

비영리 분야에서 빅데이터란, 큰 규모의 데이터를 활용해 더 작은 규모에서는 불가능했던 새로운 통찰이나 새로운 형태의 가치를 추출해내는 일이다. 빅데이터는 안경이나 현미경처럼 새로운 시각으로 세상을 보듯이 빅데이터는 세상을 더 잘 이해할 수 있는 새로운 방식이라고 할 수 있다.

지금의 빅데이터는 현재 사는 방식에 의문을 던진다. 그중에서 가장 두드러진 부분은 사회가 '인과성(Causality)'에 대한 그 동안의 집착을 일부 포기하고 '상관성(Correlation)'에 만족해야 할 것이라는 점이다. 즉 '이유(원인)'는 모른 채 '결론'만 알게 된다. 이것은 수백 년간 이어져 온 관행을 뒤집는 일로써 우리는 의사 결정 방식이나 현실에 대한 이해 방식을 아주 기초적인 부분부터 다시 생각해야 할지도 모른다. 빅데이터를 활용하기 위해 우리는 인과관계 추구라는 오래된 습관에서 멀어져야 한다. 인간인 우리는 원인을 찾도록 길들어 있었기 때문이다. 반면 빅데이터 세상에서는 인과관계에 얽매일 필요가 없어진다. 그 대신 우리는 패턴이나 상관성을 찾아내면서 새로운 이해와 귀중한 통찰을 얻게 된다. 상관성은 어떤 일이 정확히 왜 벌어지고 있는지 설명하지 못할 수도 있지만 그 일이 지금 일어나는 중이라고 경고해 줄 수 있다. 빅데이터에서 중요한 것은 결론이지 이유가 아니다. 어떤 현상의 원인을 항상 알아야 할 필요는 없고 우리는 데이터가 스스로 진실을 드러내게 하면 된다.

그러나 양이 불어나면 각각의 데이터가 정확하지 않을 수도 있다. 지금까지는 오류를 항상 문제 요소로 보고 없애려고 들었다. 반면 이런 오류가 불가피한 것이니 받아들여야 한다고 생각한 적은 한번도 없었다. 하지만 스몰데이터에서 빅데이터로 이행하는 것은 이 부분에서 근본적 변화를 요구한다. 스몰데이터 세상에서는 오류를 줄여 줄 높은 데이터를 확보하는 것이 자연스러운 일이었다. 수집하는 정보의 양이 적다 보니 기록하는 수치를 최대한 정확하게 기록하려고 했던 것이다. 물론 빅데이터가 유행어에 지나지 않고 실체가 없다는 등의 시각도 있지만, 빅데이터는 중대한 변화의 시작을 의미한다.

새로운 기술이 늘 그렇듯이 빅데이터도 분명히 실리콘밸리의 악명 높은 '하이프 사이클(Hype Cycle)'[25]을 겪게 될 것이다. 빅데이터의 주제가 온갖 잡지 표지로 장식되어 산업 컨퍼런스에서 키노트의 주인공이 되었다지만 곧 언제 그랬냐는 듯 사라지고 우후죽순처럼 생겨났던 수많은 신생 단체는 이로 인해 곤란에 처할 것이다. 그러나 망원경이 우주를 이해할 수 있게 했고 현미경이 세균을 알려준 것처럼, 많은 데이터를 수집하고 분석하는 이 새로운 기술도 새로운 방식으로 세상을 이해할 수 있게 도와줄 것이다. 스마트폰이 생긴 것과 차원이 다른 인류 역사의 변곡점이라는 의미이다.

하지만 무턱대고 비영리단체에서 빅데이터 전문가를 고용할 수는 없다. 자동차를 사기 전에 어디를 갈지 먼저 알아야 하는 것처럼 비즈니스 모델의 방향성을 CEO가 우선 파악해야 한다. 우선 CEO 스스로 자신의 조직에서 어떤 데이터를 축적할 수 있고, 어떤 분석이 가능한지 알아야 한다. 빅데이터 시대에서 가장 중요한 자산은 정보 그 자체이다. 기술은 외부 조달도 가능하기 때문에 가장 중요한 가치

25 과대 광고 주기로 새로운 기술이 처음 소개될 때는 과잉 기대가 형성되었다가 곧 실망과 관심 감소로 이어지지만 이후 시간이 흘러 시장이 성숙하면 해당 기술이 재조명 받으면서 본격 보급되는 현상이다.

의 원천은 아닐 수 있다. 정보를 가지고 더 많은 것을 할 수 있다는 것을 깨닫는 순간 데이터 보유자들은 자신이 소유한 자산의 잠재적 가치를 더 잘 알게 될 것이고, 이 경우 데이터 보유자들은 자신의 데이터를 공개하지 않게 될 것이다. 이에 접근하려는 외부인들에게는 높은 가격을 책정할 것이고 금광에 비유하자면 금을 캐는 기술보다는 금 자체가 가장 중요한 것과 같다. 하지만 그것은 영리 기업의 이야기이고 비영리는 나눔 문화에 빅데이터를 접목해야 한다.

그러나 빅데이트를 접목할 때 고려해야 할 세 가지 중요한 키워드가 있다. 바로 공정성·유연성·독립성이다. 일단 필수적으로 공정성을 기준으로 조직과 개인의 규칙이 재정의되어야 한다. 그리고 일을 시작하려면 반드시 자신의 학습 경영 기반을 의심하고 유연성과 포용성을 발휘해야 한다. 의사결정에 데이터가 들어갈수록 한 개인의 노하우는 덜 중요해진다. 그리고 점점 집단주의의 효용이 사라지면서 독립적 인간이 확산된다. 느슨한 연대는 늘지만, 인위적으로 끈끈함을 만들려는 노력은 '안 먹히는' 시대이다. 이는 빅데이터가 인간 행동 과정을 예측할수록 공정성과 준법 문제가 대두된다. 조직도 조직의 대표도 법을 지키고 있는지 투명하게 공개된다. 이렇게 영리의 빅데이터 바람이 비영리, 특히 기부산업에도 불어오고 있다.

9. AI(인공지능)와 모금전략

1) AI와 필란트로피

사람들은 상대적으로 규모가 크고 브랜드 인지도가 높은 단체에 기부하려는 경향이 있다. 이 때문에 기금은 편중 현상을 보인다.

이는 현명한 기부를 해야 할 책임이 있는 기부자로서는 생각해 보아야 할 점이다. 이렇게 한 코즈(Cause)에 기금이 집중 투자되는 필란트로피의 딜레마로부터 벗어날 더 좋은 방법은 없을까? AI가 발전함에 따라 가능한 일이 되었다.

아리스토텔레스는 "돈을 주는 것은 쉬운 일이며, 모든 사람의 권력(힘과 의지)에 달려 있다. 그러나 누구에게, 얼마만큼, 언제, 어떤 목적과 방법으로 제공할 것인지의 문제는 결코 사람의 힘으로 해결하는 것이 쉽지 않다"라고 말했다. 효과적인 이타주의에 대한 관심이 많아짐에 따라 유명한 철학자의 발언이 그 어느 때보다 진실하게 다가온다. 주는 것은 간단하지만 증거와 근거를 바탕으로 효과적으로 주는 것은 엄격한 연구와 의지력, 그리고 단체의 자금 관리 능력을 요구한다. 어떤 단체가 가장 책임감 있게 자금을 사용하는가? 가장 적은 시간과 노력을 투입하여 큰 효과를 보려면 어떻게 하는 것이 가장 좋을까? 가장 많은 사람들에게 혜택을 주면서 가치에 가장 잘 맞는 것은 무엇인가?

역사적으로 주는 사람은 선의와 공감에 의해 동기를 부여 받았다. 심리학자이자 예일대 교수인 폴 블룸(Paul Bloom)은 지구 온난화가 아니라 우물에 빠진 아이에 대해 더 많은 관심을 가짐으로써 공감이 오히려 세상을 더 나쁘게 만든다고 주장한다. 이러한 관점과 균형을 이루게 하는 것이 인간의 일이다.

AI는 냉정하게 따뜻한 마음에 초점을 맞추고 비이성적인 결정을 방지하며, 심지어 기울어지지 않은 평평한 자선 운동장을 만들어 준다. 기계는 사람과 달리 숫자를 빠르게 찾아내고 감정이나 충동에 방해받지 않는 객관적인 조언을 제공할 수 있다. 영국의 비영리기관인 CAF(Charities Aid Foundation)의 정책 책임자 로드리 데이비스(Rhodri Davies)는 "방대한 양의 데이터에 액세스할 수 있고 사람보다 훨씬 더 깊이 있고 속도가 빠르게 분석할 수 있는 AI는 주어진 시간에 사회적 또는 환경적 요구 측면에서 가장 심각한 압력 포인트를 식별할 때 가치를 더할 것이다. AI는 가장 시급한 요구를 파악하고, 효과적인 기부를 위한 프레임 워크를 제공하고, 기부자의 가치에 부합하며, 기부자 만족을 극대화할 수 있는 방법을 계속해서 찾아낸다. 또한 대중 시장에 개방함으로써 자선 자문 비용을 줄일 수 있다"라고 설명했다.

AI 챗봇은 이미 다양한 산업 분야에서 조언을 제공하고 있으며 기부산업에도 다르지 않다. 예를 들어 Arthritis Research UK는 IBM Watson으로 개발된 가상 어시스턴트를 사용하여 사이트 방문자에게 현 상태에 대한 맞춤형 정보를 제공한다. 이론적으로 그러한 챗봇은 기부자들에게 자금을 어디에서 어떻게 사용하는지에 대해 개인화된 조언을 제공할 수 있다. AI 투자와 맞춤형 뉴스 피드가 잦은 헤드라인을 만드는 Facebook에는 브랜드와 마찬가지로 선호도에 따라 단체와 사용자를 일치하게 하는 기능이 있다. 마크 주커버그(Mark Zuckerberg)가 설립한 단체 CZI(Chan Zuckerberg Initiative)가 Meta라는 AI 스타트업을 인수한 것을 고려할 때 그 방향으로 나아갈 것으로 보인다. 습득된 기술은 과학자들이 존재하는 수백만 개의 학술 논문을 탐색하여 읽고 우선순위를 정하는 데 도움을 준다. 이러한 도구는 정보를 효과적으로 분석하고 자원을 할당하려는 단체나 기부자에게도 동일하게 적용된다.

다른 산업과 마찬가지로, 모금운동에 AI를 참여시키는 것에 잠재적인 문제가 없는 것은 아니다. 알고리즘이 기부의 고질적인 편향을 강화할 것인가? '선의(Good)'에 대한 어떤 정의를 우선순위를 정하는 알고리즘으로 프로그래밍을 할 것인가? 사용된 데이터가 정확하고 완전하다는 것을 믿을 수 있는가? 후자의 질문은 솔루션 구축을 시작할 때 특히 중요하다.

현재 충분한 데이터가 있을 수 있지만 사실 그 동안 너무 적은 데이터 상황에서 짧은 기간 내에 너무 많은 데이터로 빠르게 이동했다. 따라서 기술 개발자는 유용하고 충분한 정확도로 광범위한 데이터 세트에 실제로 액세스, 분석 및 보고할 수 있는 도구를 작성해야 한다.

AI를 사용하여 효율성을 극대화한다는 아이디어는 결국 사용 가능한 데이터가 있는 조직뿐 아니라 같은 섹터 전체를 대변할 수 있다고 가정한다는 뜻이 된다. 만약 AI가 이것을 달성할 수 있다면 효과적인 이타주의를 지지하는 사람들은 그들의 비전이 거의 실현된 것을 보게 될 것이다. 동시에 효과적인 이타주의자들도 AI를 실존적 위협으로 생각하고 무모한 AI 구현으로 인한 사회적 위험을 연구하고 있다. 결론은 AI를 기부산업을 추진할 목적으로 사용하더라도 AI의 단점을 완화하기 위한 조치를 취해야 한다. 우리가 기술을 점검할 수 있는 한 우리는 분명 이익을 얻을 것이다.

2) AI와 팀워크의 모금캠페인

AI가 모금캠페인에 도움이 되는 이유는 크리티컬 싱킹(Critical Thinking)과 로지컬 싱킹(Logical Thinking)이 절실한 시대에 있기 때문이다. 크리티컬 펀드레이징(Critical Fundraising)은 임박한 문제와 과제를 비판적이고 건설적으로 평가하여 실질적인 해결책을 제공하기 위한 공동의 시도이다. 이는 비판적 이론에 의해 알려진 비판적 경영연구의 개념에 기초한 비판적 마케팅의 아이디어에 근거한다. 가장 중요한 목표는 기금모금의 지속가능성에 적절하고 유익하다고 느끼는 도전이다. 적절한 경우 기금모금, 자선연구 및 실습 이외에서 얻은 지식을 적용한 기금모금의 핵심, 직업윤리, 행동과학, 마케팅이론, 진화심리학, 도덕철학 및 기타 많은 것이 포함된다. 그러나 우리는 항상 논증만

이 아니라 논증의 증거에 대한 비판을 뒷받침하는 것을 목표로 한다.

로지컬 씽킹 모금이 더욱 중요해진 이유로는 세 가지가 있다. 첫째, 정보의 복잡성에 따라 정보를 편집하고 정리하는 능력이 중요하게 되었다. 둘째, 관련 구성원들이 다양해짐에 따라 언어와 사고 측면에서 사람들을 하나로 연결시킬 수 있는 커뮤니케이션이 필요하게 되었다. 셋째, 급변하는 시장상황에서 신속한 의사결정의 필요성이 증가됨에 따라 의사결정 속도가 가속화되었다.

AI가 우리의 삶에 미칠 영향은 점점 커져가고 있다. 전문가들은 AI가 일상 생활에 서서히 '젖어 가고 있다'라고 말하지만 교통, 직장 및 생활 양식의 구조적 변화는 아직 변하지 않았다. 하지만 실질적인 가치를 창출하는 영역 중 하나는 놀랍게도 비영리 영역이다. 역사적으로 비영리 영역은 기술 발전의 선두에 있지 않았지만 이제 조용히 AI의 초기 채택자가 되고 있다. 이세돌 9단은 "본인은 바둑을 예술로 생각하고 멋과 풍미 그리고 인간의 실수가 어울린 가치 있는 게임이라고 생각해서 자부심이 있었는데, AI의 상징인 알파고에 패배한 후에 바둑의 예술이 과학에 졌다는 자괴감과 함께 많은 제자들이 AI를 바둑의 교본으로 혹은 선생으로 여기는 것을 보고 가치의 충돌을 느꼈고 설 자리를 잃은 것 같아 아쉽다"라고 어느 방송 인터뷰에서 이와 같이 은퇴 이유를 밝혔다.

마찬가지로 AI 통계와 데이터 사이언스에 의존하는 모금을 인간성 상실로 취급하기에 예술과 과학이 합성된 모금의 본질을 잃는 것으로 생각할 수도 있다. 같은 맥락에서 미래에 AI 치료로 인해 의사가 필요 없을 것이라는 우려는 결국 AI가 의사의 보조원 역할을 할 것이라는 결론을 내린 이후에 의사와 AI가 공존하게 된 것처럼, 모금도 같이 발전할 수 있다는 전제가 마련된 것이다.

비영리단체의 기금모금과 AI의 자연스러운 조합을 탐색하기 전에 AI의 정의에 대해 간략하게 말하면, 대체로 AI는 '환경을 인식하고 성공 가능성을 극대화하는 조치를 취하는 시스템'이다. AI는 기본적으로 지능적인 인간과 유사한 방식으로 행동하고 생각하는 프로그램이다. AI의 뚜렷한 하위 영역은 머신 러닝(ML-기계가 사람처럼 학습하는 것)으로서 컴퓨터는 명시적으로 프로그래밍을 하지 않고도 학습할 수 있다. AI를 가장 많이 사용하는 ML은 컴퓨터가 사람의 개입 없이 데이터에 액세스하고 데이터를 배울 수 있도록 도와준다. 성공적인 비영리단체의 기금모금 및 AI의 핵심은 팀워크로, 인적 기금모금가들은 AI 보조자들과 팀을 이루어 각각 최선을 다한다. 먼저 AI 보조 도구는 패턴을 인식하고 직관적이지 않은 권장사항을 제공하기 위해 대량의 데이터를 수집, 정리, 보강 및 검색하는 알고리즘을 개발하고 적용한다. 그런 다음 기금모금 행사는 올바른 기부자와 메시지를 추천해서 선택하기 위해 판단과 맥락을 적용한다. 이 인간-AI 팀은 비영리 기금모금의 미래이며, 양측 모두에게 상생의 결과를 가져온다. 인간-AI 기금모금 팀은 원치 않는 데이터의 노이즈를 줄이고 잠재적 기부자에게 그들의 관심사와 일치하는 명분에 대해 보다 친근하고 관련 있는 메시지를 생성한다. 따라서 인간-AI 팀은 적시에 적절한 기부자에게 도달하여 더 큰 영향을 미친다.

AI 발전 단계는 1단계인 효율화(Efficiency), 2단계인 개인화(Personalization), 3단계인 추론(Reasoning), 4단계인 탐구(Exploration) 등 네 단계를 거친다. 각 단계별로 AI가 접목된 미래에 기금모금이 나아갈 방향은 1단계에서 지정된 명령·조건에 따라 제품을 동작시키고, 2단계부터는 사용자의 행동을 분석해 패턴을 찾아 사용자를 구분하고, 3단계에서는 여러 접점의 데이터를 분석해 행동의 원인·결과를 분석하고, 4단계는 AI 스스로 가설을 세우고 검증해 더 나은 솔루션을 제안하는 것이다.

AI는 일반적인 모금 채널과 어떻게 협력하나? 비영리단체에 AI 보조자가 필요한 이유는 무엇인가? 팀을 구성하면 어떤 이점이 있나? 이와 같은 세 가지 질문에 대해 일반적인 모금 채널과 AI가 어떻게 각각을 다음 단계로 끌어올리는지 방법을 살펴보자.

(1) P2P

P2P(Peer to Peer) 모금활동은 비영리단체가 현재 기부자와 후원자 네트워크를 통해 코즈에 관심이 있는 새로운 기부자의 잠재력을 신속하게 활용할 수 있도록 도와준다. 간단히 말해 후원자들은 비영리단체를 대신하여 네트워크에서 기부를 요청하는데, 그 혜택은 엄청나다. 온라인 기부금의 거의 3분의 1이 P2P를 통해 이루어진다. 1년 내내 모금활동을 하며, 가장 열정적인 후원자들은 추가 비용 없이 개발 팀의 인력을 배가시킨다. 그러나 P2P 모금활동은 가능한 한 많은 사람에게 동일한 일반적인 메시지를 전달하도록 설계되어 시간이 지남에 따라 효과가 떨어진다. 실제로 최고의 P2P 프로그램의 수익은 감소하고 있다.

▶ AI가 도울 수 있는 방법

- **AI 모금캠페인** : AI 보조원은 비영리단체에서 가장 유망한 모금행사를 찾을 수 있다. AI 보조원이 이를 수행하는 한 가지 방법은 비영리단체의 과거 모금캠페인 데이터를 활용하여 이전에 성공적인 모금행사의 특성을 파악하는 것이다. 또한 AI 보조원은 많은 시간과 훈련 투자 없이는 인적 기금모금가가 일치시키기 어려운 데이터 포인트 및 연결을 취한다.
- **AI 기금모금 보조기능** : AI 보조원은 인적 기금모금가와 협력하여 간과된 잠재기부자를 발견하고 맞춤형 메시지를 제안할 수

있다. 이로 인해 모금행사는 선호도가 높은 잠재기부자에게 다가가고, 특정 잠재기부자 활성화를 위해 설계된 맞춤형 메시징으로 소통한다.

(2) 이사회 모금

종종 상당한 자원과 귀중한 네트워크에 액세스 할 수 있는 비영리단체의 이사회 구성원은 '본인이 기부를 하거나 다른 사람에게 요청할' 의무가 있다. 이사회 구성원은 기금모금 요건을 충족시키기 위해 상당한 시간과 에너지를 투자해야 하지만, 이런저런 이유로 비영리단체가 이사회 구성원 네트워크의 전체 액세스를 받는 경우는 거의 없다.

▶ **AI가 도울 수 있는 방법**

- AI 기금모금 보조기능 : AI 보조원을 이사회 구성원에게 제공하면 고액을 줄 수 있는 네트워크의 명단을 추천하여 연례적으로 소통을 강화할 수 있다. 기금모금에서 이사회 구성원이 직면하는 마찰 지점은 일반적으로 세 가지이다. 첫째는 요청할 사람 결정, 둘째는 요청 방법 파악, 셋째는 요청 시간 결정이다. AI 보조원은 유사한 친화력과 성향을 가진 사람들이 자신의 네트워크에 기부할 것을 권장함으로써 이사회 구성원의 마찰 지점을 줄일 수 있다. 이사회 구성원이 권장 사항에 참여하기로 결정하면 AI 보조원은 각 특정 개인에 대해 초 단위로 공명하는 메시지를 생성한다. AI 보조원은 바빠서 시간이 제한적인 이사회 구성원에게 마찰에 대한 답변을 제공할 수 있다.

(3) 캐피털 캠페인

캐피털 캠페인은 특정 금액을 일정 기간 동안 모으는 것으로 기금모금 목적과 목표는 명확하다. 이러한 캠페인은 종종 고액기부자에게 중점을 두고 요청이 잘못되거나 너무 자주 수행되면 기부자에게 피로를 유발할 수 있다. AI가 참여한다면 원치 않는 메시지가 적고 성공률이 높은 P2P 캠페인이 발생한다.

▶ AI가 도울 수 있는 방법

- AI 데이터 크린징(Cleansing) : AI 보조원은 적은 시간과 저렴한 비용으로 전자 메일(또는 서신) 연락처 목록을 현재의 방법보다 효율적으로 통합, 중복 제거 및 표준화 할 수 있다. AI 보조원은 인내심을 가지고 비영리단체가 제공한 피드백으로부터 시간이 지남에 따라 '학습'하여 이 작업을 수행한다. '클리너(Cleaner)' 전자 메일 리스트는 중복된 리스트와 비활성 리스트의 아웃 리치를 줄임으로써 비용을 줄인다.
- AI 데이터 분석 및 시각화 : AI 보조원은 캐피털 캠페인의 결과를 실시간으로 분석, 시각화 및 분류하여 비영리단체의 시간, 관심 및 자원에 초점을 두어야 할 위치에 대해 피드백을 제공할 수 있다. AI 보조원은 대규모 데이터 세트에서 직관적이지 않은 패턴을 찾는 데 탁월하다. 이러한 패턴은 기존 분석도구로는 찾기가 어렵다. 또한 AI는 의미 있는 분석이 가능하도록 데이터를 추가하여 비영리단체의 기존 데이터를 보강할 수 있다.
- AI 모금캠페인 : AI 보조원은 기존 기부자 또는 후원자로부터 잠재적인 기금모금가를 식별하여 캐피털 캠페인 활동을 도울 수 있다.
- AI 기금모금 보조자 : AI 보조원은 새로운 기부자에게 모금 상품

을 제안한 후 기금모금가가 쉽게 물어볼 수 있는 맞춤형 메시지를 제공함으로써 인적 기금모금가가 기존의 기부자 범위를 확장할 수 있도록 지원할 수 있다. 또한 AI 보조원은 요청할 수 있는 최적의 시간을 제안할 수도 있고, 모금행사 네트워크 내에서 누구든지 도움을 요청할 수 있다.

결론적으로 성공적인 비영리단체의 기금모금은 잠재기부자와 효과적인 봉사활동의 교차점에서 발견된다. 인적 기금모금가와 AI 보조팀은 해당 교차로를 보다 지능적으로 그리고 비용 효율적으로 빠르게 찾을 수 있다. 비영리 부문의 AI 보조기능은 향후 빠른 개발을 준비하고 있다. 비영리단체는 AI 보조원과 함께 동기 부여된 인적 기금모금가의 강력한 팀 구성을 통해 미션을 가속화할 것이다.

3) 새로운 AI 모금교육의 필요성

AI를 배우기 위해서는 선형대수학과 행렬 미적분, 그리고 입문 수준의 확률통계에 대한 개념을 어느 정도 갖추고 있어야 한다. AI의 기초에 해당하는 것은 선형대수학이다. AI 알고리즘은 주로 선형대수(행렬·벡터), 편미분 방정식 등 수학적 기법으로 설계하며, 이에 따라 고성능 또는 저성능으로 나뉜다. AI의 핵심인 기계학습에는 딥러닝 외에도 다양한 알고리즘이 있다. 이 알고리즘들을 이해하고 이를 통해 새로운 기계학습 알고리즘을 개발하려면 선형대수학을 포함한 수학적 지식이 필수이다. 선형대수학은 선형방정식을 푸는 수학적 도구로써 기하학 문제를 보다 효과적으로 해결하기 위한 방법론으로부터 시작되었다. 이러한 선형대수학은 공학, 자연과학, 사회과학, 그리고 모금 분야에서도 폭넓게 활용되고 있다. 선형대수학이 필요한 이유는 자연이나 사회 현상들을 해석하는 데 있어 더욱 쉽게 접근할 수 있는 장점이 있기 때문이다. 따라서 선형대수학은 다양한 응용 분야에서 공부하는 전문가들에게 필수적인 학문이라고 할 수 있다.

4) AI가 필란트로피에 주는 의미

대다수의 사람들은 AI를 미래를 형성할 기술로 생각한다. 매일 생성되는 방대한 양의 데이터에 알고리즘 프로세스와 머신 러닝(ML)을 적용하는 것은 이미 우리의 삶과 사회에 중대한 영향을 미치고 있다. 그리고 이것은 앞으로 몇 년 동안 더 가속화될 것이다.

AI는 다음과 같은 다양한 방식으로 시민사회와 비영리단체에 영향을 미친다.

- **소셜 미션을 달성하는 새로운 방법** : AI는 자동화를 가능하게 하고 전례 없는 규모와 속도로 데이터를 분석하여 사회 및 환경 문제 해결을 위한 완전히 새로운 아이디어로 이어질 수 있다.
- **조직 운영 방식 변경** : AI는 재무보고 및 규제를 변화시키고 사람들이 단체를 지원하는 방식을 바꿀 수 있으며 기존의 거버넌스 모델을 완전히 대체할 수 있다.
- **해결해야 할 새로운 문제 만들기** : AI는 다른 기술과 마찬가지로 의도하지 않은 부정적인 결과를 초래할 수 있다. 시민사회는 이를 최소화하는 데 중요한 역할을 하고, 피할 수 없는 경우 이를 해결하는 역할을 수행해야 한다.

최근 AI가 왜 갑자기 전례 없는 수준의 명성을 얻었는가? 다음은 이를 설명하는 데 도움이 되는 요소이다.

- **새로운 유형의 알고리즘** : 지난 10년 동안 머신 러닝(ML) 분야에서 큰 도약이 있었다. 특히 '심층 신경망(Deep Neural Network)'으로 알려진 새롭고 강력한 알고리즘의 개발이다.
- **데이터 폭발** : 머신 러닝(ML) 알고리즘에는 학습할 수 있는 방대한 양의 데이터가 필요하다. 역사적으로 이것은 주요 제한 요소였다. 그러나 최근 몇 년 동안 우리 삶의 모든 영역에서 생성되는 데이터의 양이 기하 급수적으로 증가하여 머신 러닝(ML)의 빠른 성장과 발전을 위한 원동력이 되었다.
- **처리 능력** : 딥 러닝 알고리즘의 개발로 표현되는 소프트웨어 용어의 도약은 하드웨어의 관련 도약으로 인해 가능했다. 특히 원래 컴퓨터 게임 시장에 의해 구동되는 빠르고 저렴한 그래픽 처리 장치(GPU)의 개발로 머신 러닝(ML)에 필요한 처리 종류가 대규모로 저렴해졌다.
- **투자** : AI의 잠재력이 명확해지면서 투자자가 해당 분야에 투자하고 새로운 개발 및 응용 프로그램에 자금을 제공하기 위해 막대한 금액을 투자하는 것은 놀라운 일이 아니다. 특히 중국 정부는 AI에 적극적으로 자금을 지원하기 시작하여 많은 전문가들이 'AI 무기 경쟁'의 초기 단계에 진입했다고 보는데, 머지않아 기부산업도 국가적 AI 경쟁의 결과에 따라 시장의 판도가 바뀔 것으로 전망한다.

10. IoT(사물인터넷)와 모금단체의 혜택

모금컨설팅에서 점점 앱을 이용한 모금캠페인 IoT 관련 정보나 이용을 요청하는 사례가 늘고 있다. 4차 산업혁명의 핵심 중 하나인

IoT(Internet of Things, 사물인터넷)는 스마트 워치, TV 및 냉장고와 같은 일상용품뿐 아니라 수분 센서, 온도계, 심박수 모니터, 운동량 및 연료 게이지와 같은 더욱 전문화된 장치와 연결되어 있다. 인터넷에 연결되어 있기 때문에 '사물'은 다른 것들과 통신할 수 있다. 정보를 수집하고 공유하거나 정보를 받아서 정보를 처리할 수 있으며 어떤 경우에는 두 가지를 모두 수행할 수 있다.

그럼 단체는 IoT를 어떻게 활용할 수 있을까? 현재 단체는 데이터의 중심이 될 수 있는 추진력이 있으며, IoT는 이런 추진력에 의해 수집된 관련성이 높은 많은 양의 데이터를 제공할 수 있다. 예를 들어 가까운 장래에 심장 박동수 또는 혈당 모니터와 같은 의료 센서가 단체에 건강 계획에 대한 진행 상황을 모니터링 해주고 기부 필요성에 대한 논증을 강화하기 위해 그 효과의 증거로 데이터를 제공할 수 있다. 또한 IoT는 기부 캠페인을 위해 새로운 채널로 사람들이 기부할 수 있는 방법을 제공할 것이다. 예를 들어 인터넷이 연결된 냉장고 화면에 재난 발생으로 도움을 요청하는 속보가 표시되면 화면에 통합된 생체 인식 센서를 통해 누구나 간단한 지문 스캔으로 기부할 수 있다.

사실 단체는 IoT가 더 많이 확산될 때까지 기다릴 필요가 없다. 미국 IT 시장조사기관인 가트너 리서치 하우스에 따르면 IoT는 이미 100억 개 이상의 연결된 기기로 구성되어 있으며 2021년 말까지 250억 개 이상으로 성장할 것으로 예상된다.

1) 새로운 장치의 세계

IoT의 일반적인 유형 중 하나는 Amazon Echo 또는 Google's Home과 같은 스마트 스피커이다. 영국 심장 재단(British Heart

Foundation)과 같은 단체들은 이미 스마트 스피커를 사용하여 기기의 IoT 연결 마이크를 통한 음성 인식을 통해 기부금을 받고 있다. Cancer Research UK와 같은 단체는 단순히 카드 또는 스마트 워치 또는 전화와 같은 다른 비접촉식 지불 포인트 IoT 장치를 사용하여 현금을 가지고 다니지 않는 사람들로부터 기부를 받을 수 있게 한다. 이러한 장치에서 수집한 데이터는 단체가 일반적인 기부자의 디지털 '프로필'을 구축하는 데 도움이 될 수 있다. 한국에서도 걸음 수에 따라 포인트를 적립할 수 있어서 돈도 모으고 운동도 하는 그야말로 일석이조의 효과를 얻을 수 있는 앱인 런데이(Run Day), 캐시워크(Cash Walk)가 성행하고 있다.

IoT 장치를 사용하여 기부를 하고 받는 것 외에도 이미 데이터 중심의 정신을 발전시키기 위해 데이터를 수집하는 데 단체를 이용하고 있다. 예를 들어 환경건강 정의기관인 Habitat Map은 자원봉사자가 스마트폰을 환경 센서로 전환하여 도시의 오염을 측정할 수 있도록 한다. 스마트폰의 마이크는 소음 공해를 기록할 수 있으며, 정확한 위치 데이터와 함께 공해 핫스팟을 정확히 찾아낼 수 있다. 연료 빈곤 가정을 돕는 단체인 CSE(Center for Sustainable Energy)는 무선 습도, 온도, 전기 및 가스가 포함된 IoT 센서 키트와 대화 형 앱을 제공하여 자선을 실행하고 있다. 습기, 곰팡이, 추운 집 및 저렴한 에너지 요금과 같은 연료 빈곤 문제를 진단하고 완화하기 위해 데이터를 수집하고 분석한다. 물론 IoT에서 수집한 데이터를 사용하는 모든 단체는 그로부터 발생할 수 있는 윤리적 문제를 알고 있어야 한다. 여기에는 사람들이 수집하는 데이터를 위한 정보 제공에 동의하고, 개인 정보가 보호되고, 데이터를 사용함에 있어 누군가를 위험에 빠뜨릴 수 없도록 하는 것이 포함된다.

2) IoT 발전에 의한 모금단체의 혜택

4차 산업혁명 기술을 적용할 때 조심해야 할 것은 90/10 룰이다. 기술에 들어가는 비용은 10% 정도이고 그것을 운영하는 인건비는 90%라는 점을 간과하여 발생하는 폐단은 심각하다. 아직 해결해야 할 문제가 많이 있지만 주로 다섯 가지 분야에서 발전할 것으로 예상된다.

① 가전제품

뉴스 속보가 냉장고 화면에 깜박이면서 도움이 필요한 지역사회에 긴급 기부요청에 손가락으로 스캔하는 옵션이 있다는 것을 상상해 볼 수 있다.

② 자동차

운전 중 지역의 공공 미디어를 듣고 음성 인식을 통해 월간 후원자가 되겠다고 상상해보자.

③ 스마트 TV

아프리카의 밀렵 위기에 관한 저녁 뉴스를 보고 화면에서 리모컨(또는 스마트폰)을 가리키면 밀렵 방지 장치에 쉽게 기부할 수 있다는 것을 상상해 볼 수 있다.

④ 공공 장소 광고

버스 정류장(또는 지하철, 공항 등)의 광고 화면에서 근거리 통신을 통해 청원에 이름을 추가하거나 인식 캠페인에 기부할 수 있다는 것을 상상해 볼 수 있다.

⑤ 스마트 워치

산책하는 동안 스마트 워치로 트위터를 확인하고 트위터에서 캐시태그로 선호하는 단체에 쉽게 기부할 수 있다는 것을 상상해 볼 수 있다.

11. 블록체인 필란트로피

1) 블록체인의 현주소와 새로운 추세

현재의 블록체인 기술은 아직 미성숙하고 이에 대한 사람들의 이해도가 높지 않으며, 규모가 큰 비즈니스 운영에 활용 가능한지 여부는 검증되지 않았다. 이러한 어려움에도 불구하고 블록체인 기술은 엄청난 혁신의 잠재력을 가지고 있기 때문에 기술정보책임자(CIO)와 IT 리더들 심지어 모금가들도 몇 년 내 해당 기술을 적극적으로 채택하지는 않더라도 이를 평가하기 시작할 것이다.

오늘날 많은 블록체인 이니셔티브는 분산형 데이터베이스를 포함한 블록체인의 모든 특성을 구현하고 있지 않다. 이러한 블록체인 기반 솔루션들은 비즈니스 프로세스를 자동화하거나 기록을 디지털화 함으로써 운영 효율성을 달성하는 수단으로 사용된다. 개체 간의 정보 공유를 향상시키고, 물리적 자산과 디지털 자산을 추적할 수 있는 기회를 제공할 잠재력을 가지고 있다.

그러나 이러한 접근법들은 블록체인 혁신의 진정한 가치를 놓치고 공급업체에 대한 종속을 높일 수 있다. 이 옵션을 선택하는 조직들은 한계점을 이해하고 완전한 블록체인 솔루션으로 전환할 준비를 갖춰야 하며, 기존 비블록체인 기술을 보다 효율적이고 적절하게 활용하면 동일한 결과를 달성할 수도 있다는 점을 인지해야 한다.

블록체인의 기본 개념은 상생과 공유, 그리고 보상이다. 그리고 블록체인의 기본 정신은 먼저 주는 것이다. 고개를 숙이고 참여자과 사용자에게 자신의 모든 것을 먼저 나누어 준다면, 그 결과물이 자연스럽게 생태계를 거쳐 자기 자신에게 돌아올 것이다.

디지털 통화를 가지려면 시스템을 누가 소유하고 있는지에 대해 동의해야 한다. 세계적인 합의는 모호하거나 위조될 가능성을 사전에 차단한다. 합의를 촉진하기 위해 선택된 방법은 네트워크의 구조, 처리량 및 시스템에 얼마나 많은 신뢰가 구축되는지를 나타낸다.

합의 알고리즘은 시스템을 함께 유지하는 기술적인 접착제 역할을 한다. 컨센서스 알고리즘에 대한 혁신은 속도와 처리량은 향상시키고 환경 영향은 감소시킬 것이다. 그러나 개발자는 복잡성이 증가한 비용과 이점의 균형을 맞추어야 한다. 복잡성은 분산 시스템의 견고성과 맞지 않으며 디지털 통화는 네트워크 효과를 위한 경쟁이다.

2) 블록체인에 대해 갖는 3가지 의문점

세계 기부산업의 규모가 1조 달러[26] 정도인데, 전 세계 암호화폐 사장은 짧은 시간 안에 이미 1조 달러에 달했다고 한다. 정부는 블록체인 기술을 물류, 보안, 의류 등 여러 산업과 접목해 유용하게 활용할 수 있는 4차 산업혁명 시대의 핵심 기술로 바라보고 있다. 블록체인 관련 국가 예산이 증가한 것은 이를 반증한다. 하지만 가상화폐에 대한 규제를 동시에 하고 있어 블록체인과 가상화폐를 분리해서 생

26 https://www.nptrust.org/philanthropic-resources/charitable-giving-statistics/

각할 수 없다고 보는 측에서는 마치 엑셀레이터와 브레이크를 동시에 밟고 주행하여 연기가 나오고 있다고 느낀다. 이런 논란 속에서 모금에 목마른 비영리단체의 일원이라면 가질 수 있는 근본적인 질문 세 가지는 다음과 같다.

(1) 새로운 종류의 기부금이 생길 수 있을까?

자선가가 거래 수준에서 공익을 위해 도움이 필요한 사람들에게 자산을 제공하는 것과 자산의 새로운 시장을 창출하는 기술의 역할 또는 완전히 새로운 유형의 자산을 얻는 것은 다르다는 것을 알고 있어야 한다. 비트코인(Bitcoin), 이더리움(Ethereum), 리플(Ripple)과 같은 암호화폐(Cryptocurrencies)의 계속되는 상승은 새로운 형태의 화폐 자산 시장이 있음을 보여주고 있다. 마찬가지로 블록체인 기술은 이전에는 불가능했던 방식을 사용하여 모든 종류의 디지털 자산과 무형 자산의 기록 및 거래 수단을 제공할 수 있다(예 : 지적 재산권, 사회적 가치 혹은 기부 등).

현명한 계약을 사용하여 거래를 자동화하면 마이크로 및 나노 지불을 실현할 수 있는 가능성이 높아진다. 각각의 개인 지불액은 매우 적지만 볼륨은 엄청나게 커질 수 있으므로 상당한 금액의 돈을 더할 수 있다. 이 시나리오의 한 가지 흥미로운 특징은 각 거래에 대해 사람의 감독이 불가능한 것처럼 보일 수 있으므로 비영리단체로 비율을 전환하려는 경우 AI를 사용하여 코즈 자체의 선택과정을 자동화해야 한다는 것이다.

IoT 진화는 많은 사물이 기계와의 관계에 있어서 본질에 변화를 가져올 것이다. 사물을 완전하게 소유하는 규범에서 벗어나 공유된 물건에 접근하는 규범으로 향하게 된다. 이것이 필란트로피 안에서 무엇을 의미할까? 사람들이 자신의 자산을 더 이상 사회문제에 제공하지 않거나 사람들이 공유된 객체에 액세스 할 수 있는 권리의 전부 또는 일부를 기부하는 새로운 방법을 찾지 않을까 생각한다.

(2) 과연 가상화폐 보유자가 기존 비영리단체에 기부함으로써 새로운 기부금이 늘 것인가?

가장 많은 의문은 과연 비트코인, 이더리움, 리플 등 다른 코인 소유자가 쉽게 번 돈으로 기부도 쉽게 할 것이라는 가정은 있지만 아직 결론적인 데이터가 없다. 다만 블록체인의 본질이 탈중앙화를 주장하는 '가상자유주의' 철학을 가진 사람이 많기에 조직화된 재단이나 비영리단체를 정부나 은행처럼 중앙에서 컨트롤 하는 것처럼 보일지 모른다는 것이다. 그런 경우는 과연 기존 단체에 기부를 할 것인가는 미지수이다.

또 다른 가능성은 앞으로 필란트로피적 결정이 데이터의 중심이 될 것이라는 점이다. 기부자가 'AI 구동자선(자선결정을 AI 알고리즘이 포함된 시스템)' 조언에 의존하거나, 또는 자선사업은 M2M(Machine-to-Machine) 성장의 결과로 완전히 자동화가 될 가능성이 많다.

(3) 블록체인 기술 개발은 자체가 명백한 모금 명분으로 여겨질 수 있는가?

비록 블록체인이 많은 사람에게는 유토피아(Utopia)일지 모르지만 어떤 사람에게는 디스토피아(Dystopia)가 될지 모른다. 과연 혁신적인 기술은 의도하지 않은 부정적 결과를 통해 기존의 원인과 새로운 잠재력을 창출하 데 도움줄 뿐 아니라 새로운 기술이 자선사업의 초점으로 간주될 수 있을까? 전략적인 필란트로피의 한 방법으로 볼 것인지 여부에 달려 있다. 예를 들어 우리는 오픈 소스 소프트웨어 캠페인(대부분 비영리 기반으로 운영됨)이나 기부금에 의존하는 Wikipedia와 같은 웹 사이트의 형태로 의미를 부여한다. 우주 탐사 또는 최소한 준자선으로서의 삶의 연장과 같은 것에 대한 장기적인 투자를 바라보는 실리콘 밸리 박애주의자의 사례가 점점 늘어나고 있다. 블록체인은 전략적인 필란트로피의 일환으로 비영리단체의 역량 강화에 기여할 수 있다고 기부선진국은 보고 있다.

3) '짝퉁' 블록체인과 '반쪽' 블록체인

초창기에는 비영리단체들이 '블록체인이 무엇인가'라는 질문을 했고, 얼마 후에는 진짜인지 가짜인지 구별하는 법에 대한 질문이었다면 최근엔 '블록체인으로 무엇을 할 수 있으며 어떻게 기부와 모금에 적용하는가'에 대한 질문을 한다. 이런 질문에 비추어 볼 때 이제는 블록체인에 대한 관심이 적용 가능성이라는 실무적인 방향으로 가고 있다는 것을 의미한다. 그런데 블록체인이 가짜 물건거래를 방지해준다고 하지만 기술 자체가 가짜인 경우가 있다는 것이 큰 문제이다. 많은 기업 심지어는 지자체까지도 자체의 가치를 높이기 위해 짝퉁 블록체인 대열에 합류하고 있는 것은 아닌가 우려된다.

최근 사례로서 카메라 및 영화 산업의 선구자인 Eastman Kodak은 블록체인 트렌드의 혜택을 받았지만 아직 실체가 드러나지 않아 진정성에 대해 논란이 많다. 가장 기괴한 사례 중 하나는 프리미엄 무알콜 음료생산 전문회사인 Long Island Iced Tea Corp.에서 2017년 12월 "우리는 블록체인 기술이 한 세대에 올 수 있는 한 번의 기회로 보고 이것을 비즈니스 전략으로 채택하기로 결정했다"라고 Long Blockchain 프로젝트를 통해 발표했다. 이 발표 후 주가가 2.44달러에서 9.49달러로 급등했다. 그러나 여전히 음료수를 적극적으로 생산하고 있으며, 언제 최초의 블록체인 프로젝트를 시작할지는 아무도 모른다.

현재 미국의 증권거래위원회(Securities and Exchange Commission, SEC)는 이와 같은 블록체인 네이밍 효과에 대해 기업들이 기술 개발에는 적극적으로 참여하지 않으면서 블록체인이라는 이름만 사용하여 어떻게 하면 가치를 높일 수 있을지에만 관심이 있다고 우려를 표명했다. 이런 일들로 2018년 3월 1일부터 관계기관과 개인을 소환하고 여러 블록체인 스타트업에 정보요구서를 요청하기 시작했다. 이 정보요구서에는 투자자 목록, 이메일, 마케팅 자료, 기관구조, 모금규모, 자금위치, 관계자 정보 등, 매우 세부적인 정보를 요구하고 있어서 그들에게 큰 부담으로 작용하고 있다고 전해진다.

중국에서는 가상화폐공개(Initial Coin Offering, ICO)를 위해 가짜 블록체인을 이용한 프로그램의 사이트나 백서를 600달러에 짜깁기해서 제작해 준다고 한다. 블록체인 기술을 이용한다고 주장하지만 다 사실이 아니다. 제3의 룰인 트리아지(Triage)를 적용하자면 3분의 1은 처음부터 짝퉁 블록체인이고, 3분의 1은 블록체인 기술이 필요 없는 프로그램에 적용했고, 나머지 3분의 1만이 블록체인으로 가치를 인정받지만 시간을 두고 검증해야(Proof of Concept) 하는 것이다. 주로 ICO 문제인데, 일반 투자가는 기술적으로 블록체인인지 아닌지를 구별하기 힘들기 때문에 개발자의 말에 의존할 수밖에 없다. 단순 접근(Access)인지 아니면 좀 더 좋은 데이터베이스인지 또는 이름만 블록체인인지 구별이 쉽지 않다.

블록체인이 과연 무엇이기에 이렇게 이슈가 되는 것인가, 그리고 실질적인 활성화를 위해서 필요한 것은 무엇인가 살펴볼 필요가 있다. 사실 세간에 알려진 것은 블록체인이라는 키워드일 뿐 활용 방안과 가능성을 공유하고 구체화되었다는 이야기는 아직 국내에서 찾기 어렵다. 블록체인의 성공도 하나의 스토리이지만, 가짜 블록체인은 주요 뉴스거리이다. 중요성을 부여하는 주요 요소는 네트워킹의 증거이다. 디지털 세계는 블록체인에 의해 우회된 과대 광고 때문에 문제가 생긴다. 실제 플랫폼과 가짜 플랫폼을 알 수 있는 플랫폼이 이미 블록체인 안에 내재되어 있다. 이 모델을 통해 평판(Reputation)제도를 만들 수 있다. 즉 사용자는 자신의 재정적 검증에 적극적으로 참여하므로 보상을 받을 수 있다. 기술의 중요한 측면을 이해하고 연구함으로써 블록체인의 관련성을 찾는 것은 우리에게 달려 있다.

12. 플랫폼(Platform) : 새로운 모금전략의 본질

기부선진국의 모금전략은 어떤 모금 플랫폼을 쓰는가에 승패가 달려 있다. 그래서 현대 모금전략의 본질은 플랫폼 안에 제대로 기획을 하는 것이다. 플랫폼은 온라인에서 상품과 콘텐츠를 사고팔기 위해 마케팅을 하는 일종의 장터이다. 구글, 유튜브, 앱스토어, 페이스북, 아마존 등은 각각 검색, 동영상, 앱, 소셜미디어, 전자상거래의 플랫폼이다. 플랫폼은 그 안에서 일어나는 모든 거래의 공간, 시간, 에너지를 컨트롤 하는 규칙(Rule)을 만들어 한 번 이용하면 다른 곳으로 이동하기 힘들어진다.

1990~2000년대 PC · 인터넷 시대와 2010년대 모바일에 이어 이제 플랫폼 시대까지 미국이 움켜지고 기술 전환기마다 룰을 만드는 21세기형 데이터 독과점이 출현했다. 미국의 기부문화 뒤에는 역시 플랫폼 산업이 있다. 아마존(1994년 설립), 구글(1998년), 페이스북(2004년)은 각각 전자상거래와 검색, 소셜미디어라는 새 분야를 창조했다. 구글은 유튜브와 안드로이드, 페이스북은 인스타그램과 왓츠앱(모바일메신저), 아마존은 아마존웹서비스(클라우드)라는 새 혁신을 들고 나왔다. 이들은 창업 30년이 되기 전 차기 테크 헤게모니인 '플랫

폼'을 장악해버렸다. GAFA(구글 · 아마존 · 페이스북 · 애플)로 불리는 미국 테크 기업들은 전통 제조업에서는 상상할 수 없는 매출과 영업이익을 내고 있다. 물론 효율성과 비용만을 생각하는 단체의 모금가 입장에서는 이런 국제기업에 속한 국가의 정책자나 기업인의 독점 문제가 불편한 진실이 되고 있다.

미국 테크 패권이 기부시장에 넘어와 엄청난 규모의 빅데이터를 확보하고 있다. 수억 명의 잠재기부자가 무엇을 검색했는지, 어떤 모금상품을 샀는지를 정밀하게 파악해 최적의 전략을 내놓는 것이다. 빅데이터를 학습하면서 진화하는 인공지능도 미국이 몇 걸음 앞서가고 있다. 매칭 기부를 하기 위해, 클라우드 펀딩을 하기 위해, 옹호 캠페인 관리를 하기 위해 플랫폼을 쓰지 않고는 기획조차 힘들다. 그 플랫폼을 쓰는 기술 교육과 수수료가 모금 비용에 포함된다. 자연히 모금가를 고용할 때 플랫폼 생태계에서 자연스럽게 활동할 수 있는 사람을 고용하게 된다. 머지않아 4차 산업혁명의 기술이 모금전략에서 중심을 이룬다면 플랫폼에서 나오는 데이터를 이용한 빅 데이터 및 인공지능을 쓰는 조직이 살아남게 되어 그만큼 선택의 폭이 좁아질 것이다. 예전에도 플랫폼이 있었지만 최근에는 스마트폰, IoT(사물인터넷), 블록체인 등의 정보기술 발달로 시공간의 한계를 뛰어넘어 생산자와 소비자를 매칭시키는 것이 가능해지면서 새로운 사업모델이 출현하게 되었다. 전통적인 사업은 제품 및 서비스의 제조에서 판매를 거쳐 소비자에 이르는 선형적인 '파이프라인(Pipeline, 관로)' 단계를 거치면서 가치를 창출하게 된다. 하지만 플랫폼 모델에서는 생산자와 소비자, 플랫폼 간의 복잡한 가치사슬이 만들어진다. 이런 플랫폼 모델이 다양한 산업에 적용되면서 파괴적 혁신이 진행되어 결국 기존의 전통적인 파이프라인 비즈니스 모델보다 경쟁력이 우월하다는 점이 확인되었다.

비영리 관련 스타트업들이 플랫폼 비즈니스에 대한 이해를 높이고 새로운 사업모델을 개발하기 위한 연구가 필요한 때이다. 주로 현실계 플랫폼은 비IT 플랫폼이고, 하드웨어 플랫폼과 소프트웨어 플랫폼, 인터넷 서비스 플랫폼은 모두 IT 플랫폼이다. 하드웨어 플랫폼은 실물형태의 제품으로 존재하는 반면에, 소프트웨어 플랫폼과 인터넷 서비스 플랫폼은 가상공간에 존재한다.

- 현실계 플랫폼은 IT 플랫폼이 아닌 실제 세상의 물리적 플랫폼을 의미하고 우리가 오프라인 환경에서 이용하는 플랫폼이다.
- 하드웨어 플랫폼은 부품 또는 완제품의 실물형태로 존재하는 플랫폼이다.
- 소프트웨어 플랫폼은 개발자들이 애플리케이션을 만들 수 있는 기반이자 애플리케이션을 구동하는 기반이 되는 플랫폼이다.
- 인터넷 서비스 플랫폼은 사용자들을 매개하는 인터넷 서비스 플랫폼이다.

여기서 어떤 기업의 기술을 선택하느냐는 모금전략이 좌지우지되는 중요한 의사결정이다. 그것이 플랫폼일 경우에는 더욱 그렇다. 플랫폼 기업에 대한 신뢰가 무너진다면 그것은 플랫폼이 무너지는 것이다. 만일 모금 관련 플랫폼 기업을 지향하는 신뢰를 구축하지 못한다면 결코 성공적 플랫폼 기업이 되지 못한다. 예를 들어 크라우드펀딩은 기금모금 게임을 영원히 바꿔 놓았다. 전 세계적으로 크라우드펀딩 목표 달성의 평균 성공률은 50%인데, 온라인 크라우드펀딩을 제공하지 않는다면 많은 기업과 프로젝트가 존재하지 않을 것이다. 크라우드펀딩 산업이 2025년까지 3천억 달러 이상으로 성장할 것으로 예상되면서, 비영리단체는 기회를 놓칠 여유가 없다. 기금모금 혁명은 새로운 비영리단체의 문을 열어 비영리 부문에 큰 뉴스이다.

그러나 어떤 크라우드펀딩 플랫폼을 모금 추적 소프트웨어와 함께 사용해야 하는가? 그들은 모두 고유한 규칙, 이점 및 단점을 가지고 있다. 특히 필란트로피도 기금의 단순한 분배를 넘어 새로운 부를 창출해 가는 프레임으로 바뀌고 있다. 그런 변화는 플랫폼 비즈니스 모델과 직간접으로 밀접한 관련이 있다. 그래서 산업의 경쟁자들이 이러한 변화를 인식하고 적응하도록 플랫폼 기반 시장의 청사진과 메커니즘을 이해하는 것이 중요하다,

앞으로 필란트로피 생태계는 현대의 모든 경제 활동의 심장이며 가장 강력한 생태계의 핵심 플랫폼에 있게 될 것이다. 강력한 플랫폼 주자들이 생태계를 이끌며 다른 경주자를 초대하여 같이 부가가치를 창출하게 될 것이다. 플랫폼은 완전히 새로운 경쟁 방식으로, 직접적인 경쟁을 하는 대신 생태계를 조성하는 역할도 한다. 많은 산업과 시장에서 제품과 서비스의 경쟁이 플랫폼 기반 경쟁으로 이동하고 있다. 제품과 서비스 및 활동들의 패킷화(Packetization), 즉 전에는 디지털화하지 않았던 활동, 프로세스, 제품 또는 서비스 등을 디지털화하는 능력이다. 일상용품에 대한 소프트웨어 내재화 및 유비쿼터스 네트 워킹, 전문화에 대한 증대된 요구들이 그 추진동력이다. 이러한 요인들로 소프트 산업은 점점 필란트로피 산업에 스며드는 동인이 되고 있다. 혼자서 우수한 모금상품을 가지고 있더라도 강력한 생태계의 열등한 제품에 비해 시장 성공을 보장할 수 없게 되었다.

제16장

비영리단체 연구

1. 비영리단체 역량 증진의 구성요소

전문가들은 보통 비영리단체의 역량을 증진시키는 데 필요한 구성 요소로 일곱 가지를 꼽는다. 이 요소들은 서로 밀접하게 연관되어 있다. 비영리단체는 이 일곱 요소 중 어느 요소를 가장 먼저 발전시킬 것인지, 어떤 순서로 차등을 둘지에 대한 전략을 세워야 한다. 그렇다고 해서 각 요소의 중요도나 비중에 차이가 있는 것이 아니다. 각각의 구성 요소는 하나하나가 중요한 역할을 담당한다.

1) 포부(Aspirations)

최근에는 일반 기업들의 영향으로 인해 '사명·비전·목표'를 제시하는 비영리단체들이 늘고 있다. 성공한 단체들을 보면 이 세 가지가

그림 16-1 비영리단체의 역량 증진 요소

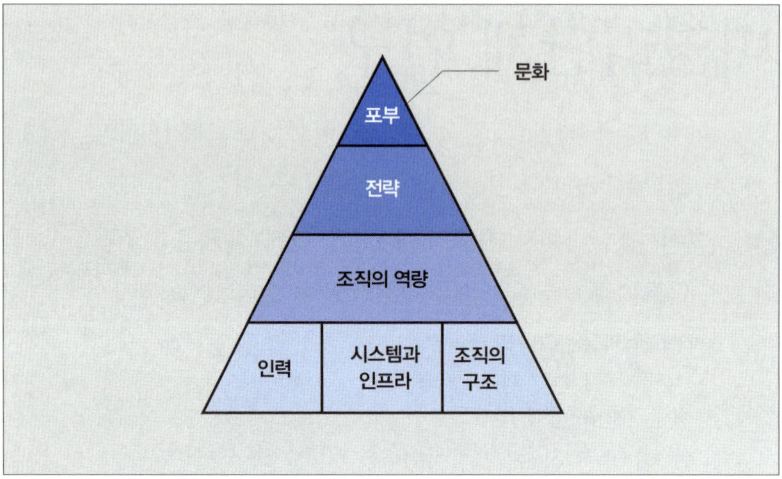

한 문장 혹은 두 문장으로 간결하면서도 명확하게 되어 있다. 그러나 훈련이 덜 된 단체의 경우에는 이 세 가지를 명확하게 드러내지 못하고 있다.

이러한 개념들을 결정할 때에는 각 단체의 능력을 최대로 발휘할 수 있는 구조를 찾아내는 데 초점을 두어야 한다. 이를 위해서는 단체의 '포부'에 관한 고찰과 함께 앞서 언급한 세 가지 개념의 올바른 이해가 선행[27]되어야 한다.

비영리단체는 자신이 투자할 시간과 노력, 그리고 자신의 포부를 명확히 밝혀야 한다. 비영리단체의 포부는 모금을 진행할 직원과 자원봉사자, 그리고 나아가 기부자를 고무시키고 단체가 무엇을 할 것인지 혹은 하지 않을 것인지에 대해 구체적인 표명이기도 하다. 그리

27 Mckinsey 연구보고서 참고

고 단체를 모르는 사람들에게 단체에 대해 총체적인 접근을 가능하게 해 주며, 또한 단체가 사업을 실행하는 데 있어서 우선순위를 명확히 정할 수 있도록 도와준다. '인적자원' '시스템' '조직구조'의 실행을 가장 적합하게 전달하는 기술이 어떤 것인지를 정의하는 가장 근본적인 전략이 바로 포부이다.

포부는 모든 것을 가능하게 할 수 있는 영향력이 있으며, 사회적으로 큰 영향력을 미칠 수 있기에 단체는 사명·비전·목표에 대한 높은 수준의 질문을 미리 갖추고 있어야 한다.

2) 전략(Strategy)

포부가 비영리단체의 염원에 대한 묘사라면, 전략은 포부에 도달하게 만드는 수단이라고 말할 수 있다. 단체는 표명한 목표들을 이루기 위해서 탄탄하게 구성되어 있으면서도 서로 잘 융합되어 곧 실행시킬 수 있는 전략을 짤 수 있어야 한다.

단체의 전반적인 활동도 중요하지만 그 이상으로 잘 만들어진 전략은 비영리단체의 핵심 역량을 개발하고 우선순위에 있는 자원을 적합하게 배분하여 다른 단체들과 차별화하는 중요한 역할을 한다.

일곱 가지의 구성요소 중 '전략' 부분에 집중해서 역량을 증진시키는 것은 단체의 전략과 포부가 같은 선상에 위치하도록 하는 것이라 할 수 있다. 이러한 훈련은 두 가지의 목적을 가지는데, 하나는 한정된 효과를 지닌 프로그램을 제거하기 위한 것이고, 다른 한편으로는 단체가 변화된 환경에서나 혹은 새로운 기회가 왔을 때 가장 큰 이득을 취하도록 하는 것이다. 이때의 전략들은 단체가 사회에 긍정적인 의미의 충격과 사회적 파장을 일으키는 기회를 만들어내는 단체의 나머지 기능, 즉 인력자원과 같은 선상에 위치한다.

3) 조직의 역량(Organizational Skill)

사회에서 영향력이 비교적 큰 비영리단체들을 위한 가장 중요한 구성요소는 단체의 발전, 역할, 자금력과 계측된 프로그램을 통한 프로세스이다.

사회 전반에까지도 긍정적인 변화를 가져 올 수 있는 성공적인 프로세스를 만드는 것은 마케팅과 모금을 위한 전략 기획부터 프로그램 개발과 이행까지 단체의 전체적인 역량을 전반적인 범위에 걸쳐 끌어오는 것이라 할 수 있다.

사업계획을 성공적으로 수행한 단체일지라고 재정관리 혹은 프로그램 평가 등 다른 특정 분야에서도 역량을 발휘하며 성공적으로 수행할 것이라고는 말할 수 없다. 이렇듯이 각 분야가 고르게 최대의 역량을 발휘하는 것이 아니라 차이를 보이게 되면 그 분야가 본래 가지고 있던 능력의 발전을 둔화시키며 나아가 그 분야에 관심 있는 사람을 끌 수 있는 기회까지 놓치게 된다.

예를 들어 기부자는 단체의 재정적 운영방법이 개선되지 않는 이상 이러한 단체에 기부하는 것을 꺼리게 될 것이다. 이와 마찬가지로 단체가 진행하는 프로그램의 영향력을 단체 스스로에게 엄격하게 평가하지 않는 단체들은 잠재기부자를 기부자로 끌어낼 수 있는 실질적 결과를 맺는 데 어려움을 가지게 될 것이다.

4) 인력(Manpower)

결국은 사람이다. 사람에서 시작하고 사람에서 끝난다. 사람을 보고 기부하고, 사람이 단체의 역량을 좌지우지한다. 여기서 사람이란 비영리단체 내의 직원, 자원봉사자, 이사회, 파트너, 기부자를 모두 포함한다. 이들은 단체의 생명줄이다. 그들의 열정, 인맥, 영향력, 지식을 포함한 인력의 용량은 일하는 모든 사람의 통합적인 경험과 기술, 기획에서 실행으로 옮기는 능력, 리쿠르팅과 매니징 등 모든 인력을 재조합하여 배치하는 능력을 포함한다. 보편적으로 비영리단체에서는 인력을 잘못 활용하는 것으로 알려져 있다. 그래서 인재가 오래 남아 있기가 쉽지 않다. 능력 있는 인재가 떠나지 않도록 적당한 보상과 함께 칭찬을 아끼지 않아야 한다. 일단 사람을 고용하게 되면 최대한 믿고 능력을 발휘하도록 유도해야 한다.

5) 시스템과 인프라(System and Infrastructure)

비영리단체의 경영자들은 대부분 시스템 정립과 인프라의 수용 능력을 개발하는 것이 중요하다는 것을 이미 알고 있다. 그것은 시스템 정립에 실패하면 다른 어떤 요소가 실패하는 것보다도 가시적이고 직접적으로 단체에 영향을 준다는 것을 의미한다.

모든 비영리단체의 CEO는 시스템 정립에 대해 어려움을 겪고 나면 다시는 그와 같은 일을 되풀이하지 않고자 다짐한다. 시스템을 강화하는 수용능력을 개발하는 것은 그다지 어려운 일이 아니다. 비영리단체들에게 더 어려운 과제는 수용 능력 향상에 대해 단체를 지지하는 각각의 시스템을 전반적으로 아울러 생각하는 능력을 갖추는 것이다.

어떤 단체의 CEO는 이사진으로부터 들어오는 개정 요구와 같은 문제를 '조정'하도록 인사부서에 개별적으로 명령할 수는 있겠지만 그렇다고 해서 이것이 수용 능력의 개발은 아니다. 다른 시스템은 개선하려는 노력 없이 그대로 두면서 해당 시스템 자체의 문제만을 해결하려는 것은 또 다른 문제를 낳을 뿐이다. 해당 시스템의 개선이 필요하다면 다른 시스템과의 종합적이고 전체적인 조정이 필요하다. 능력 있는 지도자라면 단체 시스템의 실패 이유가 근본적인 문제로 인한 것이라는 것을 미리 간파할 것이다.

단체의 시스템은 수용 능력의 구조적 배경과 함께 기능과 업무에 관한 공식적·비공식적인 진행을 담당한다. 비영리단체의 시스템은 매우 복잡하며 이해가 불가능한 경우도 있다. 특히 의사결정, 정보, 인사의 관리에서 더욱 두드러진다.

시스템은 또한 명확한 수행능력의 지렛대이면서 외부의 제3자로부터 기술적 지원을 받기도 한다. 한편 인프라는 '가지고 있는 것을 바탕으로 함께 만들라'라는 비영리단체의 윤리시스템으로 사용되지만, 사실상 비영리단체의 가치를 더욱 강력하게 하는 것은 바로 인프라이다.

6) 조직의 구조(Organizational Structure)

조직시스템 향상과 함께 비영리단체는 수행능력 증진의 한 방법으로 '단체의 구조'를 쉽게 통제할 수 있다. 각 조직원의 역할과 책임을 명확히 하고, 새로운 업무가 생긴다면 새로운 업무 전담팀을 만들어 분배하고, 이사진을 개발시키고, 함께 업무수행을 하는 것 등의 모든 활동은 비영리단체의 경영과 동일하기 때문에 커다란 위험이 없다. 많은 사람이 이미 수행능력 훈련을 '재조직'과 동일시하기 때문에 새로이 단체를 시작하는 CEO들은 그들의 단체가 규칙적으로 구조적 변화를 경험하기를 기대한다.

조직의 구조를 조절하는 '고정화 작업'이 필요한 것임에는 틀림없으나 다소 석연찮은 부분이 있다. 비영리단체는 원하기만 하면 분기에 한 번씩 조직의 체계나 인사 이동에 변화를 줄 수 있다. 그러나 그 단체의 전체적인 계획이 조직과 인적 자원뿐 아니라 단체의 지향점, 전략, 기술까지 포용할 수 있도록 디자인되어 있지 않다면, 그 단체는 결코 조직다운 체계를 갖추기가 어렵다.

조직의 역량을 나타내는 여러 요소와 함께 조직 구조에 변화를 주고자 할 때, 그 변화는 조직역량 구축을 위한 포괄적인 프로그램과 함께 통합되어 최고의 효과를 기대할 수 있다.

7) 문화(Culture)

문화는 전체 수행능력 증진 개발 중에서 한 가닥의 보이지 않는 실과 같다. 비영리단체가 자신의 문화에 적응하기 위해 변화의 과정을 거치는 것을 본 적이 없다. '자연보호협회(The Nature Conservancy)'와 '제2의 수확(Second Harvest, Food Bank)'과 같은 단체는 자율성과 그들 경작지의 독립성을 고수하기 위해 협상이 불가능한 문화를 가지고 있다. 미국의 사회적 기업 중 하나인 루비콘 프로그램(Rubicon Program)은 중요한 시간과 노력을 새로운 추적 체계를 위해 투입했고, 그 단체의 문화는 그것을 포용했다.

문화란 사업 차원 그 이상의 중요한 역할을 비영리단체 내에서 담당한다. 비영리단체의 직원들이 상대적으로 적은 급여를 받으면서까지 기꺼이 일하는 이유는 바로 문화가 조직을 견고히 붙잡아 주기 때문이다.

이러한 긴밀한 영향력과 중요성으로 인해 비영리단체의 문화는 변화하기가 정말 어렵다. 비영리단체의 대표들이 조직의 역량 강화를 위해 애써 만든 계획들이 참신하지도 않고 너무 전통에 매여 있다는 이유로 무의미한 자료 취급을 받는다. 이것은 부끄러운 일이다. 왜냐하면 단체는 조직의 역량과 관련된 요소를 강화할 수 있듯이 문화 역시도 강화할 수 있기 때문이다. 그럼에도 비영리단체에서는 직원과 자원봉사자의 사기를 저하시키는 일이 종종 일어나고는 한다.

이와 같은 논의를 할 때 조직 문화를 두 개의 관점으로 살펴볼 수 있다. 하나는 핵심가치, 믿음, 행동규범과 같은 것이고, 나머지 하나는 실행방침 또는 실행문화에 관한 것이다. 이런 특별한 개념들을 비영리 분야에서는 아직은 완벽하게 이해하지 못하고 있다. 그러나 많은 전문가들은 이미 문화를 단체 구성원의 성격과 경험, 생각, 업무 스타일의 혼합체 그 이상의 의미으로 규정하고 있다.

사실 강한 실행문화에 입각한 강한 가치는 전략적이고 지적이며 동시에 진행과정을 어렵게 하는 부분이기도 하다. 이런 가치는 단체의 시간과 자원에 영향을 주는데, 급여가 오히려 더 실질적인 영향을 미칠 수 있다.

2. 비영리단체의 성과평가 기준

비영리단체의 성과는 단체의 재정 상황을 알려주는 아래의 두 가지 영역에 대한 평가를 통해 이루어진다.

- 단체의 효율성
- 단체의 능력

단체를 평가할 때에는 재정적 비율 혹은 업무수행 범주를 통해 각각 두 영역에 대한 성과평가를 하게 되며, 비영리단체의 두 분야에 대한 수행을 결합시키는 전반적 성과평가(Overall Rating)를 공표하게 된다. 이러한 성과평가를 통해 후원자들은 비영리단체가 얼마나 효율적으로 후원금을 사용하는지, 얼마만큼 그들의 프로그램과 공익을 신장시키고 있는지를 알 수 있다. 이러한 단체의 성과평가는 잠재 기부자들이 후원을 결정하기에 앞서 현명한 결단을 내릴 수 있도록 도와준다. 이처럼 공익 실현을 도모하는 비영리기관들은 더 건강하고 효과적으로 스스로를 엄격하게 감시하고 발전시킬 수 있도록 노력해야 한다.

일반적으로 성과평가 체계는 상대적으로 간결하다. 미국에서는 비영리단체의 재정 정보의 평가를 소득신고 혹은 미국 국세청(Internal Revenus Service, IRS) Form 990에 근거한다. 아래에 제시된 주요 성과분야에 있는 정보들은 단체의 재정적 성과능력 혹은 수행능력을 분석할 때 사용된다.

이러한 성과분석 작업을 마친 비영리단체는 자신의 업무를 기존의 다른 단체의 업무와 직접 비교해 볼 수 있다. 또한 이러한 단체의 조직수행능력을 최하 점수 0점부터 최고 점수 10점까지 숫자로 변환하여 조직 효율성, 조직 능력과 전반적인 재정적 상황과 일곱 가지 부분의 업무 성과를 측정할 수 있다. 성과평가에 대한 자세한 사항은 다음과 같다.

1) 단체의 조직 효율성(Organizational Efficiency)

단체의 조직 효율성을 분석해 보면 조직의 기능이 제 역할을 하고 있는지를 확인할 수 있다. 비영리단체들은 적은 비용으로 최대의 효과를 내기 위해 노력하고 있으며, 또한 더 많은 후원금을 모으기 위해 노력하고 있다.

단체의 노력은 프로그램 수행역량과 그들이 제공할 수 있는 서비스와 같은 선상에 있어야 한다. 단체들은 적당한 한도 내의 금액을 행정비로 사용은 하되, 대부분의 재정은 단체가 진행하는 프로그램과 서비스의 진행비로 사용해야 한다.

미국의 공신력 있는 기부단체를 안내해 주는 채러티 네비게이터(Charity Navigator)라는 기관은 단체의 조직 효율성의 수행 성과를 아래 네 가지 항목으로 분류하여 평가한다.

- 프로그램 사용비(Program Expenses)
- 행정 사용비(Administrative Expenses)
- 모금활동 사용비(Fundraising Expenses)
- 모금 효율성(Fundraising Efficiiency)

따라서 각각의 단체는 이러한 네 가지 수행성과 분야를 통해 채러티 네비게이터로부터 평가[28]를 받게 된다.

① 프로그램 사용비(Program Expenses)

비영리단체들은 그들만의 사명과 비전을 가지고 공익을 위한 프로그램과 서비스를 제공하기 위해 존재한다. 그들은 후원자들의 기대를 만족시키기 위해 대부분의 재정을 프로그램 진행과 수행에 사용한다. 만약 프로그램을 비효율적으로 진행한다면 후원자들의 기대를 저버리는 것이 되고 만다. 이러한 단체의 프로그램 사용비를 평가할 때는 단체의 전체적인 재정에서 프로그램마다 분리시켜 평가해야 한다. 예를 들어 단체의 전반적인 재정상태가 35억 달러이고, 그 중 25억 달러를 프로그램 사용비로 지출하고 있다면 재정의 71.4%

28 체러티 네비게이터(Charity Navigator : 자선단체 분야 평가기관) 평가 기준

가 프로그램 사용비로 지출된다는 의미이다. 이렇게 추출한 숫자들은 프로그램 성과평가 도표를 사용하여 전환된 숫자의 범위들을 통해 점수로 환산한다.

② 행정 사용비(Administrative Expenses)

성공적인 단체 혹은 조직을 이끌기 위해서는 능력 있는 사람들을 고용하여 개발시키며 지속적으로 함께 일해야 한다. 동시에 이러한 단체의 운영에 필요한 것들을 유지하기 위해서는 적당한 범위 안에서 행정비를 확보해야 하고, 단체의 총재정에서 행정비용이 얼마만큼 해당하는지를 파악해야 한다. 예를 들어 단체는 5억 달러가량의 행정비를 사용하고 있고, 단체의 총재정은 35억 달러이다. 그러므로 단체는 14.3%가량을 행정비로 사용하고 있다. 이렇게 계산된 백분율로 성과평가 환산점수 도표에 적용시켜 점수를 산출해 낼 수 있다.

표 16-1 행정사용비 성과평가 도표 예시

환산점수	10	7.5	5	2.5	0
일반단체	0~15%	15~20%	20~25%	25~30%	> 30%
음식공급단체	0~3%	3~5%	5~10%	10~15%	> 15%
모금단체	0~7.5%	7.5~12.5%	12.5~20%	20~25%	> 25%
사회봉사단체	0~10%	10~15%	15~20%	20~25%	> 25%
박물관	0~17.5%	17.5~25%	25~30%	30~45%	> 45%

표 16-2 모금활동 사용비 성과평가 도표 예시

환산점수	10	7.5	5	2.5	0
일반단체	0~10%	10~15%	15~20%	20~25%	> 25%
대중매체 중심의 봉사단체	0~20%	20~25%	25~30%	30~35%	> 35%

③ 모금활동 사용비(Fundraising Expenses)

단체들은 모금활동에 따른 자금이 필요하다. 후원자들은 그들의 모금 능력을 향상시키기 위해 후원하는 것이 아니라, 그들의 프로그램 혹은 서비스의 실행에 참여하고자 후원을 결정한다. 단체들은 이러한 모금활동 사용비를 다른 분야와 마찬가지로 단체의 총재정에서 차지하는 비율을 통해 알 수 있게 된다. 예를 들어 35억 달러의 재정 규모를 가진 단체는 5억 달러가량을 모금활동을 위해 지불하고 있다. 즉 14.3%가량이 모금활동을 위해 사용되며, 이렇게 산출된 백분율을 성과평가 환산점수 도표에 적용시켜 점수를 산출해 낼 수 있다.

④ 모금 효율성(Fundraising Efficiiency)

효과적인 단체는 능력 있고 전문적인 모금가가 역할을 해내야 하고, 이를 위해 최소의 금액으로 최대의 모금을 이끌어야 한다. 또한 최소의 투자로 최대의 효과를 이끄는 법을 찾아내야 한다. 모금활동 효율성은 1달러를 모금하기 위해 사용되는 금액을 말한다. 예를 들어 총 200만 달러의 재정 규모를 가진 단체가 10만 달러를 모금활동에 쓴다면, 1달러를 모금하기 위해 사용한 비용은 5%가 되는 것이다.

모금 효율성을 구한 후 1부터 10까지의 점수에 백분율을 숫자로

표 16-3 모금 효율성 사용비 성과평가 도표 예시

환산점수	10	7.5	5	2.5	0
일반단체	$ 0.00~0.10	$ 0.00~0.20	$ 0.20~0.35	$ 0.35~1.00	> $ 1.00
식료품 / 음식 공급단체	$ 0.00~0.03	$ 0.03~0.10	$ 0.10~0.15	$ 0.15~0.20	> $ 0.20
지역사회 봉사단체	$ 0.00~0.03	$ 0.00~0.10	$ 0.10~0.15	$ 0.15~0.20	> $ 0.20
대중매체 중심의 봉사단체	$ 0.00~0.20	$ 0.20~0.30	$ 0.30~0.45	$ 0.45~1.00	> $ 1.00

변환시키고, 이렇게 산출된 숫자는 성과평가 도표에 적용시켜 점수를 산출해 낼 수 있다.

▶ **단체의 효율성 점수 조정하기**

- 단체의 적자로 인한 점수의 하향조정

  단체들이 충분한 이익을 창출하지 못했다면, 그 단체는 그들의 평균 지출액 이상을 쓰지 않도록 해야 한다. 단체가 계속해서 이익을 창출하지 못한 적자 상태라면, 체러티 네비게이터에서는 그 단체의 평가 점수는 하향조정한다. 이러한 조정 기준은 매년 측정된 적자와 단체의 총사용비용에 의한 비교로 이루어진다. 그리고 단체의 프로그램 사용료의 퍼센테이지가 공제된 후 계산된다. 예를 들어 71.4%를 프로그램 지출비로 사용하는 단체는 2015년에 4억 2500만 원의 적자를 기록했고, 2016년에는 3억 5000만 원의 적자를 기록했으며, 2017년에는 2억 7500만 원의 이익을 기록했고, 2018년 또다시 2억 원의 적

자를 기록했다고 하자. 지난 4년 동안 이 단체의 총적자는 7억 원이고 매년 평균치 적자를 산출해 보면 1억 7500만 원이며, 최근 연도 단체 총지출의 35억 원의 5%가 된다. 따라서 5%를 단체의 프로그램 사용비용 점수에서 가감하여 새로 조정된 프로그램 진행비는 66.4%가 된다.

- 프로그램 지출비가 33.3% 미만일 경우 조정방안
  만약 비영리단체가 3분의 1 미만으로 프로그램과 서비스 진행비를 지출했다면, 체러티 네비게이터에서는 자동적으로 단체의 효율성을 최하 점수인 0점으로 가감한다.

2) 단체의 능력성(Organizaional Capacity)

비영리단체의 능력은 단체의 프로그램과 서비스를 얼마나 잘 지속해 나가느냐, 그리고 경제적인 어려움에 봉착하더라도 어떤 식으로 단체의 프로그램과 서비스를 위해 후원을 받을 수 있느냐를 측정하고 분석하는 것이다. 이러한 분석을 통해 후원자들은 단체가 얼마나 장기적으로 발전할 수 있고 그들의 위치를 지속할 수 있는지, 체제의 변화를 이끌어 나가는지를 평가할 수 있다.

지속적인 성장과 재정적 안정을 유지하는 단체들은 이를 위한 전략적인 계획과 장기적 목표를 가지고 있다. 이러한 단체들은 공익을 위한 보다 큰 비전을 실천하며, 미래를 내다보는 안목으로 모든 문제를 해결해 나간다. 체러티 네비게이터에서는 이러한 단체의 능력을 다음 세 가지로 분류하고 분석한다.

- 주요 수입원의 성장

- 프로그램 지출비의 성장
- 유동자산의 비율

사실상 자산이나 자본 중 커다란 비율을 비축하려는 단체들은 평가자들에 의해 혹독한 평가를 받기도 한다. 단체의 능력은 효율성만큼이나 중요하다. 성장과 안정성을 보여줌으로써 단체들이 더욱더 커진 재정상의 책임을 증명해야 한다. 이러한 단체들은 단기적 혹은 장기적인 결과를 위해 후원자들 확보와 동시에 미래와 사회의 흐름에 걸맞게 단체를 변화시키는 능력도 갖추어야 한다.

① 주요 수입원의 성장과 프로그램 지출비의 성장

만약 비영리단체들이 그들의 프로그램과 서비스를 지속적으로 발전시키려면 그들은 반드시 지속적으로 성장해야 한다. 비영리단체에 있어서 성장이라는 의미는 첫째는 수입원의 성장 — 기업, 재단과 개인 혹은 정부의 후원금으로 인한 수입원의 성장, 프로그램 수입의 성장, 멤버십과 계약금의 성장 등 — 을 의미하는 것이고, 둘째는 프로그램과 서비스의 성장을 의미하는 것이다.

수입원의 성장과 프로그램 서비스의 성장을 통해 매년 성장을 유지하고 있는 단체는 매년 발생하는 인플레이션을 앞지름으로써 안정된 성장을 지속해 나갈 수 있다. 이러한 단체들은 후원자들에게 그들의 프로그램을 지지함으로써 영향력 있는 사회공익에 참여한다는 동기부여와 자부심을 제공할 수 있다.

채러티 네비게이터에서는 주요 비영리단체의 매년 평균 주요 수입원 성장과 최근 3년에서 5년 단위의 프로그램 지출비의 성장을 분석한다. 과거 체러티 네비게이터에서는 모든 단체를 24개월 단위로 평가했고, 이 때문에 오직 3년의 데이터로만 평가의 기회가 제한되었다. 이러한 이유는 미국 연방법에 의거하여 오로지 3년의 재정데이터가 공식적으로 사용 가능했기 때문이다.

이러한 연구법을 재정리하기 위해 체러티 네비게이터에서는 접근법을 두 가지로 개발시켰다. 첫째, 단체를 평가하는 시간의 기준을 3년에서 4년으로 확대했다. 다시 말해 성장 기준의 단위를 24개월에서 36개월로 넓힌 것이다. 기간의 확대는 단체의 위법을 줄이고 미래의 관점에서 능력을 실질적으로 지속시키는 데 있다. 둘째, 성과평가를 하는 데 있어서 기준적인 성장의 단위를 떠나 더욱더 유연하게 할 수 있는 방안을 찾았다. 비영리단체들은 캠페인 혹은 유산기부 등과 같은 지속성 없는 수익, 즉 순환성 없는 활동을 하기도 한다. 그런가 하면 신생단체들은 불규칙한 패턴의 비안정적인 성장률을 보이기도 한다. 단체가 첫 시작하는 4년을 이처럼 순환성이 없고 지속적이지 못한 활동으로만 지내게 되면, 체러티 네비케이터에서는 이들의 데이터를 5년치로 확대한다. 만약 5년째가 사용 불가능하다면, 그들은 대체 방안으로 3년치의 데이터를 사용하게 될 것이다.

$$\left[(Yn/Yo)^{(1/n)} \right]^{-1}$$

체러티 네비게이터에서는 평가하려는 단체의 기간을 정한 후, 매년 성장을 위한 기준 공식을 사용하도록 한다. 'Yn/Yo'에서 Yo는 분석된 기간의 처음 1년을 측정한 값이고, Yn은 분석된 기간의 마지막 연도를 측정한 가치 값이며, n은 기간의 길이를 의미한다. 이러한 식으로 수를 대입하고 산출한 것을 성과 기준표에 대입해서 점수를 이끌어 낼 수 있다(예를들어 수입원 성장률이 -2%일 때 산출점수는 $-0.02+0.0372=0.0172\times 100=17.2$가 된다).

표 16-4 주요수입원 평가 산출공식 예시

환산점수		10	(점수+0.0372) × 100		0
일반단체	>	6.72%	-3.72부터 6.72%까지	<	-3.72%

표 16-5 프로그램 지출비의 성장 산출 예시

환산점수		10	점수 × 100		0
일반단체	>	102%	0%부터 10%까지	<	0%

② 유동자산의 비율

단체는 경제적 위기에서도 생존할 수 있는 유동자산을 얼마나 비축하고 있는지, 가지고 있는 프로그램과 서비스가 어떠한지에 따라 운명이 결정된다. 만일 단체가 비능률적으로 자본을 행사한다면 프로그램 축소 또는 인원 감축에 처해 어려운 선택을 감행해야 할 것이고 부채가 증가하게 될 것이다. 반면 안정적인 단체들은 자본을 발전시키고 더 큰 업무능력을 발휘하기 위해 프로그램을 개선해야 할 것이다.

자본 및 자본비율을 분석하면, 새로운 자본 유입이나 모금수입 없이도 현행 프로그램을 얼마나 오래 지속시킬 수 있는가를 알 수 있다. 이러한 비율을 유지하기 위해 단체의 수입을 최근 회계 연도의 총 지출(지회나 지부들에게 지출한 것 등도 포함)로 나누어야 한다. 예를 들어 단체가 54억 원을 자본으로 가지고 있을 때, 최근 회계 연도의 총

표 16-6 유동자산에 대한 단체 자본비율 평가 기준표 예시

환산점수	10	7.5	5	2.5	0
일반단체	> 1.0	0.5~1.0	0.25~0.5	0.0~0.25	< 0.0
식료품 / 음식 공급단체	> 1.0	0.083~0.25	0.042~0.0833	0~0.042	< 0.0
개발협력사업	> 0.25	0.5~1.0	0.0833~0.5	0~0.0833	< 0.0
구호단체	> 1.0	0.06~0.10	0.02~0.06	0~0.02	< 0.0
종교단체	> 0.10	0.5~1.0	0.0833~0.5	0~0.0833	< 0.0
종교방송단체	> 1.0	0.5~1.0	0.0833~0.5	0.0833~0.5	< 0.0
식물원/ 공원 자연박물관	> 3.0	1.0~3.0	0.5~1.0	0~0.5	< 0.0
사립교양과정 중심대학	> 3.0	1.0~3.0	0.5~1.0	0~0.5	< 0.0
사립 초·중등학교	> 3.0	1.0~3.0	0.5~1.0	0~0.5	< 0.0
박물관	> 3.0	1.0~3.0	0.5~1.0	0~0.5	< 0.0
도서관 자연사박물관	> 4.0	1.0~4.0	0.5~1.0	0~0.5	< 0.0
지역사회 봉사단체	> 5.0	2.0~5.0	1.0~2.0	0~1.0	< 0.0

지출 비용은 36억 원이고, 여기에는 지부가 의무적으로 국가에 납입해야 하는 1억 원이 포함되어 있다. 이로부터 얻은 답은 유동자산이 1.5년이다. 이렇게 산출된 답을 평가 기준표에 적용해서 단체의 자본비율을 점수로 살펴보는 것이다.

(1) 자산의 점수 조절

체러티 네비게이터는 추가적으로 상승된 자본금에 있어서는 역효과를 낸다. 결과적으로 2500억 달러 이상의 자산이 있다면 점수는 10점이 된다.

(2) 점수의 산출과 평가하기

7가지 수행평가 분야로 단체를 평가한 뒤 단체의 실제 점수를 0에서 10으로 된 단위의 숫자로 변환시킨다. 이렇게 얻어진 4가지 효율성 점수를 합산함으로써 각 단체의 효율성 점수를 계산할 수 있다. 이것을 수행평가표에 적립시켜 조직의 효율성을 평가한다. 마찬가지로 3가지 능력성 분야 점수의 합산을 통해 조직 능력 점수를 계산한다.

마지막으로 조직 효율성과 조직 능력성을 합산하여 총체적인 점수를 계산하며, 이를 수행평가에 대입시켜 단체의 재정 건전성을 확인할 수 있다.

표 16-7 조직의 재정 건전성 평가 사례

등급	★★★★	★★★☆	★★☆☆	★☆☆☆	0Stars
조직의 효율성 점수	≥ 37.5	32.5~37.5	27.5~32.5	22.5~27.5	< 22.5
조직의 능률성 점수	≥ 22.5	17.5~22.5	12.5~17.5	2.5~12.5	< 2.5
총점	≥ 60	50~60	40~50	25~40	< 25

(3) 조직의 능률을 좌우하는 요인파악(Scoring Uniquely Function Causes)

체러티 네비게이터는 각각 다른 형태와 고유한 상황에 처한 비영리단체들의 성과를 끊임없이 평가하며 조절해 나간다. 이러한 조절은 각각 수행성과의 분야 점수를 측정하는 법에 따라 달라진다. 따라서 각 단체를 평가하고 점수를 제공할 때 조직 효율성과 조직 능률성, 전반적인 재정문제 등 단체의 다른 기능적 부분에 각각 부여된다. 그리고 모든 단체에 공정하게 적용된다.

단체는 어떠한 개인적 수행성과평가 분야에 따라 표준화된 점수를 산출하며 임의적으로 어떠한 수행성과 분야를 선택할까?

결정에 앞서서 비영리단체의 재정적 기능에 대해 지속적으로 연구해야 한다. 비록 모든 비영리단체들의 재정적 기능은 비슷한 부분을 가지고 있지만 이러한 조사를 통해 각각 특이한 고유의 재정적 기능을 지닌 각 단체의 동기 또는 기능 등을 파악할 수 있다. 체러티 네비게이터와 같은 평가 단체들은 오렌지와 사과를 비교하길 원하지 않고 같은 사과의 품질을 비교하길 원한다. 그렇기 때문에 이처럼 서로 다른 고유의 기능적 동기들을 각각 달리하여 점수 측정을 하게 된다.

예를 들어 푸드뱅크(Food Bank)는 그들의 특성상 단체의 유지를 위해 그다지 커다란 자본금을 들이지 않아도 된다. 이와 마찬가지로 지역의 재단 역시 단체를 위하여 많은 자본을 소유하지 않아도 된다.

(4) 등급매기기(Rating)와 서열 정하기(Ranking)

체러티 네비게이터는 단체의 등급을 매기지 않기 때문에 가장 우수한 단체부터 가장 열악한 단체들 역시 순번대로 나열하지 않는다. 그리고 후원자들이 단체의 순위에 집착해 불공평하게 단체를 선별하는 것을 줄이기 위해 이들에 대한 등급을 제공하지 않는다. 단체에 등급을 매기는 대신 각 단체의 질적인 내정감사를 통해 단체만의 수행성과평가를 하는 것이 더 중요하다. 5000곳 이상의 단체에 대해 재정의 기능을 분석한 뒤, 재정적 업무 수행과 성과에 관한 범위를 지정하도록 한다. 예를 들어 지역재단과 푸드뱅크가 예외적인 경우인데, 평균적으로 타 단체들은 1000원의 금액을 마련하기 위해 100원 이하의 금액을 쓰게 된다. 하지만 앞에 도표 안에서 표기된 식료품공급단체와 지역단체는 100원 혹은 900원을 사용하는 예외적인 경우도 있다. 그들은 태생적으로 다른 곳과 같은 잣대로 평가할 수 없기 때문에 10원 혹은 90원을 쓰더라도 예외적으로 10점을 받을 수 있다.

3. 비영리단체를 위한 불경기 모금전략

모금활동은 단체의 사명을 수행하고 성취해 나가기 위한 핵심전략으로 단체의 흥망을 좌우하는 중대한 요소이다. 하지만 한국의 비영리단체들은 모금과 기부문화에 관한 인식이 보편화되어 있지 않은 열악한 상황 아래에서 설상가상으로 전 세계적 경기 불황으로 인한 경제적 어려움이 겹쳐 이중의 위기에 처해 있다. 이 시점에서 비영리단체들은 지금까지 해오던 모금 방법을 답습하는 대신 새로운 모금전략을 모색해 보고 이를 토대로 경쟁력 향상과 새로운 경영 방향을 찾아야 한다.

전 세계의 많은 모금가들이 각자 자신의 경험과 전문지식을 바탕으로 생존전략을 여러 경로를 통해 발표하고 있다. 그러나 각 나라마다 문화와 상황이 달라서 유명한 모금가의 불경기 대책이라 하더라도 그대로 받아들이는 데는 무리가 따른다. 그들이 제시하는 대책의 주된 요점은 "긍정적으로 받아들이라. 위기는 오히려 기회이다" "열정적으로 기부자를 발굴하라" "홍보에 더 투자하라" 등등인데 이런 이야기는 마치 비만인 사람에게 살을 빼기 위해서는 운동과 식이요법을 병행해야 한다는 말과 같다. 물론 모두 옳은 이야기지만 너무 상식적이고 일반론적인 이야기일 뿐이다. 그러면 한국의 현실에 맞는 비영리단체의 생존을 위한 적합한 모금전략을 찾아보자.

1) 효율적인 모금을 위한 '최적점'을 찾아라

불경기일 때는 모금활동에 있어 혁신적이고 새로운 시도가 긍정적인 효과를 발휘하기보다는 위협이 될 가능성이 크다. 그러므로 모금할 때 충분한 시간과 경험을 통해 검증된 방법을 사용하는 것이 좋다. 모든 단체가 '시행착오(Trail and Error)', 즉 이것저것 시도하거나 한 번 해 보고 여의치 않으면 다른 방법을 모색하는 방식에서 탈피해 이미 '검증된 방법(Tried and Truth)'을 택하는 것이 불경기를 슬기롭게 헤쳐 나갈 수 있는 방법이다. 이때 반드시 염두에 두어야 할 것이 '최적점(Sweet Spot)'이다.

'최적점'은 운동 용어로 '공이 맞으면 가장 멀리 날아가는 부분'을 뜻한다. 야구에서 베트의 타점을 정확하게 파악하고 공을 맞추면 안타나 홈런이 나올 확률이 높아지는 것처럼 모금에서도 이 부분을 정확히 공략하면 최상의 효과를 낼 수 있다. 이때 모금에서 말하는 최적점은 어느 한 요소에 국한되는 것이 아니라 모금이 이루어지는데 필요한 모든 구성원에게 다 적용[29]될 수 있다.

---

29 제1회 'Korea-American Conference'에서 저자가 발표한 내용을 정리

그림 16-2 모금가의 최적점

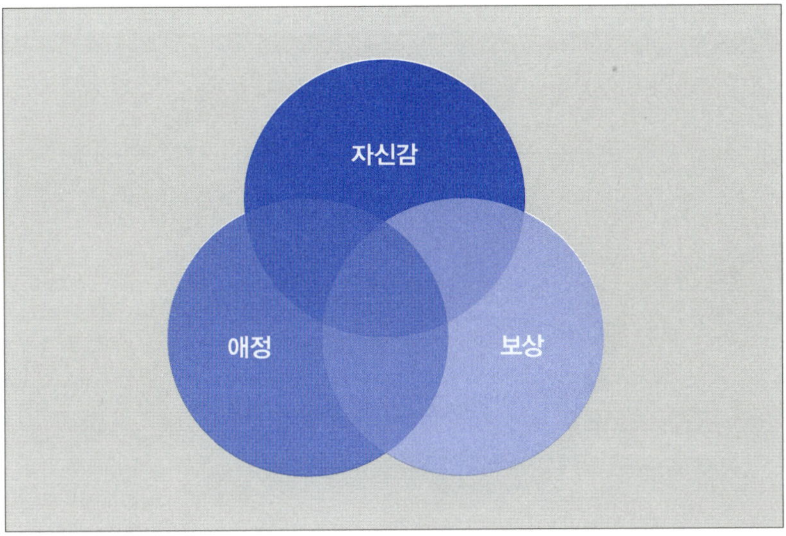

모금가와 비영리단체, 기부자는 각각의 특성에 따라 각기 다른 최적점을 가지고 있다. 그리고 각각이 가진 최적점을 유기적으로 연결하여 최상의 결과를 이끌어 내는 것이 바로 성공적인 모금모델이 된다.

- 제일 잘 할 수 있다는 자부심이 있어야 한다.
- 하는 일을 좋아해야 한다.
- 그에 알맞은 보상이 이루어져야 한다.

〈그림 16-2〉에서의 세 가지 조건을 만족시키는 모금가가 바로 가장 바람직한 최적점에 위치하게 된다. 만약 이 중 하나라도 만족시키지 못하면 모금가는 충분한 역량을 발휘할 수 없게 되거나 동기부여가 되지 않기 때문에 모금활동에 적극적으로 나서지 않게 된다.

그림 16-3 단체의 최적점

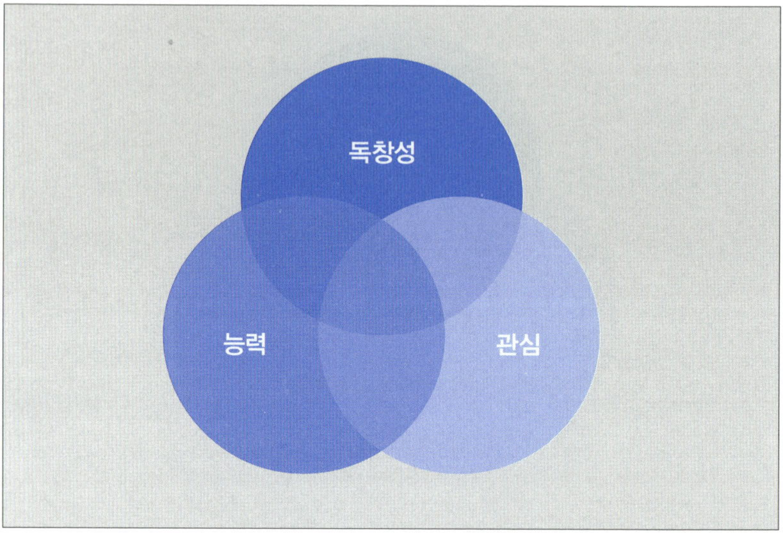

- 독창적이고 유일한 성격을 가진 단체여야 한다.
- 누구보다 그 일을 가장 잘 해 낼 수 있어야 한다.
- 기부자의 관심을 끌 수 있어야 한다.

〈그림 16-3〉은 단체의 최적점을 나타낸 것이다. 만약 단체의 성격이 어디서나 볼 수 있는 보편적이고 흔한 것이라면 기부자의 관심을 사로잡기가 쉽지 않다. 또한 그 일을 잘 해 낼 수 있다는 사실을 피력하지 못하면 이 역시도 기부자에게 외면당할 수밖에 없다. 그러므로 단체가 하는 일은 독특하고 유일한 것이 가장 좋고, 그 일을 가장 잘 해 낼 수 있어서 누구에게나 인정받을 수 있어야 하며, 이러한 것들을 토대로 기부자의 관심을 사로잡을 수 있어야 한다.

- 단체와 기부자 간에 연관성이 있어야 한다.

그림 16-4 기부자의 최적점

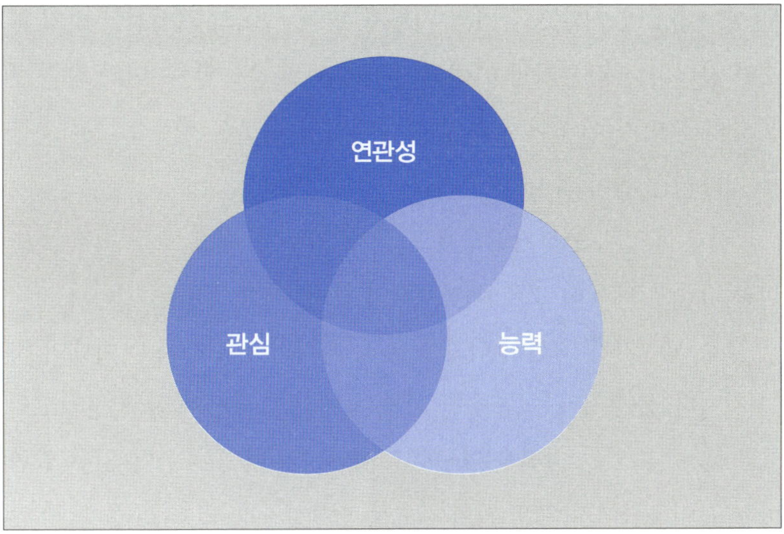

- 단체 프로그램의 성공에 관심이 있어야 한다.
- 기부자의 경제적 능력이 충분해야 한다.

〈그림 16-4〉는 기부자의 최적점이다. 단체의 방향성과 기부자의 관심이 맞지 않는다면 모금을 이끌어 내는 데 어려움을 겪게 된다. 그러므로 기부자가 단체의 활동에 얼마만큼 관심을 가지고 있는지, 기부자가 기부하고자 하는 방향과 단체의 프로그램이 얼마나 일치하는지를 충분히 파악하고 있어야만 높은 모금성공률을 보장받을 수 있다. 또한 단체에서 벌이는 활동이 얼마만큼 성공적이며 얼마만큼 효율적인지 깊은 관심을 보이는 기부자일수록 모금에 유연하게 반응한다. 기부자의 경제적 능력은 가장 중요한 요소로서 그에 따라 모금 규모가 바뀔 수 있으므로 반드시 파악하고 있어야 한다.

이와 같이 모금가와 기부자, 단체의 최적점을 정확하게 파악하고 있으면 모금의 효율성을 극대화할 수 있다. 만약 이러한 최적점을 잘못 파악하고 있거나 모금가와 기부자, 단체 사이의 최적점이 맞지 않으면 안타나 홈런은커녕 어설픈 타격조차 불가능할 수 있다. 충분한 조사와 준비가 이루어지지 않은 상태라면 섣부른 행동보다는 포볼을 기다리는 편이 더 나을 것이다.

결론적으로 불경기일수록 모금가, 기부자, 단체 모두 최적의 조건을 갖춘 상태에서 모금을 진행해야 한다. 가장 알맞은 능력과 자격을 갖춘 모금가가 최선의 단체를 통해 최적의 기부자를 찾아내야 하는 것이다. 불경기라는 특수한 상황 속에서 모금가와 단체는 최고의 효율을 낼 수 있는 방법을 연구하고 발전시켜 나가야 한다. 앞서 말한 바와 같이 불경기야말로 이미 검증된 방법(Tried and Truth)을 택해 안정을 추구하며 새로운 방안을 모색해 나가는 지혜를 발휘해야 할 시기이기 때문이다.

2) '쉽게 딸 수 있는 과일'을 따라

백화점에서 가장 잘 팔리는 20%의 상품이 전체 매출의 80% 이상을 차지하는 경우, 판매자는 잘 팔리는 20%의 물건만을 판매하여 비용 절감과 재고 관리 효율을 높이고 매출은 증가시키는 일석이조의 효과를 노리게 된다. 실제로 이러한 운영 방법을 실행으로 옮겨 성공을 거둔 기업도 있다고 한다. 이처럼 전략적이고 계획적인 운영체계를 위해 필요한 것이 바로 '쉽게 딸 수 있는 과일' 따기이다. 이 '쉽게 딸 수 있는 과일(Low Hanging Fruit)'이란 손을 뻗으면 닿을 만한 거리에 있는 즉 전략적으로 접근과 관리가 용이한 상대를 뜻한다. 모금에 있어 쉽게 딸 수 있는 과일은 단체의 입장에서 전략적으로 관계를 맺고 기부활동을 벌일 수 있는 기부자를 뜻한다. 이런 사람은 단체의 성격과 운영방향, 모금의 목적 등과 밀접한 관련을 맺고 있다.

간혹 불경기라는 특수한 상황 속에서 무작정 기부자를 먼 곳으로 찾아나서는 경우가 생긴다. 이러한 섣부른 행동은 모금 비용의 증가와 같은 부작용을 일으키는 원인이 되기도 한다. 이런 때일수록 멀리에서 기부자를 찾을 것이 아니라 가까운 데에서 찾아야 한다. 예를 들어 이사회나 단체에 대한 충성도가 높은 기부자들을 선별하여 기부를 요청하거나, 한 번이라도 기부를 한 적이 있는 기부자에 대한 정보를 파악해 다시 한 번 접촉을 시도하는 것도 좋은 방법이다.

큰 기금을 필요로 하는 캐피털 캠페인의 경우 상위 5%의 기부자가 전체 목표액의 95% 이상을 차지하는 경우가 많다. 이런 이유로 많은 모금관계자들로부터 상위 5%의 VIP 기부자들에게 더 많은 노력과 비용을 들이는 것이 현명하고 효율적인 선택이 아니냐는 질문을 받고는 한다. 한두 명의 고액기부자에 의해 목표 금액을 채운 경우 투자비용 절감과 기타 번거로운 과정을 생략할 수 있다는 장점도 있다. 그러나 그 고액 기부자가 다음 모금에도 지속적으로 참여한다는 보장을 할 수 없는 상황에서 그들의 기부에만 의지할 경우 모금은 이어지지 못하고 실패로 돌아갈 확률이 커진다.

반면에 적은 금액이라도 많은 사람이 참여한 모금은 한두 사람의 개인적인 사정으로 인해 모금 전체가 위험에 빠지지는 않는다. 비록 적은 금액이라 할지라도 많은 사람의 관심과 참여를 이끌어 냈다면 이후에 더 많은 기부자를 발굴할 수 있는 가능성을 갖게 되며 차츰 모금액을 증가시켜 나갈 수 있는 기반을 마련할 수 있게 된다.

각각의 방법이 모두 장단점을 가지고 있는 상황에서 어느 방법이 단체의 성격과 모금 의도가 가장 적합한가를 따져 방향을 결정해야 한다. 일반적인 경우에는 모금의 진정한 의미를 가장 잘 살리는 방향을 선택하는 것이 좋다. 모금의 궁극적인 목적은 많은 사람이 모금의 의미를 이해하고 자발적으로 동참하게 하는 데 있기 때문이다. 하지만 불경기라는 특수한 상황속에서는 조금 다른 방향으로 생각해 볼 필요가 있다. 실제로 대부분의 모금은 10%의 주요 기부자가 전체 기부금의 80~90%를 감당한다.

이러한 상황에서 전략적인 선택은 10%의 주요 기부자가 될 수밖에 없다. 이 경우는 단체의 성격과 모금의 의미를 잘 이해하는 적극적인 기부자들이 '쉽게 딸 수 있는 과일'이다. 그들에 대한 특별한 관리와 관심만이 불경기의 모금 성공률을 높일 수 있는 특별 방안이 될 수 있다. 이들에 대한 접근 방식과 관리 방법이 일반 소액기부자들과는 차별화되어야 한다는 것에 모든 모금가들도 동의하고 있다.

3) 과감히 그물코를 줄이고, 고래잡기를 위한 포경선을 준비하라

불경기일수록 모금의 형태는 세분화되고 구체화해야 한다. 지금까지 해왔던 기부 방식에 변화를 주어야 한다. 모금은 크게 소액기부와 고액기부로 나뉜다. 이 두 가지가 모금의 주축이 되는 핵심전략이므로 두 가지 형태에서 다음과 같은 변화를 시도해 볼 필요가 있다.

① 그물코를 줄여 작은 물고기를 잡아라

불경기에는 작은 물고기도 아쉬운 법이다. 이전까지 유지해 왔던 그물의 그물코를 줄여 작은 물고기라도 놓치지 않고 잡아야 할 상황인 것이다. 작은 물고기란 소액기부자를 뜻한다. 지금까지 단체들은 저마다의 최소 기부기준을 정해 놓고 모금을 진행해 왔다. 그러나 상황이 바뀐 만큼 그 기준도 변화해야 한다. 소액기부에 대한 기준을 낮춰 좀 더 많은 기부자를 끌어들여야만 단체의 활동이 유지될 수 있기 때문이다.

만약 지금까지 최소 기부기준이 10만 원이었다면 5만 원, 3만 원 등으로 대폭 낮추는 것이 좋다. 그물코가 줄어들면 그만큼 많은 물고기가 걸려들게 된다. 기부기준이 낮아지면 그만큼 기부자들의 부담이 줄어들어 이전까지 망설이던 잠재기부자들까지도 새로 확보할 수 있는 계기를 마련할 수 있다.

불경기에는 단체만 어려운 것이 아니다. 기부를 하는 기부자들의 경제사정도 똑같이 어려워지게 된다. 그렇기 때문에 기부자가 체감하는 기부에 대한 부담감은 불경기 이전과 이후가 확연히 달라진다. 불경기에는 적은 금액이라도 상대적으로 부담이 커질 수 있다. 이런 상황에서 단체가 최소 기부기준을 낮추면 단체는 물론이고 기부자에게도 긍정적인 효과를 불러올 수 있다. 최소 기준이 낮아져 부담이 줄어든 것은 어려운 상황에서도 기부를 계속할 수 있다는 만족감과 안도감을 안겨주며, 불경기에 유연하게 대처하는 단체의 모습에 단체에 대한 신뢰도 또한 높아진다.

여기에 적극적인 감사 표현이 더해지면 효과는 배가 된다. 주로 고액기부자들에게 초점을 맞추었던 단체장이나 대표의 감사 인사가 소액기부자들에게까지 직접 전달되도록 하는 것이다. 작은 기부라고 해서 가볍게 생각하지 않고 소중히 여기며 진심으로 감사하고 있다는 마음이 전달되면 기부자의 만족도와 단체에 대한 호감도가 높아진다. 단체장이 직접 쓴 편지나 간단한 감사전화 한 통으로도 기부자의 마음을 사로잡을 수 있음을 명심해야 한다.

② 고래를 잡을 포경선을 준비하라

고래를 잡기 위해서는 고래를 잡을 수 있는 장비와 배가 있어야 한다. 보통 고기 잡는 그물로는 고래를 잡을 수 없기 때문이다. 고래를 잡기 위해서는 깊은 바다로 나아가야 하며 그에 맞는 장비와 배,

그리고 풍부한 경험이 뒷받침되어야 한다.

모금 세계에서 고래와 같은 고액기부자를 발굴하기 위해서도 이와 같은 준비와 노력이 필요하다. 일반기부자와 고액기부자를 똑같이 생각해서는 안 된다. 모금세계에 존재하는 다양한 계층과 관심에 따라 접근방식과 모금전략을 다르게 설정해야 하기 때문이다. 소액기부자를 공략하기 위한 방법으로 그물코를 줄였다면 고액기부자를 위해서는 거대한 포경선을 준비해야 할 차례이다.

먼저 고액기부자를 전담하는 모금가가 있어야 한다. 일반 모금경험이 많다고 해서 아무나 고액기부를 전담하는 모금가가 될 수 있는 것은 아니다. 고액기부자를 전담하는 모금가는 기부자의 수준에 어울리는 문화, 전략 등을 익히는 훈련을 거쳐야 한다. 고액기부가 가능한 사람들은 성장과정이나 교육환경, 문화 등이 일반적인 기부자들과는 많은 차이가 있을 수 있다. 그들과 소통하고, 공감을 이끌어 내고, 기부를 유도하기 위해서는 그들의 문화와 환경에 맞는 화술과 자신감, 성격을 가지고 있어야 한다. 그들 앞에서 당당하게 우리 단체와 모금의 이유를 소개하고 그들의 관심을 이끌어 내는 것이 가장 중요하기 때문이다.

일반 모금가가 고액모금가로 거듭나기 위해서는 전문 훈련과 많은 시간을 투자해야 한다. 만약 즉각적인 조치가 필요한 상황이라면 이러한 고액기부자들을 전담해 온 고액모금가를 영입하는 것도 좋은 방법이다. 상대방에 맞는 태도를 갖추기란 쉽지 않은 일이기 때문이다. 그러므로 처음부터 그들의 문화와 생활방식이 익숙하게 몸에 베어 자연스럽게 어울릴 수 있는 전문가를 고용하여 고액기부자를 공략하는 것도 좋은 방법이 될 수 있다.

모금가에게만 변화가 필요한 것이 아니다. 작은 물고기를 낚던 어부가 포경선을 갖게 되었다고 해서 곧바로 고래를 잡을 수 있는 것은 아니다. 포경선을 관리하고 운영하는 방법을 새로 익혀야 한다. 그러므로 고액기부자와 직접 접촉하는 전문가뿐 아니라 단체장의 마음가짐도 새로워져야 한다. 고액기부자들을 위한 감사와 관리 프로그램을 새롭게 구성하고 좀 더 세밀한 관심을 기울이는 노력, 즉 새로운 관리체계가 필요하다.

현재 국제 글로벌 단체들은 불경기를 이겨내며 포경선의 수리 및 준비작업에 힘쓰고 있다. 시간과 노력이 필요한 포경선의 항해를 위해 많은 준비과정을 거치는 것이다. 불경기라고 해서 모든 일에 손을 놓고 있어서는 안 된다. 기회가 왔을 때 완벽한 출항을 위한 단체의 철저한 준비가 필요하다. 다양한 교육과 세미나 등을 통해 새로운 모금 방법과 단체운영 방안에 대해 연구하며, 모금 매뉴얼 업그레이드나 새로운 대안 모색 등을 할 수 있는 좋은 시기이기 때문이다.

4) 비생산적인 '죽은 말'에서 미련없이 내려와라

비영리단체들이 진행하고 있는 프로그램들을 살펴보면 이미 '죽은 말(Dead Horse)'에 채찍질을 가하는 경우를 종종 목격하게 된다. 기능이 상실되어 더 이상 운영이 불가능한 상황임에도 불구하고 억지로 프로그램을 진행시키는 것은 무모한 욕심일 뿐이다. 달리는 자전거의 바퀴를 바꾸기 위해서는 자전거를 멈춰야 한다. 계속 자전거가 움직이고 있는 상태에서 바퀴를 바꾸는 것은 자전거를 타고 있는 사람이나 바퀴를 갈아야 하는 사람 모두에게 불가능한 일이다. 이때에는 미련없이 자전거를 멈추고 새 바퀴로 교체한 후 다시 출발하는 것이 최선이다. 이처럼 억지로 프로그램을 운영해 나가려는 욕심을 버리고 한계에 도달했음을 깨달았을 때, 과감히 포기할 줄 아는 것도 모금가에게 있어서 매우 중요한 자질이다.

단체에서 운영하는 프로그램이 '죽은 말'로 전락하는 대표적인 예는 바로 유행을 좇아 유사한 프로그램들이 우후죽순으로 생겨나는 경우이다. 어떤 제품이 소비자들로부터 반응이 좋다고 하면 그와 비슷한 개념과 디자인, 기능을 가진 유사 제품들이 쏟아져 나오기 마련이듯이 모금에 있어서도 이와 같은 현상이 벌어진다. 어느 단체에서 진행하는 프로그램이 기부자들로부터 큰 호응을 얻으면 그것을 벤치마킹하는 방법으로 비슷한 프로그램들이 대거 쏟아져 나온다. 그러나 이러한 유사 프로그램 중에 끝까지 살아남는 프로그램은 손에 꼽힐 정도이다. 대부분의 프로그램들은 금방 잊혀지고 만다. 그럼에도 프로그램을 끝까지 유지하고 진행시키려는 욕심이 바로 '죽은 말'에 채찍질을 하는 행위이다. 이 경우에는 프로그램을 과감히 포기할 수 있어야 한다.

사회적 기업 프로그램 또는 마이크로 크레디트 프로그램들이 준비 없이 사회적 열풍으로 시작했다가 '죽은 말'이 되기도 한다. 너도나도 정부에 사회적 기업을 신청하고 사회적 기업이 되었을 때 생기는 이익을 기대한다. 세미나나 포럼에서 외국의 성공 사례를 소개하는 강사들이 사회적 기업의 핑크빛 미래를 소개하는 경우가 많다. 이것을 접한 사람들은 그 이면의 어두운 부분은 생각하지 못하고 사회적 기업에 대한 환상만을 키우기가 쉽다.

그러나 사회적 기업이 꼭 좋은 결과만을 내는 것은 아니다. 한국은 사회적 기업의 역사가 그리 길지 않아 그 어두운 면이나 부작용에 대해 아직 연구된 바가 없다. 그 역사가 오래된 외국은 사회적 기업의 심각한 체계의 실수나 오류를 발견하고 수정하는 단계에 접어들었다. 처음에는 그들 역시 핑크빛 미래만을 꿈꾸며 사회적 기업을 설립했지만 정부의 보조가 끊기고 소비자들로부터 외면당하면서 점차 위기를 맞게 되었다. 재정적 위기는 물론 내부 인력의 열정이 식으면서 사회적 기업으로서의 역할이 점점 퇴색되어 가는 상황에 이른 것이다.

단체의 '죽은 말' 가운데 또 하나는 설립자 증후군(Founder's Syndrome)에 속하는 개인적 사업계획이다. 단체의 설립자들이 단체의 목적과 방향과는 무관하게 개인적인 소망을 이루고자 애쓰는 경우가 종종 있다. 이것을 '펫 사업계획(Pet Project)'이라고 하는데 이는 단체에 심각한 위기를 안겨 주는 결정적인 '죽은 말'이 될 수 있다.

설립자의 개인적이고 독단적인 결정에 따라 이루어지는 사업계획은 다양한 문제점을 야기한다. 일단 그 사업계획의 의미나 목적이 단체의 성격과 다를 수 있다. 단체의 성격과 무관하게 설립자 개인의 의견과 아이디어에서 비롯된 이런 사업계획은 단체의 성격을 흐리게 할 수 있으며 단순히 개인의 만족을 위한 행위에 그치고 만다. 또한 여기에서 얻어지는 수익성을 보장할 수 없는 상태에서 과연 이 사업계획이 단체의 유지에 얼마나 기여하는가도 따져 보아야 한다. 대부분의 이런 사업계획은 설립자 개인의 소망과 명예에 치중되어 제대로 된 수익성을 기대하기 힘들기 때문이다.

수익성을 기대할 수 없는 사업계획은 곧 단체의 입장에서는 '죽은 말'이라고 할 수 있다. 요즘 같은 불경기 속에서 무리하게 진행되는 '펫 사업계획'은 부정적인 결과를 초래할 가능성이 크다. 특수한 시기임을 감안하여 단체는 현재 진행 중인 프로그램이 과연 '죽은 말'인지를 따져 보아야 하며, 설립자의 개인적인 바람으로 단체에 무리를 주는 사업계획이 진행되고 있는 것은 아닌지 곰곰이 생각해 보아야 할 것이다.

문제는 비록 설립자나 프로그램 제안자가 그 사업계획이 '죽은 말'이라고 해도 자신의 주장을 굽히지 않고 고집을 부리거나 자존심을 세우는 경우이다. 단체에 위험을 초래할 것이 분명함에도 불구하고 고집을 꺾지 않는 경우라면, 그들을 설득하기 위해 전문 컨설턴트의 도움을 받는 것이 좋다. 이때 컨설턴트는 단체와 이해관계로 얽히지 않은 제3자이어야만 하며, 그래야만 좀 더 객관적이고 전문적인 조언을 얻을 수 있다. '죽은 말'에 대한 진단이 내려지면 이를 중단할 것인가 아니면 다른 단체에 프로그램을 이양할 것인가 등도 고민해야 보아야 한다. 만약 설립자의 의지로 진행되고 있는 '펫 사업계획' 문제라면 컨설턴트를 통해 상황에 대한 설명과 그로 인해 나타나게 될 결과에 대한 설득을 거쳐 사업계획을 중단하거나 상황이 나아질 때까지 미루도록 해야 할 것이다.

5) 최악의 상황을 대비한 출구전략(Exit Strategy)을 개발하라

불경기 모금전략에 관해 자문을 구하는 단체에 필자가 가장 먼저 묻는 질문이 있다.

"왜 모금을 하려고 하는가?"

기금 마련의 목적을 단순히 돈이 필요하다는 이유에 두고 있는 것인지, 아니면 다른 효과를 기대하는지, 나아가 원하는 목표 달성을 위해 모금 이외의 다른 대안을 찾아보았는지도 묻는다. 이 질문들에 대해 단체는 모금이 과연 최선의 방법인가를 다시 한 번 생각하고 올바른 대답을 내어 놓을 수 있어야 한다. 그 다음으로 다시 질문을 한다.

"모금된 기금은 어떻게 쓰이는가?"

모금은 기금을 모으는 것에서 끝나는 것이 아니라 어디에 얼마만큼 잘 쓰였는가가 중요하다. 그러므로 기금의 활용에 대한 정당성과 효율성을 반드시 검증받을 수 있어야 한다. 이 부분에 대한 확실한 계획이 마련되어 있지 않으면 기부자로부터 기부를 이끌어 내는 것이 어려워진다.

만약 모든 것이 확실하지 않은 상태라는 판단이 서면 불경기에는 그런 프로그램들을 자제하는 것이 좋다. 자신조차도 확신하지 못하는 프로그램으로 다수의 인정과 동의를 이끌어 내기는 매우 어렵다. 아무리 좋은 계획도 다른 사람들의 동의를 얻지 못하면 실현되기 어렵다. 하물며 자신조차 확신하지 못하는 계획은 어떻겠는가?

그렇다면 불경기에 이루어지는 모금은 어떤 형태여야 할까? 불경기일수록 모금 방법은 정해진 금액 안에서 최대의 효과를 내야만 한다. 일반적인 경우 모금 방법을 의논해 보면 특별 행사들에 대한 의견이 많이 나온다. 디너쇼, 골프 토너먼트, 바자회 등의 굵직한 아이디어들이 그것이다. 그러나 불경기에는 기금 마련에 최대한 중점을 두고 이런 행사를 통한 모금은 피하는 것이 좋다. 실제 미국에서 이루어지는 모금들 중 투자금의 50% 이상이 행사비용으로 소비되는 경우에는 직원들이 쉽게 지치고 흥미를 잃어버리고는 한다. 또한 처음에는 재미있고 신선했던 아이디어들이 점점 진부한 행사가 되어가고 새로운 아이디어가 고갈되면 재미가 떨어져 관계자들은 물론 기부자들의 호응도 얻지 못하게 된다.

상황에 따라 동물의 왕인 사자도 굶어 죽을 수 있다. '사자가 굶어 죽을 리 없다'라는 고정관념을 버려야 하는 것처럼, 아무리 대단하고 능력이 뛰어난 단체라 해도 위기의 순간이 닥칠 수 있으며 그로 인해 존립의 위험에 빠질 수 있다는 것을 명심해야 한다. 불경기가 바로 단체들에게는 위기의 순간이 될 수 있다. 이에 대한 대비와 해결방안을 미리 설정해 놓은 단체라면 위기를 슬기롭게 헤쳐 나갈 수 있지만,

그렇지 않은 경우에는 엄청난 위험을 초래하게 된다.

예전 뉴욕에서 금융인 버나드 매도프(Bernard Madoff)의 500억 달러에 달하는 사기행각이 밝혀지면서 그에게 투자했던 수많은 비영리단체들이 피해를 입었다. 불경기에 이와 같은 악재가 겹치면서 많은 비영리단체들이 벼랑 끝으로 몰린 것이다. 이러한 최악의 위기를 극복해 나가기 위해 단체는 출구전략(Exit Strategy)를 반드시 마련해 놓아야 한다.

단체의 규모가 클수록 불경기 타격은 커진다. 수많은 관계자와 다양한 프로그램을 진행하는 가운데 단체의 유지에 큰 몫을 하던 모금에 급격한 변화가 생길 수 있기 때문이다. 단체의 재정적인 면이 흔들리면 단체의 존재 자체가 흔들릴 수밖에 없다. 최악의 경우에는 단체의 생명이 끝나 버릴 수도 있다. 이러한 최악의 상황을 피하기 위해 단체는 '어떻게 위기를 탈출할 것인가?'에 대한 논의를 해야 한다. 단체의 설립목적, 사명, 목표, 운영 방향뿐 아니라 최악의 상황이 닥쳤을 때 어떻게 극복해 나갈 것인가 하는 위기 타개책 혹은 출구전략을 미리 설정하는 것도 매우 중요하다.

불경기에는 특히 모금된 기금의 활동에 신경을 써야 한다. 많은 단체들이 경기가 좋을 때 기부를 받아 프로그램을 만들어 진행하다가 기부가 끊기면 더 이상 프로그램을 진행시키지 못하고 방치하는 경우를 많이 보게 된다.

마치 좋은 투자자를 만나 땅을 사고 그럴듯한 건물까지는 지어 놓았는데 그 안에 아무것도 채우지 못하고 텅 빈 상태로 방치된 흉물스러운 건물과 유사하다. 이런 상황이 곧 바뀌어 곧 호전될 것이라고 믿으며 기다리기만 하는 것은 매우 미련한 행동이다. 불경기가 그 끝을 예상할 수 없는 심각한 위기라면, 이 상황이 계속될 것이라는 가정 아래 준비를 해야 한다.

투자자들은 출구전략이 없는 단체에 선뜻 투자하려 하지 않는다. 즉 건물을 지은 후 운영할 자금이나 계획이 없는 단체는 투자를 받기 어렵다는 뜻이다. 만약 투자자들을 안심시키고 건물을 짓는 것에서부터 건물을 활용하고 운영해 나가는 것까지 계획을 세워 두지 않았다면 아예 건물을 지을 계획을 세우지 않는 것이 단체의 입장에서는 더 현명한 선택일 수도 있다.

출구전략의 가장 극단적인 예는 단체의 문을 닫는 것이다. 이는 단체가 더 이상 운영을 할 수 없는 치명적 결함이 발견되어서가 아니다. 비영리단체도 인간처럼 생명력을 이어가는 주기를 가지고 있다. 비영리단체의 주기는 평균 20~30년이며, 수백 년씩 명맥을 이어가는 단체는 극소수에 불과하다. 그러므로 단체의 소멸은 자연스러운 현상이며 이것으로 누구를 탓하거나 부끄러워 할 일은 아니다.

그러나 단체의 소멸은 정말 최악의 상황이 닥쳤을 경우에 마지막으로 선택하게 되는 최후의 선택일 뿐이다. 위기 상황을 극복하기 위한 또 다른 비상전략으로는 합병(Merge)이 있다. 같은 목표와 사명을 가진 단체들이 의기투합을 하는 것이다. 합병을 하게 되면 서로의 노하우 교환이나 부족했던 부분들을 채워 단체가 더욱 단단해지는 계기가 될 수 있다. 하지만 최근 들어 비영리단체 간의 합병이 눈에 띄는 성과를 내지 못하고 오히려 부정적으로 마무리되고 있다는 연구 결과가 나오고 있다.

명예롭게 문을 다거나 다른 단체와의 합병을 꾀하는 것 외에 또 다른 출구전략으로는 단체 자체를 이양하는 방법이 있다. 모두 쉽지 않은 선택임은 분명하다. 그러나 최악의 상황이라고 해서 가만히 손을 놓고 있을 수만은 없다. 단체와 사회적 이익을 위해 과감한 선택과 결단을 내릴 수 있어야 한다.

THE INTRODUCTION OF FUNDRAISING THEORY

WISE GIVING

부록

SMART FUNDRAISING

Development 과정(The Process of Development)

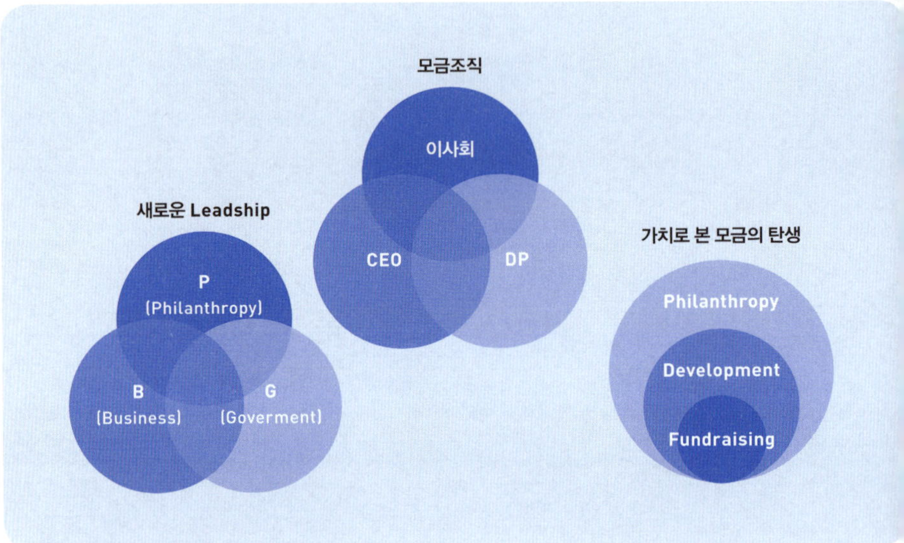

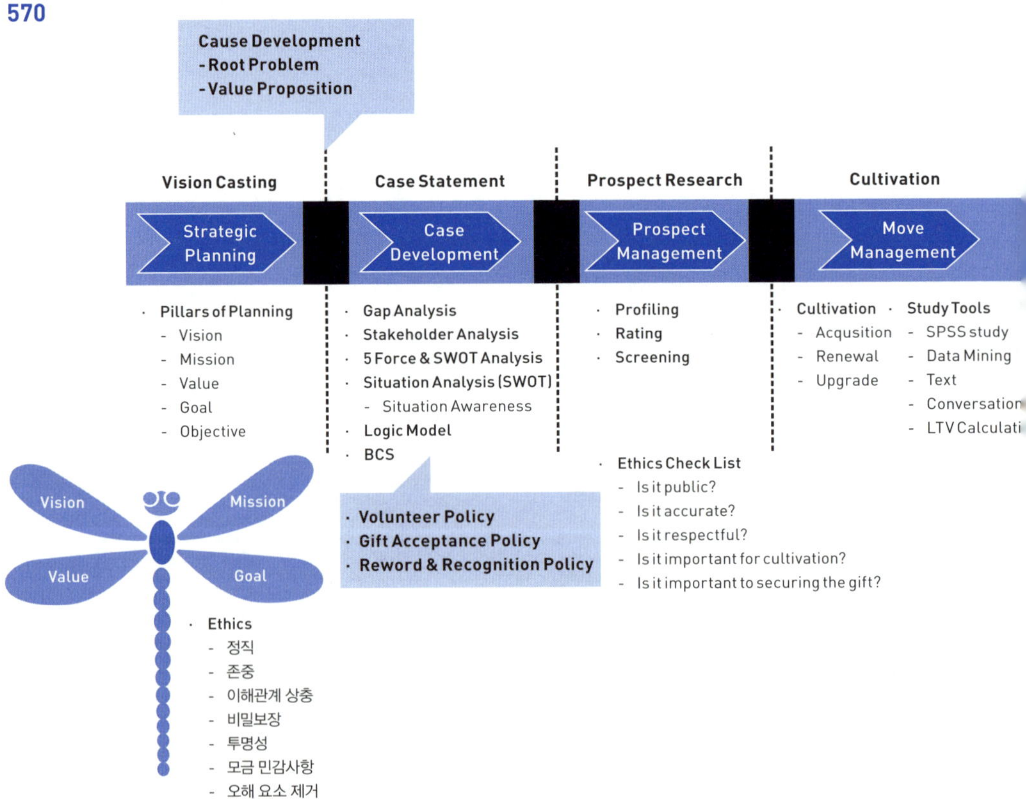

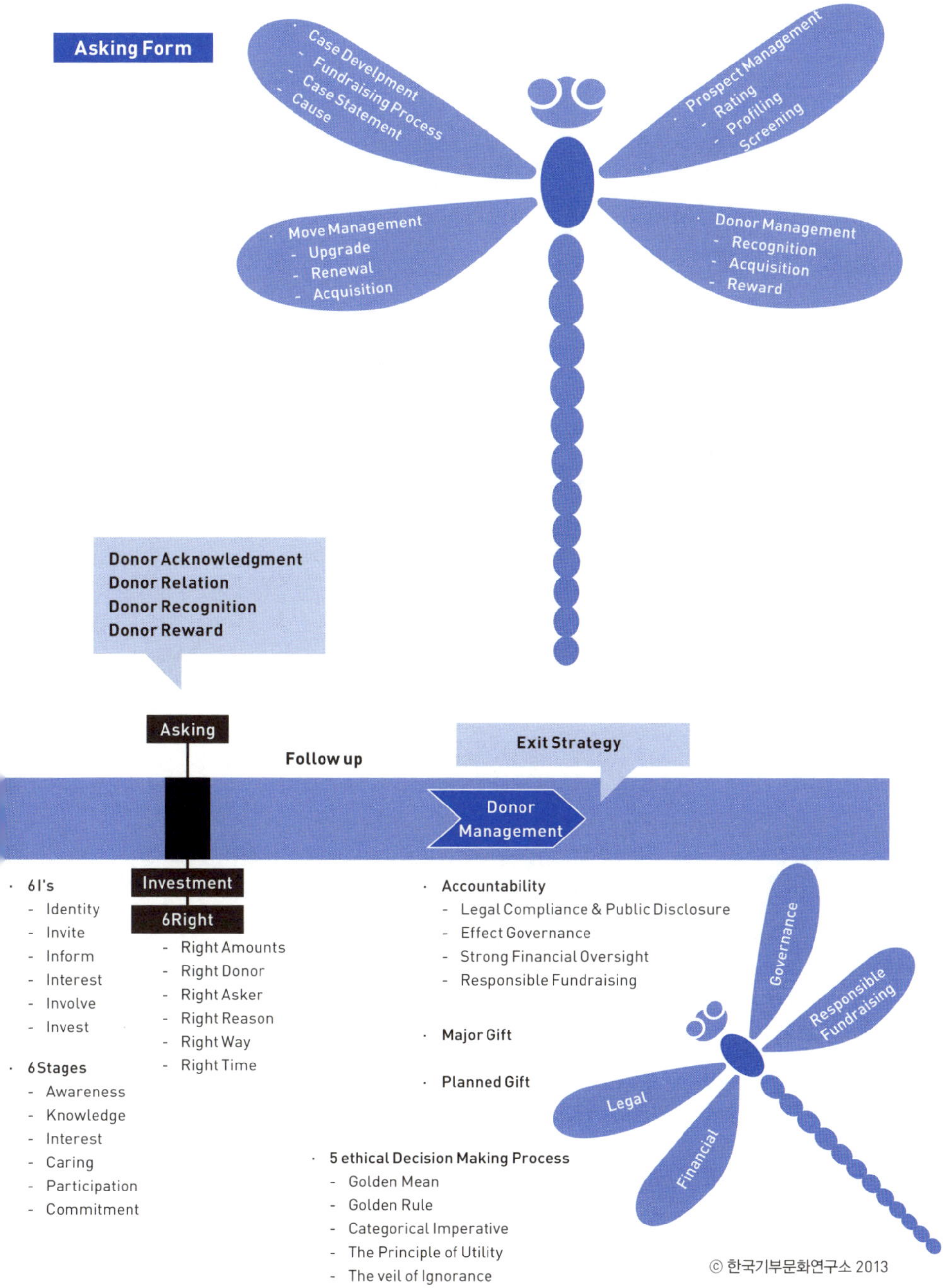
Asking Form
· Case Develpment
- Fundraising Process
- Case Statement
- Cause
· Prospect Management
- Rating
- Profiling
- Screening
· Move Management
- Upgrade
- Renewal
- Acquisition
· Donor Management
- Recognition
- Acquisition
- Reward
Donor Acknowledgment
Donor Relation
Donor Recognition
Donor Reward
Asking
Follow up
Exit Strategy
Donor Management
Investment
6Right
- Right Amounts
- Right Donor
- Right Asker
- Right Reason
- Right Way
- Right Time
· 6I's
- Identity
- Invite
- Inform
- Interest
- Involve
- Invest
· 6Stages
- Awareness
- Knowledge
- Interest
- Caring
- Participation
- Commitment
· Accountability
- Legal Compliance & Public Disclosure
- Effect Governance
- Strong Financial Oversight
- Responsible Fundraising
· Major Gift
· Planned Gift
· 5 ethical Decision Making Process
- Golden Mean
- Golden Rule
- Categorical Imperative
- The Principle of Utility
- The veil of Ignorance
Governance
Responsible Fundraising
Legal
Financial

이해관계자 분석(Stakeholders Analysis)

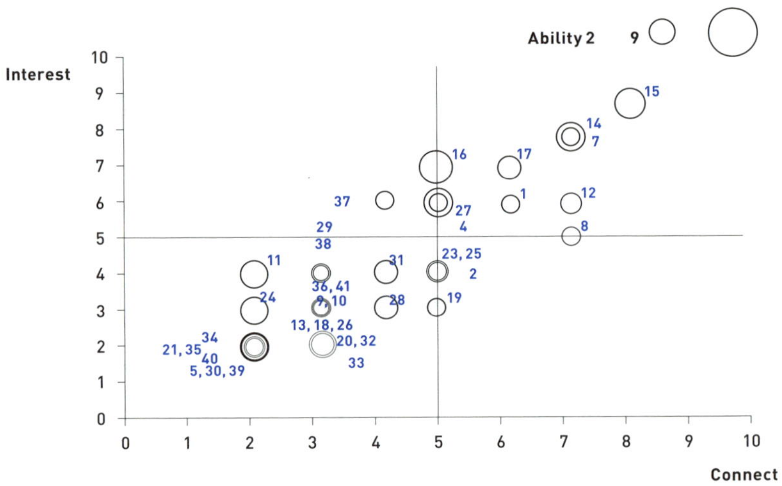

모금캠페인의 CIA(Connection, Interest, Ability) 방법으로 Y축에는 모금캠페인의 관심 정도를 0-10으로 구분하고, X축에는 관계의 연결 정도를 0-10으로 구분한 뒤, 능력의 정도는 원의 크기를 2-9로 구분하여 잠재기부자 40명에 대해 mapping을 한 예이다.

15, 14번이 속한 제1사분면에서 접근이 최우선 된다.

C

잠재기부자 평가서(Prospect Rating Sheet)

작성자 ________

- 잠재기부자 이름 ________________
- 주소 ________________
- 직업 ________________
- 잠재기부자의 기부 능력을 어떻게 평가하는가?

  높음 ______ 중간 ______ 낮음 ______

- 잠재기부자는 공영방송에 대해 어느 정도 관심을 보이는가?

  높음 ______ 중간 ______ 낮음 ______

- 교육에 대해서는 어느 정도 관심을 보이는가?

  높음 ______ 중간 ______ 낮음 ______

- 당신과 잠재기부자와의 관계는 어떻게 되는가?

  가족 ____ 교회 신도 ____ 이웃 ____ 직장동료 ____

  자녀를 통해 알게된 사이 ____ 배우자를 통해 알게된 사이 ____

- 잠재기부자와 어느 정도로 가깝게 지내는가? ________________
- 그 사람을 이 워크숍에 초대할 수 있겠는가? ________________
- 잠재기부자가 기부에 관심이 있다고 생각한 이유는 무엇인가? ________________
- 그가 자신의 삶에서 가장 중요하게 여기는 것은 무엇인가? ________________
- 어떠한 종교적 관점을 가지고 있는가? ________________
- 현재 어떠한 단체에 기부하고 있는가? ________________
- 어떤 사람들과 함께 일하고 있는가? ________________
- 주로 어떤 사람들과 어울려 지내는가? ________________
- 업무 시간 외에는 어떤 활동을 하는가? ________________
- 잠재기부자와 우리 간의 관계는 어떠한가? ________________

면담 보고서(Contact Report)

작성자 ____________ 만난 날짜 ____________ 잠재기부자 / 기부자 이름 ____________

■ 개인	■ 기업
자택 주소 ____________	회사 주소 ____________
자택 전화번호 ____________	회사 이메일 ____________
개인 이메일 ____________	담당자 이름 ____________
배우자 이름 ____________	직함 / 직책 ____________
회사 주소 ____________	담당자 자택 주소 ____________
____________	담당자 자택 전화번호 ____________
회사 전화번호 ____________	담당자 개인 이메일 ____________
회사 이메일 ____________	담당자 배우자 이름 ____________

■ **접촉 관련 정보** □ 첫 만남 □ 추가적 만남

이번 접촉에 참여한 사람들 ____________

■ **접촉 유형** □ 전화 □ 편지 □ 이메일 □ 행사 □ 우연히 □ 방문/미팅(위치 :)

■ **접촉 목적** □ 양성 □ 간청 □ 책무 □ 식별

■ **접촉 결과** □ 완료 □ 방해받음 □ 연기됨 □ 거절당함 □ 후원 요구 성공 □ 후원 요구 거절 □ 후원 관련 논의 □ 후원 연기

■ **세부사항**(후원자의 자산 관련 정보, 관심사, 질문사항 등)

____

____

____

■ **이번 접촉을 통해 추가적으로 알게 된 정보**(가족관계, 개인적 선호도 등)

____

____

■ **다음 접촉 때 진행해야 할 단계와 만날 날짜**

____

모금상품 개발을위한 Brainstorming Session

작성자 ____________ 작성 날짜 ____________

제안 아이디어 ______________________________

제안 내용 요약 ______________________________

____

____

____

(1) 가치 제안 평가 매트릭스(Value Proposition Evaluation Matrix)

제안 아이디어에 대한 가능성을 테스트해보기 위해 다음 간단한 절차를 따라 해보세요.

1. 상품에 대한 기부자의 욕구 순서 측정
2. 상품의 배타성 측정
3. 위에서 순위 측정한 것을 곱하세요
4. 결과가 2 미만인 경우는 다시 상품 개발 단계로 돌아가세요

		욕구		
	순위	0	1	2
배타성	0			
	1			
	2			

욕구	배타성
0 - 흥미 없음 1 - 흥미 있을 수도 있음 2 - 흥미 있음	0 - 어느 단체에나 존재함 1 - 몇몇 단체에만 존재함 2 - 우리 단체에만 존재함

(2) 당신의 가치 제안을 표현하라.

① 왜 기부자가 이 상품에 기부를 할 수 있겠는가?

② 다른 경쟁 단체의 유사한 상품은 없는가?

③ 한 문장으로 상품을 설명할 수 있는가?

④ 누가 이해관계자인가, 그리고 어떻게 그들과 소통할 수 있는가?

코멘트 ______________________________

____

____

캐피털 캠페인 3년 기획(Capital Campaign 3 Years Plan)

No	업무	1년차						
		1월	2월	3월	4월	5월	6월	7월
1	초기 전략 계획 세우기	■						
2	이사회로부터 캠페인 계획 승인 받기		■					
3	캠페인 전략 개발 및 관련 자문가와 계약 체결		■	■				
4	캠페인 계획과 예비 조사 완료				■	■	■	■
5	잠재적 목표와 명분서 초안 작성							■
6	커뮤니케이션 계획 세우기							
7	연간 모금캠페인과 새로운 캠페인 통합하여 고려해보기							
8	잠재기부자 조사 담당 위원회와 조사 절차 확정하기							
9	기부자 공로 인정 프로그램 확정							
10	기부금 관리 시스템 확정							
11	Campaign Chairs(캠페인 총책임자) 모집							
12	캠페인 내각 구성원 모집							
13	자원봉사자 중 방문 담당자 모집							
14	자원봉사자 중 방문 담당자 교육							
15	명분, 주제, 목표 등 커뮤니케이션 관련 자료 개발							
16	커뮤니케이션 프로그램 시작							
17	타겟 대상과의 관계 구축							
18	내부 연계 캠페인 시작							
19	Lead Gift 확정 – tier 1a							
20	리더십 그룹 대상으로 기부 요청 시작 – tier 1b							
21	외부에 캠페인을 공개적으로 알림							
22	고액기부 요청 시작 – tier 2							
23	지역 사회 대상으로 기부 요청 시작 – tier 3							
24	마무리, 자축							
25	약정서의 현금가치 (%)							

* tier : 잠재기부자의 단계(tier 1 – 기부피라미드에서 가장 탑에 위치)

No						2년차												3년차	
	8월	9월	10월	11월	12월	1월	2월	3월	4월	5월	6월	7월	8월	9월	10월	11월	12월	→	
1																			
2																			
3																			
4																			
5																			
6																			
7																			
8																			
9																			
10																			
11																			
12																			
13									진행중										
14										진행중									
15																			
16																			
17						진행중													
18																			
19																			
20																			
21																			
22																진행중		→	
23																		→	
24																			
25															50			75	100

기부자 개발 진행 단계표(Moves Management Prospect Grid)

잠재기부자 개발 진행단계표

* 친밀도, 단계 : 3점 척도 (3점 – 가장 친밀도 높음)

* 친밀도 : 잠재기부자 성향 및 단체의 cause에 따른 친밀도 | 배양단계 : 단체와의 관계 형성단계

No	잠재기부자	친밀도(1)	배양단계(2)	(1×2) 곱한 값	기부가능한 역량	요청할 금액	담당자
1	Jim Davis	3	3	9	$100,000	$75,000	Gerry
2							
3							
4							
5							
6							
7							
8							
9							
10							
11							
12							
13							
14							
15							
16							
17							
18							
19							

No	첫 번째 자원봉사자	두 번째 자원봉사자	관심사	1월 1차 실행	2월 2차 실행	3월 3차 실행	4월 4차 실행
1	Wouk	Ullman	일반적인 지원	오찬 초대	저녁 초대 전화	연례 만찬, 전화 팔로업	(요청전단계)
2							
3							
4							
5							
6							
7							
8							
9							
10							
11							
12							
13							
14							
15							
16							
17							
18							
19							

모금 담당 직원 수행 평가(Performance Evaluation Form)

Performance Evaluation Form

모금 담당 직원 수행 평가

By

International Council for Nonprofit Management
(ICNPM)

www.icnpm.org

서술	목표	결과	평가
총평가점수			

평가 기준 : 3 – 목표 달성
2 – 부분적인 목표 달성(프로젝트와 관련된 작업에만 적용)
1 – 목표 미달성

총평가점수	목표 수	평균 점수	가중치	개별 목표 점수

총평가점수 = 평가된 점수 합계
목표 수 = 개인 목표의 수
평균 점수 = 총평가점수를 목표 수로 나눈 값
개별 목표 점수 = 평균 점수와 가중치를 곱한 값

역량

직원 역량	서술	평가
개인의 리더십	• 목표를 뒷받침하는 모금활동의 성과를 향상시키기 위해 리더십을 발휘한 일 • 행정, 자원봉사자 및 기부자와 효과적으로 한 작업들 : 전략, 계획 및 프로그램 등의 개발 및 구현, 성장을 가져올 계획 및 프로그램, 구성원의 의미 있는 참여를 촉진시키는 일 • 기부 기회를 극대화하는 일	
팀워크 및 협업	• 팀워크와 협업을 강화하기 위한 공동 작업 관계의 구축과 유지 • 작업 시에 프로그램의 목표와 목적을 달성하기 위해 팀의 노력이 중요하다는 것을 이해하는 것	
기획 및 조직	• 기획을 개발하고 수행하는 것 • 적절한 리소스를 사용하여 과제를 해결하며, 목표 대비 성과를 평가하고, 일정 및 예산 안에서 프로젝트를 완성하는 일 • 한 번에 많은 작업의 균형을 이루어 우선순위를 효과적으로 설정하는 능력	
가치관 및 윤리관	• 기관의 가치를 이해하고 직원, 기부자, 자원봉사자 등과 공통된 목적을 공유하는 것 • 모든 윤리적 위반에 대해 불관용만이 아니라 일상적인 행동과 의사결정을 통해 청렴성과 윤리적 가치의 중요성을 분명히 하고 이를 입증하는 것	
비전 및 목적	• 기관과 모금 부서의 미션, 비전 및 목표에 대해 포괄적으로 자세히 이해하는 것 • 이런 특성을 내외부 고객에게 명확하고 설득력 있게 전달하여 잠재기부자와 기부자가 기관의 미션을 후원하도록 격려하는 것	
총평가점수		

역량 등급	등급에 대한 서술	평가
특별함	성과는 대부분의 목표와 기대치를 지속적으로 초과한다. 조직에서 주목할 만하고 눈에 띄는 공헌들이 널리 인정받고 있다. 높은 영향을 주는 결과를 만들어내고 바람직한 행동을 보여준다.	3
효과적임	성과는 지속적으로 모든 목표와 기대치를 충족시키거나 때때로 초과하기도 한다. 예상된 행동을 하면서 기대한 결과를 가져오거나 초과하기도 한다. 확고한 공헌은 조직 내에서 인정받는다.	2
표준 이하	성과 목표를 일부 달성했지만 전반적으로 성과와 기대치를 충족시키지 못했다. 성과를 향상시키기 위해 즉각적인 조치가 필요하다.	1
신입 사원	평가할 만큼 이 직책에 오래 있지 않았다.	NR

총평가점수	역량 수	평균 점수	가중치	역량 점수

총평가점수 = 평가된 점수 합계
역량 수 = 개별적인 역량 수
평균 점수 = 총평가점수를 개별적인 역량 수로 나눈 값
역량 점수 = 평균 점수와 가중치를 곱한 값

KPI(핵심성과지표)	타겟 목표	결과	평가
모금 총액			
비용			
순 모금액			
ROI(순 모금액을 비용으로 나눈 값)			
1달러를 모금하는데 드는 비용 (비용을 순 모금액으로 나눈 값)			
기부자			
기부자 수			
신규 기부자			
갱신 기부자			
업그레이드 수			
평균 기부금			
총평가점수			

평가 기준 : 3 – 목표 달성
2 – 부분적인 목표 달성(오직 프로젝트 관련 작업만 적용)
1 – 목표 미달성

총평가점수	타겟 목표 수	평균 점수	가중치	수행 지표 점수

총평가점수 = 평가된 점수 합계
타겟 목표 수 = 팀 수행 지표 상에서 타겟 목표 수
평균 점수 = 총평가점수를 타겟 목표 수로 나눈 값
수행 지표 점수 = 평균 점수에 가중치를 곱한 값

점수 득점, 추가 의견 및 서명

점수 득점

평가 부문	점수
개별 목표	
개인 역량	
팀 수행 지표	
총점	

의견 제시

직원의 의견들 (이전 부문에서 발견되지 않았던 추가 의견 제시)

관리자의 의견 제시 (이전 부문에서 발견되지 않았던 추가 의견 제시)

서명		
직원	서명	날짜
관리자	서명	날짜

모금 지능 지수 평가(Fundraising Quotients Test)

1 나는 상대방의 말을 들을 때,

- ☐ 필요하다면 상대가 나를 어떻게 생각하는지에 관계없이 자연스럽게 경청한다.
- ☐ 상대가 나를 좋게 생각하는 사람에게만 경청을 한다.
- ☐ 상대방이 말하는 내용에 따라 다른 태도로 듣는다.
- ☐ 너무 엉뚱한 이야기이거나 나와 상관없는 이야기이면 대충 듣고 다음에 할 말을 생각한다.

2 요청에 관하여 다음 글 중에 자신의 마음을 가장 잘 표현한 말은?

- ☐ 사람은 혼자 힘으로 일어서는 법을 아는 것이 최고다. 남에게 부탁하는 것은 구차한 것이다.
- ☐ 내가 요청이나 부탁을 하고 나면 나도 그가 부탁할 때 들어주어야 한다.
- ☐ 웬만하면 부탁을 하진 않지만 정 급하면 나도 부탁을 하곤 한다.
- ☐ 요청은 삶의 기본 요소이기에 요청하지 않고는 하루도 살 수 없다.

3 친구가 찾아와서 어제 교통사고가 났던 이야기를 전해 준다. 당신이라면 어떻게 할 것인가?

- ☐ 내 경험상 이야기를 해 주며 어떻게 해야 하는가 조언을 해 준다.
- ☐ 끝까지 들어주고 아무 소리 하지 않는다.
- ☐ 내가 알고 있는 변호사가 있다면 소개를 해 준다.
- ☐ 위로해 주면서 밥을 사 준다.

4 대학원 진학을 위해 잘 아는 교수님께 추천서 작성을 부탁드리려 한다. 어떤 방법으로 요청을 할 것인가?

- ☐ 대학원 추천서는 그리 중요한 것이 아니기에 전화로 요청한다.
- ☐ 우선 E-Mail로 해 주십사 부탁한다.
- ☐ 교수 사무실로 찾아가서 부탁한다.
- ☐ 추천서를 미리 써 가서 사인 해 주십사 요청한다.

5 남들이 나와 대화할 때 나의 듣고 이해하는 능력을 어떻게 평가하고 있는 것 같은가?

- ☐ 사실상 나의 듣고 이해하는 능력을 과소평가하고 있는 것 같아 속상하다.
- ☐ 나의 듣고 이해하는 능력을 과대평가하고 있고 기대가 커서 다소 부담스럽다.
- ☐ 있는 그대로를 잘 평가하고 있는 것 같다.
- ☐ 잘 모르겠다.

6 지금까지 살면서 내가 지금까지 이 자리에 온 것은 누구의 덕택이란 생각되는가?

□ 특별히 남에게 요청을 해서 누군가의 덕택으로 이 자리에 온 것 같지 않다.
□ 사실 한 번도 먼저 도움을 요청하지 않았는데, 누가 먼저 나를 도와주어서 이 자리에 왔다.
□ 직접 찾아가 요청을 하지 않았다면 아마도 이 자리에 없었을 것이다.
□ 살면서 여러 번 요청을 했을 때 상대방이 성공적으로 잘 들어주어 이 자리에 왔다.

7 내가 말을 하는데 상대가 자꾸 시계를 보거나 딴청을 한다. 당신의 반응은?

□ 상관없이 내 이야기만 한다.
□ 어떤 급한 약속이 있는지 물어 본다.
□ 황급히 말을 마무리한다.
□ 상대방이 예의가 없다고 생각하고 다시는 만나지 않겠다고 생각한다.

8 만약 다음 학기에 장학금을 못 받으면 휴학을 해야 한다. 장학금 수혜자는 딱 한 사람으로 정해져 있는데, 다른 동기들이 장학금을 신청하려고 준비한다는 소문이 들린다. 어떻게 할 것인가?

□ 지금 당장 담당교수를 찾아가 사정을 이야기한다.
□ 다른 학생에게 양보하기 위해 신청을 하지 않고 휴학한다.
□ 그냥 신청을 하고 결과는 하늘에 맡기고 기다린다.
□ 신청을 하고 이에 대해 누구에게 도움을 받을 수 있을까 찾아본다.

9 어떤 사람과 대화를 하는데 그가 자꾸 말을 끊고 말을 가로채 대화를 한다. 어떻게 하겠는가?

□ 점잖게 말을 다 할 때까지 들으시라고 충고한다.
□ 상대방의 말이 끝날 때 까지 기다리며 대화한다.
□ 그런 사람과 더 이상 대화하고 싶지 않으므로 대화를 멈춘다.
□ 나도 그의 말을 가로채어 그 기분이 어떤지 상대적으로 알려준다.

10 당신이 요청을 하면 사람들의 반응과 결과는 이 대체로 어떠한가?

□ 사람들이 부담스러워 하는 것 같다.
□ 대체로 잘 들어주는 것 같다.
□ 어떨 때는 잘 들어주고 어떨 때는 잘 안 된다.
□ 자기들에게 이익이 되지 않으면 전혀 들어주지 않는다.

11 동네 할머니가 마주칠 때마다 재미없는 이야기를 반복하신다. 당신이라면 어떻게 할 것인가?

- ☐ 본래 노인들은 그러려니 하면서 다른 주제로 돌린다.
- ☐ 다른 핑계를 대고 그 자리를 벗어난다.
- ☐ 할머니가 외로워 그러려니 하고 끝까지 들어 준다.
- ☐ 내가 재미있는 이야기로 대화를 전환해서 할머니께 말씀을 드린다.

12 사업에 동업 투자를 할 사람들 찾아 요청을 하기 전에 무엇을 제일 먼저 생각하는가?

- ☐ 내가 잘 아는 사람인가?
- ☐ 투자할 능력이 있는가?
- ☐ 이 사업 아이템에 관심이 있는가?
- ☐ 그 사람에게 요청할 때 옆에서 도와줄 사람이 있는가?

13 지금까지 살면서 사람들이 당신에게 다른 사람을 소개를 해 달라고 하거나, 이야기를 들어 달라고 부탁을 하는 빈도수가 어떤가?

- ☐ 나에게 경청을 해 달라고 부탁을 많이 한다. 그래서 최대한으로 들어 준다.
- ☐ 별로 받아 보지 않은 것 같다. 부탁받는 것을 좋아하지 않는다.
- ☐ 가끔 하는 것 같다. 상황을 보아 가며 들어 줄 것은 들어준다.
- ☐ 나는 부탁을 들어 줄 능력이 없기 때문에 나도 부탁을 안 하고 상대의 부탁도 들어주지 않는다.

14 평소에 존경하던 선생님이 아동을 위한 모금 행사를 위해 도움을 요청했다. 다른 사람들에게 기부를 요청하는 모금 프로젝트에 동참하도록 부탁을 한 것이다. 당신이라면 어떻게 할 것인가?

- ☐ 요즘 경기가 안 좋아 모금이 힘들 것이기에 정중히 거절한다.
- ☐ 돈을 요청하는 것은 나하고 안 맞아 거절하지만 다른 일을 도와주겠다고 한다.
- ☐ 할 수 있는 만큼 기부하고 모금활동은 빠진다.
- ☐ 적극적으로 나서서 모금활동에 참여한다.

15 경청에 관하여 다음 글 중에 자신의 마음을 가장 잘 표현한 말은?

- ☐ 경청이 좋은 것임은 알지만 그리 쉽게 되지 않는다.
- ☐ 경청이 중요하지만 사람을 봐 가며 해야지, 쓸데없는 사람에게 시간을 낭비할 수는 없다.
- ☐ 무엇인가 부탁을 받으면 기꺼이 들어 준다.
- ☐ 경청은 먹고 살기 바쁘고 경쟁이 치열한 현대인에게는 불리한 것이다

16 어느 잘 아는 사람에게 요청을 했는데 그가 요청을 들은 후에 무슨 이유인지는 알 수 없지만 기분 나빠하며 요청을 거절하였다. 당신이라면 어떻게 할 것인가?

- □ 다른 요청할 곳이 많으므로 그 자리에서는 아무 소리 하지 않고 나간다.
- □ 왜 기분이 나쁜지 알아보고 달래려고 노력하면서 요청을 다시 시도 해 본다.
- □ 기분을 나쁘게 해서 미안하다고 사과하고 더 이상 요청하지 않는다.
- □ 곰곰이 그 이유를 잘 생각해 보고 다음 요청 대상자는 약간 변경해 요청한다.

17 나는 새로운 모금캠페인을 시작하거나 모금담당자로서 단체에서 일할 때

- □ 기부를 생각하고 있다가 리드 기프트가 나오면 그때 가서 기부한다.
- □ 대중캠페인으로 확대될 때 기다리다가 기부한다.
- □ 내가 시간과 노동으로 최선을 다하고 있으므로 따로 기부하지는 않는다.
- □ 주변에서 동료들이 하는 것 보고 결정한다.

18 나는 요청에 대해서 나를 스스로 평가할 때 어떤 사람인 것 같은가?

- □ 아이디어는 있으나 요청을 전혀 못해 손해를 보는 것 같다.
- □ 별로 요청하는 데 부담감이 없다.
- □ 요청에 대해 별로 중요하게 생각하지 않는다.
- □ 요청을 시도해 보지만 가끔 부족함을 느낀다.

19 재단에 기금신청을 했는데 미선정 통지를 받았다. 신청한 당사자로서 제일 먼저 취할 행동은?

- □ 즉각 전화해 정중히 왜 선정이 되지 않았는지 이유를 물어 본다.
- □ E-Mail로 감사편지를 쓰고, 왜 선정이 되지 않았는지 물어 본다.
- □ 재단의 책임자가 누구인지 알아보고 연결을 시도해 본다.
- □ 공문으로 된 편지로 감사를 하고 다음을 기약한다.

20 비영리단체를 보편적으로 어떻게 생각하는가?

- □ 영리기업에서 일하며 부가가치를 만들어 내는 것이 가장 중요한 일이라고 생각하고, 비영리단체는 보조적인 역할을 한다고 생각한다.
- □ 정부나 영리분야에서 맡지 못하는 분야의 중요한 역할을 하고 있고, 기업이나 정부만큼 중요하다고 생각한다.
- □ 중요한 일을 하고 있지만, 영리에서보다 능력이 떨어지는 사람들이 모여 있는 분야이다.
- □ 비영리단체의 중요성이 인식되고는 있지만, 아직은 미미하고 앞으로도 크게 변하지 않을 것이다.

모금가 성향 파악

- 아래의 질문을 확인한 후, 질문이 자신에게 맞는 경우 2개의 T에, 맞지 않는 경우 2개의 F에 모두 체크하십시오.
- 모든 질문에 답을 한 후, A, B, C, D 각각의 열(세로축)에 체크된 개수를 맨 마지막 빈칸에 적으십시오. 그 후 요청 스타일의 추정에서 가장 높은 점수가 나온 항목의 성향과 두 번째로 높게 나온 점수가 나온 항목의 성향에 대한 결과를 확인하시면 됩니다.

	A	B	C	D
나는 명확하고 자세한 정보들을 잘 기억한다.	T	F	F	T
내 생각에 활력을 불어넣기 위해 타인의 에너지를 사용한다.	T	T	F	F
나는 보통 이야기를 하기 전에 생각을 정리한다.	F	F	T	T
한번 결정을 하면, 나는 대게 그 결정을 밀고 나간다.	T	F	F	T
나는 자발적으로 참여한 일에는 최선을 다한다.	F	T	T	F
나는 다른 사람에게 나 자신을 소개하기 전에 주저한다.	F	F	T	T
나는 단계별 작업에 인내심을 가지고 임한다.	T	F	F	T
나는 행동하는 데 있어 이성적인 만큼 감성적이기도 하다.	F	T	T	F
목표는 나에게 중요하다.	T	F	F	T
나는 손쉽게 다른 사람들의 스타일에 맞출 수 있다.	F	T	T	F
나는 재충전하기 위한 혼자만의 시간을 가져야 한다고 확신한다.	F	F	T	T
나는 결정을 빨리 내리는 경향이 있다.	T	T	F	F
총계				

나의 요청 스타일은 …

A 점수는 ________________ → 외향적이고 분석적인 유형

B 점수는 ________________ → 외향적이고 직관적인 유형

C 점수는 ________________ → 내향적이고 직관적인 유형

D 점수는 ________________ → 내향적이고 분석적인 유형

첫 번째 스타일(가장 높은 점수) ________________

두 번째 스타일(두 번째로 높은 점수) ________________

모금가와 기부자의 성격 유형

■ 이 테스트는 Andrea Kihlstedt와 Brian Sabe에 의해 고안된 것으로, 모금가가 자신의 모금 성향을 정확하게 알면, 그것이 업무에 어떤 영향을 미치는지 잘 알 수 있다. 여기에서 각각 어떤 성격의 유형이 있으며, 이러한 유형의 사람들에게는 어떤 특성들이 나타나는지를 살펴보고 이에 대비하도록 한다.

외향적이고 분석적인 유형	외향적이고 직관적인 유형
모금가들의 특성 ■ 경쟁적인 상황을 즐긴다. ■ 기부자와 명분에 관하여 가능한 보다 많은 정보를 가지길 원하며, 그것으로 명확하고 객관적인 상황을 설계한다. ■ 자신과는 다른 성격의 사람들과 쉽게 이야기할 수 있다. **약점** ■ 기부자의 이야기를 듣는 것보다 스스로 말을 너무 많이 하거나 대화를 주도한다. ■ 기부 승낙을 받기 위해 끈질기게 권유하거나 기부자에게 압력을 준다. **기부자들의 특성** ■ 단체 관계자 및 다른 기부자들과 교류를 즐긴다. ■ 고액기부를 하기 전에 많은 정보를 필요로 한다. ■ 경쟁적인 상황에서 성공한 사람들이기 때문에 matching gifts를 제안하거나 만들기를 좋아한다.	**모금가들의 특성** ■ 높은 에너지와 카리스마를 가진 기부자와 친하게 지낸다. ■ 기부자의 기부를 이끌어 낼 수 있는 매력적인 비전과 스토리들을 제공하기 위해 그들의 창조적인 에너지를 사용한다. **약점** ■ 단기적인 목표 금액 달성에 중점을 두기보다는 기부로 이어질 관계 구축을 더 중요시한다. ■ 기부자가 많은 양의 정확하고 자세한 정보를 요구할 때, 준비가 덜 되어 있을 수 있다. **기부자들의 특성** ■ 큰 그림의 아이디어와 프로젝트에 잘 반응한다. ■ 정확하고 자세한 정보에 의한 엄격하고 진지한 기부를 좋아하지 않는다. ■ 그들이 지지하는 명분과 관련된 사람들과 상호 작용하기를 좋아한다.
내향적이고 직관적인 유형	**내향적이고 분석적인 유형**
모금가들의 특성 ■ 소규모의 그룹에서나 조용한 장소에서 기부자를 만나기를 선호한다. ■ 정확한 지식보다는 본능과 아이디어에 더 의존한다. ■ 작성된 시나리오대로 권유하는 것을 좋아하지 않는다. **약점** ■ 기부자가 많은 양의 정확하고 자세한 정보를 요구할 때, 준비가 덜 되어 있을 수 있다. ■ 목표와 다른 큰 이벤트들에 불편함을 느낀다. **기부자들의 특성** ■ 그들의 생각이 공개되기를 원치 않는다. ■ 다른 사람의 삶을 개선시킬 수 있다는 데 동기 부여가 된다. ■ 목표와 상관없는 단체의 관리자들과의 일대일 미팅과 소규모 모임이나 시상식과 같은 자리를 선호한다.	**모금가들의 특성** ■ 기부자들에 대한 의미 있는 기록들은 간직한다. ■ 기부자가 요구한 평가자료나 보고서 작성에 뛰어나다. ■ 기부자들이 기부를 결정하는데 필요한 완벽하고 상세한 프레젠테이션을 기부자에게 제공한다. **약점** ■ 세부사항에 대한 관심은 동료들에게 너무 많은 질문을 하게 하거나 요청 계획과 다른 모금 프로젝트들을 지체시킬 수도 있다. ■ 목표와 다른 큰 이벤트를 불편해한다. **기부자들의 특징** ■ 고액기부를 결정하기 전에 단체에 대한 신중한 조사를 하고자 한다. ■ 기부 여부를 결정하는데 많은 시간이 소요된다.

모금 영어 단어의 라틴어 어원

현대 영어에서 파생되어 모금활동에 사용되는 라틴어가 어원인 11개의 단어이다.

1. **Dono, 도노** : '선물로 주다' '거저 주다'로 '희생'이라는 의미에 유의한다. 일부 자선단체는 다른 어떤 것보다 이 요소를 더 강조한다. 구세군의 '자기 부인(Self denial)' 모금캠페인과 십일조의 종교적 개념이 포함되어 있다.
2. **Benevolentia, 베네볼렌티아** : 호의, 자비로운 사회를 말한다.
3. **Bonus, 보너스(보누스)** : '좋은' '일반적으로 좋은 것' 또는 '전문적인 조언과 서비스를 기부하는 것'을 의미한다.
4. **Caritas, 카리타스** : carus(높은 가격)에서 유래, '신의 초자연적인 사랑'을 의미, 이를 통해 '자선(charity)'을 도출한다.
5. **Debitor, 데비터** : 채무자. 우리는 자선단체를 유지할 정기적인 기부로 '직불 결제'를 받는다.
6. **Donatio, 도나티오** : '기부'. 동사 도노(1번 참조)에서 유래하거나 부여하기 위해 사용된다.
7. **Humanitas, 휴머니타스** : 일반적으로 '인간애'이지만 '친절'과 '자선사업'이 대체 정의인 것에 주목한다. 자선은 휴머니즘에 근거한다.
8. **Legatus, 레가 투스** : 유산 또는 요청. '레 가터'라는 단어는 오늘날에도 여전히 많은 자선단체에서 사용되고 있다.
9. **Lego, 레고** : 동사가 '나는 내린다'라는 의미이다.
10. **Maior (or major), 마이어 (또는 메이저)** : 매그너스(또는 '위대한')의 비교. '고액기부' 또는 '고액기부자'에서 현재 사용하는 단어이다. 많은 자선 기부에도 불구하고 아직 '최대 선물'이라는 문구를 사용하지는 않는다.
11. **Data, 데이터** : 성공적인 모금에 대한 많은 호소를 뒷받침하고 더 많은 것을 이끌어 낼 것이다. 기금모금자에게는'제공하다'라는 의미의 'do'에서 '적절하다' '주어진 것'을 의미하는 'datum'의 복수형이다. '제공된 것'에 대한 라틴어이다.

참고문헌

Bekay Ahn, CFRE(2010), 『비영리 단체 모금전략』, 예영

_____(2011), 『푼돈의 달변 큰 돈의 경청』, 단열삼열

_____(2012), 『The Secret of Asking(착한 요청의 비밀)』, 단열삼열

_____(2015), 『필란트로피의 이해와 실천』, 한국기부문화연구소

Bekay Ahn(2019), 『Campaign Management』, 한국기부문화연구소

Andreoni, James, \Philanthropy, "Handbook on the Economics of Giving, Reciprocity and Altruism, 2006,1, 1201{1269Cain, Jeffrey J. Protecting Donor Intent: How to Define and Safeguard Your Philanthropic Principles. Washington: The Philanthropy Roundtable, 2012

Arrillaga-Andreessen, Laura(2012). *Giving 2.0: Transform Your Giving and Our World.* San Francisco: Jossey Bass,

Association of Fundraising Professional(2004). *Code of Ethical Principles and Standards of Professional Practice.* Alexandria, Va,

_____(2019b). *Principles of the e-donor bill of rights.* Retrieved July 18, 2019, from http://www.afpnet.org/Ethics/EnforcementDetail.cfm?ItemNumber=3285

Baldwin, P.(1990) *The Politics of Social Solidarity.* Class Bases of the European Welfare

State 1875-1975. Cambridge: Cambridge University Press

Bayerz, K. (Ed.)(1999) *Solidarity*. Dordrecht/Boston/London: Kluwer

Bedsworth, William, Ann Goggins Gregory, and Don Howard(2008). *Nonprofit Overhead Costs*: Breaking the Vicious Cycle of Misleading Reporting, Unrealistic Expectations, and Pressure to Conform. Bridgespan Group,

Bernard Ross & Clare Segal(2002), *Breakthrough Thinking for NPO*, Jossey Wiley,

Birkholz, Joshua M(2008) *Fundraising Analytic*, Wiley

Bishop, Matthew and Michael *Zeroing in on Impact Green*(2008). Philanthrocapitalism. New York: Bloomsbury Press,

Bornstein, David(2007). *How to Change the World: Social Entrepreneurs and the Power of New Ideas*. New York: Oxford University Press,

Bowler, R., Bull, D., Sabri, F. and Lumley, T. (2015) Tech for common good: The case for a collective approach to digital transformation in the social sector. New Philanthropy Capital (NPC)

Brest, Paul and Hal Harvey(2008). *Money Well Spent: A Strategic Plan for Smart Philanthropy*. New York: Bloomberg Press,

Burnett, K.(2002). *Relationship fundraising*: A donor based approach to the business of raising money. San Francisco: Jossey-Bass.

CFRE.(2009). *Top 10 reasons to become CFRE certified*. Retrieved November 20, 2019, from http://www.cfre.org/top-10reasons-to-become-cfre-certified.html.

Donaldson, Thomas and Lee E. Preston. "*The Stakeholder Theory of the Corporation: Concepts, Evidence, and Implications*." Academy of Management Review 20 (January 1995): 65-91

Fleishman, Joel(2007): The Foundation: *A Great American Secret: How Private Wealth is Changing the World*. New York: Public Affairs,

Fons Trompenaars(1998), *Riding the Waves of Culture* 2nd Ed. McGraw-Hill,

Frumkin, Peter(2006). Strategic Giving: *The Art and Science of Philanthropy*. Chicago: University of Chicago Press,

Giving USA Foundation. (2018). *Giving USA 2018*. Glenview, IL: Giving USA Foundation.

Greene, Stephen. "*A Donor's Obsession with Secrecy*." Chronicle of Philanthropy, February 6, 1997

Greenfield, J. M.(1996). *Fund-raising cost effectiveness: A self-assessment workbook*. Hoboken, NJ: Wiley

_____ (2010). *Fundraising Fundamentals: A guide to Annual Giving for Professionals*

and Volunteers. (2nd Ed.) New York: Wiley,

Gregary, Ann Goggins and Don Howard(2009). *The Nonprofit Starvation Cycle.* Stanford Social Innovation Review

Inspiring Impact (2013) The Code of Good Impact Practice

Kazimirski, A. and Pritchard, D. (2014) Building your measurement framework: NPC's four pillar approach. New Philanthropy Capital (NPC)

Kelly K. S.(1998). *Effective fund-raising management.* Mahwah, NJ: Erlbaum.

Korten, Alicia Epstein(2009). *Change Philanthropy*: Candid Stories of Foundations Maximizing Results through Social Justice. San Francisco: JosseyBass

Kramer, Mark R(2009). Catalytic Philanthropy. Stanford Social Innovation Review. Available at http://www.ssireview.org/articles/entry/catalytic_philanthropy/

Laura Fredricks(2006), *The Ask* Jossely-Bass Wiley,

Lenkowsky, Leslie. "*In Philanthropy, It's Not Just About the Numbers.*" Chronicle of Philanthropy, January 29, 2009

Lester M. Salamon(2014) New Frontiers of Philanthropy, oxford

Lindahl, W.E.(2008). *Principles of fundraising: Theory and practice.* Sudbury, MA: Jones and Bartlett.

Lowell, Stephanie, Brian Treistad and Bill Meehan9(2005). The Ratings Game. Stanford Social Innovation Review. Available at http://www.ssireview.org/articles/entry/the_ratings_game

Martin J. Gannon(2004) *Understanding Global Cultures*: 3rd Ed., SAGE Publications, Thousand Oaks, CA,

Michael S. Dobson and Ted Leemann(2010), *Creative Project Management*, McGraw Hill,

Pallotta, Dan(2008), Uncharitable: *How Restraints on Nonprofits Undermine Their Potential.* Medford, MA: Tufts University Press

_____ (2013), Ted Talk: *The Way We Think About Charity Is Dead Wrong.* [Online] Available at: https://www.ted.com/talks/dan_pallotta_the_way_we_think_about_charity_is_dead_wrong?language=en. [Accessed 7 October 2018].

Payton, Robert L. and Michael P. Moody(2008), *Understanding Philanthropy: Its Meaning and Mission.* Indianapolis: Indiana Press.

Philanthropy News Digest(2018), NGOs Shifting Power to Local Staff to Boost Program Results. [Online] Available at: *https://philanthropynewsdigest.org/news/ngos-shifting-power-to-local-staff-to-boost-program-results.* [Accessed 1 June 2018].

Prosci(2018), Best Practices in Change Management. [Online] Available at: *https://www.*

prosci.com/resources/articles/change-management-best-practices. [Accessed 3 October 2018].

PwC 컨설팅, 『세계 최고 기업들의 CRM 전략』, 21세기 북스

Roger Dawson(2004), *Secrets Power of Persuasion*, Career Press,

Sargeant, A., Shang, J., & Day, H. 2018. *Outstanding Fundraising Practice: What Makes Australian Organizations Truly Great.* Commissioned by the Fundraising Institute of Australia.Google Scholar

Schervish, P. G., & Havens, J.J. (2002). The new physics of philanthropy: The supply side vectors of charitable giving. Part 2: The spiritual side of the supply side. CASE International Journal of Educational Advancement, 2(3), 221-241

Showcase of Fundraising Innovation and Inspiration. 2018. The Commission on the Donor Experience. [Online] Available at: *http://sofii.org/cde/the-commission-on-the-donor-experience.* [Accessed 2 October 2018].

Sprinkel-Grace, K.(1997). *Beyond fund-raising: New strategies for nonprofit innovation and investment.* New York: John Wiley & Sons

Stanford Social Innovation Review, multiple resources on philanthropy available at http://www.ssireview.org/topics/category/philanthropy.

Stanley A. Brown, Customer Relationship Management, PwC

Stephen R. Covey(1090), *The 7 habits of Highly Effective People*, Simon & Schuster,

Tiwana, A(2009) Governance knowledge fit in systems development projects. Inf.Syst. Res.

Warwick, M., & Hitchcock, S. (2001). *Ten steps to fundraising success*: Choosing the right strategy for your organization. San Francisco: Jossey-Bass.

Zunz, Olivier(2012) *Philanthropy in America*: A History. Princeton New Jersey: Princeton University Press

앤더슨 컨설팅, 『고객 관계 관리』, 대청 출판사

Blogs

Center For High Impact Philanthropy Blog University of Pennsylvania

Inspired Dialogue Catalyzing Change

Philanthropy 2173: The Future of Good Lucy Bernholz

Tactical Philanthropy

https://blog.naver.com/icnpmkorea

https://cep.org/philanthropys-new-power-challenges/

https://www.cafonline.org/about-us/blog-home/giving-thought

https://www.hewlett.org/wp-content/uploads/2016/08/whitepaper.pdf

https://www.researchgate.net/publication/323522010_Solidarity_Theory_and_Practice_An_Introduction

TED Talks

Bezos, Mark: A Life Lesson from a Volunteer Firefighter

Dichter, Sasha: The Generosity Experiment

Fulton, Katherine: You Are the Future of Philanthropy

Pallotta, Dan: The Way We Think About Charity is Dead Wrong

찾아보기

ㄱ

ㄴ

ㄷ

ㄹ

ㅁ

ㅈ

ㅊ

ㅋ

ㅌ

ㅍ

ㅎ

ABC

123

비케이 안 나눔, 기부, 필란트로피 분야의 대표적인 전문가로 비영리 분야의 기금 조성 전문가 양성과 리더십 커뮤니케이션 교육을 위해 한국과 미국에서 활동하고 있다. 한국계 최초의 CFRE(Certified Fund Raising Executive, 국제 공인 모금 전문가) 자격증 소지자로서 ICNPM(국제비영리협의회) 대표와 한국기부문화연구소 소장을 역임하고 있으며, 국제 컨퍼런스 키노트 스피커와 대학, 병원 및 NPO/NGO 강사로 활동 중이다. 그동안 한국에서는 비영리단체 대상 특강, 워크샵, 세미나를 통해 인간관계를 중점으로 하는 선진국형 모금 방법과 한국형 기부와 모금 방법을 전해왔다. 현재 한양대학교 경영대학 학부 초청교수로 재직 중이며 인문학적 마케팅 및 비즈니스 커뮤니케이션을 강의하고 있다. 저서로 『비영리단체 모금전략』, 『푼돈의 달변, 큰돈의 경청』, 『The Secret of Asking(착한 요청의 비밀)』, 『나눔이 준 판도라의 상자』, 『필란트로피 산업론』(2019 대한민국 학술원 선정 우수학술도서) 등이 있다.

모금학 개론 – 비영리단체를 위한 모금 전략의 모든 것

펴낸날 2020년 2월 28일 초판 1쇄

지은이 비케이 안 ● **펴낸이** 김우승

펴낸곳 한양대학교출판부 ● **출판등록** 제4-7호(1972.2.29)

주소 서울 성동구 왕십리로 222 ● **전화** 02.2220.1432-4 ● **팩스** 02.2220.1435

홈페이지 press.hanyang.ac.kr ● **이메일** presshy@hanyang.ac.kr

편집 정현경 ● **본문디자인** 정준기 ● **표지** 안광일 ● **인쇄** 네오프린텍

ISBN 978.89.7218.659.5 (93300)